아산재단 연구총서 제448집

충남 민속의 이해

충남 민속의 이해

This Edition was published by Jipmoondang in 2019, Seoul, Korea.

아산재단 연구총서 제448집

충남 민속의 이해

이필영

집문당

이필영(李弼泳) 연세대학교 사학과 졸업
연세대학교 대학원 석박사 졸업
한국역사민속학회장 및 한국샤머니즘학회장 역임
문화재청 문화재위원 및 충청남도 문화재위원 역임
현재 한남대학교 사범대학 역사교육과 명예교수

아산재단 연구총서 제448집

충남 민속의 이해

2019년 12월 30일 1판 1쇄

저자 | 이필영
발행인 | 임동규
발행처 | **(주)집문당**
등록 | 1971. 3. 23. 제2012-000069호
주소 | 03134 서울시 종로구 돈화문로 82 집문당빌딩 5층
전화 | (02)743-3192~3 팩스(02)742-4657
이메일 | sale@jipmoon.co.kr
홈페이지 | www.jipmoon.co.kr

ISBN 978-89-303-1846-4 94380
978-89-303-1500-5(세트)

가격 50,000원

이 도서의 국립중앙도서관 출판시도서목록(CIP)은 e-CIP홈페이지(http://www.nl.go.kr/ecip)와
국가자료공동목록시스템(http://www.nl.go.kr/kolisnet)에서 이용하실 수 있습니다.
(CIP제어번호: CIP2019048308)

머리말

모든 학문마다 초학자를 위한 대개 2가지 종류의 저술이 마련된다. 하나는 그 학문이 추구하는 가치와 그것이 인간과 사회에 어떠한 의미가 있는지 등을 제시하는 일종의 이념서이다. 흔히 『문학이란 무엇인가』, 『역사란 무엇인가』, 『철학이란 무엇인가』 등의 제목을 지닌다. 여기에는 자기 학문의 정체성과 효용성에 대한 고민이 농축되어 있다. 물론 완전한 해답은 아니다. 시대의 흐름에 따라서 그러한 고민도 상응하며 변모한다. 모름지기 학문을 하는 사람은 명쾌한 깨달음에 도달하지 못한다고 해도 이 고민을 종내 놓치지 말아야 한다. "인생이란 무엇인가"를 지속적으로 고민하면서 살아가는 삶과 그렇지 않은 삶에는 분명히 차이가 있다. 학문에서도 그러할 것이다. 자신의 학문이 진정 무엇을 대상으로 하는 것인지, 그것을 온전히 밝히기 위하여 어떤 관점과 방법이 필요하며, 그 결과 얻어진 성과가 어떤 의미가 있는지 등에 대한 지속적 고민이 전제된다면, 그 학문은 자신의 소임에 충실하다고 할 것이다. 또 하나는 그 학문이 이룩한 성과를 체계적으로 잘 정리하여 설명하고 아울러 그것이 지닌 가치와 의미도 해석해, 초학자로 하여금 학문에 깊은 매력을 느끼게 하고 학문의 기초도 닦아주는 입문서이다. 이러한 입문서는 흔히 '개론', '통론', '이해' 등의 낱말이 학문 이름에 덧붙여져 책 제목이 된다.

민속학계에서는 아직 이러한 저술 분야에서 만족스러운 성과를 내지 못하고 있다. 이는 민속학의 낙후성에서 기인한다. 낙후성의 원인은 민속학의 역사가 어느 정도 대변해 준다. 『민속이란 무엇인가』와 같은 저술은 아직 제대로 간행된 바가 없다. 기왕에 출판된 여러 종류의 『한국민속학개론』류 등은, 나름대로 의미있는 성과이지만, 초학자에게는 여전히 미흡한 부분이 있다.

어찌 보면 현재로서는 한국 전체의 민속을 체계적으로 담아내는 개론서 작업이 시기상조일지 모른다. 이는 민속 자체가 한국인의 삶 전체에 두루 걸쳐 있는 방대한 주제이고, 각 지역별로 보편성에 기초한 차별성도 심하기 때문이기도 하다. 여기에 각 시대에 따른 민속의 지속과 변화 양상까지 덧붙인다면, 그 설명과 해석도 결코 쉽지 않게 된다.

또한 민속학의 특성상 대개의 연구자는 '특정 주제와 지역'이라는 이중 전공을 갖는다. 가령 주제로는 무속을 전공하면서 지역은 경기 지역을 전문으로 한다. 경기 지역의 무속이 전공인 셈이다. 그렇다고 해서 다른 지역의 무속에 관심이 없거나 모르는 것은 아니다. 그러나 다른 지역에 살면서 그 지역의 무속을 오랜 세월 공부해 온 연구자 수준에 도달하기는 어렵다. 지역민속연구자의 연구가 더욱 소중한 까닭이다. 그리고 그만큼 지역민속연구자의 책무가 막중하다. 이러한 민속학 특성도 명실상부한『한국민속학개론』쓰기를 힘들게 하는 하나의 요인이다.

하나의 이상적 개론서는 그 학문을 구성하는 수많은 사실과 해석에 기초하고, 또한 그것들을 종합하여 체계적으로 서술함으로써 만들어진다. 여기에서 사실은 정확하게 밝혀져서 오류가 없는 것이어야 한다. 사실에 대한 해석은 심도 있는 연구과정을 통하여 얻어진 보편적 합리성이 전제되어야 한다. 이러한 사실과 해석은 일정한 구성체계 속에 담겨져야 하고, 사실 · 해석 · 구성체계는 다시 그 학문이 지향하는 이념으로 집주(集注)되어야 한다.

그런데 지금의 민속학계는 이상형의 개론서를 만들기가 쉽지 않다. 우선 과거에 비하여 학문 성과가 상당히 축적된 것은 사실이지만, 아직은 집을 짓는 데 필요한 단단한 벽돌이 더욱 많이 필요하다. 특히 각 지역의 민속이 정확하고 풍부하게 찾아지고, 그에 대한 의미있는 해석도 충분해야 한다. 이들 지역의 민속은 한국 민속의 보편성을 전제하지만, 특수성도 훨씬 많이 밝혀져야 한다. 그리고 그 배경도 다각적으로 설명되어야 한다.

도시 사람이 처음 시골 생활을 시작하면 초기에는 몇몇 새소리만 들리지만 세월이 지날수록 훨씬 많은 새소리를 구별할 수 있게 된다. 민속학 연구도 이와 비슷한 측면이 있다. 서너 종류의 새소리만 가지고 그것이 우리 동네 새의 전부라고 착각해서는 안 된다. 심지어 흔히 보이는 참새도 지역에 따라서 미세한 차이가 있음을 알아야 한다. 그리고 왜 다른지 그 이유도 찾아야 한다. 민속학도 그래야 한다.

필자가『충남 민속의 이해』를 펴내는 이유는 충남 지역이 민속학상 각별한 의미를 지니고 있어서 그런 것이 아니다. 필자가 30여 년 대전광역시 소재의 한남대학교에 근무하면서 제자들과 함께 주로 공부했던 지역이 대전광역시 및 충청남도 지역이기 때문이다. 그리고 오랜 기간 동안에 충남지역에 대한 많은 민속지와 연구서를 펴내 왔다. 이 책에서 활용한 기초자료는 모두 그러한 작업 과정을 통하여 얻은 것이다. 이곳에서 오래도록 살면서 충남 지역을 공부해 왔지만, 여전히 공부를 제대로 하지 못한 시·군 단위 지역이 있다. 면 단위로 점검해 보면, 미답한 지역은 더욱 많다. 더욱이 그들 지역을 대상으로 한 다양한 주제들을 아직 공부하지 못했다. 이 책을 집필하는 동안 내내 충남에서도 잘 모르는 지역이 있고, 민속 사실과 그 해석에서도 미진한 부분이 있음을 실감했다. 그러나 이 시점에서 현재까지 깨우친 민속학 관점과 공부된 내용만 가지고 지역민속학 차원에서 충남의 민속을 세상에 소개하도록 한다. 향후 부족한 부분은 필자도 수정하고 보완해 가겠지만, 또 한편 이 부분은 충남 지역 민속연구자들의 임무이기도 하다.

이 책은 민속에서 가장 핵심을 이루는 4개 주제로 구성하였다. 「1장 일생의례」는 한 개인이 출생하여 한 평생을 살다가 죽음에 이르는 과정을 주제로 한다. 출산의례-혼례-회갑례-상제례를 예서(禮書)에 의거하지 않고, 충남의 민속 현장에서 전승되어 온 실제 관행을 정리하고 그 의미를 밝혔다. 특히 예서에 보이는 획일적인 관혼상제가 아니라, 각양각색의 인생 양태에 따른 다양한 일생의례에도 주목하였다. 「2장 세시풍속」은 1년이란 '우주와 자연의 규칙적인 순환 리듬'에 충남 사람들이 어떻게 적응하고 또한 그것을 활용하여 최선의 삶의 살았는지를 춘하추동으로 나누어 살폈다. 특히 세시 의례의 사실 설명과 그 의미 해석에 치중했다. 「3장 생산풍속」은 마을 및 가정 단위에서 생계를 위하여 농업과 어업을 어떻게 했는지를 다루었다. 논밭 농사의 일반적 과정과 농기구, 그리고 두레 · 품앗이 · 계 · 고지 등의 협업 체계를 소개했다. 어업에서는 충남 서해안의 어족 자원과 어업 기술 등을 정리해 놓았다. 「4장 민간신앙」은 가정신앙 · 마을신앙 · 무속으로 나누어 서술하되, 그 구조와 특성을 밝히는 데 비중을 두었다. 무속에서는 앉은굿의 안택굿과 미친굿을 중심으로 소개했다. 이들 4개의 주제들이 구체적으로 어떠한 관점과 자료에 기초하여 기술되었는지는 각 장의 도입부에 적어 놓았다.

아무쪼록 이 책이 충남 민속은 물론이고 한국 민속의 사실들과 그 의미를 이해하는 데, 그리고 더 나아가 한국민속학을 발전시키는 데 조금이나마 도움이 되었으면 하는 마음이 간절하다.

2019년 12월

초정 비홍재에서 이필영

차 례

서 론 · 1

제1장 일생의례 · 29

제4장 민간신앙 · 451

서 론

서 론

1. 민속 · 민속학이란 무엇인가?

우리가 일상적으로 쓰는 민속이란 낱말은 사실상 현대에 통용되기에는 다소 애매하며 부적절한 측면이 있다. 민속(民俗)을 구성하는 민(民)과 속(俗)이 기본적으로 전근대사회의 어휘이며, 또한 그 의미가 원래 '백성의 풍속'을 뜻하기 때문이다. 오늘날에는 국민(國民) · 시민(市民) 등의 낱말이 쓰이지만, 백성의 뜻을 지닌 민(民) 자체는 전근대적 용어이다. 근 · 현대에 들어서 민(民)을 국(國)과 시(市), 자(字) 등과 결합시켜 새로운 낱말을 만든 것이다. 옛적부터 사회에 행(行)하여 온 의(衣), 식(食), 주(住) 및 그 밖의 모든 생활 습관(習慣)을 일컫는 풍속(風俗)이란 어휘도 역시 본질적으로 전근대성을 지닌다.

민속이란 낱말 자체는 민속에 대한 오해를 부를 소지도 있다. 민(民)은 백성이란 단순한 의미를 넘어서, 천한 신분 · 맹인 · 무지몽매 등의 뜻으로도 확장된다. 속(俗) 역시 풍속이란 의미 외에도, 저급 · 저속의 뜻을 지닌다. 평범한 의미로 보면 민속은 백성의 풍속이다. 그러나 이를 다소 예민하게 보거나 또는 일정한 역사적 시각으로 보면, 여기에는 민속을 폄하하는 의미가 숨어 있기도 하다. 곧 '무지한 백성의 저급한 풍속'이라는 편견이 전제될 수 있다. 아마도 20세기 초반에 무속(巫俗)이란 낱말이 새로 만들어져 지금까지 통용된 것도, 그러한 맥락과 무관하지 않다. 고려 및 조선시대에는 그런 말이 없었다. 무(巫)라고 하든지, 또는 무풍(巫風)이라고 했다. 남창(南滄) 손진태(孫晉泰)가『조선민족문화의 연구』(1947)「자서(自序)」에서 "민속학을 민족문화학으로 부르고 싶다."고 말한 것은, 그가 신민족주의사학 입장에서 민속학을 규정하고자 했던 데서 비롯된 것이기도 하지만, 어쩌면 민속이란 낱말에 대한 그의 불편한 생각 때문인지도 모르겠다.

민속이란 낱말은『삼국사기(三國史記)』「신라본기(新羅本紀)」유리니사금(儒理尼師今) 2년 조(條)에 처음 보인다. 곧 "… 是年 民俗歡康 始製兜率歌 此歌樂之始也"란 기록이 그것이다. 여기서 '민속환강'은 "민속이 즐겁고 편안하기에"라고 풀이할 수도 있지만, "백성들의 생활이 즐겁고 평안해져서"라고 읽을 수도 있다.

삼국사기 이후의 역사 문헌에는 민속이란 낱말은 거의 보이지 않는다. 이보다는 풍속이란 낱말이 보편적으로 쓰인다. 그러나 민속과 풍속은 그 뜻이 다소 다르다.

조선시대에는 풍속을 국가의 원기(元氣)로 이해하고, 치도(治道)의 승강(昇降)이 풍속의 오륭(汚隆)과 직결되는 것으로 여겼다. 그리하여 일상생활에서 각종 금령(禁令)을 마련하여 풍속을 바로잡으려고 했다. 특히 가사제(家舍制), 복제(服制), 상제(喪制) 등은 풍속에서 가장 중요한 사항들이었다. 사실 이러한 전통은 일찍이 중국의 후한(後漢)시대로 거슬러 올라간다. 응소(應劭)의『풍속통의(風俗通義)』가 그 대표 사례이다. 이 역시 당시의 풍속을 교정(矯正)하려는 데 목적이 있었다. 조선시대에 이어 일제강점기를 거쳐 해방나고 1980년대 제5공화국에 이르기까지 다소의 변화는 있었지만, 풍속에 대한 한 개념은 그러한 연장선상에 있었다. 풍속교정(風俗矯正), 풍속사범(風俗事犯), 풍속영업단속(風俗營業團束) 등의 용어가 그러한 경우에 해당한다.

『신증동국여지승람(新增東國輿地勝覽)』에는 각 군현 마다 대부분 「풍속」 조(條)를 편차했다. 여기서는 해당 지역 사람들의 성품, 생업상의 경향, 특색 있는 풍습 등을 소개하고 있다. 가령 "화려하고 사치스러운 것을 숭상한다."(밀양), "무예와 상업을 좋아하지만 품성이 강직하여 문풍(文風)을 일으켜 쉽게 교화(敎化)되며…"(울산), "광양당(廣壤堂)에는 매년 봄과 가을에 남녀가 무리를 지어 술과 고기를 올려 제사를 지냈다."(제주도), "팔매싸움을 좋아하여 매년 4월 초파일부터 아동들이 모여 성남에서 팔매싸움을 익혔다. 단오에 이르면 장정들이 모여 좌우로 편을 나누고 깃발을 꽂고 북을 치며 고함을 지르고 날뛰면서 돌을 던지는 것이 비가 퍼붓는 것 같았다. 승부를 겨루었을 따름이니 비록 죽거나 다쳐도 후회하지 않았다. 수령이 금할 수 없었으며, 경오년 왜적을 정벌할 때 돌을 잘 던지는 자를 선봉으로 삼으니 적병이 나오지 못하였다."(김해) 등의 기록이 대표적이다.

이렇게 풍속은 일반적으로 옛날부터 그 사회에 전해 오는 생활 전반에 걸친 관습이나 유행(流行) 등을 뜻하지만, 한편 중세사회에서는 백성을 다스리는 치도(治道), 곧 국가 경영 차원에서 풍속은 일정한 통제와 조정의 대상이기도 했다.

역사문헌에 보이는 민속·풍속 등의 전통적 어휘와 그 관념이 근대 학문으로서 민속학 탄생에 반드시 기여한 것은 아니고, 또한 그 관계도 깊지 않아 보인다. 조선 후기 실학파의 학문적 성과 중에서 민속자료 수집의 맹아(萌芽)를 볼 수 있다고 해도, 우리는 그것을 기초로 하여 근대 학문으로서 민속학을 주체적으로 성립·발전시키지는 못했다.

20세기 초에 접어들면서 '일제를 통하여' 또는 '그들과의 관계나 영향 속에서' 한국에도 민속학이 시작되었다. 그러나 처음부터 민속학이란 이름이 쓰여 진 것은 아니다. 초기에는 토속학(土俗學)이라고 했다. 당시에 일본인 학자들이 서구의 'Ethnography'를 그렇게 번역하여 사용했다. 심지어 지금은 매우 생소하지만, 민간전승학(民間傳承學)이라고도 했다. 그러다가 점차 'Folklore'를 번역한 낱말인 민속학(民俗學)이 통용되기 시작했다. 이러한 분위기 속에서 마침내 일본에서는 1928년에 '민속예술(民俗藝術)의 회(會)'가 성립되어 그 학회지인 『민속예술(民俗藝術)』이 발간되고, 그 다음해에는 동경(東京)에서 '민속학회(民俗學會)'가 창립되어 그 기관지인 『민속학(民俗學)』이 간행되기 시작했다.

이로부터 민속학이란 낱말이 하나의 학술 개념으로 확정되고 본격적으로 널리 알려지기 시작한 계기가 되었다. 남창(南滄) 손진태(孫晉泰)도 1920년대 중반만 해도 토속학이란 낱말을 썼다. 그러나 그 이후에는 민속학이란 이름을 고정화시켰다. 조선에서도 송석하(宋錫夏), 손진태(孫晉泰), 정인섭(鄭寅燮) 등은 1932년에 '조선민속학회(朝鮮民俗學會)'를 창립시켰다.

그러면 민속학은 무엇을 연구 대상으로 하는 학문인가? 석남(石南) 송석하는 "민속학은 민중(民衆)의 가장 접근한 사상(事象) 전체를 포할(包轄)한 부분을 연구 범위로 하는 학문이라고 하겠다."(1934년)고 밝힌 바 있다. 곧 민중문화가 대상이라는 것이다. 이러한 생각들을 신민족주의 사관(史觀)에 기초하여 더욱 한 단계 발전시킨 것이 1947년에 발표한 남창 손진태의 민속학 정의(定義)이다. 그는 다음과 같이 말한다.

"민속학은 민족문화를 연구하는 과학이다. 여기서 민족이라고 하는 술어는 지배 귀족 계급을 포괄하는 광의의 말이 아니요 민족의 대다수를 구성하는 농민과 상공어민 및 노예 등 피지배 계급을 의미하는 것이니 따라서 민족문화란 것은 귀족문화에 대한 일반 민중의 문화를 이르는 것이다. 다시 말하면 민속학은 민중 일반의 경제적 · 사회적 · 종교적 · 예술적 · 생활의 모든 형태와 내용을 탐구하고 비판하는 학문이다."(남창 손진태, 1947년, 『조선민족문화의 연구』 自序)

송석하와 손진태는 민속을 각각 '민중의 사상(事象)' 또는 '민중의 문화'를 연구하는 것으로 이해하고 있다. 특히 손진태는 피지배계급을 민중이라고 여기고 있다. 그의 논리대로라면 민속 또는 민속학은 피지배계급, 곧 민중의 문화를 연구하는 것이 된다. 여기서 민중문화는 지배 귀족 계급의 문화와 대비되는 개념이다. 지배 · 피지배계급이란 용어는 마치 민속 · 민속학을 역사상의 피지배계급 문화만을 대상으로 하는 것처럼 오해시킨다. 그러나 그는 역사상의 민중문화만이 아니라 당연히 당대(當代)의 민중문화도 민속학의 연구 대상이라고 생각했다. 오히려 당대의 민중문화가 민속학의 출발점이며, 이는 민속 현지 조사에 의하여 가능하다고 판단했다.

이들의 생각은 일단 올바르다. 민속학의 대상은 기본적으로 민중문화이다. 그러나 이 개념을 현대에 그대로 적용하기에는 다소 무리가 따른다. 민중이란 개념 자체도 현대사회와 다소 어울리지 않는다. 따라서 과거에 '통용되었던' 그리고 때로는 '혼란스러웠던' 민속 · 민속학의 개념은 현대에 유용한 가치를 지닐 수 있도록 재조정되어야 바람직하다.

민속 개념의 현대적 부적합성에도 불구하고 현재로서는 다른 용어로 대치하기에는 여러 형편상 어렵다. 또 더 나은 대안이 특별히 있는 것도 아니다. 다소의 문제가 있어도 그 낱말의 의미를 현대에 적합하게 변용하고 확대하여 쓰는 것이 현실적이다.

그렇다면 현대적 의미에서 민속은 무엇이며 민속학은 무엇을 연구하는 학문인가?

첫째, 민속은 기본적으로 민중문화를 일컫는다. 그것이 민속의 중심축이란 사실은 분명하다. 그러나 여기서 민중이란 "각 시대의 계급사회에 있어서 지배되고 억압·착취 받으며, 생산에 종사하고, 물질적으로도 정신적으로도 문화의 창조를 떠받치는 사람들을 뜻하는 인민대중(人民大衆)을 뜻하는 것"(임석진 외, 『철학사전』, 중원문화, 2009.)이 아니다. 진보주의 또는 좌파 계열에서 역사의 주체로 인식하는 피지배계급인 민중이 아니라, 매우 평범한 개념으로서 일반 국민을 뜻한다. 다만 그 중에서도 그 이전 시대의 민중문화를 '각 지역에서' 그리고 '각 문화의 부면'에서 보유하며 전승시키고 있는 일반 국민으로 이해하면 된다.

민중 개념의 시대적 적합성만 신중히 고려하면 그리고 잔존(殘存) 및 기층(基層) 개념의 몰역사적(沒歷史的) 오용(誤用)에 조심만 하면, 남창 손진태의 "민속학은 민중 일반의 경제적·사회적·종교적·예술적 생활의 모든 형태와 내용을 탐구하고 비판하는 학문이다."라는 주장은 오늘날에도 매우 유효하다.

둘째, 민속이 민중문화를 핵심 내용으로 하는 것만으로는 충분하지 않다. 그것을 중심으로 한다고 해도 모든 한국인의 일상생활 문화도 민속·민속학의 주요한 내용이며 대상이다. 특히 대부분의 한국인이 현재는 그러한 일상생활을 하지 않지만 과거 한두 세대 또는 그 이전 세대가 영위했던 일상생활을 그들의 기억을 더듬어 재구성하고 해석하는 일은 매우 중요하다. 이러한 조사 및 연구 과정을 거쳐서 각 지역 일상생활의 다양성과 그 전통에 대한 자료를 구축하고 또한 그 문화를 이해할 수 있다.

셋째, 앞서 언급한 내용은 주로 농어촌 지역을 대상으로 한 과거 시기의 일상생활 문화에 관한 것이라면, 현대 민속학이 지향해야 하는 하나의 과제는 현재 농어촌 및 도시 주민이 영위하고 있는 일상생활 문화 연구이다. 도시민속학도 그중 일부가 된다. 그러나 이 경우에 유의해야 할 부분은 그것이 도시사회학이나 도시인류학과 구별되는 나름의 관점과 방법에 기초해야 한다는 것이다. 현대 민속학에서는 현재 속에 존재하고 작동하고 있는 과거, 곧 현재-과거 사이의 상관관계에 더욱 관심을 기울여야 한다.

한편 민속·민속학의 학문 영역을 시간을 기준으로 살펴보면 다음의 2가지 하위 분야로 분류할 수 있다. ① 민속에 대한 역사문헌 연구를 주된 방법으로 하여 통시적(通時的) 접근을 하는 민속사(民俗史)와 ② 현장 조사 연구를 주된 방법으로 하여 민속에 대한 공시적(共時的) 접근을 하는 일반적 의미의 민속학(民俗學)이 있다. 물론 전자와 후자는 상호보완 관계에 있다.

굳이 지적하자면 광의(廣義)의 민속학은 양자를 모두 포함하지만, 협의(俠義)의 민속학은 후자만을 의미한다.

2. 민속학 연구의 기본 관점

인류학은 인간에 관한 모든 내용을 포괄하는 인간과학(all inclusive human science)이다. 민속학도 인류학과 일정 부분은 마찬가지로 매우 다양한 분과 학문을 포함하는 종합 학문이다. 민(民)과 속(俗)이 다소 전근대적 개념이기는 하지만, 앞서 언급한대로 '민중문화의 모든 형태와 내용' 및 '모든 사회계층의 일상생활 문화'를 연구대상으로 한다.

그런데 이들 연구 대상에 접근할 때에는 ① 시간 ② 사회계층 ③ 혈연 및 지역 ④ 일상·비일상이란 4가지 차원을 고려하는 것이 중요하다. 다음에는 이 차원들에 대하여 설명한다.

가. 시간 차원

첫째, 민속학이 '과거 및 현재의 민(民)의 문화 일체'를 대상으로 한다는 명제는 민속학을 '민속사(民俗史)'와 '협의의 민속학'(일반적 의미의 민속학)으로 구분한다. 민속학을 단순히 과거와 현재로 분리하여 그 대상 시간을 기준으로 한다면 ① 민속에 대한 역사문헌 연구를 통하여 통시적(通時的) 접근을 하는 민속사(民俗史)와 ② 현지조사로서 공시적(共時的) 접근을 하는 협의(俠義)의 민속학으로 나눌 수 있다. ①은 과거를 대상으로 하는 민속학이며, ②는 현재를 대상으로 하는 민속학이다. 물론 민속사와 민속학은 모두 넓은 의미에서 민속학의 양대 분과 학문이다. 또한 양자(兩者)는 각각 독립적으로 존재하는 학문은 아니다. 당연히 상호보완 관계에 있다. 민속사는 민속학 현지 자료에 시간성을 부여하며, 민속학 현지 자료는 민속사의 공백을 충족시킬 수 있다. 현재에 관한 관심이 증대할수록 역사에 대한 관심도 증대한다. 이는 반대의 경우에도 마찬가지이다.

또한 현재의 문화 역량과 과거 역사를 재구성하고 해석하는 능력도 상호 간에 함수관계를 갖는다. 현재 민속에 대한 관심이 다양하고 클수록, 과거 역사 속의 민속에 대해서도 그러하다. "과거는 현재를 설명하고, 현재는 과거를 설명한다."는 역사학의 명제가 있다. 민속사와 민속학의 관계에도 정확히 적용되는 명제이다.

둘째, 시간을 고려한 민속 이해는 그 지속과 변화를 읽으려는 관점을 전제로 한다. 민속은 정치 · 경제 · 사회 · 사상 등 다른 문화의 부면에 비하여, 역사 전개에 따른 변동이 비교적 완만한 것으로 알려져 있다. 그러나 민속이 정체성(停滯性)을 띠는 것은 결코 아니다. 민속도 변동 속도와 내용은 조금 다르지만, 역사 전개에 따른 변동은 응당 본질적이다. 또 민속을 구성하는 각 내용마다 변동의 질과 양이 다르다.

민속도 역사적 과정을 통하여 형성된 것이기에, 한국사의 발전 체계와 논리에서 벗어날 수 없고, 따라서 민속을 통해서 한국사의 계기적 발전을 읽을 수 있다. 각 시대의 민속은 당대의 여러 문화 부면을 반영할 뿐 아니라, 그를 배경으로 생성·전개된다. 곧 다른 문화의 부면과 유기적인 상호관련성을 맺고 있기 때문에, 다른 문화 부면의 변화는 민속의 변화를 초래한다.

따라서 어떤 민속은 그 의미와 기능을 잃고 소멸되기도 하고, 변화된 사회 환경에 알맞게 적응하여 새로운 민속으로 변용되어 출현하기도 한다. 때로는 이전에 없었던 전혀 새로운 민속이 나타나기도 한다. 만일 민속의 변화가 확연하지 않고 완만하다 해도, 이런 작은 변화가 거듭하면서 누적되어 가면, 마침내 오랜 기간이 지나서는 큰 변화를 보인다.

그동안 한국민속학계는 민속의 시간성(또는 역사성) 문제를 도외시하는 경향이 있었다. 민속도 역사적 과정을 거치면서 형성되고 변화한다는 엄연한 사실이 대체로 간과되었다. 그 결과 많은 민속의 부분은 막연히 고대 및 과거의 어떤 잔존물(殘存物)로서 인식되어서, '민속=고유(固有)문화=전통문화=기층(基層)문화' 또는 '민속은 유구한 세월 전승되어 온 민족문화의 뿌리'라는 관점에 치우쳤다. 이 말은 민속이 전혀 과거 문화와 관계가 없다든지, 전통문화나 기층문화로 인식될 수 없다는 뜻이 아니다.

'민속=잔존문화'라는 등식은 자칫 잘못하면 '민속=원시 및 고대문화' 또는 '민속=고정불변의 문화'라는 생각으로 이끌어서, 민속을 열등하고 미개한 민족이나 사회계층의 문화로 오해시키고, 더 나아가 민속을 역사에서 제외시킬 가능성이 있다. 민속이 현대에 남아 있는 원시 및 고대문화의 흔적이라고 생각하는 관점을 택한다면, 이는 역사의 시대 구분을 고대와 현대로만 나누는 잘못을 저지르고, 더욱이 민속이 역사의 전개와 더불어 형성되어 왔고 새롭게 형성될 수 있다는 사실을 몰각하게 한다.

예컨대 1990년대 초 초등학교 5학년 사회 교과서에는, 당시의 풍어제 · 산신제 · 서낭당 등을 '원시신앙'의 여러 모습이라고 설명한 내용이 있다. 현재 행해지고 있는 농어촌의 공동체 신앙에 '원시'라는 시간 개념을 투영시켜서, 마치 지금의 농 · 어민 마을신앙이 원시시대부터 변함없이 내려온 '나쁜 미신'이란 관점을 제공하고 있다. 이를 더 부정적으로 확대 해석하면, 오늘의 농어민 문화는 원시시대부터 전혀 자율적인 역사 발전을 경유하지 않은 셈이 된다. 이러한 민속에 대한 관점은 민속을 '식민지 민중이나 자국 내의 피지배계층이 지닌 문화'로 규정한 식민지 민속학에서나 볼 수 있는 것이다. 민속도 역사 과정의 산물이기에 우리는 늘 시간성을 고려하여 민속을 이해해야 한다. 그래야만 민속의 특성과 그 생성 · 변화 · 발전의 합법칙성을 밝히고, 오늘의 민속도 역사적인 관점에서 이해할 수 있다. 또한 전통문화나 기층문화의 정확한 실체를 포착하는 데도 도움이 될 것이다.

어떤 민속의 경우에도 그 지속과 변동의 모습은 매우 복잡하게 나타난다. 그리고 하나의 민속 안에서도 지속되는 부분과 변동되는 부분이 공존한다. 그리고 변동되는 부분은 지속되는 부분에 의하여 일정 범위 안에서 재해석되기도 한다. 또한 각 민속 분야의 특성에 따라서도 다양한 지속과 변동의 모습을 보이기도 한다. 여기에다 시대 · 계층 · 지역 간의 차이에서 나타나는 민속의 다양성도 지속과 변동의 모습을 복잡하게 하는 중요한 원인이 된다. 동시대라 하더라도, 지역과 계층에 따라서 서로 다른 민속이 존재할 수 있다. 이 사실을 분명히 인식하지 않으면, 동시대의 민속을 지역과 계층을 막론하고 모두 동일시하는 착각에 빠질 수 있다. 지역과 계층에 따른 민속의 차이점을 인정한다면, 동시에 각 지역과 계층마다 변화 속도와 내용이 다소 달라진다는 점도 이해할 수 있다. 곧 왕도(王都)와 지방, 도시와 시골, 그리고 지방마다 변화의 모습은 약간씩 다를 것이다.

이외에도 시간의 흐름에 따른 미시적 · 거시적 변화도 감안하여야 한다. 부분적인 변화가 누적되어 구조적인 변화에 영향을 줄 수도 있고, 구조적인 변화가 부분적인 변화를 초래할 수도 있다. 그리고 민속을 구성하는 여러 부분들도 서로 간에 영향을 미친다. 이처럼 역사 전개에 따른 민속의 지속과 변동은 매우 다양하고 복잡한 것이다.

민속에서도 시간에 따른 변동은 본질적이다. 그런데 지속은 '고정불변의 지속'이 아니라, 변동이라는 큰 틀에서 변동과 호흡을 함께하는 지속이기에 '변동속의 지속'으로 이해된다. 지속도 시간에 따른 변동에서 벗어날 수 없지만 변동을 일정한 범위 안에서 조절하는 기능도 동시에 하고 있다.

셋째, 오늘의 민속은 산업화와 도시화 그리고 현대 자본주의 사회와 세계화 · 정보화라는 시대 배경 속에 존재한다. 지금은 4차 산업혁명 시대를 목전에 두고 있다. 그런데 다른 문화의 부면도 부분적으로 그러하지만, 특히 민속 부면에서는 '비동시성의 동시성'이 더욱 두드러진다. 이전 시대의 문화가 지금 시대의 문화와 공존하고 있다. 이를 다시 부연 설명하면, 전 시대의 민속이 비록 쇠퇴되고 변형된 상태이나마 지속되기도 하며, 또는 전 시대의 민속이 현대에 적합하게 변형되어 가고 있는 민속도 보인다. 새로운 민속이 출현하기도 한다. 그러나 일부 민속을 제외하고는 대부분은 전 시대 민속의 현대적 절충 또는 변환이라고 할 수 있다. 심지어 새로운 민속의 대치나 출현이라도 가만히 살펴보면, 그 속에는 이전 민속의 편린이 어느 구석에라도 화석처럼 남아 있는 경우도 있다. 심지어 겉으로는 사라진 것처럼 보이지만, 새로운 민속의 바탕을 이루기도 한다.

따라서 잔존(殘存)이나 기층(基層) 등의 용어를 진화주의나 식민주의 입장에서처럼 쓰지 않는다면, 그것이 지닌 낱말 뜻 자체는 여전히 오늘날 민속학에서도 유용할 수 있다. 민속학이 현대문화 속에 남아 있는 잔존을 주된 조사 및 연구 대상으로 한다고 하여 잘못된 것은 아니다. 다만 앞서 지적한 대로, 잔존이란 개념을 진화주의 이론을 바탕으로 한 식민주의에서 오용하고 악용하였던 역사적 사실을 몰각하고, 민속학에 그 개념을 함부로 사용해서는 안 된다는 말이다.

이런 측면에서 보면 잔존이란 개념을 현대적으로 재해석해 볼 필요가 있다. 잔존을 축자적으로 따져보면, '없어지지 않고 남아있는 현상이나 사물'을 뜻한다. 여기에는 과거에 진즉 소멸되었어야 하나, 여전히 불필요하게 남아 있는 것이란 생각이 깃들어 있다. 곧 변화된 시대에 아직도 남아 있는 과거의 낡은 문화란 부정적 편견이 강하다. 잔존은 '허울만 유지하고 있는 여맥'으로 인식되기도 하지만, 여전히 '살아 있는 문화'인 경우도 있다. 그러나 지금 그것이 중심부 문화가 아니고 또한 기억 속의 문화에 불과 하더라도, 그것은 분명히 '현재의 문화'라고 할 수 있다.

이러한 속성을 다른 측면에서 보면 '지속(持續)'이란 낱말로 표현할 수 있다. 다소 어폐는 있지만, 이러한 동일한 현상과 사물은 어떤 측면에서는 잔존으로, 또 다른 측면에서는 지속으로 이해할 수 있다. 민속은 이러한 잔존 또는 지속을 주된 연구의 대상으로 삼는 것이다.

예컨대 고전적 · 전통적 민속학에서는 과거 한두 세대 또는 그 이전 시기의 출산 문화에 대하여 조사하고 자료를 수집한다. 그러나 현재 병원 분만실에서 아기를 낳고, 백일이나 돌잔치를 대형 요식업소에서 뷔페식으로 행하는 등의 출산 문화는 일단 부차적이며 주변적인 주제로 여긴다. 다만 그 안에 담겨진 과거 출산 문화가 있다면, 그 부분은 관심을 집중한다.

이는 출산만이 아니라 다른 수많은 일상생활 문화의 영역에서도 마찬가지이다. 추석은 본질적으로 농업이 삶의 근간 자체 또는 국가 경제의 기초였던 전근대사회의 유습(遺習)이다. 전통적 농업 국가에서 농사의 성공을 하늘 및 조상과 연계시키는 관념은 매우 자연스럽다. 현대사회에도 여전히 농업은 중요하며 조상 숭배도 전승되고 있지만, 전근대사회와 비교하면 그 비중은 비교할 수 없을 정도로 약화되었다. 오늘날 한국 경제의 번영은 농업이 아니라 산업화의 성공에 따른 획기적 무역수지(貿易收支) 흑자에 기초하고 있다. 대가족 제도가 아닌 핵가족에서는 상대적으로 조상에 대한 관념은 축소될 수밖에 없다. 친부모, 조부모, 외조부모를 제외하면 그 밖의 조상과 친족은 관심 밖에 있다. 심지어 고모 · 이모란 말은 알지만, 그러한 관계에 있는 친척이 없는 청소년이 많다. 그럼에도 추석은 여전히 대단한 문화적 관성으로 오늘날에도 살아 있는 문화로 기능하고 있다. 본격적인 산업화 · 도시화 사회로 진입되기 전, 더욱이 전근대사회에서는, 추석 귀경의 혼잡이란 있을 수 없었다. 추석을 함께할 사람들은 대개 한 마을이나 인근 지역에 있었기 때문이다. 최근의 추석은 더욱 새로운 변화에 직면하고 있다. 전통적 추석 쇠기에서 벗어나, 새로운 문화가 빠른 속도로 확산되고 있다.

현대사회에서 추석을 대상으로 하여 무엇을 조사해야 하는 것인가.

거듭되는 언급이지만, 추석 기간에 이루어지는 해외여행이나 도시 호텔에서 연휴 즐기기 등이 주된 연구 대상은 아니라고 본다. 물론 이러한 관점에 대해서는 향후 재논의의 필요성은 있다.

여기서 제시하는 이 같은 관점을 복고주의(復古主義)로 오해하거나 폄하해서는 안 된다. 이는 과거의 정치, 사상, 문화, 제도, 풍습 등으로 되돌아가려고 하거나, 외부 사상이나 문물을 배격하는 관점이 아니다. 문화유산의 차원에서 과거 및 과거의 잔존·지속 등에서 '잃어버린 과거의 문화유산' 또는 '잃어버린 과거가 간직한 삶의 지혜' 등을 찾아내려는 것이다.

나. 사회계층 차원

민속은 앞서 언급한 대로 ① 전근대사회 일반 백성의 일상생활 문화와 ② 그러한 전통을 '부분적으로' 또한 '변형적이나마' 지속시키며 간직하고 있는 현대의 일반 국민이 영위하는 일상생활 문화가 중심이 된다. 곧 (평범한 의미의) 민중문화를 '각 지역에서' 그리고 '각 문화의 부면'에서 보유하고 전승시키고 있는 일반 국민이 민속학의 대상이 되는 셈이다.

백성이나 민중 등이 민속의 중심 개념임은 분명하다. 그렇다고 해서 지금의 민속이 현대사회의 소외된 계층이나 주변 문화 등에만 관심을 보이는 것은 바람직하지 않다. 현대사회에서는 직업을 포함하여 경제 및 교육 수준에 따른 일상생활 문화가 '다소' 때로는 '크게' 다르다. 한 집안에서도 그리고 한 지역 안에서도, 그 구성원은 전근대사회와는 달리 매우 다양한 경제 및 교육 수준, 직업을 가진다.

동일한 민속 주제라고 해도 사회계층에 따라서 매우 다양한 양태를 보인다는 사실을 잊어서는 안 된다. 전통적 민속 조사연구에서는 이러한 문제의식이 거의 없었다. 그래서 민속에 대한 조사와 서술에서 이러한 부분에 대한 인식이 배제된 채 대상에 대한 평면적이며 단순한 설명에 치우친 경향이 심했다.

하나의 사례로 출산의례를 들어서 설명하면 다음과 같다. 곧 사회적 지위 및 경제적 형편 등이 고려되지 않은 상태에서 자료를 수집하고 그 다양성들이 숨겨진 채로 한데 뭉뚱그려 서술되었기 때문에 민속의 실상이 잘 드러나지 않는 경우가 많았다. 왕실이나 사대부 그리고 일반 백성의 출산의례는 분명히 다르다. 경제 형편에 따라서도 차이가 있다. 왕실에서야 태실(胎室)을 조성하지만, 사대부에서는 백자 항아리에 태를 넣어 봉안하며, 일반 백성은 기껏해야 오지항아리나 바가지에 담거나 아니면 아예 땅에 묻거나 태우는 등 태 처리 방식이 다르다. 태를 소중하게 여겨서 함부로 처리하지 않고 일정한 의례를 통하여 봉안하는 방식은 거의 동일하게 나타난다. 그러나 각 사회계층이나 경제 형편에 따라서 태와 관련된 세부 내용은 편차가 있다. 이는 비단 태에만 국한되는 사례가 아니다. 모든 민속의 분야와 그것을 구성하는 많은 요소에도 적용되는 보편적 관점이다. 어떤 신부라도 신행에 가마를 탈 수 있는 것이 아니고, 어떤 신부라도 마당을 빌려 줄 수 있는 것이 아니다. 혼수의 편차가 심한 것도 물론이다. 극단적으로 칠관(漆棺)에 회벽(灰壁)으로 단장한 죽음과 거적에 둘둘 만 죽음이 같을 수 없다.

민속 조사 면담 시에 "수의(壽衣)는 언제 어떻게 장만하나요?", "대례(大禮)는 어디에서 어떻게 치르나요?" 하는 단순한 질문에는 다양한 사회계층과 경제 형편이 감안되어 있지 않다. 따라서 가능하다면 어떤 설문 항목에서도 그러한 계층과 경제 사정은 반영되어야 할 것이다.

곧 사회계층에 따른 민속의 보편성과 특수성을 찾아내려는 안목이 필요하다는 지적이다.

다. 지역 · 혈연 차원

고전적 · 전통적 민속학에서는 현지 조사 대상의 지역적 · 혈연적 기초 단위를 하나의 마을과 그를 구성하는 각 가정에 둔다. 다시 말하면 기본적으로 농어촌 마을 단위에서 이루어지는 개인 및 공동체 삶에 일차적 관심을 보인다. 마을은 대다수 과거 및 현재의 민(民)이 생활을 해왔던 실질적 지역(또는 취락) 단위이고, 일반적 의미로 보면 민속의 모태(母胎)이기 때문이다. 민속 조사가 대체로 마을 조사와 동일시되는 이유이다. 마을을 구성하는 각 가정도 역시 개인의 삶이 영위되는 기초 혈연 단위이기 때문에 그러하다.

이렇게 마을과 가정은 민속조사의 기본 단위이며 대상이기도 하지만, 민속 분야에 따라서는 그것이 행해지는 지역 및 혈연 집단 범주가 어떠한지를 고려하는 일은 그것의 본질 및 형성 · 전개 과정을 이해하는 데 중요하다. 곧 어떤 민속이 자연 마을 단위로 행해지는지, 고을 및 국가 단위로 행해지는지, 아니면 일정 지역 범위 안에서 분포하는 것인지를 살피는 것이다. 혈연 집단에서도 한 가정에서 행해지는 것인지, 문중 단위로 행해지는 것인지를 고려하여 조사 연구할 필요가 있다.

라. 일상 · 비일상 차원

민속 조사 연구에서 그 대상에 대하여 일상(日常)과 비일상(非日常)의 상황을 고려하는 접근 태도가 필요하다. 여기서 일상이란 글자 뜻 그대로 날마다 반복되는 상황이며 생활이다. 어떤 측면에서는 정상이라고도 할 수 있다. 특별히 이상한 문제가 없는 평범한 상태이다. 이에 반하여 비일상은 이상이 생긴 비정상적 삶이다.

물론 민속이란 대상을 두고서, 특히 인간의 삶을 두고서 '일상과 비일상' 또는 '정상과 이상'이라는 이분법으로 나누어 도식적으로 이해할 수는 없다. 그것보다는 인간마다 서로 다르게 살고 있는 '삶의 다양성'이라 할 수 있다. 그러나 그 다양성을 일목요연하게 체계화하여 연구하고 이해하기가 현실적으로 쉽지 않다. 그래서 이분법을 우선 적용하고, 다시 그 안에서 다양성을 추적할 수 있다. 그 동안 민속 이해에서 일상 · 비일상이란 관점은 거의 착안하지 못했다. 이에 대한 미분화 인식 속에서, 무의식적으로 일상이 주된 연구 대상이었다. 그러나 앞서의 다른 차원에서와 마찬가지로, 이러한 문제의식 또는 관점을 투영하면 민속 이해의 심도를 깊게 하고 각도를 넓힐 수 있다.

일상 · 비일상의 차원은 특히 일생의례나 민간신앙의 분야에 적용하면 바람직하다. 인간의 삶은 각자가 처한 사회적 현실이나 운명적 상황으로 매우 다양한 양태를 지닌다. 이렇게 서로 다른 삶의 내용을 낱낱이 분류하고 설명하기는 어렵거나 불가능하다. 개인의 실존이 다른 만큼 일상의례도 달라질 수 있다. 따라서 평범하고 일반적인 '일상적 일생의례'를 기준으로 하더라도, 그렇지 않은 상황에서 일어나는 '비일상적 일상의례'도 매우 소중하게 여기고 서술 대상으로 해야 한다. 곧 상장례(喪葬禮)에서 정침(正寢)의 운명과 호상만이 아니라, 객사나 임산부·어린아이·처녀와 총각·쌍둥이 등의 죽음과 그에 따른 장례도 중요하게 다루어야 한다. 초분(草墳)이나 호식장(虎食葬) 등과 같은 주제도 마찬가지이다. 그래야만 각양각색의 인생에 적합한 일생의례의 대응 방식과 그것이 지닌 의미와 가치를 알 수 있다.

3. 들풀처럼 슬픈 민속학 연구사

한국 인문과학에서 민속학이 차지하는 위치·비중·역할은 다소 복잡하고 미묘하다. 과거에 비하여 많은 발전을 이루었고, 자기 정체성도 어느 정도 구축하여 왔지만 그렇게만 확신하기에는 여전히 미흡한 부분도 적지 않다. 민속학에 대한 사회적 수요도 지속적으로 증대되어 왔지만, 그에 대한 민속학의 대응 및 공급은 만족스럽지 못했고 아쉬움도 컸다.

여기에는 민속학이 한 세기 동안 겪어 온 많은 어려운 사연이 얽혀져 있다. 이를 짧은 지면에 낱낱이 자세하게 밝힐 수는 없다. 이를 개략적으로 살피면 다음과 같다. 심한 축약으로 인한 다소의 오해와 불편이 따를 수 있다. 또 당연히 누락된 내용도 많다.

조선 후기 실학파의 민속에 대한 자생적 관심이 계승·발전되지 못했고, 일제강점기에는 조선총독부와 경성제국대학을 중심으로 식민지학(kolonialkunde)의 일환으로서 식민지 민속학이 성립·전개됐다. 그러한 식민지 시대에 남창 손진태와 석남 송석하 등은 조선민속학을 개척했다. 이들은 일본에 유학하였고 일본인 민속학자와 교류도 했다. 조선민속학회(1932)와 진단학회(1934)를 창립하는 데 공헌도 했다. 한국민속학사에서 그들의 공적은 영구히 빛난다. 한편 단순 비교를 하자면, 민속학에서는 백암 박은식이나 단재 신채호 등과 같이 식민지 학문에 맞서는 경험을 갖지 못했다. 이는 그 이후의 민속학 성향과도 일정한 관계를 지닌다.

해방 후 국어국문학과 국사학은 나름의 어려움을 헤쳐 나가면서, 한국학의 양대 지주로서 괄목할 만한 발전을 이루었다. 대학에 국어국문학과와 사학과를 설치하고, 본격적인 학문 연구와 연구자 양성을 가동했다. 그리고 학문의 사회적 소임도 일정 부분 훌륭히 해냈다. 특히 국사학은 1970년대를 전후하여 식민지사학의 극복 및 청산을 외쳤다. 민속학은 식민지 민속학에 대한 비판·극복 과정을 거치지 못했다. 남북 분단이 되면서, 북한은 실학파의 민속에 대한 관심을 조선민속학의 맹아로 규정하는 동시에 식민주의 민속학을 비판했다. 그리고 민속학을 역사과학 계열의 학문으로 자리매김하였다. 조선사와 민속학의 상호협력 및 보완도 주장했다. 남한 민속학은 국문학과 깊은 관계를 지니면서 또한 그것으로부터 분파되는 상황에서 민속학을 발전시켰다. 민속학은 국사학과 서로 소원했다. 국사학은 아예 민속학에 관심조차 없어 보였다. 민속학에서도 민속의 역사성에 별반 주목하지 않았다. '역사과학으로서의 민속학' 개념은 생각조차 못했다. 석남의 별세(1948)와 남창의 납북(1950)이 미친 남한 민속학계의 공백과 그 후의 파장은 사실상 매우 컸다. 만일 그들이 남한에서 계속 활동했다면, 민속학은 지금과는 일정 부분 다른 경로를 밟았을 것이다.

1961년에는 서울대에 고고인류학과가 설치되고, 이를 필두로 1970-1980년대에 걸쳐 여러 대학에 문화인류학과 등이 개설되었다. 2008년에는 뒤늦게나마 연세대에도 문화인류학과가 신설되었다. 인류학도 민속학과 상호 연대나 협력은 별로 없었다. 시간이 지날수록 대체로 인류학과 민속학도 멀어져 갔다. 암담해 보이던 민속학과 개설은 1979년이 되어서야 안동대에서 처음으로 이루어졌다. 민속학의 입장에서는 대단한 경사였다. 그 후 많은 민속학도를 배출하여 온다. 2013년에는 중앙대 민속학과가 짧은 역사를 마감하고 폐지되었다. 미래사회에 적합하지 않다는 것이 그 이유였다. 안동대 민속학과는 다시 유일한 존재감을 회복하였다. 민속학을 홀로 담당하는 만큼 그 책임이 더욱 무거워졌다.

1960-1970년대의 무형문화재 정책과 새마을운동도 민속학과 깊은 관계가 있다. 정부 한편에서는 일부 민속을 보전 · 전승시켜야 할 소중한 가치가 있는 것으로 판단하고, 이들을 중요무형문화재로 지정하였다. 민속이 곧 무형문화재는 아니지만, 민속의 상당 부분이 무형문화재로 인식되었다. 또 다른 정부 한편에서는 민속을 근 · 현대화의 저해요인이라 하여 그에 대한 부정적 시각을 확산시키고 있었다. 산신당 · 서낭당 · 장승 · 돌탑 등이 새마을운동과 함께 부숴졌다. 1920년대 미신타파의 광기가 다시 한 번 전국을 휩쓸었다. 여기에 일부 복음주의 기독교의 '무속=민간신앙=민속=전통문화=우상숭배'란 등식 개념도 민속에 대한 오해를 만연시키고 있었다. 신학자 윤성범이 "우리는 한국 것이라면 덮어 놓고, 귀신딱지로 보아 넘겨 버렸다. 참 가치를 알아볼 생각이나 시간적인 여유도 없이 한데 묶어서 우상숭배로 취급해 버리곤 한 것이다. 이것은 참된 종교인의 태도가 아니다."라고 뉘우친 것도 그즈음이다.

이와 함께 전통문화 및 민중문화의 재발견 · 재인식이라는 문화적 흐름 속에서 민속이 점차 각광을 받기 시작했다. 가장 주목해야 할 사실은 민속학 학술 단체들의 출현이다. 대표적으로 한국민속학회, 한국비교민속학회, 한국역사민속학회, 한국실천민속학회 등 여러 학회 등이 조직되어 활발한 연구 활동을 해 오고 있다. 이 중에서 한국역사민속학회는 다른 학회와 달리 진보와 변혁을 표방하면서, "역사민속학은 민중생활에 대한 총체적 재구성을 목표로 하는 역사과학으로서의 민속 연구 또는 역사과학 그 자체가 되어야 한다."고 선언하였다. 또한 '기록된 역사와 기록되지 않은 역사의 연계', '역사성을 고려한 민속의 접근 태도' 등을 중요한 관점으로 제시하였다.

여기에 국립민속박물관, 문화재청, 국립무형유산원 등을 비롯한 여러 정부기관 및 지방자치단체 그리고 각종 학술기관 및 단체 등에서도 민속학 관련 연구 성과를 집적시켜 왔다. 근래에는 각 시군 단위로 해당 지역의 무형문화유산을 정리하고, 또 이를 문화콘텐츠로 구축·활용하려는 노력이 경쟁적으로 이루어지고 있기도 하다. 이러한 상황에서 절실히 요청되는 사안이 주로 유용한 민속자료이고 민속학 연구자이다.

이러한 여러 학회 활동을 통하여 많은 논문이 발표되었고, 개인 차원에서도 저작 활동이 적지 않았다. 각종 학술기관 및 단체가 지원하는 민속학술과제 등에도 활발히 참여하며 많은 연구성과도 축적시켜 왔다. 또한 민속학도가 종종 각종 연구직에 채용됐다.

이렇게 외면적으로 활성화되어 있는 듯이 보이는 민속학계는 그 내면적으로 많은 특수한 취약점이 있어 왔다. 민속학의 존재감 및 정체성 등은 초기로부터 지금에 이르기까지 항상 도전을 받아 왔다. 분명히 민속학이란 학문은 존재하지만, 그것이 다른 기존의 학문과 같이 연구대상·목적·이론 및 방법·학문성과 및 효용성·교육 및 연구자 배출 등에서 하나의 독립 학문으로서 인정될 수 있는지의 문제였다. 이러한 회의는 과거에 특히 심했다.

이러한 문제의 본질은 민속에 대한 양면적 인식과 관계되기도 한다. 동전의 양면처럼 저급과 고급, 몰가치와 가치, 부정과 긍정, '버려야 할 문화'와 '보존 · 전승시켜야 할 문화' 등의 관념이 혼재되어 있다. 민속은 '몰가치한 일반 백성 및 민중의 문화'로서, 그것을 연구할 필요가 있는지, 더 나아가서 그것을 연구하는 민속학도 2류의 학문이란 편견도 없지 않았다. 그러나 민속학은 민속이야말로 한국 문화의 기반이고, 그에 대한 연구로써 미래를 밝히고 풍성하게 할 수 있다는 신념을 가진다. 어쩌면 다른 학문이 그들의 연구대상에서 의도적이든 그렇지 않든 배제한 주제들을 안타까운 마음으로 찾아 헤매는지도 모르겠다. 근 · 현대화의 과정에서 불용 처리되어 '버리거나 또는 버리고 있는 것'을 뒤늦게나마 현지조사라는 명목으로 쓰레기통을 뒤지는 형국일 수도 있다. 다시 말하면, 기존의 학문들은 기본적으로 '역사와 문화의 중심부'에 초점을 맞추고, 민속학은 '역사와 문화의 주변부'에 초점을 맞춘다. 과거에는 중심부를 연구하는 학문이 주변부를 연구하는 학문을 무시하고 홀대하는 경우도 있었다.

오늘날 민속학은 그러한 세월을 견디며 성장해 왔다. 특히 해방 이후 민속학 1세대와 2세대는 대체로 그러했다. 이제 3세대가 주류가 되어 민속학을 이끌고 있는 현실에서는 더욱 온전한 학문으로 발전해 나가야 한다.

민속학 1세대 · 2세대 연구자 대부분은 국어국문학과 출신으로 대학원 과정도 그곳에서 밟았다. 일부 타 학문 출신도 대학원 과정을 국어국문학과에서 주로 공부했다. 일반적으로 고전문학이란 세부전공 명목하에 민속학이 인정되었다. 민속학의 주요 주제들을 다루는 교과목조차 개설되지 않은 대학원이 많았다. 당연히 민속학 영역보다는 국어학 · 국문학 영역의 이수 학점이 많았다. 다만 석 · 박사 논문은 구비문학과 민간신앙을 비롯한 민속학 주제들로 제출했다. 지도교수는 낮에는 국어국문학을 강의하고, 밤에는 민속 주제의 글을 썼다. 3세대에 들어서 교육 및 연구 여건은 개선되었지만, 또한 크게 나아졌다고 하기도 어렵다. 그러는 한편 다행히도 일부의 대학원에 민속학 전공의 학위과정이 개설되어, 공부하기도 했다. 지금에 와서 회고해 보면, 국어국문학과 대학원에서라도 곁방을 차려 연구하고 학위소지자를 배출하지 않았다면, 민속학은 한층 어려운 처지에 놓였을 것이다. 국어국문학은 구비문학을 중심으로 민속학과 교집합을 이루며, 민속학의 인큐베이터 역할을 했다. 이에 비하여 국사학은 일반 민속은 고사하고, 민속 역사에도 별로 관심이 없어 보였다. 국사학은 한참 후에서야 생활사 연구를 시작했다. 그나마 민속학에 관심을 기울일 만한 단서가 마련된 것이다. 대학원 한국사 전공 과정에서 민속학 주제로 공부하는 일은 거의 없는 일이다. 이는 북한이 『조선전사』에서 각 시대의 풍습을 편차하여 서술한 것과 크게 대비된다.

민속학의 발전을 위하여 대학에 민속학과가 설치되는 것이 가장 바람직하다. 그러나 여러 현실적 난관에 부딪혀 당분간 불가능해 보인다. 그렇다면 대학원 과정에서라도 민속학의 기본 주제를 다루는 많은 교과목이 개설되어야 한다. 이는 민속학의 고전적 · 전통적 주제들에 충실해야 한다는 뜻이다. 대학원 교육을 대폭 강화하여 우수한 민속학 연구자를 길러내는 데 온갖 노력을 경주해야 한다.

또 다른 중요한 문제가 있다. 민속학 본령에 대한 이해가 결여된 상태에서, 다양한 개별 학문의 연구자들이 이룩한 '민속 및 그와 관련된 연구성과'도, 모두 민속학이 되고 민속연구자가 되어야 하는지, 이제는 깊이 고민해야 할 시점이다. 물론 그들의 노고가 민속학의 입장에서는 고맙고 또한 민속학을 풍성하게도 한다. 그러나 어느 민속 주제이든 어느 민속 연구자이든 민속학 본령에 근원을 두어야 바람직하다. 오해 없기를 기대하며 하나의 사례를 들면, 한국인의 의식주를 연구 주제로 한다는 사실만으로, 그것이 모두 민속학 연구로 평가받아서는 곤란하다는 뜻이다. 과거에는 그러했을지 모르지만, 앞으로는 민속학 관점에 기초해야 그것이 민속학 연구라는 것이다. 이를 분별하지 않으면, 민속학 본령이 제외된 채로 민속 주제가 연구된다는 사실조차 몰각될 수 있다. 이는 민속 주제가 반드시 민속학 입장에서만 연구되어야 한다는 말이 아니다. 그들 연구가 나름대로 지닌 가치를 부정하는 것 또한 아니다. 민속학은 민속 주제를 민속학 본령에 기초하여 연구해야 한다는 사실을 강조하는 것이다. 또한 학제 간 연구나 통섭이나 융복합 등을 무시하는 것도 아니다. 민속학이 학제 간 연구 등에 당당히 나서려면, 민속학은 더욱 자신의 정체성을 분명히 해야 한다. 민속학 본령에서 이탈된 연구는 민속학 전체에서 부분을 보지 못하게 하고, 민속학 부분에서만 부분을 보게 하는 위험도 있다. 민속학 본령에 굳게 토대한 연구이어야, 그 성과가 온전한 의미를 지닐 수 있다.

또한 향후에는 부전공 차원에서 연구되는 민속학보다는 주전공 차원에서 연구되는 민속학 비중이 높아지는 방향으로 진전되어야, 민속학이 독립 과학으로 제 역할을 다하게 될 것이다. 그렇다고 해서 부전공 차원에서 민속학을 연구하는 것을 비판하는 것이 아니다.

민속학 중흥을 위한 하나의 중요한 기초는 민속학에 대한 엄격한 교육과 그를 통한 연구자 육성이다. 이런 목표가 민속학의 대내외적 현실을 고려하지 않은 이상에 지나지 않는다고 해도, 여건이 되는대로 또한 여건을 조성해 가면서, 조금씩이라도 그렇게 전진해나가야 한다. 민속이란 훌륭한 연구대상을 올바르게 연구하여, 한국 역사와 문화를 발전시키고 풍성하게 하는데, 무엇보다 정직하고 능력있는 민속학 연구자의 양성이 중요하다.

20세기 초엽에 식민주의사학에 맞섰던 단재 신채호가 말했다. "조선사가 볼 것이 없어서 초라해진 것이 아니라, 조선사를 저술하는 사람들이 잘못하여 조선사가 위축되었기 때문이다." 단재의 탄식이 한국민속학에는 적용되지 않도록 해야 한다.

제1장

일생의례

제 1 장 일생의례

일생의례(一生儀禮)는 한 인간이 태어나 죽음에 이르기까지의 과정에서, 인생의 각 단계마다 치르는 각종 의례를 일컫는다. 여기서 각 단계란 개인의 탄생·성장·혼인·죽음 등에 따라서 사회적 지위와 역할이 전환되는 인생의 각 시기 또는 계기를 뜻한다.

이들 의례가 지닌 사회적 의미와 기능은 매우 지대하고 중요하다. 태어난 아기는 시간이 지나면서 점차 자라나지만, 이러한 생물학적 탄생과 성장만으로 아기가 온전한 가족 구성원이 되는 것은 아니다. 삼칠일·백일·돌 등 각종 의례를 통하여 점진적으로 아기는 한 집안의 가족 구성원이 되어간다. 아기의 생물학적 탄생을 사회학적으로 공인하는 것이다. 한 쌍의 남녀는 혼인을 하지 않아도 자녀를 낳고 가정을 이룰 수 있다. 그러나 이들 남녀는 사회가 인정하는 정식의 남편과 아내 구실을 할 수 없고, 부부로서 인정을 받지 못한다. 그들의 자녀도 한 인간으로서 정당한 지위를 부여받지 못한다. 혼인을 거쳐야만 한 쌍의 남녀는 정식의 부부가 되고, 자녀도 그들의 자녀로서 사회적 공인을 받을 수 있다. 장례도 마찬가지이다. 단순한 육신의 소멸은 완전한 죽음이 아니다. 죽음의 사회적 공인 절차인 장례를 치러야만 죽음은 비로소 완성된다. 생물학적 죽음에 사회학적 죽음의 의미를 덧붙이는 것이다. 장례를 치르지 않은 망자의 혼백은 뜬귀[객귀]가 된다. 저승으로도 가지 못하고 이승에도 머물지 못하는 불쌍한 귀신이다. 장례로 모신 혼백만이 어렵지 않게 저승으로 가서, 잡귀가 아닌 조상이 될 수 있다. 그러나 저승으로 천도된 조상이라도 후손의 제사를 정기적으로 받아야, 그 지위와 역할을 유지할 수 있다. 후손도 그래야만 조상의 음덕을 볼 수 있다. 이렇게 후손이 제사를 통하여 조상을 모시고 인사를 드리는 격식이 제례이다.

곧 일생의례에는 출산의례, 혼례, 상례, 제례가 있다. 그리고 여기에 성년의례와 회갑례가 포함되기도 한다.

일생의례와 비슷한 개념으로 통과의례(通過儀禮)와 관혼상제(冠婚喪祭)가 있다.

통과의례는 20세기 초엽에 프랑스의 인류학자 아놀드 반 겐넵(Arnold van Gennep)이 주장한 개념이다. 그는 전 세계적으로 한 인간이 태어나서 죽음에 이르는 과정에서 각 단계 또는 고비마다 각종 의례가 거행되고 있음에 주목했다. 그리고 이들 의례를 거쳐야만 한 인간이 하나의 인생 단계에서 다른 단계로 나아갈 수 있다고 이해했다. 이런 관점에서 그는 이들 의례를 통과의례(Rites of Passage)라고 명명했다.

가령 새로 태어난 아기가 출산의례를 거쳐서 새로운 가족 및 사회 구성원으로 거듭 태어나며, 총각과 처녀가 혼례를 거쳐서 엄연한 부부가 되며, 죽은 자는 장례를 거쳐서 내세에 안착하고 산 자는 다시 현세로 귀환할 수 있게 되는 것이다.

그는 이들 의례가 ① 분리(分離, separation), ② 전이(轉移, transition), ③ 再統合(재통합, incorporation)이란 3단계로 진행되고 있음을 밝혔다.

그리고 이러한 3단계는 각 문화에 따라서 그 내용과 비중을 달리하는데, 예컨대 분리의례는 장례에서, 통합의례는 혼례에서, 전이의례는 임신이나 성년식에서 중요한 부분을 이룬다고 주장했다.

한국에서는 이들 의례를 주로 예(禮)의 한 갈래인 가례(家禮) 차원에서, 곧 사례(四禮)인 관혼상제례(冠婚喪祭禮)로서 인식하고 행하여 왔다. 이는 본질적으로 재가(齊家)를 위한 예법으로서, 고려 말에 성리학과 함께 전래된『주자가례(朱子家禮)』로부터 지대한 영향을 받았다. 그 내용은 주로 관례(冠禮)의 관(冠)·계(笄), 혼례(婚禮)의 의혼(議昏)·납채(納采)·납폐(納幣)·친영(親迎)·현구고(見舅姑)·현처부모(見妻父母), 상례(喪禮)의 초종(初終)·습(襲)·영좌(靈座)·소렴(小斂)·성복(成服)·조석곡(朝夕哭)·조부(弔賻)·분상(奔喪), 장례(葬禮)의 치장(治葬)·천구(遷柩)·견전(遣奠)·발인(發靷)·성분(成墳)·반곡(反哭)·우제(虞祭)·졸곡(卒哭)·부제(祔祭), 제례(祭禮)의 사시제(四時祭)·기제(忌祭)·묘제(墓祭) 등을 다루고 있다.

그러나 중국 고대 및 중세의 가례를 송(宋)의 주희(朱熹)가 집대성한『주자가례』는 조선의 문화 전통 및 현실과 어긋나는 내용이 많았다. 그래서 조선시대에 들어 유계(兪棨)의『가례원류(家禮源流)』와 김장생(金長生)의『가례집람(家禮輯覽)』등과 같은 수많은 가례주석서(家禮註釋書)들이 간행되었다. 대표적으로 1844년(헌종 10)에 간행된 이재(李縡)의『사례편람(四禮便覽)』은 당대에 가장 영향력이 있는 가례 지침서였다. 그는 예학에 대한 깊은 조예를 토대로 하여,『주자가례』를 조선의 현실에 맞게 재해석하고 보완했다. 이 책은 그 이후 모든 가례의 표준이 되었다.

가례는 조선 조기에 주자학이 국가 운영의 기본 이념이 됨에 따라서 왕실과 사대부 중심으로 준행되었지만, 후기에는 점차 일반 백성에 이르기까지 보편화되어 갔다. 그렇지만 실제로 행해진 일생의례는,

예서(禮書)의 절차와 내용을 하나의 규범으로 삼았다 하더라도, 반드시 그것을 실천한 것은 아니다. 당연히 시대나 지역 그리고 계층에 따라서 편차가 있었다. 사대부 양반 계층에서도 그러했지만, 특히 백성들의 경우에는 예서에 없는 그들 나름의 전통적 일생의례의 관행들이 여전히 행해지고 있었다.

그런데 통과의례나 관혼상제라는 개념은 그 자체로서 고유한 의미가 있지만, 한국의 일생의례를 지칭하기에는 다소 부족한 측면이 있다. 관혼상제라는 낱말에서는 출산의례가 배제 또는 생략되어 있거니와, 사례(四禮)의 내용 자체도 백성이나 서민의 삶과는 큰 차이가 있었다. 통과의례는 사례를 비롯한 그 밖의 모든 입사식(入社式, initiation)도 포괄하는 범인류적 보편성 차원의 개념이기에, 역시 한국의 일생의례를 대변하는 낱말로 쓰기에는 부적절하다. 그래서 본 장에서는 이를, '일생을 거치면서 삶의 단계마다 치르는 의례'라는 평범한 뜻으로, 일생의례(一生儀禮)라고 명명한다.

여기에서 소개하는 일생의례는 다음과 같은 특징을 지닌다.

현재 시점의 일생의례는 다루지 않았다. 병원 분만실과 산후조리원 등에서 이루어지는 출산이나 음식점에서 치르는 백일이나 돌 등의 산후의례, 각 기관이나 학교 등에서 간단한 축하 행사로 치러지는 5월 3째주 월요일의 성년의 날, 예식장의 결혼식과 피로연, 병원 영안실이나 장례 예식장 그리고 화장장과 납골당 등의 장례는 언급하지 않았다. 또한 각종 예서의 관혼상제도 구체적으로 소개하지 않았다.

이 책의 일생의례는 충청남도의 토박이 노인들로부터 들은 구술자료에만 거의 의존하여 서술했다. 여기에는 구술자들이 그 이전 세대로부터 듣기만 했던 내용도 있다. 따라서 이들 자료의 시간은 한두 세대 이전이 대부분이고 아주 소급해야 3세대 이전을 거의 넘지 않는다. 현재에는 별로 행해지지 않는, 노인들의 기억 속에만 남아 있는 일생의례이다. 이는 속에 감추어 있는 듯이 보이지만 단순히 지나간 과거의 것이 아니라, 지금도 현재의 일생의례를 일정하게 떠받들고 있는 토대이기도 하다.

또한 토박이 노인이라면 정작 새로울 것이 없는 내용도 많이 기술되어 있다. 예서의 내용과 다른 일생의례도 소개해 놓았다. 민속 현장에서는 예서에 없는 일생의례가 행해지기도 했고, 설령 예서를 기준으로 했다고 해도 지역이나 가문에 따라서 나름의 전통과 많이 혼합되거나 변형되기도 했기 때문이다. 이들 내용 자체가 민속 현장의 실제 일생의례이었기에, 지나치게 평범하거나 또는 예서와 어긋나는 내용이라도 경우에 따라서 여과 없이 소개했다.

비일상적 일생의례에도 주목했다. 인간의 삶은 각자가 처한 사회적 현실이나 운명적 상황으로 인하여 매우 다양한 양태를 지닌다. 개인의 실존이 다른 만큼, 그들이 실제로 치른 일생의례도 다를 수 있다. 하나의 사례를 들면 안방에서 후손들이 임종하는 가운데 일반적인 죽음을 겪은 망자의 장례에만 관심을 두지 않았다. 임신부나 처녀 총각 그리고 쌍둥이 등의 죽음, 집 바깥에서 이루어진 객사 또는 횡사 등에 대한 장례도 중요하게 여겼다. 그래야만 각양각색의 인생 양태에 따른 다양한 일생의례의 의미를 이해할 수 있다.

1. 출산의례

출산의례는 기자(祈子)-산전(產前)-출산(出產)-산후(產後)-축하 잔치의

5단계로 나누어 살펴 볼 수 있다.

출산의례는 두 가지 목표에 집중되어 있다. 하나는 생명을 잉태하여 그 태아가 자궁 안에서 10달 동안 무사히 자라나고, 순산을 통하여 마침내 무사히 세상의 빛을 보게 하도록 하는 데 있다. 그리고 최소한 첫 번째 생일인 돌이 될 때까지 아무 탈없이 육아를 순조롭게 하는 것이다.

또 다른 하나는 출산의례가 통과의례로서 충분한 의미와 역할을 지니도록 하는 것이다. 아놀드 반 겐넵의 분리-전이-재통합이라는 3단계는 한국의 출산의례에도 적용된다. 임신부는 한 육신 안에 몸이 둘인 비정상적 인물로 간주되어 일상 세계로부터 분리되며, 임신 10달 동안의 전이 단계를 거쳐서, 마침내 출산을 하고, 점차 일상으로 재통합하게 된다. 곧 산부(產婦)는 주부로 되돌아가고, 신생아는 삼칠일 · 백일 · 돌 등의 잔치를 통하여 한 집안의 구성원으로 통합되는 것이다.

가. 기자(祈子)

새댁의 수태는 가정의 지대한 관심사이다. 한 집안의 대를 잇는 중대한 문제이기 때문이다. 그러나 예전에는 조혼, 영양실조, 생리 불순 등으로 임신이 어려운 경우가 드물지 않았다.

임신이 잘 안된다고 하여, 곧바로 신령이나 그 밖의 초월적 힘에 의지하는 것은 아니다. 먼저 과학적으로 원인을 살피고 온갖 노력을 해본다. 가정 형편이 부유하면 한의원을 찾지만 여의치 않으면 대개 민간요법으로 치유하고자 한다. 대체로 불임의 원인은 여성에게 있다고 여겨서, 체질이 허약하고 자궁이 냉한 새댁을 위해서 흔히 구절초, 익모초, 인진쑥 등을 달여 마시게 한다.

이러한 노력으로도 수태가 되지 않으면, 치성을 드리거나 삼신을 받거나 각종 뱅이 등을 행한다. 물론 의료 혜택을 받기 어려운 경우에는 답답한 마음에 곧바로 민속적 전통에 따르기도 한다.

치성은 신령이나 부처 또는 어떤 초월적 힘에게 지극정성으로 올리는 기도이다. 이들과 인간은 수직적 주종 관계에 있다. 이들은 인간이 강제할 수 있는 대상이 아니다. 이들의 호의 또는 선처만을 일방적으로 간절히 바라는 것이다. 순산은 일단 차후의 문제이고, 우선은 임신을 하게 해달라고 온 마음으로 빈다.

대개의 경우 불임녀는 시집이나 친정의 부녀자 그리고 때로는 무당이나 법사와 함께 명산이나 인근의 산에 가서, 쌀 · 떡 · 명태 · 실타래 등을 제물로 차리고 정성껏 기도를 드린다. 쌀은 생명 자체를 상징하는 제물이고, 떡은 신령에게도 가장 좋은 별식이다. 명태는 마른 음식 중에서 최고이다. 실타래는 수명장수의 뜻을 지닌 폐백이다.

불임녀는 산 중에서도 반드시 샘이나 계곡물이 있는 곳을 찾는다. 고여 있는 물은 당연히 피한다. 솟거나 흐르는 물로 간다. 이를 각각 솟을 용왕, 흐를 용왕이라고 부른다. 산은 인간과 신령이 만나는 최적의 장소이고, 그중에서도 물은 그 자체가 역시 생명이기 때문이다.

어떤 이들은 절에 가서 불공을 드린다. 백일 불공도 하지만 대체로 삭망(朔望)에만 올리기도 한다.

일반적으로 마을 주변이나 또는 인근 지역에는 기자(祈子)에 영험함을 보이는 특정 장소가 있기 마련이다. 대개는 산중 또는 계곡이나 강변 등의 바위나 바위그늘(Rock Shelter), 고목(古木), 기자석(祈子石), 남근석(男根石), 굴(窟), 바위구멍(Cup Mark) 등이 기도 장소가 된다. 기자석은 대개 '아들바위'라고도 불린다.

계곡에서 아들을 비는 부인(계룡산 숫용추)

바위구멍(Cup Mark)

삼신받기도 널리 행해진다. 삼신은 한 가정에 한 분만 계시고, 하나의 성씨(姓氏) 곧 부계혈연의 자손만 주관한다. 따라서 한 가정에 다른 성씨가 함께 살고 있어도, 그 성씨의 자손은 돌보지 않는다. 삼신이 임신한 며느리는 보살펴도, 아기를 밴 딸은 책임지지 않는다. 딸은 다른

기자석(祈子石)으로 알려진 미륵불(천안 도원리)

부인들이 아들을 빌었다는 기자석
(예산 장신리 미륵불)

아들을 빌며 던져놓은 돌멩이(예산 장신리 미륵불)

미륵에 아들을 비는 부인(예산 신평리)

자손의 수명장수를 비는 장수바위(예산 신택리)

성씨의 아기를 가졌기 때문이다.

그런데 간혹 삼신이 집안을 뜨면(떠나가면), 수태가 되지 않는다. 집안에 부정이 들거나 삼신을 서운하게 하면, 삼신은 가출하기도 한다. 이런 경우에는 삼신을 다시 받아서 집안에 모셔 들여야 한다.

삼신받기에는 두 가지 유형이 있다.

첫째, 산의 산신과 물의 용왕에게 가출한 삼신을 다시 집으로 되돌려 보내거나 아니면 새로운 삼신을 보내 달라고 요청하는 것이다. 이는 산천의 신령에게 직접 자식을 구하는 기도가 아니다.

둘째, '어떤 자연물이나 동식물 그리고 임산부가 지닌 생명력'을 상징적으로 불임녀와 그녀의 가정으로 옮겨서, 임신 가능성을 최대한 높이는 방법이다. 이들 생명력은 간혹 삼신 그 자체 또는 삼신의 한 종류로 여겨진다. 달 삼신, 은행나무 삼신, 모시[저(苧)] 삼신, 개 삼신, 소 삼신 등이 대표 사례이다.

달 삼신은 달이 지닌 생명력의 화신이다. 일정한 주기로 차고 기우는 달은 삶과 죽음을 끊임없이 반복하는 '영원한 생명과 재생(再生)'의 상징이다. 특히 음력 정월 대보름의 달은 더욱 그러하다. 달과 여성은 상징적으로 닮아 있다. 양자 모두 주기(週期)를 갖고 있기 때문이다. 그래서 불임녀는 달을 쳐다보면서 그 생명력을 받아들이고자 한다. 숨을 내뱉고 멈추었다가, 달의 기운을 깊은 숨으로 들이마신다. 은행나무와 모시도 생명력을 상징하는 대표적 식물이다. 개의 다산성도 불임녀가 부러워하는 바다. 소는 임신 기간이 사람의 경우와 비슷하다고 하여, 소 삼신은 곧 사람 삼신이라고 한다. 개나 소가 새끼를 낳는 장소에 불임녀의 치마를 깔아 놓고, 그 위에서 분만하게 한다. 치마의 분비물이나 피 등이 마르면, 불임녀가 그 치마를 입는다. 가축의 생명력을 불임녀에게 전이시키는 방법이다.

삼신이기도 한 은행나무
(태안 상옥리 흥주사)

풍성하게 열매 맺은 은행

수태를 원하는 부인들이 몰래 갈아갔다는 미륵불의 코
(예산 상가리)

산가(産家)의 충만한 생명력을 불임녀가 수용하려고도 한다. 가령 "불임녀가 출산한 집에 가서 첫국밥을 끓여주고, 산모와 마주 앉아 함께 먹으면, 삼신이 샘을 내서 불임녀에게도 아기를 점지해 준다."거나 "산가의 삼신짚이나 금줄을 몰래 훔치면 효험이 있다."는 등의 속신이 있다. 또 불임녀가 산모의 피 속곳을 빌려 입고, 진자리(아기가 태어난 자리)에 앉거나 눕기도 한다.

집안에 조상 탈이 났거나 객귀가 침탈했거나 사주에 살이 끼어서 임신이 안된다고 판단되면, 무당이나 법사에게 의뢰하여 조상을 해원(解冤)시키거나 객귀를 내치거나 살을 풀어준다. 그런 후에 무당이나 법사가 삼신을 받아주기도 한다.

그밖에도 수태를 위한 여러 뱅이들이 행해진다. 뱅이란 안정된 삶

굿당에서 삼신받기

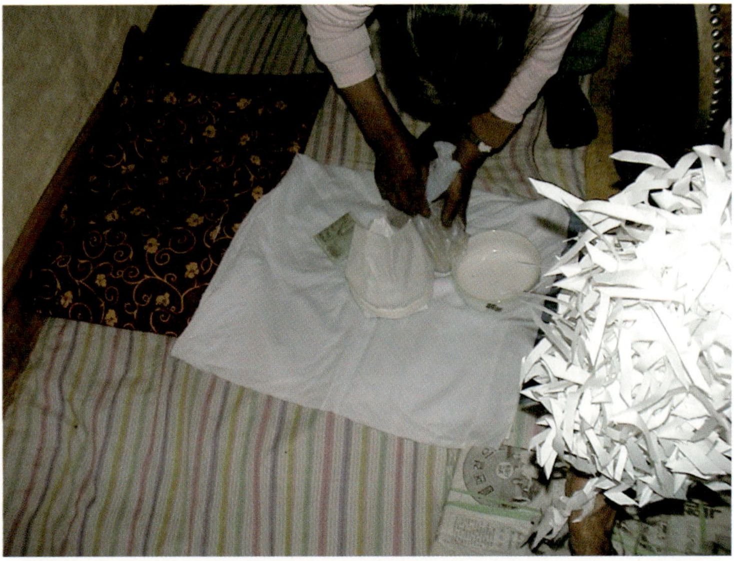

삼신상의 쌀·청수·돈을 보자기에 싸는 보살

삼신을 받은 후 삼신쌀을 챙기는 보살

안방의 삼신바가지(금산)

수태를 위해서 허리춤에 차고 다니는 도끼

을 위협하는 어떤 상황을 미연에 방지하거나, 이미 발생한 불행한 사건을 평안한 상태로 되돌리고자 할 때, 사용하는 일종의 주술적 방법이다. 또한 인간이 원하는 바를 은밀하게 이루고자 할 때에도 쓰인다. 뱅이는 흔히 방예(防豫) 또는 방법(方法)이라고도 한다.

예컨대 다산부의 속곳을 얻어 입기, 산부의 서답(월경대) 훔치기, 조그만 도끼 모조품 3개를 만들어 허리춤에 차고 다니기 등이 대표적 뱅이이다. 또한 작두비녀(작두날과 작두 몸체를 잇는 부품), 고추, 절굿대, 배냇저고리 등도 많이 쓰인다. 특히 도끼는 여물 써는 숫쇠로 만든 것이, 절굿대는 아들을 둔 집이나 다산부 집의 것이 효험이 있다.

나. 산전(産前)

1) 임신부와 그 가족의 금기

임신을 하게 되면, 임신부 본인은 물론 식구들 모두 일체의 부정(不淨)을 멀리 한다. 또한 각종의 금기도 잘 지키려고 노력한다.

금기는 권유 또는 강요보다 강한 구속력을 지닌다. 금기는 대체로 "무엇을 하면 어떤 나쁜 상황이 발생이 되므로 반드시 하지 말아야 한다."는 내용으로 되어 있다. 이는 특히 임신부가 먹지 말아야 할 음식과 하지 말아야 할 행위에 초점이 맞추어져 있다. 이들 금기는 얼핏보면 비합리적으로 보이지만, 그 본질을 가만히 살펴보면, 결국 임신부와 그녀의 가족을 매사에 조심시키도록 하여, 임신부와 태아를 각종 위험으로부터 지켜내는 데 매우 중요한 역할을 한다.

대표적 음식 금기는 다음과 같다.

"오리고기를 먹으면 아이의 발이 오리발처럼 붙는다."
"닭고기를 먹으면 아이의 피부가 닭살처럼 거칠어진다."
"닭의 물렁뼈를 먹으면 아이의 뼈가 물렁하게 된다."
"토끼고기를 먹으면 아이 눈이 토끼처럼 붉게 된다."

대표적 행위 금기는 다음과 같다.
"물건을 훔치면 아이가 나중에 자라서 도둑이 된다."
"말고삐를 넘으면 12개월 만에 아이를 낳는다."
"불구경은 절대 하지 않는다."
"날달[產月]에 굴뚝이나 방의 구들을 고치면 언청이를 낳는다."
"낡은 구유나 절구를 쪼개어 땔감으로 쓰면 언청이를 낳는다."
"산달에 집안의 문구멍이나 문을 창호지로 바르면 산도(産道)가 막힌다."
"아궁이 하나에 솥을 2개 걸면 육손이를 낳는다."
"부지깽이 손잡이 부분으로 아궁이 불을 때면 육손이를 낳는다."
"문상(問喪)은 물론 부고(訃告)조차 받지 않는다."

이들 금기의 원리는 J.G. 프레이저(Frazer)의 모방주술(imitative magic)이나 접촉주술(contagious magic)과 거의 유사하다. 모방(模倣)주술은 유감(類感)주술이라고도 한다. 이는 유사한 것들 사이에는 상호 영향력이 강하게 작용하여, 유사한 것은 유사한 것을 만들거나 생기게 한다는 것이다. 접촉(接觸)주술은 감염(感染)주술이라고도 한다. 서로 접촉했던 사물과 현상 사이에는 연대성이 있어서, 그것이 시공(時空)상에서 분리된 이후에도, 상호간에는 강한 영향력이 발휘된다는 것이다.

그러나 실제 민속에서는 모방주술과 접촉주술이 항상 확연히 구분

되는 것만은 아니다. 모방주술에도 접촉주술이, 접촉주술에도 모방주술이 부분적으로 혼용된다.

2) 성별 예측

임신을 하면 무엇보다 태아가 남자인지 여자인지 궁금해 한다. 태아의 성(性)을 미리 가늠하기 위한 다음과 같은 감별 방식이 있다.

> "임신부 뒤태가 고우면 딸, 배가 축 쳐지면 아들"
> "앞배가 불룩하면 딸, 배가 두리두리하거나 옆으로 부르면 아들"
> "유두(乳頭)가 검으면 딸, 붉은 색이면 아들"
> "산달에 임신부의 배꼽 부분을 눌러보아서 딱딱하면 딸, 물렁물렁하면 아들"
> "태아가 명치 끝을 때리면 딸, 갈비뼈 쪽을 때리면 아들"
> "어느 정도 배가 부른 임신부의 젖을 짜서, 흙벽에 문지른다. 이때 젖이 끈적거리면 아들, 그렇지 않으면 딸, 또는 흙벽이 일어나면 아들, 그렇지 않으면 딸"
> "이슬(해산 전에 조금 나오는 누르스름한 물)이 비칠 때, 붉은 색이면 아들이고 흰색이면 딸"
> "부부의 나이와 (태어날) 아기의 나이를 모두 합친다. 그 숫자가 짝수이면 딸, 홀수이면 아들"
> "바늘에 실을 꿰어서 임신부의 손목 위에서 휘휘 돌려본다. 바늘이 멈출 때 원을 그리면 아들, 좌우나 위아래로 흔들리면 딸"

3) 태몽

태몽은 새댁이 직접 꾸지만, 때로는 다른 식구들이 대신 꾸기도 한다. 심지어 이웃 사람이 꾸기도 한다. 태몽을 통해서 남녀 성(性)은 물론, 간혹 아기가 자라서 어떤 인물이 될지도 알 수 있다고 여긴다.

아들을 낳으려면 꿈에서 대체로 용·호랑이·소·구렁이와 같은 동물, 감·가지·오이·늙은호박처럼 꼭지가 달린 것, 고추처럼 붉은 색이 나는 것, 황금처럼 가치 있는 것 등을 본다. 딸을 낳으려면 자잘하고 볼품없는 것들, 꼭지가 없는 것들, 여러 가지 예쁜 것들이 꿈에 나온다. 가령 애호박처럼 꼭지가 없는 것, 푸른 호박, 함박 피어난 꽃 등

현몽하여 자손을 점지한다는 미륵불(서산 대곡리 송덕암)

이다.

4) 유산과 낙태

임신을 해도 태아가 온전히 자라지 못하고, 안타깝게 유산을 하는 경우가 있다. 이러한 기미가 보이면 은가락지, 은비녀, 오이넝쿨, 호박넝쿨, 우물의 두레박줄 등을 삶은 물을 마신다. 호박 넝쿨의 줄기가 위로 올라가면서 뻗어 나가듯이 또는 우물의 두레박줄이 위로 당겨지듯이, 태아도 자궁에서 내려오지 말고 잘 올라붙어 있으라는 뜻이다. 살아 있는 송사리를 먹어도, 문고리를 삶은 물을 마셔도 효험이 있다.

그러나 떨어질 아이(낙태)는 떨어지고, 붙을 아이는 낙태시키려고 해도 유산되지 않는다고 한다. 유산 여부는 아이의 운명으로 여긴다.

만일 유산이 되었다면, 태아를 잿간(거름으로 쓸 재를 모아 두는 헛간)에 묻는다. 그래야만 곧바로 다음 아이를 쉽게 임신할 수 있다.

원하지 않는 임신의 경우에는, 어떻게 해서라도 낙태시키고자 애를 쓰기도 한다. 이때에는 대개 식초, 갱수(간수), 간장, 갱기랍, 할미꽃, 모시 뿌리, 앵두나무 뿌리, 머위 뿌리를 삶은 물, 담뱃잎 · 왕겨 · 복숭아나무를 삶은 물, 숫돌을 간 물, 초상집 · 제사집 · 잔칫집의 음식 등을 먹거나 마신다.

다. 출산

1) 미역 장만

해산 준비에서 미역을 장만하는 일은 매우 중요하다. 한자로는 산곽(産藿)이라고 한다. 곽(藿)은 미역을 뜻한다. 큰 미역은 대장곽이라 한다. 산모와 신생아를 위한 미역이기에, 여기에는 여러 속신과 금기가 부여된다.

미역은 새벽 장에서 사오는 것이 좋다. 일체의 부정을 가리기 위해서이다. 미역을 구부리거나 접지도 않아야 한다. 땅바닥에 잠시라도 내려놓지 않는다. 미역 오리(미역을 세는 단위)는 짝수로는 사지 않고, 반드시 홀수로 구입한다.

가게 주인이 산곽을 새끼줄로 묶어 주면 아들을 낳고, 짚으로 묶어 주면 딸을 낳는다고 한다. 산곽은 집안의 아이들이 뜯어먹지 못하도록 시렁 위에 보관한다. 아이들이 산곽을 뜯어먹으면, 나중에 아기가 자라서 다른 사람을 이빨로 잘 문다고 한다.

해산 미역국을 끓일 때에는 칼로 미역을 자르지 않고 손으로 뜯어서 끓인다. 칼을 대면 부정한 일이 생길까 염려되기 때문이다. 미역을 장만하지 못한 가난한 집에서는 호박국을 끓여 낸다.

2) 산실(産室)

산달이 되면 임신부가 기거하던 방이나 또는 안방에 산실을 꾸민다. 여름에도 방에는 약간의 불을 때서 찬기를 가시게 한다. 수건, 가위, 대야, 배냇저고리, 걸레 등 각종 출산 용품을 마련해 놓고, 윗목에 삼신상(三神床)도 보아 놓는다.

산실은 되도록 어둑어둑하게 한다. 방안 창호에 햇빛이 많이 들면, 검은 치마 등으로 가려서 어둡게 한다.

한 집안에 임신 중인 '시어머니와 며느리', '큰 며느리와 작은 며느리', '며느리와 출가한 딸' 등이 함께 살고 있다면, 더욱 조심하고 꺼리는 바가 많다. 임신 초기에는 그래도 괜찮지만, 그 이후로는 되도록 두 임신부 중 한 사람은 다른 집으로 내보낸다. 더욱이 이들의 산달이 거의 겹치면, 한 임신부는 반드시 다른 집에 가서 출산하도록 한다.

이를 두고, 한 집안에는 한 분의 삼신만이 계시기 때문이라고 한다. 한 분의 삼신은 한 임신부만 보살필 수 있다는 것이다. 그러나 어떤 집안에서는 같은 성씨의 핏줄을 잉태했다면, 두 사람 이상의 임신부도 괜찮다고 한다. 삼신은 이들 임신부 모두를 돌보아 준다고 여긴다. 따라서 시어머니와 며느리, 큰며느리와 작은며느리가 거의 비슷한 기간에 임신을 했다면, 크게 문제 삼지 않는다. 이 풍습의 본질은 결국 한 집안에서는 한 임신부에게만 정성을 집중시키라는 데 있다.

산실에는 깨끗한 볏짚을 깔아 놓고, 그 위에서 몸을 풀도록 한다. 해산 시 쏟아진 피와 분비물을 볏짚에 받아내기도 편하지만, 한편으로는 볏짚이 지닌 생명력 또는 생장력(生長力)으로 순산을 유도하기 위함이다. 그래서 이 볏짚을 삼신짚이라고 부른다. 아기를 낳고 후산(後産)까지 한 후에, 삼신짚은 불에 태운다.

출산 후 산모는 진자리에 사흘간 그대로 누워 있는다. 진자리는 원래 오줌이나 땀 따위로 축축하게 된 자리를 뜻한다. 그러나 민속상에서는 아이가 태어난 자리와 사람이 죽은 자리도 모두 진자리라고 부른다.

출산을 할 때에 산통(産痛)의 비명 소리를 크게 내지 않도록 한다. 비명을 이웃이나 동네에서 들으면, 아이가 더디 나와서 난산(難産)이 된다고 여기기 때문이다.

새 집을 짓고 3년 안에 아기를 낳게 되면, 일종의 뱅이로서 반드시 부엌에서 해산하도록 한다. 부엌에서도 불을 지피는 아궁이 앞이 더욱 좋다. "새 집 짓고 3년 나기 어렵다."는 말이 있을 정도로, 새 집은 택기(宅氣)가 왕성하다. 새 집에서 함부로 몸을 풀다가는, 그 강한 택기에 임신부나 태아가 모두 위험할 수 있다. 그래서 택기를 누르기 위하여, 불을 다루는 부엌에서 아기를 낳게 하는 것이다. 부엌에서 낳은 아이는 아명(兒名)을 '부엌새'라 했다. 부엌에서 아기 낳기가 정히 싫고 무섭다면, 아예 다른 집에 산실을 마련하여 그곳에서 출산하도록 한다.

3) 난산(難産) · 후산(後産)

난산은 오랜 임신 기간의 마지막 관문에서 맞닥트리는 예기치 않은 위기이다. 그것도 서서히 다가오지 않고 급박하게 일어난다. 대개의 경우 진통이 시작되기 전에는 순산과 난산을 가늠하기조차 어렵다. 더욱이 예전에는 난산에는 속수무책이었다. 불운하면 임신부는 허망하게 세상을 떠났고, 태아는 세상의 빛을 보지 못했다. 어떤 경우에는 산모는 살고 신생아는 죽었고, 어떤 경우에는 반대로 산모는 죽고 신생아는 살았다.

심각한 난산으로 접어들면, 임신부는 물론이고 가족들이 할 수 있는 일은 사실상 없다. 그녀를 지켜만 보고 있는 가족들의 절망감과 무력감은 형언하기 어렵다. 이러한 정신적 공황에서는 어쩔 수 없이 초월적 대상과 방법에 매달리게 된다.

가장 우선시되는 방안은 삼신상을 차려놓고 치성을 드리는 것이다. 그러나 삼신 치성으로도 별로 호전이 되지 않으면, 곧바로 다음과 같은 여러 뱅이들도 함께 행한다.

> "순산부나 다산부의 치마나 허리띠를 임신부의 배에 덮어준다."
>
> "남편의 윗저고리나 허리띠를 임신부의 배나 허리에 덮거나 느슨하게

묶어준다."

"남편의 헌 버선이나 양말을 따뜻하게 해서 임신부의 배를 문지른다."

"남편의 귀밑머리를 잘라서 태우고, 그 재를 물에 타서 임신부에게 먹인다."

"남편의 이름을 종이에 써서 임신부의 발바닥에 붙인다."

"우물이나 빨래터의 돌을 뒤집어 놓는다."

"문고리 삶은 물을 임신부에게 먹인다."

"논의 물꼬를 터놓는다."

"집안의 문이나 서랍은 모두 열어놓는다."

"계란이나 돼지고기 비계를 먹인다."

"미역국에 수제비를 끓여서 먹인다."

"산실에 아주까리대나 깨대를 가져다 놓는다."

"굴뚝 옆에 짚단을 가져다 놓는다."

아기가 더디 나오고 점차 심한 난산으로 빠져들면, 아기가 아버지를 보고 싶어 한다거나 또는 기다린다고 하여, 산실에 남편이 들어가 산구완을 하도록 한다. 아버지가 부재중이라면, 아버지의 옷이나 양말이라도 임신부에게 접촉을 시켜주어 순산을 유도한다. 후산이 잘 안될 때에는 다음과 같이 한다.

"임신부가 아주까리대를 손에 쥔 채 쪼그리고 앉아서 벽을 혀로 세 번 핥는다."

"문고리에 호미를 걸어두고 앉아 있는다."

"우물이나 샘에 있는 돌을 산실로 옮기고, 임신부가 그 위에 앉는다."

"징검다리로 쓰는 돌을 산실로 옮기고, 임신부가 그 위에 앉는다."

"달비꼭지나 머리카락을 입에 넣어 구역질을 하도록 한다."

"박 바가지를 뜨겁게 해서 산모의 배를 문지른다."

그리고 산모 쪽의 탯줄은 자궁 안으로 빨려 들어가지 않도록 엄지발가락에 묶어 둔다. 자궁에서 태와 태반이 모두 나와야만 산모가 안전하다. 후산이 잘 되지 않으면, 머리를 얹을 때 쓰는 달비(다리)를 가져다가 입에 물고, 요강을 타고 앉는다. 자연스럽게 배에 힘이 들어가고 토악질이 나므로, 후산이 잘 된다고 한다. 후산이 되면 그릇에 담고 짚으로 덮어, 방 한쪽 구석에 놓아둔다. 또는 산모를 쪼그려 앉혀서 배에 힘을 주게 하거나, 등을 두드려서 토악질을 시키거나, 바가지의 볼록 나온 부분으로 배를 꾹꾹 눌러 주기도 한다.

라. 산후와 육아

1) 태 자르기(삼 가르기)

한자어 태(胎)는 우리말로 삼이라고 한다. 삼은 태아를 싸고 있는 막과 태반 그리고 탯줄을 일컫는다. 태는 어머니가 태아를 키워 낸 생명줄이다. 생명을 키워 낸 태가 지극히 소중하지 않을 수 없다. 민속상에서 태를 함부로 대하거나 처리하지 못하는 이유이다. 태를 가르는 일부터 그것을 격식에 맞추어 안태(安胎)하기까지, 당연히 온갖 정성을 다 할 수밖에 없다.

아기가 태어나면, 배꼽에서 한 뼘쯤 떨어진 곳을 기준으로 아기 쪽으로 세 번 피를 훑고, 산모 쪽으로 세 번 피를 훑는다. 그리고 그 기준점을 무명실로 묶는다. 태를 자를 때에는 칼이나 가위 등의 금속성 도

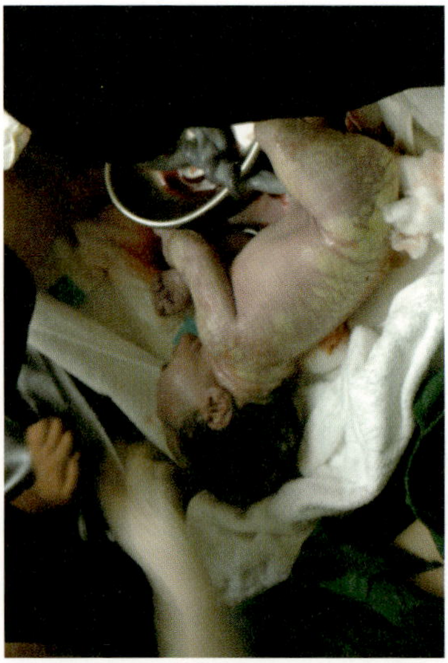

새 생명의 탄생

탯줄과 태반

구는 되도록 피한다. 불길(不吉)을 피하기 위해서이다. 자손이 귀한 집에서는 대나무 칼을 쓰거나, 심지어 아기의 아버지가 이빨로 끊는다. 그래야 아기의 수명이 길어진다고 한다.

태를 짧게 자르면 신생아가 오줌을 자주 누고, 길게 자르면 더디 눈다는 말이 있다. 태는 아기의 정강이 길이만큼 자른다.

잘라 낸 태는 후산(後産)한 태반과 함께 짚으로 싸서, 산모의 머리맡에 두었다가, 대체로 3일 후에 태운다. 이날을 '삼날'이라고 한다. 삼을 '내보내는 날'이란 뜻이다.

태는 손없는 방위에서 다른 사람들이 보지 못하도록 '몰래' 태워야 한다. 손이란 날짜에 따라 방위를 달리하며 사람을 따라 다니는 나쁜 귀신이다. 태를 산실에서 내가는 것을 "삼 나간다."고 한다. 마치 태를 하나의 신격(神格) 또는 인격(人格)으로 여기는 표현이다. 태를 태우는 것을 "삼불 놓는다."고 하고, 삼불 놓은 자리는 '삼불 자리'라 한다.

태는 간혹 불치병을 앓는 사람들이 훔쳐 간다. 태를 잃어버리면 태주(胎主)에게 좋지 않다. 태주의 한 평생이 불운할 수 있다. 그래서 태가 다 탈 때까지 삼불 자리를 지켜야 한다. 태는 아무리 태워도 육질 덩어리가 조금 남는데, 이것을 남은 재와 함께 '깨끗한 곳'에 버리거나 묻어 준다. 깨끗한 곳이란 손 없는 방위에 있는, 부정이 끼지 않은 장소를 말한다. 때로는 강물 등에 띄워 버리기도 한다. 충남의 내포 및 서해안 일부 지역에서는 잣나무, 감나무, 대추나무 등 살아 있는 나무 아래에 묻어 주는 풍습이 있다. 보령시 원산도 등의 어촌에서는 바닷가 갯벌에 묻기도 한다.

2) 삼신 위하기

출산을 하면 곧바로 '삼신께'에 바쳤던 미역과 쌀로 첫국밥을 마련한다. 삼신께란 삼신의 신체(神體)를 봉안한 장소 또는 신체가 없이 건궁으로 모신 장소를 뜻한다. 여기에서 '께'란 '에게'라는 조사가 아니다. 이는 '삼신이 계신 곳'이란 말이다. 건궁은 신체는 봉안하지 않았지만, '신령 그 자체'로 여겨지거나 또는 '신령이 계신 장소'를 의미한다.

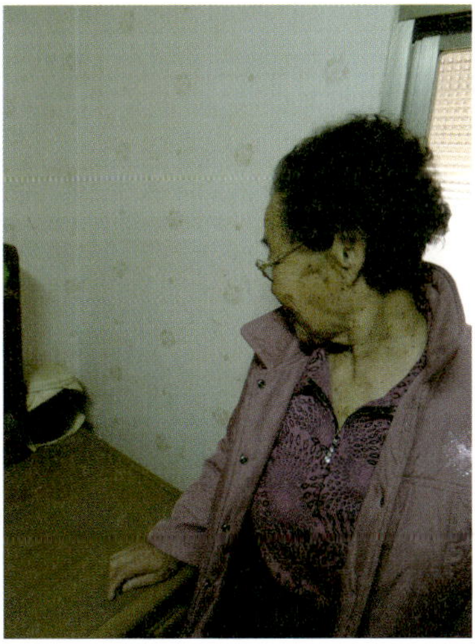
삼신단지를 쳐다보는 노파(금산 천내리)

첫국밥이 되면 삼신께 짚을 한 일자(一字)로 깔고, 그 위에 메·미역국·청수를 함께 올린다. 집안에 따라서는 삼신의 삼을 석 삼(三)으로 이해하여, 제물

산가에 친 금줄(금산)

아기를 안고 금줄 아래에 잠시 서 있는 할머니(대전 신탄진)

소가 새끼를 낳자 외양간에 친 금줄

을 각각 3몫씩 올리기도 한다. 삼신을 한 분이 아니라, 세 분으로 여기는 것이다.

삼신을 잘 모시려면 출산 후 3일 째 되는 날, 첫이레와 세이레, 그리고 백일과 돌에도 간단한 제물을 마련하여 위한다. 더욱 정성을 들이려면 일곱이레(49일) 동안 7일마다 모시기도 한다.

3) 금줄

아기가 태어나면 깨끗한 볏짚으로 금줄을 꼬아서 대문에 드리운다. 어떤 부정도 산가에 들어오지 못하도록 하기 위함이다. 금줄은 흔히 금할 금(禁)자의 금줄(禁-)로 알려져 있다. 곧 금지하거나 막는 역할을 하는 줄이다. 그러나 금줄의 원래 뜻은 검줄로 보인다. '검'은 신(神) 또는 성(聖)의 의미를 지닌다. 검줄을 한자로 표기하면 신승(神繩)이 된다.

우리말로는 '신령스러운 줄'로 풀이된다. 검줄 드리운 곳은 신역(神域)이 되기에, 일체의 부정이 차단되는 것이다.

산가에 금줄이 쳐져 있으면, 부정한 사람들은 스스로 알아서 출입을 하지 않는다. 과거에는 신생아의 생명은 물거품처럼 연약했기에, 매사에 극도로 조심할 수밖에 없었다. 산가의 금줄은 산모와 신생아의 안전을 위한 장치인 셈이다.

산가에 드리우는 금줄은 '인줄' 또는 '삼줄'이라고도 부른다. 금줄은 일반 새끼줄과 달리 왼쪽으로 꼬은 줄이다. 아들일 경우에는 금줄에 거멍(숯)과 고추를 끼우고, 딸일 경우에는 거멍과 솔잎을 끼운다. 딸의 금줄에는 목화를 삽입하기도 한다.

산가의 금줄에는 보통 금줄과 달리 백지, 곧 길지(吉紙)를 꽂지 않는다. 금줄은 대개 삼칠일에 거두어서 대문 옆에 매달아 둔다. 내포의 일부 지역에서는 7·7일까지 금줄을 건다. 자손이 귀한 집에서는 금줄을 치우기 전에, 집안의 큰 어른이 아이를 안고 금줄 아래에 잠시 서 있는다. 이렇게 해야 아이가 장수한다고 한다. 그러나 어느 경우이든 금줄은 함부로 버리지 않는다. 조심스럽게 거두어서, 대문 한쪽 옆에 걸쳐두어, 자연스럽게 썩어 없어지게 한다.

4) 젖 먹이기

육아의 첫 고비는 산모의 젖이 얼마나 잘 나는 가에 달려 있다. 유아용 분유가 보급되기 이전에는 모유가 육아에서 절대적 비중을 차지했다. 젖을 충분히 먹이지 못하면, 영양 결핍으로 제대로 성장하지 못하고, 심지어 생명을 위협할 수도 있다. 그래서 부자는 유모(乳母)를 집안에 들이고, 가난한 사람은 젖동냥을 했다.

젖을 잘 내기 위하여 산모는 잘 먹어야 하지만, 대부분의 '없는(가난한) 집안'에서는 그렇게 하지 못했다. 그래서 마을에서는 "우리 집 울타리로 들어 온 젖어미는 반드시 냉수라도 먹여서 보내야 한다."는 원칙이 있었다. 그만큼 먹을 것이 없었던 시절에 젖어미를 이웃에서 배려했던 것이다. 젖이 잘 나지 않으면, '있는(부유한) 집안'에서는 산모에게 잉어나 가물치 또는 돼지 족을 고아서 먹인다. 물론 한약재도 쓴다.

젖이 없거나 부족하면 아기에게 암죽[-粥]을 쑤어 먹이는 한편, 젖을 잘 낼 수 있도록 각종 뱅이를 행했다. 그 대표적 뱅이인 '젖타기'는 다음과 같이 한다.

산모는 새벽마다 샘이나 우물 또는 냇가로 간다. 집을 나서기 전에 산모는 빈 병 2개를 왼새끼줄(왼쪽으로 꼬은 새끼줄)로 묶어서 목에 건다. 1미터 남짓 되는 왼새끼줄 양쪽 끝에, 각각 빈 병 1개씩 묶어 놓은 것이다. 이런 왼새끼줄의 가운데쯤을 목에 걸어서, 2개의 빈 병이 좌우 젖가슴 부분에 드리우게 한다. 이렇게 빈 병을 목에 걸고 샘에 이르면, 제물을 간단히 차려놓고 용왕에게 젖을 달라고 비손한다. 그런 후 빈 병에 물을 3번에 걸쳐 담는다. 병 아가리는 솔잎을 끼워서 꽉 막아 놓는다. 이렇게 솔잎으로 마개를 한 병을 다시 목에 건다. 그러면 양쪽 가슴에 매달려 있는 2개의 병에서 물이 똠방똠방 조금씩 떨어지게 된다. 마치 산모의 두 젖가슴에서 젖이 나는 모습처럼 되는 것이다. 이때에 샘에다가 동전 몇 닢을 던지면서, "우리 아기 젖을 사가니, 젖 많이 태워 주십시오."라고 외친다. 산모는 물병을 목에 맨 채 집으로 돌아온다. 그 뒤를 따르는 시어머니나 다른 식구들도 귀가 길 내내 "우리 아기 젖 타 갖고 갑니다! 우리 아기 젖 타 갖고 갑니다!"라고 연이어 큰 소리를 지른다. 병에 든 물은 샘으로부터 집에 이르기까지 계속 조금씩 떨어진다. 곧 젖으로 상징화된 샘물을 산모에게 이전시키려는 의

도이다.

산모가 젖이 풍부하여 아기에게 충분히 먹이고도 남는 경우도 있다. 이때에 남는 젖은 함부로 버리지 않아야 한다. 마음대로 마구 하면 조만간 젖이 마른다는 속신(俗信)이 있다. 그래서 남는 젖은 반드시 민속적 원칙에 따른 장소에서만 버린다. 장광, 굴뚝, 낙수 구멍(낙수물로 패여진 흙구멍), 우물, 냇물 등이 그러한 장소이다. 장광은 집안에서 가장 깨끗한 장소이기에, 여기에 버리면 별 탈이 없다. 굴뚝은 하얀 연기가 나가는 곳이라, 여기에 버리면 젖이 마르지 않는다. 낙수 구멍도 그러하다. 이곳으로 떨어지는 빗물을 젖가슴에서 내는 젖과 동일시하기 때문이다. 우물과 냇물은 각각 솟을 용왕과 흐를 용왕으로 여기기에, 이곳에 버려도 무탈하다.

5) 배냇저고리 입히기

갓난아기는 따뜻한 물을 부드러운 헝겊에 적셔서 간단히 씻긴 후, 마치 자궁 속에 있는 태아처럼, 쌀깃[襁褓]으로 둘둘 싸 놓는다. 그래야 갓난아기가 불안해하지 않는다. 초이레가 지나면 배냇저고리를 입힌다. 아기에게 처음 입히는 옷이다. 민속에서 '처음'은 매우 특별한 의미를 지닌다. 배냇저고리도 마찬가지이다. 곧 새 생명의 첫 시간에, 새 몸에, 처음으로 입히는 옷이다. 새 생명의 기운이 가득 배어 있는 옷이다. 그래서 배냇저고리는 그 자체가 생명의 기쁨과 행복으로 여겨진다.

배냇저고리를 지참하고 각종 시험을 치르면 반드시 합격을 하고, 각종 송사에 임하면 반드시 승소한다는 속신은 그러한 관념에서 비롯된다.

배냇저고리(서천)

배냇저고리는 대개 아버지나 할아버지의 헌옷으로 만든다. 물론 되도록 부드러운 목면을 고른다. 새 옷감으로 지으면, 아이가 나중에 커서 옷 시샘이 많아진다고 한다. 천이 귀했던 시절의 형편을 그런 속신으로 달랬다. 또한 형이 입던 배냇저고리를 아우에게 입히기도 한다. 그러나 누이가 입던 것을 남자 동생에게는 입히지 않는다. 남아선호 사상의 한 반영이다.

배냇저고리에는 깃과 옷고름을 달지 않고 솔기도 없게 한다. 충남 당진 지역에서는 특이한 풍습이 있다. 배냇저고리에 검은 동정을 달아주는 경우가 있다. 출산 후 생리가 없었던 기간에 임신을 해서 태어난 아이, 곧 연년생에게는 검은 동정을 달아 준다. 이는 연년생 아기에게 탈이 나지 않도록 하는 일종의 방이이다.

6) 아기의 첫 외갓집 나들이

친정집에서 몸을 풀지 않고 시댁에서 해산한 경우, 아기는 외갓집으로 첫 나들이를 하기 마련이다. 최소한 삼칠일이나 백일을 지내고서야 또는 돌잔치를 하고나서야, 첫 외갓집 나들이를 한다. 처음으로 집 바깥으로 나가보는 일이다.

당연히 불안과 걱정이 엄습한다. 아직 아기는 물거품이나 이슬처럼 위태롭다. 어떻게든 아기를 온갖 위험으로부터 보호해야 한다.

어머니는 나들이에 앞서 아기를 상징적으로 무장시킨다. 먼저 아기의 얼굴에 가마솥 검정(그을음)을 여러 군데 발라준다. 길에서 혹시 만날지 모르는 잡귀조차 고개를 돌리고 외면할 정도로 보기 싫고 괴이하게 만드는 것이다. 이는 잡귀를 따돌리려는 술책이다. 어떤 집안에서는 경면주사(鏡面朱砂)를 어머니 젖에 개어서 아기의 숨구멍(갓난아이의 정수리가 굳지 않아서 숨 쉴 때마다 발딱발딱 뛰는 곳)에 발라주기도 한다. 숨구멍은 아기의 생명 원천으로 여겨지기 때문이다. 또 아기의 옷깃 뒷고대에 액막이로서 붉은 고추를 실로 꿰매어 준다.

이제 어머니는 손으로 부지깽이를 힘주어 꼭 쥔다. 부엌 아궁이에서 무서운 불을 지피고 다루던 부지깽이이다. 이는 창이나 칼보다도 더욱 강력한 무기이다. 어떤 잡귀나 재앙도 물리칠 수 있다. 그래서 대문을 나서는 어머니의 발걸음은 당당하다.

외가에 도착하면 곧바로 방에 들어가지 않는다. 먼저 부엌에 들어가 아궁이를 아기와 함께 들여다보고, 뒤란으로 나가 굴뚝을 쳐다보게 한다. 모두 불에 의한 정화의 뜻을 지닌다. 오는 도중에 묻었을지 모르는 일체의 부정을 가시는 것이다. 어떤 집안에서는 먼저 뒷간(변소)에 들리게 한다. 까탈스러운 측신(厠神)에게 아기의 도착을 알리는 동시에, 역시 길에서 붙어 왔을지 모르는 잡귀 등을 쫓아내려는 의도에서이다.

7) 시영어매(수양어머니) 삼아주기

스님이나 무당에게 아기의 운을 보아 명이 짧거나 팔자가 사납다고 하면, 아기에게 수양(收養)어머니를 삼아준다. 생모 외에 또 다른 어머니를 만들어 주는 것이다. 충남 사투리로는, 이를 시영어매라고 한다. 수양은 글자 뜻 그대로 아기를 거두어서 기른다는 말이다. 물론 수양어머니가 아기를 실제로 키우는 것은 아니다. 아기의 단명과 불운을 막기 위한 상징적 어머니일 뿐이다. 생모가 아닌 다른 여인을 새어머니로 하여, 아기의 운명에 긍정적 변화를 주려는 것이다.

대개는 용하다고 소문이 났거나 친한 무당이 있으면, 그녀를 수양어머니로 삼아 준다. 만일 여의치 않으면, 아기와 사주가 맞는 여인을 찾아서 수양어머니로 삼아 준다.

이렇게 수양어머니를 모시게 되면, 나중에 수양자식은 수양어머니의 생일이나 가종 명절 등에 친자식처럼 찾아뵙고 인사를 드린다. 또 수양어머니가 별세하면, 친부모와 마찬가지로 상복을 입는다.

8) 그 밖의 뱅이

아기가 목에 탯줄을 걸고 태어나면, '중(스님)의 삼신'이 점지했기 때문으로 여긴다. 이런 경우는 아기를 동전 몇 닢을 받고 절에 판다. 그래야 아기가 별 탈 없이 어른이 될 때까지 잘 자란다. 또한 부모들이 열심히 절에 다녀야 그렇게 태어난 자식에게 좋다고 한다.

수양자의 명다리를 보여주는 보살(금산 신동리)

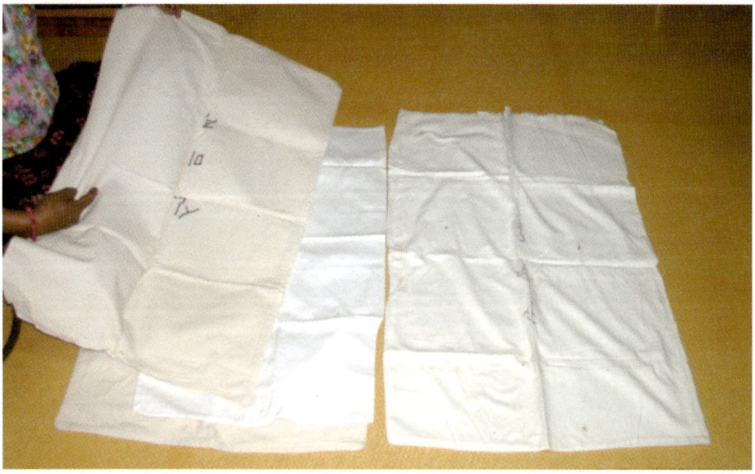

수양자의 명다리

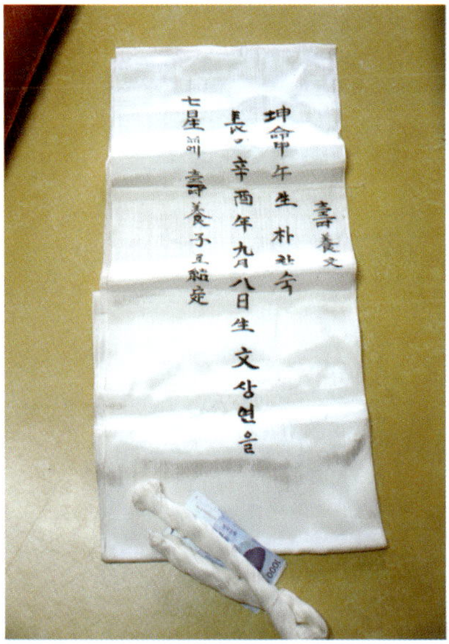

수양자를 삼을 때 쓴 수양문(공주 한천리)

아기가 얼굴에 피를 묻히고 태어나도 뱅이를 한다. 보통은 무당이 살풀이를 해 준다. 그러나 민간에서는 식칼을 푸줏간에 주는 풍습이 매우 보편적이다. 곧 칼자루에 아기의 성명과 사주를 쓰고, 이를 푸줏간에 주어 사용하도록 하면, 아기의 살(煞)이 모두 풀어진다고 한다. 또 아기의 배냇저고리에 빨강 헝겊을 대주거나, 초상집의 명정(銘旌)을 몰래 훔쳐다가 아기 속옷을 만들어 입혀도 좋다. 아기에게 짐승을 도살하는 장면을 구경시켜주어도 뱅이가 된다. 심지어 아기가 걸음마를 시작할 즈음에, 갓 태어나서 눈도 뜨지 못한 강아지와 놀게 하고, 이때에 아기가 강아지에게 짓궂게 굴어서 죽게 하면, 아기이 모든 살이 소멸된다고 한다.

아기 머리에 제비초리(뒤통수의 골에 뾰족하게 내민 털)가 있으면, 부모

중 한 사람은 일찍 죽는다고 하여, 이때에도 뱅이를 한다. 시주하러 온 스님의 쌀바가지에 제비초리를 잘라서 3번에 걸쳐 나누어 넣어주면 뱅이가 된다. 머리에 쌍가마가 있는 아기는 외조부의 숟가락을 훔쳐다가 쓰게 하면 좋다.

자손이 귀한 집안에서는 아기가 태어나면, 바로 그 즉시에 오쟁이에 넣거나, 시렁 위에 올려 놓는다. 이렇게 귀한 자식을 잠시라도 버리는 시늉을 하면, 아기가 평생 겪어야 할 재액을 미리 때우게 된다. 버려진 갓난아기는 이미 한 인생이 겪어야 할 모든 고통과 시련을 치렀기에, 앞으로는 좋은 일만 있을 것으로 믿는다. 이렇게 버려진 갓난아기는 버리데기라고 불렀다.

마. 삼칠일 · 백일 · 돌

1) 삼칠일

출생으로부터 첫돌에 이르기까지 몇 차례의 잔치가 치러진다. 아기가 태어난 지 초이레에는 쌀깃을 벗기고 배냇저고리를 입힌다. 동여맸던 팔 하나도 풀어준다. 집에 따라서는 이 날에 쌀 · 메 · 청수 · 미역국 등으로 삼신상을 차려서, 삼신을 정성껏 위해준다. 두이레는 대체로 마음으로만 기념하고 지나가지만, 삼신께 물이라도 떠 놓고 비손하기도 한다. 세이레는 대문에 드리웠던 금줄을 치우며, 일가친척에게 아기를 보여주는 날이다. 이제부터는 그 동안 어둑어둑한 산실에서 지냈던 아기를 조금씩 햇빛에 노출시켜도 된다. 외가에서 누비포대기를 해 오는 것도 이 날이다. 삼신상을 차려서 삼신께 정성을 드리는 것은 물론이다.

백일 사진(서천 동산리)

쌍둥이 백일 사진(태안 신야리)

2) 백일

백일은 아기의 출생 100일째 되는 날이다. 100이란 숫자 자체는 완전·완벽을 상징한다. 백(百)을 우리말로는 온이라 한다. 온은 모두·전체·많음을 뜻하기도 한다. 백일 잔치는 아기가 백일이란 온전한 날수를 살았음을 기뻐하고 축하하는 잔치이다. 백일 이전의 아기와 백일 이후의 아기는 그 존재감에서 큰 차이가 난다. 백일을 지낸 아기는 중대한 고비를 잘 넘긴 것으로 인정받는다. 이 날 역시 삼신상을 차려서 삼신을 정성껏 위한다. 흰무리떡(백설기)으로 백일을 맞은 아기의 복을 빌어 주고, 붉은색의 수수팥단지로는 아기의 액살을 소멸시킨다.

이 날 배냇머리를 깎아 준다. 이때 아기의 고모가 깎아 주면 좋다고 한다. 집안에 따라서는 식구들이 서로 돌아가면서 배냇머리를 조금씩 깎아 준다. 깎아 낸 머리카락은 함부로 버리지 않고, 반드시 부엌 아궁이의 고래구멍에 넣어서 태운다. 또 그 동안 흰색 배냇저고리만 입혔던 아기에게 처음으로 색깔 있는 옷을 입힌다.

3) 돌

돌은 아기가 태어난 지 꼭 1년이 되는 날이다. 한자로는 초도일(初度日)·수일(晬日)이라고 한다. 1년이 지나서 아기가 태어난 날로 다시 돌아온 것이다.

돌은 아기의 첫 생일로서 기쁘고 즐거운 날이다. 여기서도 처음이란 민속적 의미가 중요하다. 그러나 아기가 또 하나의 중대한 고비를 무사히 넘겼다는 뜻이 더욱 크다. 당연히 백일보다야 돌잔치를 크게

돌상(태안 신야리)

돌상(태안 승언리)

아기를 업은 시어머니와 며느리(예산 금치리)

한다. 유아 사망률이 높았던 시대의 근심과 슬픔을 모르고서는, 첫 돌의 기쁨을 오늘날 실감하기란 쉽지 않다.

부잣집에서는 돌상을 크게 차리고 아기에게는 돌빔을 입힌다. 돌상에는 흰무리떡, 수수팥단지, 국수, 과일, 실타래 그리고 돌잡이를 위한 여러 물건 등을 올린다. 돌빔으로 사내아기에게는 보라색 또는 회색 풍차바지에 분홍저고리나 색동저고리를 입히고, 여기에 남색 조끼에 두루마기를 입히고 타래버선을 신긴다. 또 전복(戰服)을 입히고, 붉은색 돌띠도 두르며, 머리에는 복건(幅巾)을 씌우기도 한다. 여자아이는

마을 아이들(예산 차동리)

머리에 굴레나 조바위를 씌우고, 색동저고리에 분홍치마 그리고 두루마기를 입히며, 타래버선을 신기고 염낭(-囊)을 차게 한다.

돌잔치에서 가장 중요한 대목은 돌잡이이다. 남자 아이의 돌상에는 돌잡이 물품으로 붓·연필·활·책 등을 차리고, 여자 아이의 돌상에는 가위·자·바늘 등을 추가로 놓는다. 식구들과 친인척들이 모여 축하하는 가운데, "돌잡힌다."고 하여, 돌상에 차린 무엇인가를 아기가 집도록 한다. 이때에 돈이나 곡식을 집으면 아기가 나중에 커서 부자가 된다고 하고, 책·먹·붓을 집으면 공부를 잘 하겠다고 하며, 국수나 실을 집으면 장수하겠다고 한다. 활·화살 등을 집으면 장군이 된다고 여긴다. 여자 아기가 가위 등을 집으면 살림을 잘 하겠다고 말한다. 돌잡이는 아기의 장래를 가늠해 보는 한바탕의 여흥이다.

2. 혼례(婚禮)

유교 오경(五經)의 하나인 예기(禮記) 혼의(昏議) 편에는 혼례의 절차를 납채(納采)-문명(問名)-납길(納吉)-납징(納徵)-청기(請期)-친영(親迎)의 육례(六禮)로 소개하고 있다.

납채는 혼인의 말이 있어서, 여자 집에서 허락을 하면, 남자 집에서 여자 집에 기러기(雁)를 보내어, 채택지례(采擇之禮)를 행하고 혼약을 청하는 것이다. 문명은 납채의 길흉을 점치고자 여자 집 어머니의 성(姓)이 무엇인지 묻는 것이다. 납길은 성을 받아 점을 친 후 길조(吉兆)를 여자 집에 알려서 혼인을 확정짓는 것이다. 납징은 폐백을 보내어 혼인의 증명으로 삼는 것이다. 청기는 남자 집에서 여자 집으로 가서 성혼(成婚)의 날짜를 청하는 것이다. 친영은 남자 집 아버지가 아들에게 명하여 여자를 맞아오도록 하는 것이다.

조선 중기 이후에 널리 채택된『주자가례(朱子家禮)』에는 의혼(議婚)-납채(納采)-납폐(納幣)-친영(親迎)의 사례(四禮)를 혼례 절차로 규정하고 있다. 조선 후기 이재(李縡)의『사례편람(四禮便覽)』에서도 마찬가지이다.

의혼은 혼사를 의논하는 일이다. 중매를 통하여 혼담이 오고간 뒤 혼인에 합의를 보고 허혼(許婚)하기까지의 과정이다. 납채는 채택하는 예를 받아들이는 절차이다. 남자 집에서 혼인을 하고자 예를 갖추어 청하면 여자 집에서 이를 받아들이는 일을 말한다. 이 절차는 나중에 점차 생략되었다. 청혼할 때 남자 집의 혼주(婚主)는 서식을 갖추고 사주(四柱)를 써서 신부 측에 보낸다. 납폐는 신랑 집에서 신부 집으로 보내는 예물이다. 친영은 신랑이 신부를 친히 맞이한다는 뜻이다.

그러나 이들 예서(禮書)의 혼례 절차는 실제로 잘 지켜지지 않았다.

당연한 역사 현상이지만, 중국의 혼례 규범이 우리나라에 정착되기는 쉽지 않았다. 민간의 혼례에서는 더욱 그러했다. 특히 한국의 처가살이혼[서류부가(壻留婦家) 또는 남귀여가(男歸女家)] 전통은 중국의 친영(親迎)과 갈등을 일으켰다. 처가살이혼은 최소한 3세기부터 시작된 오랜 전통이고, 친영은 15세기에 들어서야 조선 정부가 강요한 새로운 중국식 혼인 제도였다. 친영은 예서에 적시된 이상형(理想型)이었지만, 처가살이혼은 실제형(實際型)이었다. 2개의 혼인 방식은 조선 중후기를 거치면서 점차 반친영(半親迎) 등으로 절충되어 갔다. 일부 지방에서는 해묵이·달묵이 등의 풍습으로도 조정되었다. 이는 너무나 자연스러운 문화접변(文化接變)이었다.

처가살이혼의 전통에서, 남자는 혼례를 여자 집에 가서 치르고, 오래도록 처가에서 살다가 아이를 낳고 어느 정도 장성하도록 키우면, 그때서야 남자 집으로 돌아왔다. 그래서 남자가 혼인하는 것을 장가든다고 했다. 장인의 집에 살러 간다는 뜻이다. 이러한 장기지속(長期持續)의 전통은 조선 초기에 이르러 정부가 본격적으로 도입한 중국의 친영제(親迎制)와 마찰을 일으켰다. 이에 반하여 친영제란 여자를 남자 집으로 맞이하여 혼례를 행하고, 그 이후 남자 집에서 살면서 혼인 생활을 하는 제도이다. 이른바 시집살이혼이다. 그리고 반친영[또는 삼일대반(三日對盤)]이라 하여, 혼례는 여자 집에서 치르고 3일 동안 여자 집에서 남자가 머물다가, 여자를 데리고 남자 집으로 가서 살았다. 일부 지방, 특히 영남에서는 여자 집에서 혼인을 하고, 그 해를 넘기거나 또는 그 달을 넘겨서야 남자 집으로 가기도 했다. 이를 각각 해묵이, 달묵이라고 불렀다. 이는 반친영의 지역적 변형이라고 할 수 있다.

오늘날 우리가 보통 알고 있는 전통혼례의 겉모습은 친영제를 중심으로 한 예서의 내용이다. 그러나 그 속에는 처가살이혼을 비롯하여 각 지역과 문중 그리고 가정마다의 혼인 관행들이 채워져 있다. '예서의 혼례'와 '민속상의 혼인 관행' 사이에 많은 차이가 난다.

특히 민속상의 혼인 관행은 2가지 목표에 집중되어 있다. 하나는 통과의례상의 경계 지역(liminal zone)에 있는 새 신랑과 새 신부의 위험을 없애고 행복을 확보하는 것이다. 이들에게 혹시 있을지 모를 액살이나 범접할지 모를 잡귀를 차단하고, 부귀다남(富貴多男) 등의 행복을 보장하려는 것이다. 또 다른 하나는 신랑과 신부를 각각 자신의 집으로부터 분리하여, 혼례의 전체 과정을 거치면서 점진적으로 전이 단계를 지나, 엄연한 남편과 아내로서 자리를 잡게 하는 데 목적이 있다. 이 과정을 통하여 이들은 '총각과 처녀'에서 '신랑과 신부'로 그리고 더 나아가 '남편과 아내'로 점차 변화 · 정착되어 간다.

다음에는 혼례를 민속 관행의 절차에 따라서, 의혼(議婚)-초행(初行)-대례(大禮)-신행(新行)-시집살이의 순서로 소개한다.

가. 의혼(議婚)

1) 중매(仲媒)

예전에는 남녀가 서로 만나 자유롭게 연애를 하고 혼인하는 일은 매우 드물었다. 대부분은 중매를 통한 간선(看-)에 의하여 이루어졌다. 간선이란 혼인 상대를 직접 만나 그 사람됨을 두루 살피는 일이다. 신랑감은 집안 어른들로부터 신부 측 간선에 대비하여 일정한 가르침을 받는다. 가문을 중시하는 집안에서는 신부의 아버지가 신랑감에게 관향(貫鄕)과 집안의 내력을 주로 묻는다. 이에 대하여 신랑감은 정중한 예를 갖추어 사실대로 정확한 낱말과 어법으로서 답을 올린다. 간혹

마을의 처녀들(태안 중장리)

신부의 간선을 보기도 하지만 드문 일이었다. 중신아비(혼인을 중매하는 남자)로부터 신부감에 대해서는 어느 정도 이야기를 들었고, 또한 신부 측 어른들을 보면 색시의 됨됨이를 대충 짐작할 수 있다고 생각했다. 특히 색시 어머니의 인품을 유심히 살폈다. 어머니를 보면 그 딸을 알 수 있다고 여겼기 때문이다.

가문에 따라서는 서로 혼인을 기피하는 경우가 있다. 가령 조선시대의 노론(老論)과 소론(小論) 집안 간에는 되도록 혼인을 피했다.

심지어 신랑집에서 왕신(王神)을 모시는지 여부를 확인하는 경우도 있다. 처녀귀신인 왕신을 위하는 집안이라면, 무엇인가 불안하고 불길한 집안이라는 것이다. 더욱이 자칫 잘못하면 시댁의 처녀귀신과 새로 시집온 색시가 상극이 될 수도 있다. 그래서 왕신을 모신다면 혼담을 중단하기까지 했다.

2) 납채(納采)

중매가 잘 되어 혼인하기로 결정하면, 신랑 측에서는 사주[또는 사성(四星)이라고도 함]와 예단을 신부 집에 보낸다. 사주는 신랑의 생년월일시를 적은 단자(單子)를 말한다. 예단은 남자 집에서 여자 집 식구들에게 예의를 차리기 위해 보내는 옷감이나 옷가지이다.

신부 집에서는 마루에 청수 한 그릇을 소반에 받쳐두고, 사주 받을 채비를 한다. 사주가 도착하면 소반 위에 공손히 올려놓는다. 사주를 가져간 사람은 방 안으로 들어가지 않는다. 사주는 신부 혼수를 담은 '의양 그릇'에 넣어 두었다가, 시집갈 때 함께 보낸다. 사주는 신부가 한 평생 잘 보관했다가 죽은 후에 관 속에 넣기도 하고, 탈상(脫喪)할 때 상복(喪服)과 함께 태운다.

혼인 전 석별의 정을 나눈 친구들(서산 도당리)

3) 연길(涓吉)

신랑의 사주를 받으면 신부 쪽에서는 궁합을 보고 길일을 가려 혼인 날짜를 정한다. 연길은 길한 날짜를 가린다는 뜻이다. 경우에 따라서는 택일을 신랑 쪽에서 한 뒤, 신부 쪽의 동의를 구한 다음에 사주를 보내기도 한다. 또는 사주를 보낸 다음에, 신랑 측에서 택일을

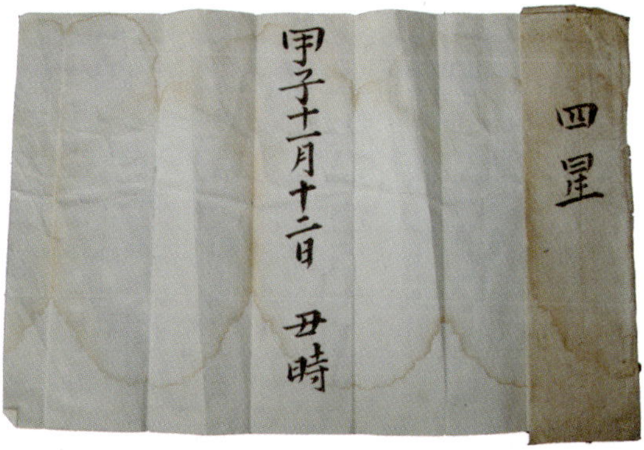

신랑의 사주(四柱)(홍성 봉신리)

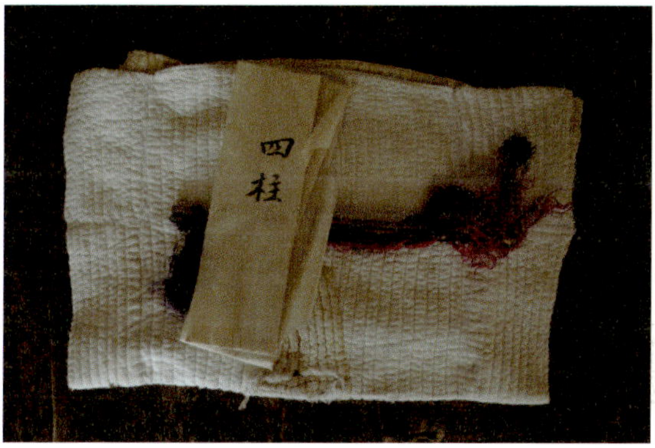

사주와 신부 옷감(서천 합전리)

혼례함(홍성 봉신리)

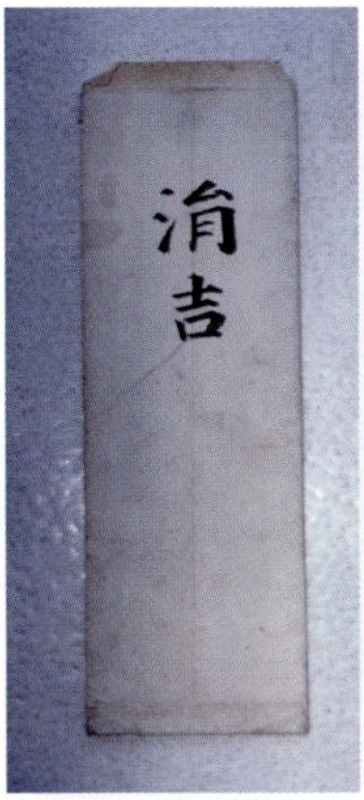

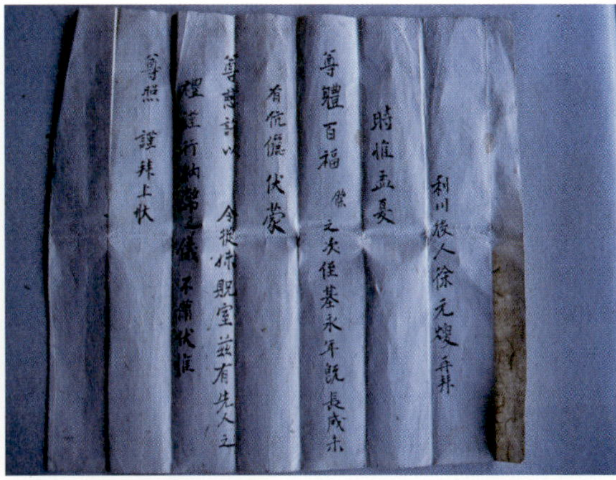

연길(涓吉)(공주)
연길 봉투(왼쪽) / 속지 내용(오른쪽)

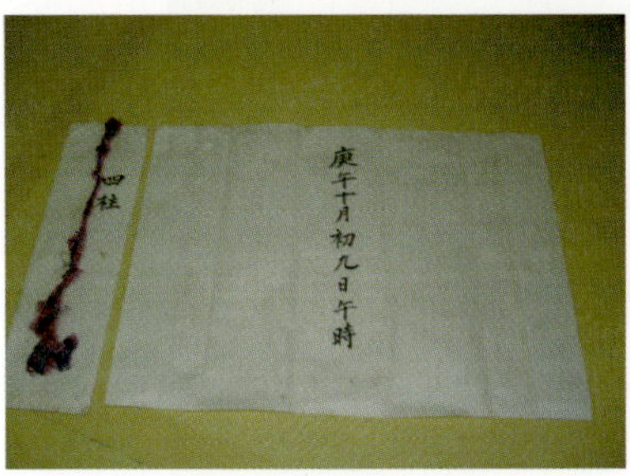

신랑 집에서 신부 집으로 보낸 신랑의 사주
(연기 유천리)

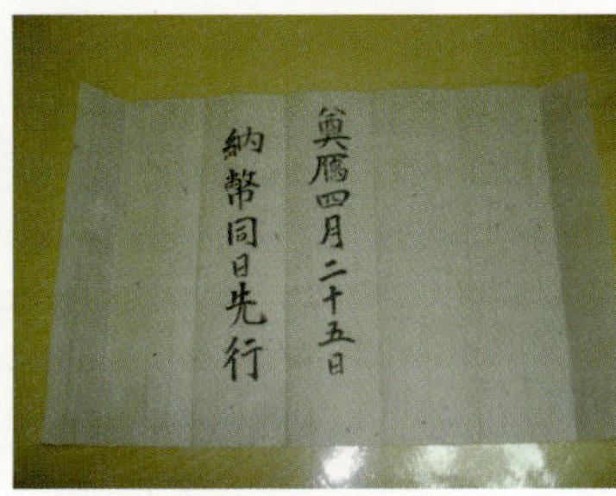

연길(涓吉)

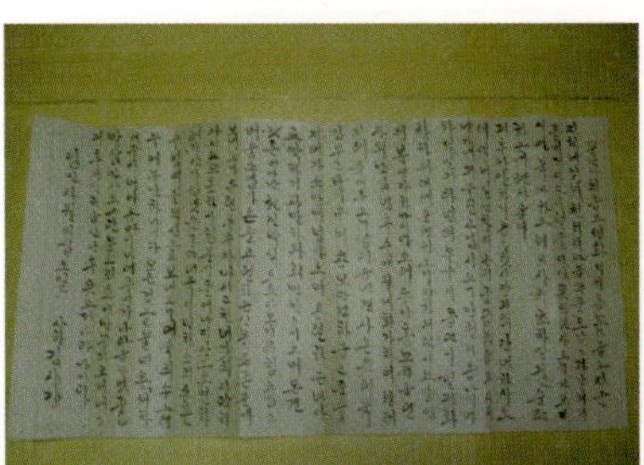

신부어머니가 딸의 시어른께 보낸 문안편지

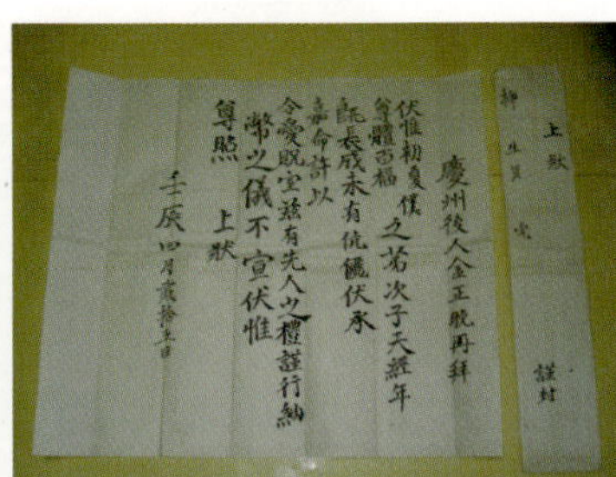

혼서지(婚書紙)

하기도 한다. 아니면 중신애비가 양가 댁의 형편을 잘 조율하여 날짜를 잡기도 한다.

혼례는 보통 가을 농사를 끝내고, 음력 10-11월 사이에 많이 올린다. 선달에는 혼인하지 않는다. 택일할 때에 양가 부모가 혼인한 달, 중요한 제사가 있는 달, 윤달(閏月) 등은 피한다. 만약 택일 후에 초상이 났다면 날을 연기하며, 부모의 상을 당했다면 탈상을 하기 전에는 혼례를 치르지 않는다. 그래서 부모의 병세가 위중하면, 우선 급한 대로 정화수 한 그릇이라도 떠 놓고 단출하게 혼례를 올린다.

4) 납폐(納幣)

혼인 날짜가 정해지면 신랑 집에서 신부 집으로 채단(采緞)과 혼서지

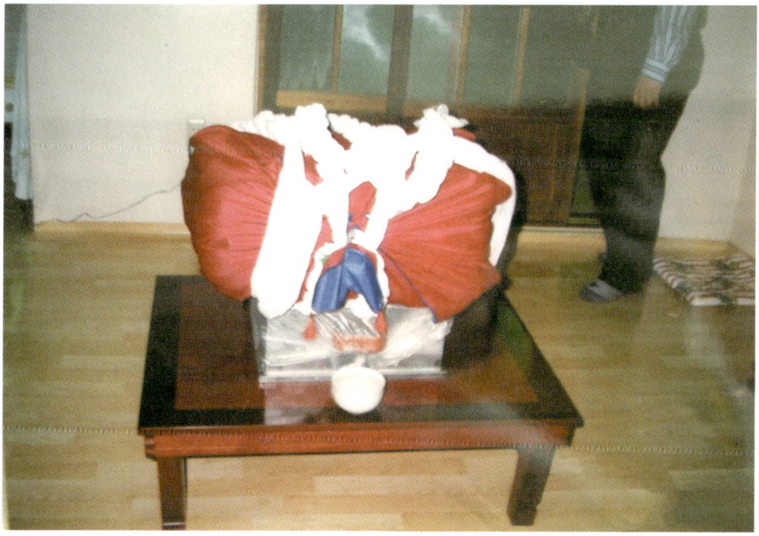

떡시루 위에 올린 함

떡시루 위에 함을 올린 함진아비 일행(천안 하장리)

함을 지고 신부집으로 향하는 함진아비(천안 산정리)

(婚書紙) 등이 들어있는 함(函)을 보낸다. 이를 납폐라 한다.

함은 대개 혼인 전날 저녁이나 밤에 보낸다. 함진아비는 신부 마을의 어귀나 골목 그리고 대문 앞 등에서 "함 사세요! 함 사세요!"라거나, 또는 "두부 사려! 두부 사려!"라고 외치며, 신부 집 식구들과 흥정을 해가며 함을 판다.

함을 받을 때는 안방이나 마루에 시루떡, 불밝이 쌀, 청수(淸水) 등을 차린 조그만 소반을 준비한다. 함은 친정어머니가 무릎을 꿇은 채 받아서 소반 위에 올려놓는다. 지역에 따라서는 친정어머니가 함을 가지고 안방으로 가서, 함을 깔고 앉아다 일어나기를 3번 반복한다.

이때에 일부 가정에서는 이 소반을 안방이나 마루의 '성주께'에 놓아두기도 한다. 잠시 후에 성주께에 놓아두었던 함을 내려, 보자기를 풀고 뚜껑을 열어, 그 안에 있는 예단을 친인척과 이웃에게 구경시킨다. 함 안에는 청홍색 옷감이 들어있다. 청색 옷감은 청색 종이로 싸서 청실로 묶고, 홍색 옷감은 홍색 종이로 싸서 홍실로 묶는다. 함의 네 귀퉁이에는 각각 목화씨 한 주먹, 서숙(조) 한 모가지, 고추, 숯검정 등을 넣는다. 서숙은 많은 자손을 보라는 뜻을 지닌다.

나. 초행(醮行)

초행이란 신랑이 초례를 치르기 위하여 여자 집으로 가는 것을 말한다. 신부 집의 형편이 웬만하면, 혼인은 대체로 여자 집에서 한다. 이를 '마당 빌려주기'라고 한다. 신부 집 마당을 신랑집에서 빌려서 혼례를 치른다는 말이다. 그러나 신부 집이 아주 가난한 경우에는 '싸네려가기'라고 하여, 신랑 집에서 혼례를 치른다. 신랑 집에서 신부의 옷 한 벌 정도만 해 주고, 신부를 그냥 신랑 집으로 데려간다는 뜻이다.

가마를 타고 신부집으로 향하는 신랑과 후행(서천)

여기에서 소개하는 혼례 절차는 모두 마당 빌려주기를 기준으로 한다.

신랑은 신부 집까지 가는 데 걸리는 시간을 감안하여, 여유를 두고 길을 떠난다. 신랑은 형편에 따라서 사모관대(紗帽冠帶)를 하거나 평상복을 하고, 가마를 타거나 걸어서 신부 집으로 간다. 버스를 타고 신부 마을 부근에 도착해서는 가마로 바꾸어 타고 가기도 한다. 대개 아버지나 큰아버지가 동행하는데, 이들을 '상각[상객(上客)]' 혹은 '후행(後行)'이라고 부른다.

신부 마을에 도착하면 곧바로 신부 집으로 들어가지 않고, 신부집에서 미리 마련해 둔 사처(私處)에 머물며 잠시 휴식을 취하며 요기도 한다. 이때에 대례복으로 갈아 입는다.

대례복으로 갈아입은 신랑(서천)

1) 초행길 금기

초행 시에는 여러 금기가 부여된다. 신혼부부의 행불행과 밀접한 관련이 있다고 믿기 때문이다.

한 마을에서 혼사를 치르는 두 집안이 같은 날에 초행길에 나선다면, 서로 첫 길을 빼앗기지 않으려고 서둘러 일찍 출발한다. 반상(班常)의 가마 행렬일 경우에는 양반 집이나 장자(長者) 집의 가마가 먼저 지나간다.

상여 행렬과 마주칠 상황이라면, 멀리 돌아가더라도 다른 길을 택한다. 그러나 불가피하게 상여와 만났다면, 망자에게 먼저 길을 양보한다.

신랑 가마(청양 장승리)

신랑의 과대(아산 장재리)

나무기러기(木雁)(아산 장재리)

신부집 대문 앞에서 액막이로 뿌리는 재를 피하기 위해서 천을 뒤집어쓰고 사처를 나서는 신랑
(천안 산정리)

신부집으로 들어오는 신랑과 액막이로 발로 밟아서 깨버리도록 준비한 뒤웅박
(서산 양길리)

신랑은 초행길에 만날 서낭당을 미리 염두에 두고 소금주머니를 반드시 준비한다. 초행 행렬이 마을 어귀나 고갯마루 등의 서낭당을 지나가게 되면, 신랑은 가마에서 내려서 서낭당에 돌을 3개 던지고 침도 3번 뱉는다. 또 소금 주머니를 던져 주는 일도 잊지 않는다.

2) 신부집 대문에서 행하는 뱅이

신랑이 신부집 대문에 이르면 가마꾼들이 가마를 높이 들어올린다. 모여든 구경꾼들에게 신랑이 잘 보이도록 하는 것이다. 신랑 가마는 곧바로 집안으로 들어가지 않는다. 미리 대문 양 옆에 짚불을 지펴 놓고, 대문 앞 가운데에 뒤웅박 한 개를 놓아둔다. 가장 앞에 선 가마꾼은 집안으로 들어가면서, 짚불을 발로 힘차게 차고 뒤웅박은 발로 밟아서 깬다. 이때 불꽃이 크게 일어나고 박 깨지는 소리가 요란할수록 좋다고 한다. 이는 신랑을 따라온 잡귀나 액운을 물리치기 위한 것이다.

신랑이 신부 마을에 도착했는데, 그 마을에 아기 낳은 집이 있다면, 신랑은 그 집을 향하여 절을 한 다음, 산가(産家)에서 얻어 온 미역국을 먹는다. 신부도 미역국을 먹는다. 그런 후에야 신랑은 신부집으로 들어갈 수 있다. 이렇게 뱅이를 하지 않으면 새 신랑과 신부는 나중에 아이를 가질 수 없다.

신랑집에서 혼례를 치르는 경우에도 액막이를 행한다. 신부 가마가 대문 앞에 이르면 무당이나 법사가 징을 두드리며 "액운 다 물러가라!" 고 축원하기도 하고, 때로는 시어머니 될 사람이 호박을 안고 있다가 신부 가마가 들어올 때 가마 앞에 힘차게 던져서 깨뜨리기도 한다.

다. 대례(大禮)

대례(大禮)는 신부집 마당에서 대개 정오 즈음에 행한다. 마당에는 멍석을 깔고 그 위에 치알[차일(遮日)]을 친다. 대례에는 부정한 사람이 참석해서는 안 된다. 스스로 깨끗하지 못하다고 여기면 불참한다. 초례청(醮禮廳)의 모든 액을 막아내기 위하여 멍석 아래에는 부적을 놓아

가채 · 비녀 · 신부 족두리(대전 신탄진)

신부 족두리

성장한 신랑 · 신부(천안 장산리)

성장한 신랑 · 신부(서천 동산리)

초례청으로 나오는 신부(태안 정죽리)

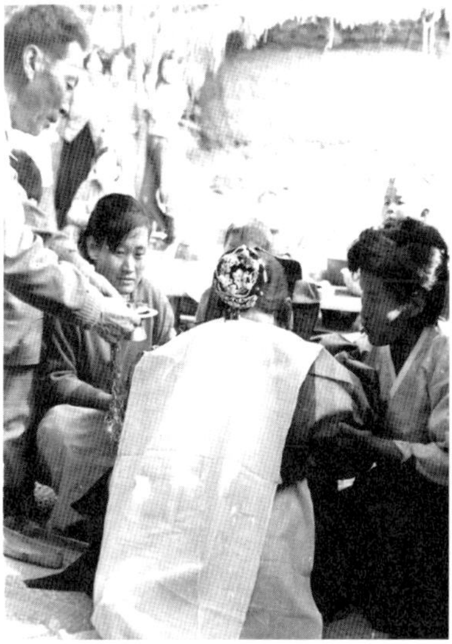

합근례, 술잔을 받는 신부(천안 하장리)

교배례, 신랑에게 절하는 신부

교배례, 신부에게 절하는 신랑

안주를 먹는 신랑

신랑·신부에게 혼인 선물을 전하는 하객

혼인 축하문을 읽는 신랑의 친구

대례 기념사진(천안 장산리)

혼례식 하객 기념사진(서천 동산리)

두기도 한다.

혼례복은 큰 마을에서는 동물(洞物)로 보관하여 필요한 집안에서 쓰도록 하지만, 그렇지 않은 경우에는 인근 마을에서 빌리기도 한다. 간혹 부잣집에서 마련해둔 수의(壽衣)를 빌려다 입기도 한다. 수의로 쓸 원삼(圓衫)을 새 색시에게 3번 빌려주면 좋다고 한다.

초례상에는 촛불, 삼색실과, 암수탉, 쌀, 팥, 용떡, 대나무가지와 소나무가지 등을 놓는다. 초례상의 쌀은 신행 갈 때 신부가 시댁으로 가져가서, 3일 후에 '삼일떡'을 마련하여 시부모님께 올린다.

대례는 홀기(笏記)에 맞추어 진행된다. 대개 전안례(奠雁禮)-교배례(交拜禮)-합근례(合巹禮)의 순서로 치러진다.

전안례 중에 신부 어머니는 목안(木雁), 곧 나무기러기를 치마에 싸서 안방으로 가지고 간다. 목안을 던져 일어서면 신부가 아들을 낳고, 누우면 딸을 낳는다고 한다. 지역에 따라서는 목안의 목이 빠지면 딸을 낳고, 그대로 있으면 아들을 낳는다고 한다. 또는 목안을 쌀독이나 시루 안에 넣으면, 부자로 살게 된다고 하여 그리하기도 한다.

대례를 마치면 초례상에 올렸던 닭을 풀어서 날려 준다. 이때 수탉이 처마까지 날아오르면 대길(大吉)하다.

초례(醮禮)를 마친 신랑과 신부는 밤에 신방에 들 때까지 각기 다른 방에 가서 있는다.

신방은 신부집에서 가장 좋은 방에 마련한다. 저녁 무렵이 되면 처삼촌이나 처남의 안내로 신랑은 신방에 들어간다. 이에 앞서서 신부는 먼저 신방에 들어 다소곳하게 앉아 있는다. 신방에는 금침(衾枕)을 깔아 놓고, 한편에는 주안상(酒案床)도 보아 놓는다.

신랑이 신부 옷을 벗기는 순서는 충남에서도 지역에 따라 다소의 편차가 있다. 족두리부터 시작해서 버선을 벗기는 경우도 있고, 반대로 버선부터 벗기고 족두리는 맨 마지막에 벗기는 경우도 있다. 어떤 지역에서는 머리부터 벗기면 나중에 머리 풀고 싸울 일이 생긴다고 하여, 그렇게 하지 않도록 한다. 한편 젖가슴부터 벗기면 시집살이 내내 속으로 걱정하거나 괴로워 할 일이 없다고 한다. 그만큼 가슴이 시원해진다는 것이다.

잠자리에 들 즈음이 되면 동네 사람들은 신방을 엿보기 시작한다. 구경꾼들은 신방의 문종이를 손가락에 침을 발라서 뚫는다. 어찌나 뚫어댔는지 이튿날 일어나 보니 창호지가 하나도 남지 않았다는 옛말도 있다. 이렇게 짓궂게 굴면, 신랑은 병풍을 들어다가 방문을 가린다. 신방을 엿보지 않으면 귀신이 들끓어서 신혼부부에게 해롭다고 한다.

이렇게 첫날밤을 치르고, 다음날 아침에 일어났을 때 밤새 눈이 쌓여 있으면 대길하다고 한다. 곡식이 눈처럼 쌓인 것으로 여긴다.

첫날밤을 치른 신랑과 신부에게는 아침을 먹기 전에 친정어머니가 떡국을 끓여서 겸상해서 준다. 이를 '자리조반'이라 한다. 떡국을 먹고 방을 나갈 때는 신랑이 신부보다 반드시 먼저 나가야 한다.

그런 후 아침을 들고 처가 식구들에게 간단히 인사를 한 뒤에, 신랑과 신부는 신랑집으로 향한다. 이를 "신행(新行)간다."고 한다. 그러나 일진이 좋지 않으면, 하루를 더 지낸 후 사흘 만에 신행을 하기도 한다. 이를 '삼일신행'이라고 한다.

라. 신행(新行)

신행은 신부가 신랑과 함께 신랑집으로 가는 것을 말한다. 신행 행렬에서는 상객을 필두로 그 뒤에 신랑 가마가 서고, 그 뒤를 이어 신부 가마가 따른다. 신부 가마에는 화장품, 요강, 소금주머니 등을 넣어준다. 소금주머니는 청색 헝겊으로 만든다. 신행길에 서낭당을 만나면 서낭나무에 소금주머니를 걸어주며, 냇물을 건널 때 이것을 냇물에 던져 준다. 가마 안의 요강에는 짚을 깔아 주거나 솜이나 목화씨를 넣어준다. 신부가 소변을 볼 때에, 소리가 나지 않도록 하기 위함이다. 신부 가마가 출발하면 그 옆에 섰던 사람들이 가마 위로 소금을 뿌린다.

만약 신행 가는 신랑 마을에 산가(産家)가 있다면, 신부 어머니는 미리 미역과 쌀을 챙겨준다. 그러면 새색시가 삼일 후에 그것으로 미역국과 밥을 마련하여 신랑과 함께 먹는다. 이렇게 해야 산가가 혼가(婚家)에 미치는 액운을 막아낼 수 있다.

1) 옥녀각시(玉女-)

충남 청양 · 홍성 · 공주 · 부여 등의 일부 지역에서는 신행길에서 옥녀각시가 어디 있는지를 살펴서 길흉을 점치고 또한 옥녀각시를 피하려고 하는 풍습이 있다. 옥녀각시는 아마도 옥녀살(玉女煞)에서 유래된 해로운 귀신으로 여겨진다.

옥녀살은 역학(易學)과 오행설(五行說)에 기초한 방술서(方術書) 등에 보인다. 이는 신행에서 피해야 하는 일정한 방위와 관련된 살이다. 곧 옥녀살은 1-3월에는 동방에 있고, 4-6월에는 남방에 있고, 7-9월에는 서방에 있고, 10-12월에는 북방에 있다. 이처럼 옥녀살은 3달마다 한 방위씩 머물다가 다른 방위로 옮겨 간다. 일정한 방위를 일정 시간마다 순회한다는 측면에서는 손이란 귀신과 유사하다.

만일 신행을 10월에 한다면, 옥녀살이 북방에 있기 때문에 신랑집이 신부집의 북방에 있으면 안 된다. 그래서 옥녀살의 폐해를 보지 않으려면, 혼인하는 달을 변경하여 10-12월을 제외한 다른 달에 혼사를 치러야 한다. 이처럼 옥녀살은 혼인 기월(忌月)과 관련된다.

이러한 옥녀살의 귀신화(鬼神化)가 옥녀각시로 보인다. 민간에서는 옥녀각시를 새 색시 뒤편에 두고 가마를 타고 오면 친정이 못 산다고 하고, 옥녀각시를 앞에다 두고 오면 시댁이 못살게 된다고 한다. 오른편에 두고 오면 동기간에 우애할 줄 모르고, 왼편에 두고 오면 아무 탈이 없다고 한다. 흔히 새 색시가 옥녀각시를 왼쪽에 끼고 와야 좋다는 말은 그와 같은 속신에 근거한다.

2) 시가(媤家)에서 행하는 뱅이

신부가 시집에 도착하면 대문 앞에 피워둔 짚불을 가마꾼들이 밟는다. 물론 미리 놓아둔 바가지도 발로 힘차게 밟아 깨야 한다. 지역이나 집안에 따라서는 활에 화살을 메워서 신부가 온 방향을 향하여 쏘아댄다. 살을 풀기 위한 것이다.

신행 행렬이 도착하면 신랑은 신부보다 먼저 집안으로 들어간다. 신랑은 방으로 오르기 전에 앞서, 부엌으로 들어가 부뚜막에 왼발을 올린 자세로 밥 푸는 주걱으로 국수를 먹는다. 젓가락으로 먹는 국수가 아니기에 주걱에는 국수가 덕지덕지 붙는다. 이처럼 온갖 복이 붙으라는 뜻이다. 또는 국수를 수수깽이로 건져 먹기도 한다. 국수를 먹은 다음에는 부엌 뒷문을 통해 뒤뜰로 나온다.

이때서야 비로소 신부가 집안으로 들어올 수 있다. 신랑의 초행길에서와 마찬가지로 신부 역시 대문 앞에 피워놓은 짚불을 발로 차고 들어온다.

또 주당(周堂, 혼례 · 상례 및 굿 등에서 꺼리는 귀신)이 닿았다고 하면, 신부가 들어올 때 집안사람들은 처마 밖으로 모두 나와야 하며, 이때 신부를 향해서 일제히 호박을 내던진다. 호박이 산산조각이 날 정도로 힘차게 던지면 주당살을 막을 수 있다.

서산 지역에서는 주당에는 시어머니 주당, 시아버지 주당, 부엌 주당, 안사랑 주당, 굴뚝 주당 등이 있다고 한다. 만일 시어머니가 굴뚝 주당이 있다고 하면, 시어머니는 신부가 집안으로 들어오는 것을 보지 않는다. 시어머니는 팔로 굴뚝을 안고 있다가, 신부가 시댁 어른들에게 인사를 드리려고 앉으면, 그때서야 팔을 푼다.

신부도 부엌으로 먼저 들어가서 주걱으로 국수를 먹은 다음, 부엌 뒷문으로 나와서 뒤뜰로 향한다. 그런데 신부는 신랑과 달리 부엌에서 부엌 뒷문까지 깔아 놓은 몇 개의 메주 덩어리를 징검다리처럼 건너서 뒤뜰로 나간다. 이미 한 번 건너갔으니, 다시는 되돌아가지 않는다는 뜻이다. 곧 한번 시집을 왔으면 다시는 떠나지 말고, 이 집 귀신이 되라는 뱅이이다. 그런 다음에 방으로 들어 갈 때에도 방의 앞문이 아닌 뒷문으로 들어간다.

3) 폐백(幣帛)

방안으로 들어온 신랑과 신부는 휴식을 취하고, 신부집에서는 푸짐하게 음식을 차려 동네잔치를 연다. 신부가 안방에 앉아 있으면, 마을 사람들이 찾아와 구경하고, 술과 음식을 먹으며 하루를 즐겁게 논다.

조금 쉬었다가 신랑과 신부는 집안 어른들께 폐백을 올린다. 신부는 미리 친정에서 준비해 온 대추, 밤, 술, 안주, 과일, 닭 등을 상 위에 올려 놓고 큰절을 올린다. 이때 조부모가 계시더라도, 자신을 낳아준 부모에게 먼저 술 한 잔 올리고 절을 한다. 만약 부모가 모두 돌아가셨다면 먼저 부모님 몫으로 술을 따라 놓은 후, 친인척에게 절을 올린다.

절을 받는 집안 어른들은 자식 많이 낳으라는 덕담과 함께 대추와 밤을 신부의 치마에 던져 준다. 대추는 딸을, 밤은 아들을 상징한다.

마. 시집살이

1) 재행(再行)과 동상례(東床禮)

시집 온 지 사흘째 되는 날 아침밥을 지어 먹은 후, 새색시와 새신랑은 친정으로 간다. 이렇게 혼인한 뒤에 신랑이 처음으로 신부의 집에 가는 것을 재행이라 한다. 충남 지역에서는 이를 '자양간다.'라고 한다. 재행(再行)이란 한자어를 여기서는 자양이라고 말하는 것이다. 만약 그 달에 손이 있다면 달을 물려서 가기도 한다.

신랑과 신부가 재행을 오면 친정에서는 동네잔치를 열어준다.

재행 간 날 저녁이 되면 동상례를 행한다. 동상(東床)이란 남의 '새사위'를 높이어 일컫는 말이다. 항간에서는 '신랑다루기'라고도 한다. 신부 마을 사람들이 새 신랑에 대하여 치르는 일종의 통과의례이다. 또한 신랑의 사람됨을 가늠하는 기회가 되기도 한다.

이렇게 동상례도 치르고 친정에서 이틀이나 사흘을 보낸 후, 다시 신랑과 신부는 신랑집으로 돌아온다. 신부가 시집으로 돌아올 때는 '이바지'라 하여 친정에서 떡, 고기, 부침개 등을 푸짐하게 해서 보낸다. 떡으로는 인절미가 빠져서는 안 되며, 만일 잔칫날에 돼지를 잡았다면 다리 하나는 반드시 보낸다. 신랑집에서는 이바지 음식으로 집안 어른들을 모셔서 다시 조촐하게 잔치를 연다.

2) 근친(覲親)과 젖값

시집 간 딸이 처음으로 친정 부모를 뵙고 인사를 올리는 것을 근친이라 한다. 시집살이를 잘 하고 있음을 정식으로 알린다는 의미가 있다. 대개 시집간 다음해에 가을걷이를 한 소출로 떡과 술 등을 장만하여 간다.

대전을 비롯한 일부 지역에서는 '젖값'이라는 풍습이 있다. 어머니가 자신에게 젖을 먹여 키운 은혜에 대한 값이란 뜻이다. 새 색시가 첫 아이를 낳은 후에 자신의 머리카락을 잘라서 친정어머니에게 보내는

회갑례(대전 신탄진)

것이다. 그 동안 자신을 보살펴서, 아기를 낳고 어머니가 되기까지 길러 준 친정어머니에게 감사를 표하는 것이다. 이는 "은혜는 머리털을 뽑아서 짚신을 삼아 주어도 남음이 있다."라는 속담과 관련된 풍습으로 보인다. 그러나 아기를 낳지 못했다면 젖값으로 머리카락을 자르지 않는다.

3. 회갑례(回甲禮)

회갑은 글자 뜻 그대로 갑(甲)으로 돌아왔다는 의미이다. 갑은 육십갑자(六十甲子)를 구성하는 천간(天干)의 첫째 글자이지만, 여기서는 만 60년을 살아 자신이 태어난 해의 간지(干支)로 다시 돌아왔음을 나타

회갑례(천안 모전리)

낸다. 주갑(周甲), 환갑(還甲) 등도 같은 뜻을 지닌다. 화갑(華甲)은 회갑을 아름답게 이르는 말이다.

그래서 회갑은 우주의 역수(曆數)가 정해 준 인간의 수명을 다 살았다는 뜻을 지닌다. 여기에 덧붙여 회갑주(回甲主)가 혼인을 하고 자손을 둔 경우라면, 그 인생은 더 말할 나위 없이 최고의 완성을 이룬 것으로 간주된다. 이제부터 회갑주는 정식의 노인으로 인정받으며, 올바른 죽음을 죽을 수 있는 자격이 주어진다. 달리 표현하면, 노인은 산 자와 죽은 자의 사이에 또는 조상과 후손 사이에 존재하는 과도기의 인물이라 할 수 있다.

회갑은 정작 예서에는 없는 일생의례이다. 정확하지는 않지만 대체로 조선 후기에 들어서 크게 유행한 풍습으로 보인다.

아기의 첫돌은 부모가 치러주고, 혼례는 양가 부모가 시켜주지만, 회갑 잔치는 자식들이 마련한다. 회갑에 앞서서 자식들은 형편에 맞게 계를 들거나 돈을 모아서 잔치 준비를 한다. 잔치에는 일가친척이나 친지들이 초대된다. 이들 손님들은 각자의 형편에 맞추어 선물을 준비한다. 1960-70년대만 해도 대개 계란, 국수, 잡채, 술, 담배, 양말, 비누 등을 가지고 왔다. 이불, 옷, 놋그릇 등은 큰 선물로 여겼다.

회갑은 대개 하루 잔치이지만, 마을이나 지역의 부자나 유지(有志)는 3일 잔치를 하기도 했다.

회갑을 맞이했다고 해서 누구나 잔치를 치르지는 못했다. 집안 형편이 어렵거나, 우환이 있거나, 자식이 부모에 앞서서 죽었다면 회갑 잔치를 하지 않는다. 미망인의 경우, 먼저 간 남편에게 민망하다 하여, 회갑 잔치 치르는 것을 삼가기도 한다. 삼년상(三年喪)이 끝나지 않아 집안에 고연[궤연(几筵)]을 아직 모시고 있어도 하지 않는다.

예전에는 회갑을 맞을 정도로 장수하는 경우가 많지 않았다. 회갑을 지냈다고 하면 대단히 장수하는 노인으로 여겼다. 또 혼인 연령이 일렀기 때문에 회갑 즈음이 되면, 손자는 물론이고 증손을 보기도 했다. 그만큼 노인으로 여겨질 만했다. 그래서 회갑 잔치를 수연(壽宴)이라고도 불렀다. 장수를 축하는 잔치란 뜻이다. 그리고 집안이나 마을에서는 복록(福祿) 있는 웃어른으로 크게 대우를 받았다. 젊은이들도 회갑을 지낸 노인 앞에서는 되도록 언행을 삼갔다.

회갑 잔치는 일명 '산제사'라고도 불려진다. 죽은 사람에 대한 제사가 아니라, 살아 있는 사람에게 지내는 제사란 뜻이다. 제사는 원칙적으로 죽은 사람을 대상으로 한다. 따라서 산제사는 이치에 맞지 않는 말이다. 이 어휘 속에는 살아 있는 회갑주를 어느 정도 죽은 사람처럼 여기는 관념이 숨어 있다. 회갑주인 노인은 삶과 죽음의 경계에 있는

회갑상을 받은 회갑주(천안 산정리)

회갑주와 자손들

존재이며, 죽음의 입문자이기 때문이다.

그래서 이날 자손들은 수의(壽衣)나 관(棺) 등의 장례 용품을 회갑주에게 예물로 올린다. 자손들은 되도록 회갑 이전에 드는 윤년(閏年)에 부모님 수의를 미리 준비해 놓기도 한다. 자손들 형편이 좋다면 옻칠을 한 관도 마련하고, 심지어 가묘(假墓)까지 만들어 놓는다. 이렇게 가묘를 준비하는 것을 "치표(置標)한다."고 한다.

이렇게 장례 용품이나 무덤을 준비하는 것은 회갑주가 이제는 올바른 죽음을 죽을 수 있는 자격을 획득했음을 인정하기 때문이다. 그렇지만 한편으로는, 이렇게 하면 오히려 부모님이 무병장수할 수 있다고 말하기도 한다.

회갑을 넘기면 "남의 나이를 먹는다."라고 여긴다. 자연이 정해 준 자신의 나이는 이미 다 먹었고, 다른 죽은 사람이 다 먹지 못한 나이를 내가 먹는 것이다. 또는 앞으로 자신의 나이를 다 먹지 못하고 죽을 사람의 나이를 내가 먹는 것이기도 하다. 곧 회갑까지 살았으면 살만큼 다 살았다고 생각한다. 이제부터의 삶은 사실상 하늘이 나에게 준 덤이다. 이런 가치관은 자연스럽게 노욕(老慾)을 버리게 한다. 자신이 노인이라는 자각이 노욕을 소정하는 것이다.

회갑날은 회갑주뿐만 아니라 자손들도 모두 한복을 곱게 차려 입는다. 회갑주 내외 분은 며느리들이 지은 한복·두루마기·버선 등으로 성장(盛裝)을 한다. 회갑주는 회갑상 앞에 앉아 자손들이 올리는 술과 절을 차례대로 받는다. 이를 헌수(獻壽)라 한다. 장수를 비는 술이란 뜻이다. 먼저 맏아들 내외가 회갑주인 부모님께 술잔을 올리고 큰절을 한다. 만일 부모님 중에 한 분이 돌아가셨다면, 고인에게 먼저 헌수를 바친다. 절은 조상에게 하듯이 재배(再拜)로 한다. 산 사람에게 올리는 단배(單拜)가 아니다. 회갑주는 이미 조상 가까이에 있기 때문이다. 다

헌수(獻壽)(천안 산정리)

음에는 지차(之次) 내외나 자식들이 차례대로 헌수를 바치고 재배를 드린다. 딸과 사위는 맨 마지막에 한다.

회갑상은 마치 제사상처럼 진설을 한다. 부유한 집에서는 큰상과 입맷상을 따로 격식에 맞추어 차린다. 큰상 음식의 가짓수와 음식을 괴는 높이의 치수는 홀수로 한다. 만일 화려하고 푸짐하게 상을 차린다면 유밀과, 강정, 다식, 당속, 사과 · 배, 대추 · 호두 · 잣 · 곶감, 백편 · 꿀편, 어포 · 육포, 전유어, 적 등을 올린다. 이 큰상은 많은 음식을 높이 괴었다고 하여 고배(高排)라고도 부른다. 또 큰상 음식은 헐어서 먹는 것이 아니라 바라만 보는 음식이기에 망상(望床)이라고도 했다. 그래서 회갑연이 치러지는 동안, 회갑주가 요기를 하도록 온면, 냉면, 김치, 나물, 전유어, 편육, 찜, 과일, 식혜, 수정과 등을 차린 입맷상을 올린다.

큰상 앞에 각각 외상을 받은 회갑주 내외(천안 가송리)

흥이 오른 회갑잔치

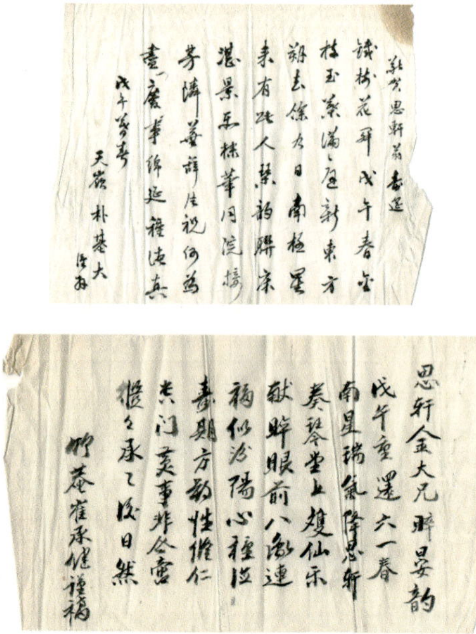

회갑 축하 시문(부여 저석리)

그러나 회갑상은 집안 형편에 따라서 천차만별이다. 부잣집에서는 큰상을 어마어마하게 차리고, 손님들 먹인다고 돼지도 잡고, 떡도 먹고 남을 만큼 넉넉하게 한다. 또 국수가 아닌 떡국으로 대접하기도 한다. 그러나 거의 대부분의 집안에서는 보리밥이나 밀국수로 잔치를 치르거나, 회갑상에 떡시루나 김과 조기 등을 올리는 정도에 그친다.

만일 회갑주 내외가 다 계시면, 큰상 앞에 각각 외상(-床, 한 사람 몫으로 차린 음식상)을 차려 놓는다. 또 회갑주의 부모님이 계시면, 그 분들을 위해서도 회갑상 옆에 별도로 상을 보아드린다. 또 회갑주가 당신의 부모님에게 절을 올릴 때에는 허리에 붉은 띠를 두르거나 색동저고리를 입기도 한다. 어버이 앞에서는 자식이 아무리 나이를 먹어도 어린

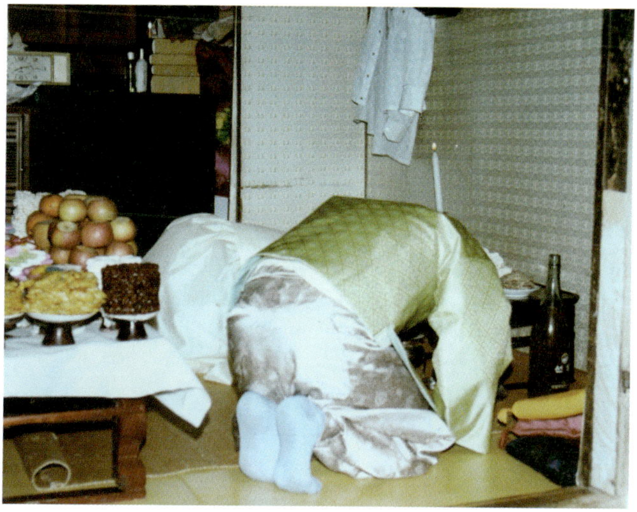

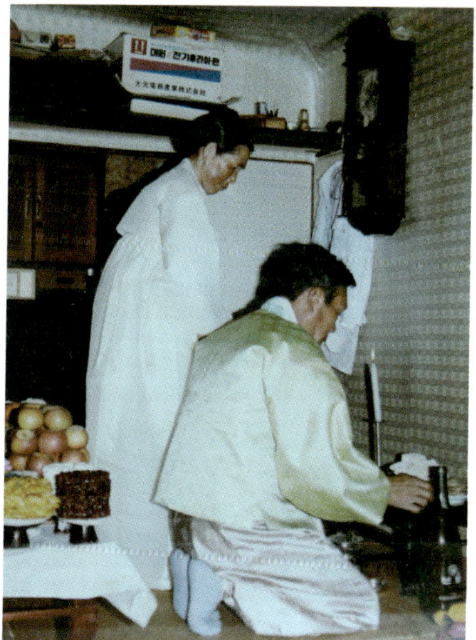

회갑주 내외가 조상께 회갑을 맞았음을 고하는 모습(태안 안면읍 대야도)

회갑상 뒤편 병풍에 걸어놓은 옷(태안 고남리)

아이에 불과하다는 생각 때문이다. 그러나 자신이 자식들로부터 절을 받을 때는 붉은 띠도 풀고 색동저고리도 벗는다.

자손들과 친척 · 친지들의 헌수가 끝나면, 한바탕 여흥이 벌어진다. 부잣집에서는 기생들을 불러 춤과 노래로 한층 잔치 분위기를 돋우기도 한다. 하객들에게도 여간 큰 구경거리가 아니다. 시조를 읊조리며 회갑을 축하하기도 한다. 일반 하객들도 춤과 노래로 회갑을 축하하며 흥겹게 놀았다.

부모님이 회갑을 잡숫기 전에 돌아가셨다면, 자손들은 고인의 60돌에 사갑(死甲)을 치러 드린다. 곧 돌아가신 분의 환갑이 사갑이다. 이날 회갑상을 차리고 맏아들부터 잔을 붓고 절을 올린다. 사갑을 지내드린 다음에는 묘소에 가서 제사를 지낸다. 이때 한복 한 벌을 새로 지어

가지고 가서, 불에 태워 드린다.

회갑을 지낸 다음 해는 진갑(進甲)이라 한다. 환갑에서 한 해 더 나아간 해의 생일이란 뜻이다. 진갑에는 회갑처럼 큰 잔치는 열지는 않으나, 친인척들이 모여서 조촐하게나마 음식을 차려 먹으며 축하를 해 준다.

흔히 '세상을 다 산 노인'이라는 뜻으로, "회갑진갑을 다 지냈다."는 말이 있다. 그만큼 회갑과 진갑은 정식 노인이 되었음을 사회적으로 공인하고, 또한 올바른 죽음을 죽을 수 있는 권리를 획득했음을 뜻한다.

이러한 회갑례의 절차와 내용은 혼상례와 달리 충남 전 지역에 걸쳐서 별로 차이가 없다. 아마도 가장 지역적 편차가 없는 일생의례일 것이다. 다만 아산 지방에서는 이날 아침 뒤란의 터주에 시루떡을 차리고 회갑을 맞이했음을 고한다. 회갑주가 직접 시루떡을 올리고 절을 한다. 또 회갑주의 살풀이를 위하여 변소에도 떡을 바치기도 한다.

회갑주 내외가 조상에게 회갑을 맞이했음을 고하는 일은 많은 지역에서 전승된다. 한편 회갑상 뒤편에 쳐 놓은 병풍에 회갑주와 자손들의 새로 지은 옷이나 선물받은 옷을 죽 걸어 놓는 풍습이 있다.

4. 상례(喪禮)

상례는 망자 그리고 그와 관련된 가족 및 사회 구성원을 대상으로 치러지는 일생의례이다. 그 목적은 일정한 상례 절차를 거쳐서, 망자의 시신을 정중히 음택(陰宅)에 모시고, 육신을 떠난 혼백을 위로하며, 마침내 저승으로 무사히 갈 수 있도록 하는 데 있다.

상례와 거의 동일한 뜻으로 쓰는 장례(葬禮)란 낱말이 있다. 상례와 장례를 굳이 구별하자면, 상례는 임종을 준비하는 천거정침(遷居正寢)으로부터 별세 후 두 돌 만에 지내는 대상(大祥)에 이르기까지 그 전체 과정을 뜻한다. 이에 반하여 장례는 시신을 거두는 수시(收屍)로부터 무덤을 조성한 후에 지내는 평토제(平土祭)까지를 이른다. 그래서 이 2개의 낱말을 합하여 상장례(喪葬禮)라고 하기도 한다. 여기서는 상장례 모두를 포괄하는 상례란 어휘를 쓰도록 한다.

사람의 죽음이란 생물학적 죽음만으로는 완전한 죽음이 아니며 사회학적 죽음만으로도 완전한 죽음이 아니다. 이 두 차원의 죽음이 모두 이루어져야 온전한 죽음이라 할 수 있다. 상례로써 생물학적 죽음을 사회학적 죽음으로 공인해 주어야, 망자의 죽음은 완성된다. 다시 말하면, 상례를 치르지 않으면 완전한 죽음이 아니다. 생물학적으로만 죽은 것에 불과하다. 이런 상황에서는 망자는 저승으로도 가지 못한 채 이승을 떠돈다. 망자는 잡귀 수준의 객귀(客鬼)에 불과한 존재일 뿐, 올바른 조상이 되지 못한다. 그의 유가족도 망자의 죽음을 충분히 슬퍼하며 영원한 이별을 준비할 기회조차 갖지 못한다. 그래서 일상생활로 되돌아가기도 어렵다.

상례도 분리-전이-재통합이라는 통과의례의 3단계를 거친다. 수시(收屍)를 하여 칠성판에 모시고, 온몸을 홑이불로 덮고 병풍으로 가리는 것은 첫 번째 분리 의례이다. 이는 망자를 이승과 산 자로부터 격리시키는 의미를 지닌다. 유가족도 초상집 또는 복인(服人)이란 이름으로 일단 망자와 일상생활로부터 분리된다. 상가(喪家)의 상장(喪章)도 분리의 상징적 표식이다. 소렴(小殮)과 대렴(大斂)도 또 하나의 분명한 분리이며, 하관 후 달구질을 거쳐서 성분(成墳)이 되면 망자는 산 자와 완전히 차단된다.

치장(治葬)을 마친 후 길제(吉祭)까지의 흉제(凶祭)는 일종의 전이 단계이다. 반혼(返魂)으로부터 우제(虞祭)를 거쳐 졸곡제(卒哭祭)를 모시고 소상(小祥)과 대상(大祥) 등을 치르고 탈상(脫喪)을 할 때까지, 죽은 자와 산 자는 아직 상중(喪中)이라는 교집합(交集合)의 상황에 처해 있다. 곧 발상(發喪)에서 상중을 거쳐, 바야흐로 탈상의 시간으로 가고 있는 것이다.

탈상을 하면 망자는 저승으로 가고, 유가족은 이승의 일상생활로 되돌아온다. 이러한 상황은 재통합이라 할 수 있다.

가. 초종례(初終)

초종은 임종(臨終)으로부터 초혼(招魂), 수시(收屍), 호상(護喪), 부고(訃告) 등에 이르는 상례의 초기를 일컫는다. 다음에 이들 각각에 대한 민속 관행들을 소개하도록 한다.

1) 임송(臨終)

집안에 조만간 돌아가실 듯한 어른이 계시면, 남녀를 구분하지 않고 모두 안방으로 모신다. 안방을 정침(正寢)으로 간주하는 것이다. 눈의 동공에 힘이 없고, 허리 밑에 손을 집어 넣어서 손이 들어가지 않으며, 손과 발이 온기가 없이 차가워지면 죽음이 임박했다고 여긴다. 이우고 햇솜을 환자의 인중(코와 윗입술 사이에 골이 진 곳)에 놓아서, 숨을 쉬는지 살펴본다. 햇솜의 움직임이 전혀 없으면 돌아가신 것으로 간주한다.

부모의 임종을 지키는 것은 자식의 가장 큰 도리로 여겨진다. 이를 종신(終身)한다고도 한다. 따라서 임종을 못하면 막심한 불효가 된다. 그래서 "종신자식이 진정한 자식이다."라는 말도 있다. 그러나 어떤 자식이 임종을 할지는 팔자소관(八字所關)이라 한다. 병중의 부모를 내내 불철주야(不撤晝夜) 지키다가도 잠시 자리를 비웠을 때 운명하시기도 하고, 멀리서 오랜 만에 잠시 병문안을 온 자식이 오히려 임종을 할 수도 있다.

사망을 확인하면, 집안이나 동네의 고양이들이 돌아다니지 못하도록 단속한다. 고양이는 대개 광(헛간)에다 묶어 둔다. 고양이가 초상집의 아궁이나 굴뚝으로 들어가면, 시신이 벌떡 일어선다는 말이 전해진다. 이때에는 맏상주가 왼손으로 시신의 왼쪽 어깨를 가만히 만지거나 시신의 왼쪽 다리에 딴지를 걸어야, 망자가 다시 제자리에 눕는다고 한다.

충남 서해안 일대에서는 혼불에 대한 이야기가 매우 보편적이다. 이는 호남의 해안 지역에서도 그러하다. 혼불이란 사람이 죽으려면 그 몸속에서 빠져나와 어디론가 날아간다는 조그만 불덩이를 말한다. 그 크기는 종지(간장, 고추장 따위를 담아서 상에 올리는 작은 그릇)만 하다. 곧 혼불은 망인의 혼백이다. 이를 "살이 나간다."라고도 한다. 혼불은 날아가서 어딘가에 떨어지는데, 그 자리가 바로 명당(明堂)이라고 한다. 일부 지역에서는 혼불이 대개 공동묘지 쪽으로 날아간다고 믿는다. 여자의 혼불은 둥글게 생겼고, 남자의 혼불은 긴 꼬리가 달린 둥그런 모양이라고 한다.

2) 초혼(招魂)

사망을 확인하면 상주(喪主)나 '시신을 보지 않은 사람'이 초혼을 한다. 이제 막 집을 떠나가는 외로운 혼백을 향하여 집으로 되돌아오라고 애처롭게 부른다. 그래서 '소리 내어 부를 고(皐)' 자(字)에 '혼(魂) 부를 복(復)'자를 써서, 고복(皐復)이라고도 한다. 이는 다시 살아나기를 간절히 바라는 남겨진 식구들의 절규이지만, 한편으로는 망자에 대한 유가족의 애정을 표하는 상례 절차이기도 하다.

대개 집 처마 아래에서 망인의 속적삼을 오른손에 들고 허공을 쳐다보며 (가령 예를 들면) "의성 김씨 아무개 복! 복! 복! 땀내 나는 속적삼이나 가져가시오!"라고 외친다. 속적삼은 윗도리에 입는 홑옷이다. 저고리에 땀이 배지 않도록 입는 것이기에, 정작 땀이 배는 것은 속적삼이다. 이렇게 망자의 체취가 남아 있는 속적삼이라도 가져가려면, 다시 집으로 오라는 것이다. 속적삼을 미끼로 하는 허망한 유인책이다.

"복! 복! 복!"이라고 외칠 때 마다, 속적삼을 왼쪽으로 서너 차례 휘휘 돌린다. 오른쪽으로 돌려서는 안 된다. 세속과 반대되는 방향인 왼쪽이어야 한다. 그런 후 속적삼을 지붕 위로 던진다. 이때 속적삼을 한 번에 잘 던질 수 있도록, 그것을 물에 적시거나 그 안에 돌을 넣기도 한다. 이렇게 지붕 위에 속적삼이 올려져 있으면, 그것 자체가 상장(喪章)이 된다. 마을 사람 누구든지 이 집에 초상이 났음을 한 눈에 알아보는 것이다.

또한 초혼을 하는 중에는 누구든 곡(哭)을 멈추어야 한다. 그래야 망자가 되돌아 올 수 있기 때문이다. 마을이나 집안에 따라서는 처마 아래가 아니라, 직접 지붕 위로 올라가 초혼을 하기도 한다. 또 속적삼 대신에 두루마기를 가지고 하는 경우도 있다.

속적삼은 초혼을 마치고나서 시신의 가슴에 덮어 주거나, 아니면 사자상(使者床) 옆에 두었다가 발인(發靷) 후에 태운다. 만일 장례 기간 동안 지붕 위에 그대로 있었다면, 역시 발인 후에 내려서 태운다.

3) 사자상(使者床)

초혼을 마치면 사자상을 대문 밖 오른쪽에 차린다. 바깥에서 집을 보았을 때에 왼쪽이 된다. 사자상은 시신을 보지 않은 사람이 마련한다.

사자상은 망자를 저승으로 데려가려고 온 저승사자들을 위한 상이다. 염라대왕의 심부름꾼인 저승사자들을 잘 대접해야, 망자를 저승길에서 고생시키지 않는다. 이들은 모두 3명이라 하여, 사자상에는 밥 3그릇, 된장 3그릇, 간장 3종지, 소금 3그릇, 동전 3닢, 짚신 3켤레 등을 차린다. 저승사자의 짚신은 사자상 아래에 놓는데, 여기에 망자의 신발을 함께 놓기도 한다. 저승사자도 저승으로 망자를 데리고 가려면, 도중에 밥도 먹어야 하고 노잣돈도 있어야 하며 짚신도 필요하기 때문이다.

사자상은 장례 기간 내내 대문 밖에 그대로 둔다. 그러나 어떤 집안

사자상의 밥 3그릇과 물 3그릇(청양)

사자상 밑에 놓아둔 망자의 신발과 옷가지

에서는 망자의 염습을 마치는 대로 곧바로 사자상의 그릇이나 짚신들을 모두 엎어두거나, 아예 사자상 자체를 뒤집어 놓기도 한다. 출상(出喪)을 하게 되면, 이것들을 모두 깨서 버리거나 불에 태운다.

사자상 풍습에는 저승사자와 망자의 저승길 동행에 대한 민간의 사고가 잘 드러나 있다. 사람이 죽으면 그 시점에 미리 와 있던 저승사자가 망자를 체포한 것으로 간주한다. 사람이 저승사자에게 붙잡힌 순간과 상황이 바로 죽음의 시점이고 죽음이란 현상이다. 그리고 염습을 마친 다음에야, 비로소 사자는 망자를 데리고 초상집을 떠날 수 있다. 그래서 이때에 이르러, 사자상의 그릇과 짚신을 엎어 놓는 것이다. 이는 저승사자가 이미 밥, 된장, 짚신 등을 챙겨서 길을 떠난 표징이 된다. 그리고 발인을 하면, 아예 사자상과 그릇 등을 파괴해 버린다.

사람이 죽으면 그 넋은 곧 집을 떠나 허공으로 날아간다. 그래서 소용없는 일임을 알면서도, 마지막으로 혼을 부르는 예(禮)를 표한다. 그래서 초혼을 하자마자 사자상을 차려 저승사자에게 망자를 편하게 저승으로 인도해 달라고 하는 것이다.

4) 수족(手足) 거두기

초혼을 하고 사자상을 차리면, 시신의 입·코·귀를 햇솜으로 막는다. 시신의 팔과 다리를 조심스럽게 주물러 굽은 데 없이 잘 편 다음, 양팔을 배 위에 가지런히 놓는다. 양손을 맞대어 양쪽 엄지손가락을 마주보게 한 다음, 두 엄지손가락을 창호지 끈으로 묶는다. 양발의 발바닥은 바짝 치켜세워서 양발의 엄지발가락을 서로 맞대게 하고, 역시 두 엄지발가락을 창호지 끈으로 묶는다. 그리고 '발을 묶은 끈'과 '손을 묶은 끈'을 연결하여 놓는다. 이를 "수족(手足) 거둔다." 또는 "수시(收屍)

거둔다."고 한다. 이렇게 수시를 거두면 얇은 홑이불로 얼굴부터 발까지 온 몸을 덮어 드린다.

다음에는 칠성판을 마련하여 시신을 그 위에 누이고, 빈소 윗목에 모셔 놓는다. 칠성판 아래에는 짚단을 4-5개 정도 적당히 벌려서 고인다. 칠성판은 방바닥에 직접 닿지 않도록 한다. 흔히 칠성판은 부엌의 문을 떼어다가 썼다. 시신은 병풍으로 가린다.

5) 호상(護喪)과 부고(訃告)

초상이 나면 호상(護喪)이라 하여 장례 제반 사항을 총괄하는 사람을 정한다. 대개 마을이나 집안에서 학식과 덕망이 있다고 인정받는 사

대문 기둥에 걸린 부고(예산 궁평리)

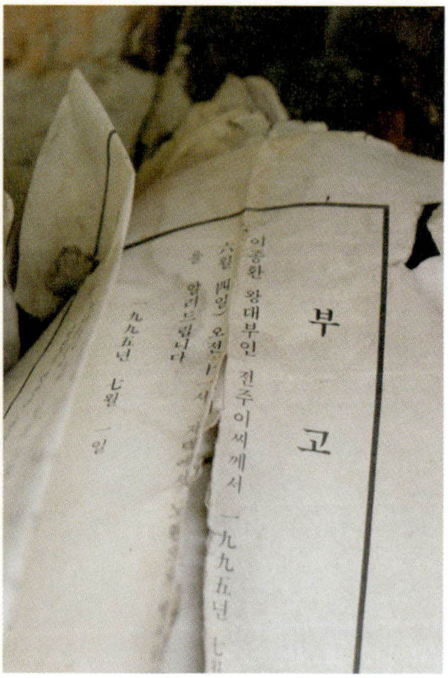

부고

부고함(아산 장재리)

람에게 의뢰한다.

호상은 부고(訃告)를 낼 사람들의 명단을 작성하는 일로부터 문상객의 접수, 장지(葬地) 선정 그리고 상가의 음식 등 모든 일을 주관한다.

사망 통지문인 부고를 받으면, 그것을 집안으로 들이지 않고, 불길하다 하여 대문 기둥이나 변소 추녀 아래에 꽂아두거나 새끼줄로 묶어 놓는다.

그런데 벌을 치는 집에서는 부고에 대한 특별한 풍습이 전승된다. 부고를 받으면, 이것을 열어 보기 전에 먼저 벌통에 꽂아, 부음(訃音)을 전해야 한다. 이렇게 하지 않으면 벌이 모두 일시에 도망가 버린다. 이때 벌들은 머리나 허리에 흰 띠를 두르고 날아간다. 벌을 치던 주인이 사망을 해도 그렇다. 동네에 초상이 나도 등짝에 하얀 사루 같은 것을 매달고 다닌다. 이를 보고 벌이 상복을 입었기 때문이라고 한다. 벌은 대단한 영물이기도 하지만, 양봉가에서는 벌을 한 식구로 여긴다.

6) 별세한 친정아버지를 문상할 때의 뱅이

멀리 시집간 딸은 부모의 임종을 지키지 못하는 경우가 많다. 임종을 지키지 못한 출가외인은 부고를 받으면, 그 자리에서 발상(發喪)을 한다. 시댁 마당에 망자가 계신 방향으로 청수(淸水) 한 잔을 올린 상(床)을 차리고, 머리를 풀고 애곡(哀哭)을 하며 절을 올린다. 친정아버지가 돌아가시면, 딸의 울음소리는 저승까지 들린다는 말이 있다. 그만큼 딸의 슬픔은 형언하기 어렵다. 마당에 떠놓았던 청수는 나중에 '깨끗한 곳'에 버린다. 그리고 지체 없이 망자가 계신 친정집으로 달려간다.

친정집에 도착한 딸은 곧바로 시신이 모셔져 있는 빈소에 들어갈 수 없다. 망자에 대한 그리움과 슬픔을 가득 안은 채, 딸이 빈소에 그대로 들어가면 망자의 혼백도 너무나 반가워서 딸을 어루만지며 쓰다듬는다. 이렇게 죽은 자가 산 자를 만지면, 딸에게는 치명적인 해(害), 곧 살(煞)을 맞게 된다. 가령 망자가 딸의 눈물을 훔쳐 준다고 눈가를 만지면, 심지어 갑자기 딸의 눈이 멀기도 한다.

딸이 물을 건너서 친정집에 왔다면 더욱 꺼리고 조심한다. 이러한 해를 예방하려면, 딸이 직접 빈소에 드는 것을 말려야 한다. 반드시 부엌을 거쳐 뒤뜰로 나와, 굴뚝을 지나게 한 다음에야, 그것도 시신을 모신 방의 뒷문을 통해서만 들어가게 한다. 지역에 따라서는 이때 부엌에 메주 덩어리들을 징검다리처럼 놓아둔다. 메주 덩어리의 숫자는 반드시 홀수로 해야 하며, 보통 5개나 7개를 깔아 놓는다. 딸이 메주 덩어리를 겅중겅중 밟고서 뒤뜰을 거쳐 빈소에 들어가면, 아무 해를 입지 않는다고 한다. 이는 딸의 애곡(哀哭)과 상심(喪心)을 조금이나마 완화하려는 배려이다.

나. 염습(殮襲)[습염(襲殮)]

염습이란 시신의 몸을 씻긴 뒤에 옷을 입히고 염포(殮布)로 묶는 일을 뜻한다. 습(襲)은 시신을 목욕시키고 수의(壽衣)를 입히는 일을, 염(斂)은 옷과 홑이불 등으로 시신을 싸고 베로 단단히 묶어 입관(入棺)하는 절차를 지칭한다. 염은 다시 소렴(小斂)과 대렴(大斂)으로 나뉜다. 곧 입관하기 위하여 시신을 묶는 일을 소렴, 시신을 입관하는 일을 대렴이라 한다. 그러나 민간에서는 염과 습을 잘 구분하지 않고, 시신을 씻겨 드리고 수의를 입히는 것을 보통 "염한다.", "염습한다.", "염습 잡숫는다."라고 말한다. 또 대렴이란 말 대신에 흔히 "입관한다."고 표현한다.

염습은 친인척이나 마을 사람들 중에 경험이 많은 이에게 의뢰하거나, 여의치 않으면 장의사에게 맡긴다.

염습을 하려면, 먼저 수시(收屍)해 놓았던 끈을 풀고 옷을 벗긴 다음에 향물을 솜에 적셔 시신을 닦아 드린다. 저승 갈 때 깨끗하게 가시라는 뜻이다. 손톱과 발톱은 조금씩 깎아서 조발낭(爪髮囊)에 담고, 그것을 각각의 손과 발 옆에 놓는다.

염습을 할 때에 지켜야 하는 몇 가지 금기가 있다. 엄숙하고 정중한 분위기에서 염습을 하려는 배려이다.

곧 염습 시에는 "상주의 눈물이 시신 위에 떨어지면 상주의 눈이 먼다."고 하여 곡(哭)을 못 하게 한다. 시신을 앞에 두고 어떤 말도 하지 않도록 조심시킨다. 가령 "깨끗하게 돌아가셨다."라든지, "얼굴이 편안하게 보인다."든지 하는 등의 말도 일체 하지 말아야 한다. 좋은 말이든 나쁜 말이든 어떤 말이라도 하면, 시신은 곧 반응하여 피나 고름 등 각종 분비물을 흘리면서 탈을 낸다고 한다. 또 염을 하는 도중에는 시신 위로 칼이나 종이 등 그 밖의 어떤 물건도 넘기지 않는다.

시신은 7매(마디)로 묶는다. 이때 마디에 매듭을 짓지 않는다. 끈을 비틀어서 안으로 접어 넣는 방식으로 묶는다. 그리고 저승 가는 노잣돈이라 하여, 종이 고깔을 3개 또는 여러 개를 꽂아 준다.

머리에는 명목(幎帽)를 씌우고, 손에는 악수(握手)로 감싸며, 귀는 충이(充耳)로 막아준다. 명목은 시신의 얼굴을 싸매는 헝겊이고, 악수는 손을 싸는 헝겊이다. 충이는 귀를 메우는 솜이다. 그리고 솜뭉치로 턱

수의 치마(청양 은청동)

수의 속바지

수의 두루마기

토시와 조발낭(爪髮囊)

명목(幎帽)

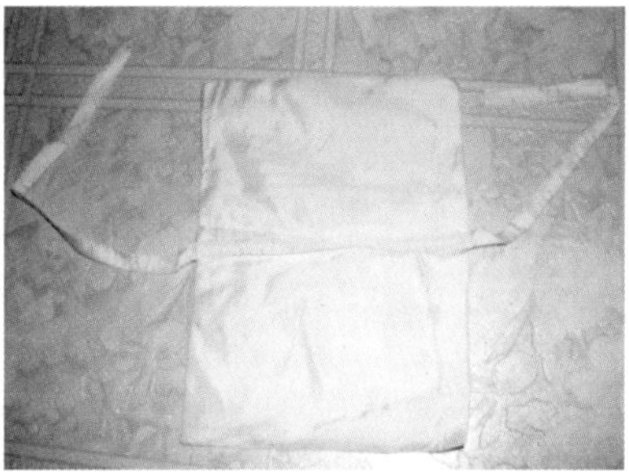

목가리개

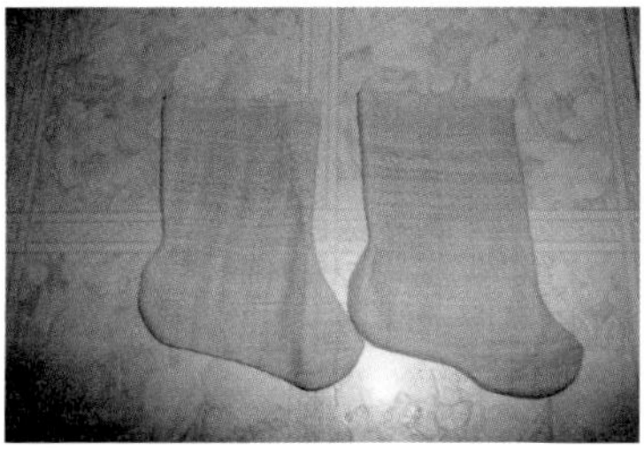

버선

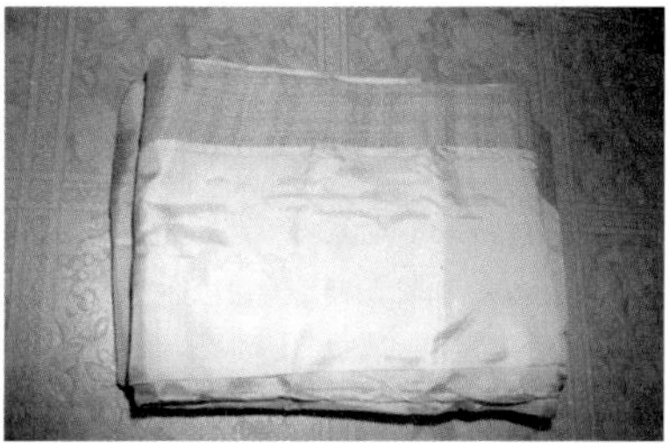

염포(殮布)

을 괸다.

습이 끝나면 망자에게 수의(壽衣)를 갈아입히는 염(殮)을 한다.

수의를 입히면, 반함(飯含)이라 하여 물에 불린 쌀을 망인의 입에 버드나무 수저로 3번 넣어준다. 염하는 분이 망인의 입에 한 번 넣을 때마다 "백섬이요! 천섬이요! 만섬이요!"라고 조그만 소리로 외친다. 이는 망자가 저승에서 풍족하게 먹을 수 있는 양식이다. 지역에 따라서는 명주고치를 한지에 싸서 입안 깊숙이 넣어주기도 한다. 혹은 망자가 저승갈 때 사용할 노자라 하여, 3개로 조각 낸 농전을 입에 넣어주기도 한다. 이때도 역시 넣을 때마다 "백냥이요! 천냥이요! 만냥이요!"라고 외친다. 태안 외도에서는 전복 등에서 얻은 진주를 반함 시에 망

혼백(魂帛)(공주 상왕동)

자의 입에 넣어 준다. 이렇게 하면 저승문에서 염라대왕이 생전의 죄를 묻지 않는다. 망자가 쉽고 편안하게 저승에 도착할 수 있는 것이다.

다음에는 입관(入棺)을 한다. 관과 시신 사이의 빈 공간에는 망인의 헌 옷을 채워서 관 속에서 시신이 흔들리지 않도록 한다. 이렇게 보공(補空)으로 사용한 헌 옷은 하관(下棺) 후에 모두 태운다.

입관을 하면 혼백(魂帛)을 종이나 모시로 접어서 만든다. 사방을 모두 막히게 접어서, 밖으로 통하지 않게 한다. 혼백은 상자에 담아서 빈소 앞에 모셔 둔다. 이는 몸을 벗어난 혼백이 당분간 여기에 머물도록 하기 위함이다. 이렇게 혼백상자를 모시면, 문상객은 이를 망자로 여겨서 여기에 절을 올린다.

다. 성복(成服)과 조문(弔問)

성복이란 초상이 나서 처음으로 상복을 입는 것을 말한다. 성복 전에는 상주들은 백색의 평상복을 입는다. 부친상일 경우 좌단(左袒)이라

성복한 상주(완주 완창리)

하여 상의나 도포(道袍)의 왼쪽 소매를 빼서 입고, 모친상일 경우 우단(右袒)이라 하여 오른쪽 소매를 빼서 입는다. 또 부친상에는 대나무 지팡이를, 모친상에는 미루나무나 오동나무 지팡이를 짚는다.

상주들은 복(服)이 다 지어지면, 상복으로 갈아입고 처음으로 제사를 지낸다. 이를 성복제(成服祭)라고 한다. 주(酒)·과(果)·포(脯) 등을 간소하게 차리고, 상주가 술 한 잔 올리고 재배(再拜)를 한 후 곡(哭)을 한다. 성복제를 지내고 나서야, 상주들은 정식으로 예를 갖추어 조문을 받는다.

성복제 전에는 상주는 시신 앞에서 무릎을 꿇고 앉아 있고, 조문객은 망자에게는 절을 하지 않고 예만을 갖춘다. 성복제를 지내기 전에는 돌아가신 분을 완전한 망인으로 간주하지 않기 때문이다.

성복제를 지낸 후에는, 상주는 서서 곡을 하고, 문상객은 망인에게 절을 하며 상주에게 정식으로 조문한다.

문상객은 상가에 부조한다. 대개 쌀, 팥죽, 달걀 등으로 했다. 충남 일원에서 팥죽은 초상집의 일상식이라할 만큼 보편적이다. 부여 일부 지역에서는 개장국을 조문객에게 내기도 하는데, 이는 매우 특별한 풍습이다.

부친상의 대나무 죽장(공주 상왕동)

짚배개

혼인을 앞둔 사람이나 산모 그리고 상중에 있거나 제사를 모셔야 할 사람은 문상을 가지 않아도 된다. 이러한 사람들이 조문을 오지 않아도 상주들은 서운해 하지 않는다.

초상이 나면 동네 사람들은 일손을 놓고 모두 초상집으로 몰려간

망인께 절을 하는 조문객들

상주에게 조문하는 모습

다. 예로부터 초상은 다른 일과 달리 동네 일로 간주했다. 위친계(爲親契)의 계원은 멀리 있더라도 반드시 참석한다. 만약 참석하지 않으면 궐(범칙금)을 내야 한다. 예전에는 부조로 팥죽을 끓여 갔다. 팥죽은 새알심을 넣지 않고 맑게 끓여 간다. 팥죽 부조도 품앗이이므로 받으면 나중에 갚는다. 이 팥죽은 발상하기 전에 모두 먹어야 한다.

라. 발인(發靷)

시신을 모신 상여가 장지(葬地)로 가기 위하여 집을 떠나는 일과 그와 관련된 모든 절차를 발인이라 한다. 대개 사망한 지 3일 째 되는 날 발인을 한다.

물론 망자의 가세(家勢)나 지위(地位)에 따라서 5일장 또는 7일장을 하기도 한다. 간혹 중상일(重喪日)이 닿으면, 이 날을 피하기 위하여 발인 날짜를 연기한다. 중상이란 부모상(父母喪)을 탈상하기 전에, 다른 부모상을 거듭 당한다는 흉한 액살이다. 이런 중상일에 발인이 예정되면, 반드시 피해야 한다. 장사(葬事)는 절대 불가하다. 그러나 어쩔 수 없이 중상일에 발인을 할 수밖에 없다면, 지관(地官)에게서 부적을 받아, 하관할 때 시신과 함께 묻어 준다.

1) 대떨이

부유한 가정에서는 호상(好喪)인 경우, 발인 전날 밤에 '대떨이'를 한다. 비록 빈 상여이지만 상여를 메고 고인이 살던 마을의 곳곳을 돌아다니며, 요령잡이의 선소리에 맞추어 상여꾼들이 발도 맞추어 본다. 내일 있을 발인에 앞서서 하는 일종의 예행연습이기도 하다. 대떨이의 말뜻은 정확히 모른다. 이를 '대도둠', '빈 상여놀이', '상여흐르기'라고도 한다.

이날 밤 빈 상여에는 대개 복록(福祿) 있는 노인이 탄다. 빈 상여를 타면 장수한다고 알려져 있다. 망자의 사위를 상여에 태우는 일도 많다. 사위를 데려다가 빈 상여에 절도 시키고, 우리 동네 처녀를 데려 갔으니 술을 내라고 장난을 걸기도 한다.

바가지를 밟고 밖으로 나가는 상주 일행

2) 발인(發靷)

발인 시각이 임박하면 빈소에서 상주가 아닌 다른 복인(服人)들이 관을 내 간다. 관을 결박한 흰 천을 좌우에서 각각 2명씩 잡고 운구(運柩)한다.

우선 관을 들고 방을 왼쪽 방향으로 3번 돈다. 그런 후 문지방 앞에 서서 관을 앞뒤로 역시 3번 흔든다. 또는 방의 네 구석마다 관을 앞뒤로 1번이나 3번 흔들기도 한다. 이때에 "중방이요! 중방이요! 중방이요!" 하거나 "중상이요! 중상이요! 중상이요!" 하고 외친다.

문지방의 X 표시(가의도)

또 관을 가지고 문지방을 나오면서, 미리 방 문 앞에 놓아 둔 바가지를 힘차게 발로 밟아서, "퍽" 하고 큰 소리를 내며 깨지도록 한다. 발인을 방해할지 모르는 초상집의 잡귀들을 내치기 위함이다.

관을 내가면서, 도끼나 자귀로 문지방을 3번 찍기도 한다. 충남 서산 · 태안의 일부 섬 지방에서는 관이 방 바깥으로 나갈 때, 문지방에 도끼나 부엌칼로 X 표시를 해 놓는다. 만일 문지방에 X 표시가 2개면, 그 방에서 두 명의 시신이 나갔다는 뜻이 된다. 이렇게 해야 망자의 혼

발인제(대전 신탄진)

발인축문을 읽는 제관

백이 집으로 다시는 돌아오지 못한다고 하지만, 사실 그 뜻은 정확하지 않다. 일반적으로 민속상에서 X 표시는 '죽음'과 '차단'이란 상징성을 지닌다.

관이 방에서 나오면 안상주는 시신이 있던 방에 들어가서 떼굴떼굴 왼쪽으로 3번을 뒹군다. 특히 며느리가 그렇게 하도록 한다. 시신이 안치되어 있던 방의 무서움을 떨치기 위한 뱅이(방법)라지만, 그 의미는 역시 분명하지 않다. 집안에 환자가 있다면, 그 역시 빈소로 썼던 방에서 3번을 구른다. 병자의 질환을 망자가 다 가져가라는 뜻이라 한다. 불임녀가 3번 구르면, 곧바로 수태할 수 있다고 한다. 역시 자세한 이유는 알 수 없지만, 죽음을 강하게 접촉함으로써 새 생명을 잉태하려는 일종의 뱅이로 보인다.

시신이 상여에 안치되면, 그 앞에 간단한 제상을 차리고 발인제를 지낸다. 맏상주가 석 잔의 술을 올리고 나면, 상여(喪輿)는 곧 장지를 향해 출발한다.

상엿집 내부(홍성 상하리)

3) 상여(喪輿) 행렬

맨 앞에서는 '혼백(魂帛) 틀'을 사위가 들고 가며, 그 뒤로 요령잡이와 상여가 따른다. 혼백 틀은 '종이로 접어 만든 혼백'을 넣은 나무 상자이다. 상여는 그 크기에 따라 8명 내지 10명이 멘다. 그중 상여의 앞과 뒤를 메는 사람

상여 행렬(공주 상왕동)

상여를 뒤따르는 상주들

은 "들머리 선다."라고 하여, 힘이 좋은 사람으로 정한다. 상여 뒤에는 상주들이 서고, 그 뒤로 문상객이 따른다.

상여꾼들은 요령잡이의 선소리에 맞추어서 상여를 메고 나아간다. 만약 장지가 먼 곳이면 요령을 빨리 흔들어서 걸음을 재촉하고, 가까우면 다소 여유를 부리며 중간에 쉬기도 한다. 거리가 아주 먼 경우에는 상여꾼도 2패로 만들어서, 상여를 교대로 메게 한다.

상여가 장지로 가는 도중에는 여러 차례 노제(路祭)를 지낸다. 망자의 친인척·친지 등의 집이나 자주 다녔던 곳에 상여를 잠시 내리고, 이곳에서 노제를 지낸다. 상여가 잠시 들린 집에서는 주과포로 차린 조촐한 제사상을 내놓는다.

상여가 마을 한 가운데를 지나면 마을에 해가 된다고 하여 되도록 구석진 길로 간다. 대개 마을 앞길이 아니라 뒷길로 나간다. 또 마을의 주령(主嶺)을 넘지 않으려고 들판으로 돌아 나가기도 한다. 특히 마을

꽃상여(완주 완창리)

맨 앞에서 명정과 공포를 든 상제(대전 신탄진)

의 대동샘(공동우물) 앞으로는 지나가지 않는다. 시신이 물에 비치면 우물에 부정이 타서, 물이 뿌옇게 되거나 황토빛으로 변하며, 심지어 아예 물이 끊긴다는 등의 속설도 있다. 그래서 우물을 미리 멍석이나 뚜껑으로 덮어둔다. 또 상여가 지나갈 때, 어떤 집들은 '죽은 부정'을 막기 위하여 대문 앞에 짚불을 펴 놓기도 한다.

만약 도랑이나 내 등의 물을 건너야 하거나 고갯마루 같은 가파른 곳에 이르면, 상여꾼들은 상여를 내려놓고 망자가 서러워서 못가니 돈을 내라고 떼를 쓴다. 다리를 건널 때에도 그러하다. 이때 대개의 경우 상주보다는 사위들이 곤욕을 당하게 된다. 이에 대비해서 사위들은 미리 술과 담배 혹은 돈 등을 준비한다. 그러나 혼백 틀을 들고 있는 사위에게는 장난을 걸지 않는다. 상주는 하관 시각에 맞추어서 장지에 도착해야 하므로, 상여꾼들의 요구를 들어 줄 수밖에 없다.

마. 치장(治葬)

1) 산신제(山神祭)와 묘광 파기

산신제는 묘광(墓壙)을 파기 전에 지낸다. 이를 개토제(開土祭)라고도 한다. 산을 건드리려면 반드시 산신제를 지내야 한다. 망자를 모시려고 이 산에 무덤을 쓰니, 개토(開土)하더라도 아무쪼록 놀라거나 노하지 말고, 무사히 묘(墓)를 잘 조성할 수 있도록 도와달라는 제사이다.

제물은 초상집이 아닌 다른 집에서 마련한다. 초상집 음식은 부정하다고 해서, 산신에게 올리지 않는다. 제물은 삼색실과와 포(脯) 그리고 술 정도로 매우 간소하게 차린다.

산신제를 지내면 묘광을 파기 시작한다. 이를 보통 "산 일 한다."고

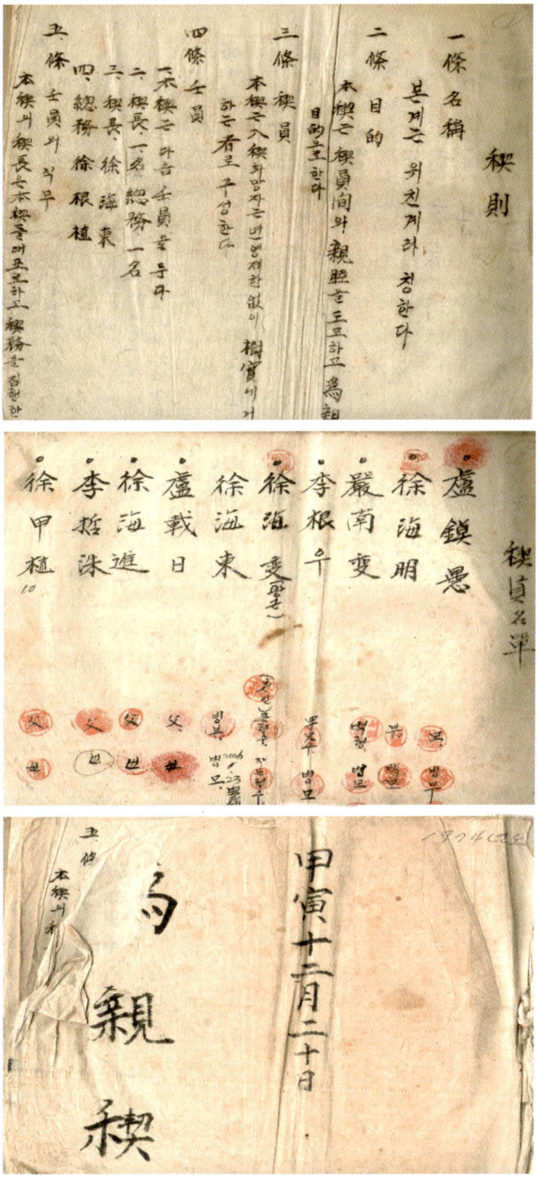

위친계(상포계) 문서(공주 공암리)

산일을 하는 상포계 계원들(공주)

한다. 대부분 상포계(喪布契) 계원(契員)들이 맡아서 한다.

묘광의 향(向)을 남의 집 용마루와 같은 방향으로 하면, 그 집 사람이 '살촉'을 맞아 즉사한다고 한다. 그래서 좌향(坐向)을 반드시 약간 튼다.

시신을 안치하기 위해 땅을 팔 때는 벌광을 먼저 판 뒤에, 벌광 밑에 시신을 안치할 내광(內壙)을 판다. 내광에는 회(灰)를 뿌리고 흙다짐을 한다.

2) 하관(下棺)·매장(埋葬)

상여가 장지에 도착하면 하관 시각에 맞추어서 관을 안치한다. 이후의 모든 일은 지관(地官)의 지시에 따른다.

지관이 하관을 보아서는 안 되는 '띠'를 말해 주면, 그에 해당되는 사람들은 하관하는 순간 고개를 돌려 그 장면을 보지 않아야 한다. 그렇지 않으면 살(煞)이 닿아서, 해를 입을 수 있다. 띠는 사람이 태어난 해를 12지지(地支)를 상징하는 동물들의 이름으로 이르는 말이다.

혼백 틀은 하관 후에야 내려놓는다. 이때 맏사위는 처가 식구나 마을 사람들로부터 곤욕을 당할 수도 있어 잠시 자리를 피하기도 한다.

내광에는 창호지를 깔아 시신이 땅에 직접 닿지 않도록 한다. 시신 위에는 명정(銘旌)을 덮는다. 명정을 덮기 전에, 맏상주는 청실홍실을 시신의 가슴 부위나 머리맡에 놓는다. 이를 "폐백(幣帛) 드린다."고 한다.

명정을 덮은 후, 상주들은 묘광 옆에 미리 쌓아 놓은 고운 흙을 삽으로 퍼서, "부토요! 부토요!" 혹은 "취토요! 취토요!"라고 외치며, 시신위에 3삽씩을 조심스럽고 정중하게 뿌려 드린다. 맏상주가 가장 먼저 하고, 이어서 그 지차(之次)들이 돌아가면서 한다.

다음에는 내광에 횡대(橫帶)를 덮는다. 충남 지역어로는 보통 '홍대'라고 부른다. 횡대는 관을 묻은 뒤에, 그 위에 덮는 널조각이다. 예전에는 조그만 장방형의 널판지를 3장이나 5장 또는 7장이나 9장을 잇대어서 덮었으나, 근래에는 내개 3매의 판석(板石)을 덮어준다. 횡대는 옻나무로 해야 좋다고 하지만, 대개는 소나무를 쓴다.

횡대는 자손들이 직접 덮는다. 그러나 파관(破棺)을 하여 시신 만을 내광에 안치하는 것이 아니라, 관 자체를 모시는 경우라면 횡대는 쓰지 않기도 한다.

횡대 위부터 표토(表土)까지를 벌광 혹은 외광(外壙)이라 한다. 외광에는 흙을 3번에 나누어 넣는다. 외광의 ⅓ 정도를 채운 나음에는 덜구질을 한다. 달구(땅을 단단히 다지는데 쓰는 도구)를 가지고 땅을 단단히 다지는 것이 원칙이나, 대개는 번거롭고 힘이 들기 때문에 여러 사람

살을 막는 부적(공주 내산리)

성분제

들이 발로만 밟아 흙다짐을 한다. 이렇게 해야 빗물이나 눈 녹은 물이 잘 들어가지 않는다.

달구질을 할 때는 옆에서 북을 쳐주며, 이에 맞추어서 여러 일꾼이 빙 둘러 서서 땅을 밟는다. 이때 달구질소리를 하는데, 선소리를 하면, 일꾼들은 그 소리를 받아 후렴을 넣으면서 일을 한다. 그 소리는 각 명산의 정기(精氣)를 불러 모은다는 내용이다. 대전이나 공주 등에서는 인근에 있는 계룡산의 정기를 가장 먼저 불러들인다.

흙을 채울 때는 묘의 좌향이 어긋나지 않도록, 미리 외광 밖의 위쪽과 아래쪽에 각각 시신의 머리와 다리 방향을 표시하는 2개의 말뚝을 꽂아 둔다.

달구질 도중에도 일꾼들은 여러 차례 상주들에게 땅을 잘 다지도록 할 터이니, 술이나 돈을 내라고 떼를 쓴다. 그러나 이 경우도 상여꾼들과 마찬가지로 다소는 장난기에서 그리한다. 봉분이 만들어지면 곧바로 떼를 입힌다. 그런데 '산역(山役)꾼'들은 떼를 거의 입힌 후, 가장 윗부분에 떼 한 장 정도의 분량만을 남겨둔 채, 떼 값을 내놓으라고 다시 흥정을 벌인다. 이를 '상량대(上樑代)'라고 한다. 무덤 윗부분의 떼를 상량으로 여기는 것이다. 이 풍습은 예전에는 없었던 것으로 근래에 생긴 것이다.

봉분이 일단 완성이 되면 봉토제(封土祭)를 지내서 무사히 산소를 쓴 것에 대한 고마움을 표한다. 이 제사는 봉산제(封山祭), 성분제(成墳祭), 봉분제(封墳祭)라고도 한다.

봉토제를 마치면, 반혼(返魂)[반우(返虞)]을 한다. 상주와 복인(服人)들이 혼백 틀(또는 신주나 영정)을 모시고 행렬을 지어 곡을 하면서 집으로 돌아오는 것이다. 망자의 혼백을 집으로 모셔 오는 절차이다.

바깥 상주들이 산일을 하는 동안, 집안에 남아 있던 안상주(여자 상

폐백을 드리는 상주(공주 내산리)

주)들은 시신이 있던 빈소를 청소하고, 망인이 평소에 사용하던 물건과 옷가지를 꺼내다가 불에 태운다. 안상주는 반혼하여 돌아오는 바깥상주(남자 상주)들의 곡 소리가 들리면, 대문 바깥으로 나가 그들을 맞이해서 함께 곡을 하며 들어온다.

바. 흉제(凶祭)

흉제란 장례를 모신 후에 탈상할 때까지 지내는 제사를 말한다. 곧 초우제(初虞祭), 삼우제(三虞祭), 졸곡제(卒哭祭), 소상(小祥), 대상(大祥), 담제(禫祭) 등이 있다.

장지로 상여가 출발하면 집에 남은 식구들은 혼백을 모실 상청(喪廳)

상청에서 반혼제를 모시는 상주(완주 완창리)

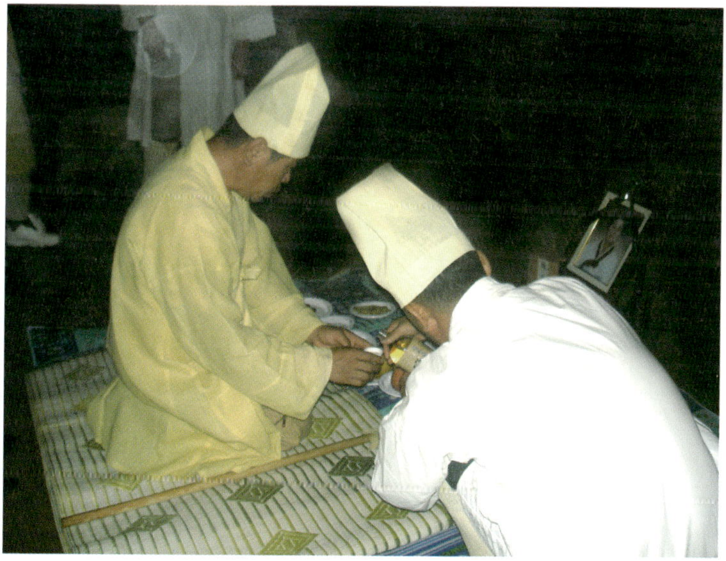

묘소에서 삼우제를 모시는 상주(공주 내산리)

을 마련한다. 이를 궤연(几筵) 또는 제청(祭廳)이라 하나, 지역어로는 보통 각각 고연 또는 지청이라고 한다.

상청은 집안의 마루 한 편이나 망인이 쓰던 방에 마련한다. 이곳에 혼백을 모시고 만장(輓章)들을 죽 걸어둔다.

상주들이 묘소에서 돌아오면 곧 이어서 궤연에 혼백을 모시고 제물을 차려서 반혼제(返魂祭)를 지낸다. 그날 저녁에 초우제(初虞祭)를 지내고, 그 이튿날에는 재우제(再虞祭)를 지낸다. 그런 후 사흘째가 되면 묘소에 가서 삼우제(三虞祭)를 지낸다. 이때서야 비로소 안상주도 산에 간다.

궤연을 마련한 후부터 탈상할 때까지 매일 아침과 저녁으로 메를 지어 상식(上食)을 올리며 곡을 한다. 상식은 맏상주가 올린다.

매월 초하룻날과 보름날이 되면 삭망제(朔望祭)라고 해서, 평소보다 더욱 정성을 들인 상식을 올린다. 제물을 진설하고 헌작을 한 후에 곡을 하며, 삽시(揷匙)와 정저(正箸)를 하고 잠시 후에 시저(匙箸)를 거두고 다시 곡을 한 후에 재배(再拜)한다.

삼우제를 지낸 지 3달 후, 강일(剛日)에 졸곡제(卒哭祭)를 지낸다. 강일이란 일진(日辰)의 천간(天干)이 갑(甲)·병(丙)·무(戊)·경(庚)·임(壬)에 해당하는 날이다. 졸곡이란 무시애곡(無時哀曲)을 마친다는 뜻이다. 졸곡제를 지내면, 상식을 올릴 때 곡을 하지 않는다. 근래에는 졸곡제는 거의 지내지 않는다. 만일 졸곡제를 모신다고 해도 장례를 치른 지 열흘 안에 한다.

궤연을 모시고 있는 기간에는 손님이 오시면 먼저 고인에게 인사를 드리며, 집안에 새 물건이나 음식이 들어오는 경우에도 그 앞에 갖다 놓는다.

아주 오래전에는 1년이나 3년 만에 탈상을 했다. 안부모(어머니)가

돌아가셨으면 1년 만에, 바깥부모(아버지)가 돌아가셨으면 3년 만에 했다. 그러다가 점차 1년 탈상에서 100일 탈상으로 날수가 줄더니, 근래에는 거의 대부분 49일 만에 탈상을 한다.

탈상을 하기 전까지 상주들은 매사에 근신을 하며 지낸다. 상주는 부모를 여읜 죄인이라는 생각 때문이다. 식구들끼리라도 사소한 언쟁을 하지 않으며, 더욱이 다른 사람들과도 일체 다투지 않는다. 예전에는 바깥상주는 외출할 때 중단(中單: 남자의 상복 속에 받쳐 입는 소매가 넓은 두루마기)을 반드시 입었고 머리에는 방갓을 썼다. 죄인인지라 하늘을 바라보지 않는다는 것이다.

탈상 제사는 이른 새벽에 지낸다. 혼백은 자정부터 새벽 닭이 울기 전에 활동한다고 여기기 때문이다. 제물은 기제(忌祭)와 거의 비슷하지만, 형편에 따라 다른 제물도 골고루 준비한다. 즉 다른 제사와 달리, 생전의 평상식(平常食)처럼 차리기도 한다. 일반 제사에서는 고춧가루를 쓰지 않지만, 이때에는 고춧가루 · 김치 · 자반 등도 올린다.

이 날에는 친척과 친지 등이 모두 모여, 고인을 추모하여 제사를 올린다. 탈상을 하면 부모가 아주 떠나는 것 같아, 또 다시 애절한 슬픔이 솟구친다.

탈상을 하면 상주들의 상복을 태운다. 만약 부모 중 한 분만이 돌아가셨다면, 상복을 태우지 않고, 불 위에 옷만을 휘휘 흔든다. 불에 혼백을 그슬리는 것이라 한다. 이렇게 해두었다가, 한 분 남은 부모님마저 돌아가시면 그 상복을 다시 입는다. 두 분이 모두 돌아가신 경우라면 이날 상복을 불에 태운다.

이렇게 탈상 전까지는 비록 망자의 육신은 무덤에 있다 하더라도, 그의 혼백은 자신이 살던 집에서 식구들과 더불어 살며 공양을 받고 있는 것이다. 탈상 기간은 죽은 자와 산 자가 함께 하는 마지막 시간이다. 이제 각종 제사 때가 아니면, 식구들과 망자는 서로 만날 기회는 없다.

사. 비일상적 죽음과 그와 관련한 뱅이

천수(天壽)와 복록(福祿)을 누리고 정침(正寢)에서 후손이 임종하는 가운데 죽은 망자의 넋은 몸을 떠나 자연스럽게 그리고 마땅히 저승으로 간다. 물론 격식을 갖춘 장례로 모셔야 한다.

그러나 비일상적 죽음 또는 올바르지 않은 죽음을 겪은 망자의 경우는 다르다. 이들 나쁜 죽음에는 그에 상응하는 특별한 뱅이를 행함으로써, 불완전한 죽음을 최소한의 완전한 죽음으로 변환시키고, 망자도 잡귀가 아닌 조상으로 승격시켜서, 마침내 저승에 안착할 수 있도록 해야 한다. 또한 여기에는 비극적 죽음을 겪은 망자가 그 원한을 풀지 못하고 이승에서 여러 폐해를 저지르는 것을 막고자 하는 의도도 있다.

다음은 객사, 어린아이 죽음, 처녀 · 총각 죽음, 익사자의 사례 등을 소개한다.

1) 객사(客死)

객사한 시신은 집안으로 들이지 않는다. 이런 경우에는 삽짝(나뭇가지를 엮어서 만든 사립짝) 밖의 공터에 이엉으로 지붕을 만들어 빈소를 마련한다. 만일 어쩔 수 없이 집안으로 시신을 모셨다 해도, 방으로는 들이지 않고, 마당에 자리를 마련하고 이곳에 빈소를 차린다. 염습도 이곳에서 한다.

시신을 찾지 못한 경우라면, 망인의 평소 모습과 비슷하게 나무 인형을 만들고, 그것에 혼백을 불러들여서 좌정시킨다. 나무 인형에는 옷을 입혀 드린다. 초혼도 하고, 나무 인형을 관에 넣어서 매장을 하기도 한다.

객사한 시신을 집안, 특히 방안으로 모시려고 한다면 일정한 뱅이를 해야 한다. 곧 시신을 대문을 통하여 들이지 않는다. 반드시 집안의 담이나 대문을 허물고 그 틈새로 모셔 들인다.

2) 어린아이의 죽음(兒葬)

예전에는 거의 모든 마을마다 '애장(兒葬)터'가 있었다. 이곳을 '덕다리'라고도 부른다. 어린아이의 시신을 묻는 장소이다. 어린아이에게는 수의를 입히지 않는다. 그냥 평소에 입던 옷을 입혀서, 어린아이 아버지의 바지나 홑이불에 둘둘 말아서, 돌무더기 애장터 안에 묻어 준다. 또는 애장터 부근의 소나무 등에 가마니로 둘둘 싼 어린아이의 시신을 묶어 놓기도 한다. 여아의 경우에는 아버지의 바지를 덮어서 애장을 한다. 그래야 더 이상 다른 형제들이 죽지 않는다고 한다.

당시에는 유아 사망율이 높기도 했지만, 특히 천연두·홍역·콜레라 등의 돌림병으로 쉽게 죽었다. 전염병이 창궐하는 경우에는 한 마을의 영유아들을 거의 쓸다시피 죽음으로 몰고 갔다.

3) 처녀·총각의 죽음

처녀나 총각이 죽으면 매우 무서운 귀신이 된다고 여긴다. 이를 각각 처녀귀신, 몽달귀신이라고 부른다. 처녀귀신은 더욱 두렵게 여겨

사혼굿(死婚-)(계룡산 굿당)

사혼굿의 주인공 신랑 · 신부 인형

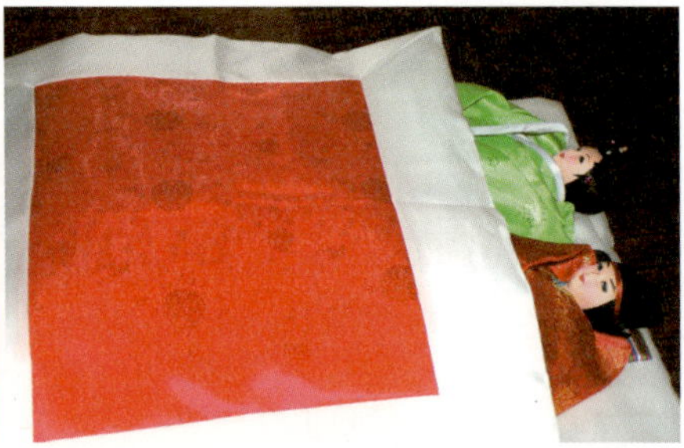

신방 치르기

서, 왕신(王神)이라고도 부른다. 특히 처녀가 죽었을 경우에는, 그 원혼을 위로하고 억누르기 위하여, 다음과 같은 다양한 장례 풍습이 행해졌다.

곧 죽은 처녀를 삼거리나 사거리(십자로) 또는 그 부근에 무덤을 써 준다. 이곳에서 뭇 남자들을 실컷 구경이나 하라는 뜻이다. 또한 염습을 할 때에 콩, 보리, 수수, 메밀 등을 삶아서 손에 쥐어 준다. 이들 삶은 곡식에서 싹이 틀 때까지, 세상에 나오지 말라는 의미이다. 수의를 입히면서 처녀의 음부 부근의 천에는 바늘을 여러 개 꽂아 둔다. 음기를 제어하기 위함이다. 어떤 경우에는 수의로 남자 바지를 입히고, 한 쪽 바짓가랑이에 처녀의 두 다리를 모두 집어넣는다. 또 기름 짜는 보자기나 검정색 보자기로 얼굴을 덮어주기도 한다. 또 시신을 엎어서, 얼굴이 땅 쪽을 향하도록 하여 매장하기도 한다.

총각의 경우는 얼굴에 체를 덮어 준다. 체의 구멍 개수를 일일이 세는데 정신을 집중시키기 위해서이다. 곧 구멍 개수를 세다가 자꾸 헷갈려서 다시 세고 다시 세는 일을 반복하기에, 무덤에서 결코 나올 수 없다는 것이다. 체는 처녀의 매장 시에 얼굴에 씌워 주기도 한다.

이들 처녀 · 총각 귀신을 무당이나 스님들이 중매를 서서, 사후혼(死後婚)을 치러주는 민속적 관행도 충남 일원에서 널리 행해진다. 앉은굿을 하는 법사들이 만신들과 함께 이들에게 사혼굿을 치러준다.

4) 익사(溺死)와 넋건지기

익사는 가장 불행한 죽음의 하나이다. 망자가 자신의 죽음을 선혀 예기치 못한 급사(急死)이고 횡사(橫死)이며, 객사(客死)이기도 하다. 더욱이 시신을 수습하지 못했거나, 시신을 찾았다고 해도 훼손이 심한 경우가 많다.

익사자의 넋은 저승으로 가기 어렵다. 물속에서 나오지 못하는 넋은 원과 한으로 사무쳐 있다. 익사자의 넋은 물에서 스스로 힘으로는 빠져나오지 못한다고 여긴다. 누군가의 도움이 없이는 넋은 물속에 그대로 잠겨 있다. 이때 법사나 또는 보살(여성 법사)이 나서서, 무속의 굿 원리에 기초하여, 넋을 건져내어 위로해 주고 마침내 저승으로 가도록 한다.

넋건지기는 익사자의 넋을 물에서 건져내어, 갑작스런 죽음으로 심한 공포와 혼란에 빠져 있는 넋을 위로하고 한도 풀어 주어, 저승이나 극락으로 천도시켜주는 굿을 말한다.

넋을 건지려면 먼저 용왕제를 지낸다. 망자의 시신과 넋은 용왕의 권한하에 있기 때문이다. 시신을 수습하지 못했다면 용왕에게 시신을 내어 달라고 빌고, 시신을 찾았다면 아직 용궁에 있는 넋을 순순히 돌

넋식기를 물속에 넣는 법사(서산 법사와 보살)

망자의 넋이 실린 넋식기를 힘차게 건져 올리는 보살

바다 속의 수많은 수사자의 넋을 건져 올리는 장면

려달라고 빈다.

다음에는 법사, 보살, 유가족이 익사한 해역이나 장소로 배를 타고 함께 나간다. 법사는 저승사자(使者)에게도 망자의 넋을 내어달라고 빈다.

사자를 한참 놀리고 나면 비로소 넋건지기를 한다. 넋식기는 물속의 넋이 옮겨 실릴 운송 수단으로, 밥주발과 그 안에 담긴 쌀을 말한다. 보살은 소창으로 길게 단단히 묶은 넋식기를 파도가 넘실거리는 푸른 바다에 힘차게 내던진다. 넋식기는 법사의 요란한 고장 소리와 긴장이 감도는 가운데, 파도에 요동치는 넋줄을 잡고 있는 보살의 손과 어깨가 이윽고 파르르 떨린다. 넋이 넋식기에 오른 것을 감지한 보살의 몸떨림이다. 넋이 넋식기에 스스로 실린 것이 아니라, 사자(使者)가 넋을 넋식기에 이끌어 옮겨 준 것이다.

양손을 재빨리 여러 차례 교대로 놀려서 넋줄을 끌어 올리고, 마침내 넋이 실린 넋식기를 힘차게 건져 올린다. 바닷물을 뚝뚝 흘리며 바다 속에서 솟구친 넋식기는 마치 망자가 살아서 바다를 헤치고 나오는 듯하다.

법사 일행이 넋식기를 모시고 망자의 집으로 돌아오면, 앉은굿으로써 망자를 해원(解冤)시키고 위로를 한 다음에, 마침내 저승으로 천도시킨다.

5) 쌍둥이 죽음

쌍둥이 중 한 아이가 먼저 죽으면, 매장할 때에 그 아이의 옆에 짚으로 만든 허수아비를 놓아 주거나 절구공이를 반토막 내어 함께 묻어준다. 또는 홍두깨에 종이로 옷을 지어 입히고, 여기에 살아 있는 다른 쌍둥이의 이름을 써서 붙여서 함께 묻는다. 허수아비, 절구공이, 홍두깨는 살아 있는 다른 쌍둥이 형제를 상징한다. 이렇게 해야 살아남은 아이가 죽지 않고 오래 잘 산다고 한다.

5. 제례(祭禮)

망자는 일정한 격식을 갖추어 상례로 잘 모셔야 저승으로 편안하게 갈 수 있다. 그래야 돌아가신 분은 조상이 될 수 있고, 후손도 그 분을 조상으로 모실 수 있다. 상례를 통하여 망자는 조상으로, 그 분이 남기신 자손은 후손으로, 새로운 신분을 갖게 된다. 그리고 이들 관계가 항상 원만하고 정상적으로 유지되기 위해서는 조상과 후손은 공식적 차원에서 정기적으로 만나야 한다. 이 만남이 바로 제례이다.

망자는 이승의 후손과 단절되지 않는다. 제례를 통하여 지금의 자손뿐만 아니라 미래의 후손으로부터도 가까운 조상 또는 먼 조상으로 대접을 받으며, 조상과 후손의 관계를 이어 간다.

제례의 주체는 후손이고, 그 대상은 조상이다. 후손은 정해진 날짜에 정기적으로 조상을 모신다. 자손이 집안의 '살아계신 어른'에게 효를 실천하듯이, 그 연장선상에서 '돌아가신 어른'에게도 효를 행하는 것이다. 세상을 버리고 이승에 없는 분이라 해서, 결코 소홀히 할 수 없다. 후손이 보지 못했던 먼 조상이라 해도 그렇다. 살아계신 어른에게 자손이 잘 봉양하여 편안히 살게 해 드리는 것이 효도이다. 그러나 돌아가신 어른에게는 격식에 맞추어 정기적으로 정성껏 제사를 드리는 것이 효도이다.

자손의 효심에 감복한 살아계신 어른은 자신의 힘이 닿는 대로 자손을 돌본다. 돌아가신 어른도 비록 혼백이기는 하지만, 제사로 표현되는 후손의 효도에 당신이 할 수만 있다면 그들을 도와준다. 자손과 후손에게는 효심이 있다면, 조상에게는 살아계시든 돌아가셨든 지극한 '내리사랑'이 있다.

효심과 내리사랑은 인지상정이며 인간의 도리이다. 또한 이는 제례의 심리적·도덕적·사회적 기초가 된다. 본질적으로 후손과 조상의 관계는 준 만큼 받고, 받은 만큼 주는 관계는 아니다.

부모와 자식도 오랜 세월 함께 살다보면 이런저런 일로 갈등을 빚을 수 있다. 그렇지만 혈육 간의 사랑이 전제된 가족이기에, 얼마 후에는 용서와 화해로 화목을 되찾는다. 조상과 후손의 관계도 마찬가지이다. 후손이 조상을 서운하게 한다면, 이들 관계는 멀어지거나 심지어 틈이 생길 수도 있다. 그래서 부모가 자손에게 꾸지람을 주듯이, 조상도 후손에게 꾸지람을 내릴 수 있다. 이른바 '조상 탈(조상 벌)'이다. 그런데 제례는 주로 조상에 대하여 효심만 표할 수 있을 뿐이지, 조상 탈을 완화하거나 풀어내기가 어렵다. 이는 거의 전적으로 무당의 조상굿에서나 가능한 일이다. 그러고 보면 유교식 제례와 무속의 조상굿은 조상과 후손의 관계가 원만한 경우와 그렇지 않은 경우를 각각 담당하고 있다고도 볼 수 있다.

제례는 효심의 발로이면서 그것을 조상에게 드러내는 수단이다. 그래서 제례는 조상과 후손의 관계를 항상 원만하게 해 준다. 제례를 조상들로부터 음덕(蔭德)을 받고자 하는 후손의 현실적 욕구라고 이해하는 것은 곤란하다. 조상숭배를 기복(祈福)신앙 차원으로 폄하할 수 있기 때문이다. 제례의 본질은 보본추원(報本追遠), 곧 태어나고 자라온 근본을 잊지 않고, 그 은혜에 보답하며 조상을 추모하는 데 있다.

제사의 종류에 대하여 예서(禮書)에는 일반적으로 사당제(祠堂祭), 사시제(四時祭), 이제(禰祭), 기일제(忌日祭), 묘제(墓祭) 등이 소개되어 있다.

사당제는 집안의 사당에 모신 신주를 대상으로 지내는 제사이다. 사당제는 다시 신알례(晨謁禮), 출입례(出入禮), 참례(參禮), 천신례(薦新禮), 고사례(告辭禮)로 나뉜다. 신알례는 매일 새벽 집주인이 사당에 분향(焚香)·재배(再拜)하는 예이다. 출입례는 주인이나 주부가 가까운 곳에 출입할 때, 밖에서 자고 올 때, 멀리 갈 때, 한 달 넘도록 출타할 때에, 각각 그 외출의 경중에 따라서 분향·재배·고사 등을 행하는 것이다. 참례는 매달 초하루와 보름날, 정조(正朝)와 동지(冬至)에 지내는 제사이다. 천신례는 청명(清明)·한식(寒食)·단오(端午)·중양(重陽)에 지내는 제사이다. 고사례는 조상에게 고할 만한 특별한 일이 있을 때 지내는 제사이다. 적자(嫡子)의 탄생, 출사(出仕), 사당 보수, 이사(移徙) 등이 대표적 사안이다.

사시제는 1년에 4차례, 곧 2월, 5월, 8월, 11월에 지내는 계절제이다. 각 달에서 정일(丁日)이나 해일(亥日)을 택일하여 제사를 모신다. 절차는 강신(降神)-참신(參神)-진찬(進饌)-초헌(初獻)-아헌(亞獻)-종헌(終獻)-유식(侑食)-합문(闔門)-계문(啓門)-헌다(獻茶)-수소(受胙)-사신(辭神)-납주(納主)-철상(撤床)의 순서로 진행한다.

이제는 계추(季秋), 곧 9월에 올리는 부모의 제사이다. 제사 절차는 사시제와 동일하다. 기일제[기제(忌祭)]는 4대조까지 기일에 모시는 제사이다. 제사 절차는 사시제와 같지만, 수조(受胙)와 음복이 없고, 지역과 문중에 따라 그 순서와 내용이 다소 다르다.

묘제는 3월 중에 택일하여 지내는 제사이다. 제사 절차는 사시제와 유사하지만, 사신(辭神)을 하면 묘의 왼쪽에서 후토제(后土祭)를 별도로 지낸다. 후토는 묘역의 지신(地神) 또는 산신을 일컫는다.

이외에도 대종(大宗)에서 동지에 시조에게 지내는 시조제(始祖祭), 제사를 받드는 대수(代數)가 다 된 선조에게 지내는 선조제(先祖祭), 매월 초하루와 보름에 지내는 삭망제(朔望祭) 그리고 청명(淸明)·한식(寒食)·중오(重五)·중양(重陽) 등에 모시는 속절제(俗節祭) 등이 있다.

그런데 이와 같은 예서의 내용은 실제로 잘 지켜지지 않았다. 이는 매우 당연한 역사 현상이다. 그것이 하나의 규범으로서 중요한 영향은 끼쳤지만, 중국 전통의 제례가 한국의 조상 제사에 그대로 적용되기에는 애초부터 무리가 따랐다. 중국적 제례는 한국 역사 안에서 절충 및 변형 등이 이루어질 수밖에 없었다. 또한 한국의 전통적 조상제사도 중국적 제례의 강한 영향 속에서 그 나름대로의 독자성을 지속시키기도 했다.

그 결과 실제로 널리 행해진 제사는 기제사(忌祭祀), 차례(茶禮), 시제사(時祭祀) 정도였다. 이들 제사의 속성을 보면 기제사는 기일제(忌日祭)에서, 차례는 속절제에서, 그리고 시제사는 묘제(墓祭)에서 유래된 것을 알 수 있다. 다음에는 이들 제사를 충남 지역의 사례를 중심으로 살펴보도록 한다.

가. 기제(忌祭)

조상이 돌아가신 날인 기일(忌日)에 지내는 제사이다. 이 날에는 매사에 조심하며 근신하기에, 꺼릴 기(忌) 자를 써서 기일이라 한다. 곧 제삿날이다. 만일 3년상이나 1년상을 치른다면, 탈상을 한 후 첫 번째 맞이하는 기일에 제사를 지낸다.

조선시대에는 제사를 모시는 조상의 범위는 신분에 따라서 다르게 규정했다. 가령『경국대전(經國大典)』에 의하면 문무관 6품 이상은 3대인 증조까지, 7품 이하는 2대인 조부까지, 평민은 1대인 아버지에게만 제사를 받들도록 되어 있다. 그러나 이러한 규정과 달리 실제에 있어서는 점차 『주자가례』에 언급된 4대 봉사(奉祀)가 일반적 관례로 되어 버렸다. 그리고 조상 제사를 받드는 것은 원칙적으로 장자손(長子孫)의 권리이자 의무로 굳어져 갔다.

곧 기제는 사대봉사(四代奉祀), 곧 부(父)-조부(祖父)-증조부(曾祖父)-고조부(高祖父) 제사가 이상적인 관례이다. 내외분을 모두 합하면 당내(堂內) 종가(宗家)에서는 일 년에 8회를 모시는 셈이다. 제주(祭主)는 종손이며, 고조부 기제 시에는 제주의 팔촌까지 참여한다. 만일 증조부까지 모신다면 육촌까지 참여한다. 기제 대상을 2대 이하로 한다면 제주를 장손이나 장자가 맡는다. 근래에는 대체로 2대 봉사만 하는 경우가 많다.

기제는 사망일을 기준으로 그 전날 밤 자시(子時)에 지낸다. 이는 돌아가신 날의 첫째 시(時)로 간주되기 때문이다. 자시는 밤 11시부터 오전 1시까지의 시간이다.

이러한 오랜 역사성을 지닌 제사 시각의 원칙은 1945년 9월부터 1982년 1월까지 37년간 계속된 야간 통행금지 조지로 크게 무너졌다. 현실적으로 기제를 자시에 모시기 어려웠기 때문에, 각 자손들의 귀가 시간을 고려하여 제사 시각은 크게 앞당겨졌다. 이러한 현상은 야간 통행금지 조치가 해제된 1982년 이후에도 지속되었다. 제사 시각은 자시로 복귀되지 않고, 현대 산업사회의 특성상 저녁이나 이른 밤 시간으로 그대로 유지되었다.

기제의 절차는 다음과 같다.

제일(祭日) 하루 전부터 집안을 청소하고, 종손과 종부(宗婦) 등 제주

(祭主)는 재계(齋戒)를 하며, 제물을 정성껏 마련한다.

『가례』에 따르면 기일에 해당하는 신위(神位)만 모시는 단설(單設)이 원칙이다. 『사례편람』에도 그렇게 되어 있다. 그러나 속례(俗禮)로는 합설(合設)이 일반적이다. 이때는 고서비동(考西妣東)을 원칙으로 한다. 곧 아버님 신위는 서쪽에, 어머님 신위는 동쪽에 모신다.

제상 앞에는 향안(香案)을 놓는다. 그 위에는 향로(香爐)·향합(香盒)을 올린다. 모사(茅沙)는 그 앞에 놓는다. 향안 왼쪽에는 축판(祝板)을, 오른쪽에는 제주(祭酒)와 퇴주(退酒) 그릇을 놓는다.

진설(陳設) 곧 제상(祭床) 차림은 대개 가가례(家家禮)라고 할 수 있다. 그러나 대체로 홍동백서(紅東白西), 근동엽서(根東葉西), 어동육서(魚東肉西), 생동숙서(生東熟西), 두동미서(頭東尾西), 좌포우혜(左脯右醯), 우반좌갱(右盤左羹) 등의 원칙을 기준으로 한다.

여기에서 동서 및 좌우의 기준은 신위(神位)에서 제주를 바라보는 방향이다. 제청(祭廳)은 북향(北向)하도록 한다. 그래서 동쪽은 오른편이고, 서쪽은 왼편이다.

또 줄에 따라 올리는 제물의 종류도 다르다. 제주로부터 첫 줄에는 조과(造菓), 둘째 줄에는 나물, 포, 식혜, 셋째 줄에는 탕(湯), 넷째 줄에는 적(炙), 편, 국수, 다섯 째 줄에는 메, 국, 잔을 놓는다. 그리고 같은 종류의 제물은 그 수효를 홀수로 하여 차린다.

이렇게 진설이 끝나면 강신(降神)-참신(參神)-진찬(進饌)-삽시(插匙)-상저(上箸)-초헌(初獻)-독축(讀祝)-아헌(亞獻)-종헌(終獻)-유식(侑食)-제반(祭飯)-사신(辭神)-철상(撤床)의 차례로 기제를 모신다.

곧 제주가 분향(焚香)하고 재배(再拜)하여 조상을 오시게 하는 강신을 하면, 그 다음으로 참례자 모두 역시 재배로써 조상에게 인사를 드린다. 이러한 순서는 지방(紙榜)을 모시고 제사를 지내는 경우에 적용된다. 그러나 신주에 지내는 제사일 때에는 참신을 먼저 하고, 그 다음에 강신을 한다. 분향에 이어서 뇌주(酹酒)라 하여, 제주가 술을 모사기(茅沙器) 또는 퇴주기(退酒器)에 부어 지하(地下)의 체백(體魄)에게도 강신을 청한다. 이와는 달리 분향이란 천상의 영혼에게 강신을 청하는 것이다.

진찬(進饌)은 주식인 메(신위 앞에 놓는 밥)를 제상에 진설하는 절차이다. 이때 탕(湯), 저냐[전유어(煎油魚)], 적(炙), 편(떡), 국도 차례로 올린다.

초헌은 제주가 올리는 첫 잔이다. 술잔을 올리고 계반(啓飯)을 한다. 제주 이하 모두 꿇어앉아 있고 축관이 제주 왼쪽에서 독축을 한다. 제주가 직접 축을 읽기도 한다.

아헌은 종부(宗婦)가 올리는 두 번 째 잔이다.

종헌은 가장 고령자가 세 번째 올리는 잔이다. 종헌 다음에는 종헌을 올린 잔에 술을 더 부어서 조금 더 드시도록 권하는 첨작(添酌)을 한다.

유식은 많은 제물을 흠향(歆饗)하도록 권하는 절차이다. 삽시(插匙)라 해서 숟가락을 메에 꽂고 젓가락을 잘 갖추어, 시접(匙楪) 위에 숟가락 손잡이가 제주(祭主)의 좌측으로 놓이게 한 다음 제주가 재배한다.

합문은 참례자 모두 방 밖으로 나오고 문을 닫는 절차이다. 방안의 불도 꺼서 어둡게 한다. 합문 시간은 흔히 일식구반지경(一食九飯之頃)을 기준으로 한다. 곧 숟가락으로 메를 9번 정도 뜰 시간이다. 약 5분쯤 된다.

계문(啓門)은 방 바깥으로 나갔던 제주 이하 참례자들이 다시 방 안으로 들어오는 절차이다. 이때에 제주는 기침 소리를 3번 낸다. 방 안에 불을 다시 밝힌 뒤, 헌다(獻茶)라 하여, 국을 물리고 숭늉을 올린다.

메를 조금씩 3번을 떠서 숭늉에 말아 준다. 잠시 시립(侍立)하다가, 수저를 거두고 메 뚜껑을 덮는다.

사신은 망자의 혼백을 배웅하는 절차이다. 신위에 재배하고 제사를 끝낸다.

제상을 물리는 철상도 기제의 한 절차이기에 정중히 한다. 다음에는 지방과 축문을 불사르고, 참례자들은 조상이 남기신 제물로 음복을 행한다. 음복은 글자 뜻 그대로 복(福)을 마신다[음(飮)]는 뜻이다. 조상이 남긴 제주(祭酒)는 조상이 내린 복이 가득한 술이며, 이 술을 마시는 것이 음복이다. 물론 술만이 아니라, 모든 제물이 음복의 대상이다.

나. 차례(茶禮)

차례는 명절에 지내는 제사이다. 그래서 명절 절(節) 자를 써서 절사(節祀)라고도 한다. 또 명절차사라고도 부른다. 여기에서 명절이란 국가나 사회에서 경축하는 기념일이 아니다. 한 해와 계절과 절기가 순환하며 바뀌는 우주의 시간을 뜻한다. 설날, 대보름날, 단오, 추석, 동지 등이 대표적인 명절이다. 곧 이러한 명절에 조상에게 시절 음식을 올리며, 우주와 자연의 변화를 고하고, 하늘과 조상의 은덕을 기리는 제사가 차례이다.

차례의 글자 뜻은 차(茶)로 지내는 제사이다. 곧 차사(茶祀)이다. 그러나 실제로는 차는 올리지 않는다.

차례는 각종 예서에 보이는 참례(參禮) 및 천신례(薦新禮)와 유사하다. 참례란 정조, 동지, 초하룻날, 보름날에 지내는 사당 제사이고, 천신례란 청명(淸明), 한식(寒食), 중원(中元), 중양(重陽) 등과 같은 속절(俗節)에 시식(時食)으로 지내는 사당 제사이다. 이들 제사와 차례의 역사적 관계성은 다소 분명하지 않다.

지금은 거의 대부분의 가정에서 설과 추석에만 차례를 올리지만, 과거에는, 특히 사당이나 벽감(壁龕)을 모신 집안에서는 한식·중구(重九) 등의 명절에도 차례를 모셨다. 그래서 떡국차례, 한식차례, 추석차례, 구일차례 등의 말이 생겼다.

차례에서는 4대조까지 모신다. 그래서 동고조팔촌(同高祖八寸) 부계친(父系親), 곧 당내친(堂內親)이 참석 대상이 된다. 물론 3대 또는 2대 이하의 조상을 모실 때에는 그들의 혈연 부계친만 참석한다.

극히 드문 경우이지만, 불천위(不遷位)도 차례 때 모신다. 이는 나라에 큰 공훈이 있거나 학문이 높으신 분을 사당에서 영구히 제사 지내도록, 왕·유림(儒林)·문중(門中)이 허락한 신위(神位)이다. 불천위 제사의 참석 범위는 당연히 문중 전체가 된다.

가례에 보이는 참례와 천신례의 절차는 진설(陳設)-출주(出主)-강신(降神)-참신(參神)-단헌(單獻)-점다(點茶)-사신(辭神)-납주(納主)이다. 그런데 차례를 사당에서 지내지 않는 경우에는, 당연히 신주를 내어 모시고 나서 모셔다 드리는 출주와 납주는 없다.

그러나 참례, 천신례, 차례 어느 경우이든, 술잔은 3번 올리지 않고 한 번만 올린다. 삼헌(三獻)이 아니라 단헌(單獻)이다. 독축(讀祝)도 하지 않는다. 이른바 무축단헌(無祝單獻)이다.

차례는 기제와는 달리 새벽이나 아침에 지낸다. 민간에서는 개밥을 주기 전이나, 닭이 울기 전에 지내야 한다는 등의 말이 전해진다.

집안에 따라서는 차례 때 모시는 조상들마다 별도로 상을 마련하기도 한다. 가령 4대조나 2대조를 모신다면, 차례상을 각각 4개나 2개를 차린다. 그러나 이러한 차례상 차리기가 현실적으로 어려워서, 근래에는 어느 집이나 대체로 하나의 차례상에 모든 조상을 함께 모신다.

예전에는 4대조를 모시는 큰 집에서 차례를 모신 후에, 각 지손(支孫)들은 자신의 집으로 되돌아가서 3대조나 2대조의 차례를 개별적으로 다시 지냈다. 그러나 근래에는 큰 집 차례로만 끝내거나, 아니면 선친과 조부 2대조만 자기 집에서 모신다.

양친 부모가 모두 돌아가신 무남독녀의 경우에는 차례 때 시댁 차례상과는 별도로 친정 차례상을 따로 보아서 차례를 올리기도 한다. 아니면 방 하나를 내어서 친정 차례상을 차리기도 한다. 또한 집에 아직 궤연을 모시고 있다면, 차례 인사의 뜻으로 여기에도 절을 올린다.

차례상에는 일반적으로 메와 갱(羹)은 올리지 않는다. 물론 메와 갱을 올리는 집안도 있기는 하다. 그러나 대부분 시절 음식으로 메와 갱을 대신한다. 곧 설날에는 떡국으로, 추석에는 송편을 올린다. 다만 추석에는 햇곡식으로 지은 메를 송편과 함께 올리기도 한다.

사당 차례(논산 고정리 사계 종가)

성묘

안방의 차례상과 마루의 성주상(서산 명천리)

차례상 옆에 나란히 차린 성주상(서천 마량리)

충남 서해안의 일부 지역에서는 명절 차례를 지내기 전에, 주부가 제물을 간소하게 마련하여 성주나 당산을 위한다. 특히 음력 정월 보름에는 조상과 가신(家神)들에게 오곡밥을 올린다. 성주·당산·우물·광 등에 오곡밥을 조금씩 떼어서 갖다 놓는다. 이를 보름차례라고 부른다.

다. 시제(時祭)

시제는 기제의 대상이 아닌 5대조로부터 중시조(中始祖) 또는 시조(始祖)에 이르는 조상을 대상으로 묘소(墓所)에서 지내는 제사이다. 시사(時祀), 시향(時享)이라고도 한다. 또 묘소에서 모시는 제사라 하여 묘제(墓祭)라 부르기도 하고, 일 년에 한 차례 지낸다고 하여 세일제(歲一祭), 세일사(歲一祀)라고도 한다.

원래 시제는 사시제(四時祭)의 뜻으로 쓰인 말이다. 『주자가례(朱子家禮)』에 따르면 시제는 2월, 5월, 8월, 11월에 사당의 사대친(四大親) 신주를 제청으로 내어 모시는 중요한 제사였다. 그런데 한국에서는 고려시대 이래 연중 사시마다 묘소에서 절사(節祀)를 지내는 풍습이 있어왔다. 곧 2월 한식, 5월 단오, 8월 추석, 11월 동지에 묘소에서 제사를 지냈던 것이다. 이러한 사시제와 사시 절사의 중복 현상은 오랜 역사 과정을 거치면서 점차 설·단오·추석·동지에는 사당에서 차례를 지내고, 한식 및 10월에는 묘제를 지내는 전통으로 자리를 잡아 갔다. 그리고 지금에 와서는 다시 설과 추석에는 차례를 지내고, 10월에는 묘제 곧 시제를 지내게 되었다.

곧 사당에서 모시는 사시제는 설·한식·단오·추석·동지 같은 명절에 4대친에게 지내는 차례로 대체되어 갔고, 묘제는 5대조 이상의 조상을 대상으로 한식이나 10월에 묘소에서 지내는 시제로 정착되어 간 것으로 보인다.

시제는 기제나 차례와 달리 모시는 조상의 대수(代數)가 많고 범위도 넓다. 여러 곳에 흩어져 있는 묘소를 관리해야 하며, 또한 일일이 찾아다니며 묘제도 지내야 하니, 당연히 제수 비용도 만만치 않다. 개인이나 가정이 담당할 일이 아니다. 그래서 시제를 체계적으로 관리하고 운영하기 위한 조직이 필요하게 된 것이다. 이 조직이 바로 문중(門中)이다.

문중은 특정 시조(始祖)를 모시는 후손들이 제사를 비롯하여 조상과 관련한 일체의 사업을 추진하기 위하여 결성한 부계 혈연 조직이다. 종중(宗中)이라고도 한다. 문중에서는 시제뿐만 아니라, 재실(齋室)의 건립과 운영, 묘소 정비, 비각 설치, 족보 발간, 문물 보존, 효자·효부·열녀에 대한 표창 등에 이르기까지 대단히 많은 사업을 한다. 이를 위하여 문중은 재산을 갖는다. 대개 종가의 위토(位土)와 묘택(墓宅) 일대의 토지가 문중 재산의 주축을 이룬다. 시제는 위토에서 나오는 소작료나 수확물 등을 제비(祭費)로 하여 모셔진다. 이들 토지는 대개 산지기(묘지기)가 경작한다. 산지기는 문중 산과 묘소도 관리하면서, 시제와 관련한 각종 일을 돕는다.

문중은 종가를 중심으로 조직되어 있다. 그리고 종가의 장손인 종손이 그 핵심 역할을 한다. 따라서 시제는 종가와 종손의 주관하에 모

가마에 실어 놓은 제물(공주 탄천 반남박씨 종중)

독축(讀祝)

상석에 적 올리기

셔진다.

현대사회에서 시제의 사회적 기능은 많이 퇴색되었다. 그러나 원래

재배(再拜)

헌작(獻爵)

시제는 엄격한 신분제 사회를 배경으로 하여 문중의 대내외적 측면에서 매우 중요한 의미를 지녔었다. 물론 시제도 하나의 문중이 표현하는 자신의 조상에 대한 효심이다. 그러나 대외적으로는 시제를 통하

묘제를 지낸 후에 산신께 정성을 드리는 제관 일행

여 훌륭한 조상을 선양하고 또한 자신들이 그러한 조상의 후손임을 향촌사회에 널리 과시하는 역할도 했다. 또한 대내적으로는 동일 조상을 모시는 후손임을 강조하면서 문중 내부의 결속력도 다졌다. 여기에서 훌륭한 조상이란 높은 벼슬을 지냈거나 큰 학문을 이룬 문중의 주요 인물이다.

한편 시제는 문중의 외적 과시나 내적 결속만이 아니라, 더 나아가 향촌사회에서 지방 관료들과 함께 지배집단으로 성장하거나 또는 그들의 기득권을 유지하는 데에도 중요한 역할을 했다.

시제를 모시기 위하여 제일 하루 전에 제주(祭主)를 비롯한 여러 집사자(執事者)는 재실(齋室)에서 재계(齋戒)를 한다. 제사의 절차는 홀기(笏記)에 의하여 정확하게 진행된다. 그 순서는 기제와 거의 유사하여, 강신(降神)-참신(參神)-초헌(初獻)-독축(讀祝)-아헌(亞獻)-종헌(終獻)을 하고,

사신(辭神)-분축(焚祝)을 한다. 그러나 대개 진찬(進饌)과 합문(闔門) 등의 일부 절차가 없고, 시제를 전후하여 묘역의 산신에게 산신제를 올린다. 음복 후에는 봉송(封送)을 하고, 문중이나 종계(宗契)의 총회를 열어 예산 및 결산 보고를 한다.

라. 무주고혼(無主孤魂) 제사

일반적으로 조상이 있으면, 자손이 있기 마련이다. 자손들은 조상의 넋을 기리고, 유지를 받드는 뜻에서 주기적으로 제사를 모신다. 그러나 모든 사람이 자손을 두고 세상을 떠나지는 않는다. 인간사에서 부득이하게 후손을 보지 못하고 허망하게 죽음을 맞는 경우도 종종 있다.

후손이 없다는 것은 참으로 슬픈 일이다. 생전에는 곁에서 수발드는 사람 하나 없이 쓸쓸히 노년을 보내고 죽음을 맞아야 하고, 죽어서는 제삿밥조차 제때 얻어먹을 수 없기 때문이다. 살아생전에는 그래도 이웃과 친지가 있어서 덜 외로울 수 있다. 그러나 죽어서는 아무도 찾지 않는 무주고혼의 신세가 된다.

무주고혼을 우리 말로 풀이하면 '임자가 없는 외로운 혼(넋)'이라는 뜻이다. 제사상을 받을 혼령은 있지만, 망자를 모실 사람이 없다. 엄밀히 말하면 후손이 없으니, 조상도 없는 셈이다. 혈연적 관계를 바탕으로 한 조상과 후손의 관계가 끊어졌음을 의미한다.

그러나 무주고혼이라고 하여 제사상을 받지 말라는 법은 없다. 예로부터 '임자 없는 조상 제사' 또는 '무주고혼제'라고 하여, 외로운 혼신을 추모하는 전통이 여러 마을에서 이어져 내려오고 있다. 개별적인 가정의 범주에서는 임자가 없는 혼령에 대한 제사가 존재할 수 없다.

후손이 없으므로 조상도 있을 수 없기 때문이다.

마을 공동체로 범주를 확대하면 그것이 가능하다. 한 마을에서 동거동락 하던 이웃의 죽음을 측은히 여기는 마음들이 모여서 이러한 전통을 만들었다. 돌보는 후손이 없기에 그 죽음은 더욱 안타깝다. 그 역할을 마을 사람들이 대신하여 어른의 임종을 지키고 장례를 치르며 기일이면 제사를 지내 준다.

망인은 생전에 재산을 마을에 희사한다. 한평생 살아왔던 집터와 조금씩 늘려 나간 논밭 등의 재산을 마을 공동체를 위해서 내놓고, 1년에 한 번 제사나 지내달라는 당부를 한다. 마을 사람들은 그 약속을 대를 이어서 지켜나간다.

이미 한두 세대 이전에 돌아가신 분들은 그 이름조차 제대로 전해지지 않는 경우가 많다. 예컨대 김씨 부부, 오(김)첨지, 동네할머니, 고자대, 감장수댁 등 성씨만 전하거나 처음부터 별호(別號)만 알려져 있다. 혼인은 했지만 끝내 자손을 두지 못한 사례도 있고, 아예 혼인조차 못 해보고 독신으로 세상을 떠난 이도 있다.

일반적으로 망인의 기일보다는 한식(寒食)이나 음력 10월 중에 묘제(墓祭)를 지내는 사례가 많다. 제물은 망인이 마을에 희사한 논밭에서 난 소출로 충당한다. 이 땅은 위토(位土)인 동시에 동답(洞畓)이다. 대개 형편이 어려운 집에서 동답(洞畓)을 도맡아 부쳤다. 집주인은 제사를 앞두고 벌초를 하고, 당일에 푸짐하게 제물을 준비한다. 이는 마을 공동의 제사이므로, 어느 때보다 사람들이 많이 모인다. 밥과 국, 술 등을 넉넉히 마련하여 음복한다.

논산 도평3리에서는 해마다 음력 7월 16일에 '고자대감 제사'를 모신다. 망자의 성(姓)은 김씨이다. 그러나 이름을 모르고 '고자대감'이라는 별칭만 전해져 내려온다. 일설에는 평생 남의 집 머슴살이를 했고,

정성껏 차린 고자대감 제사상(논산 도평리)

불혹이 다 될 때까지 장가를 들지 못했다고 한다. 그를 '고자대감'이라고 하는 이유이다.

김씨는 말년에 어렵게 모은 돈으로 집 한 칸과 논 서너 마지기를 장만했고, 끝내 배필을 얻지 못한 채 눈을 감았다. 그는 생전에 전 재산을 마을에 내놓았다. 마을 사람들은 고인의 뜻을 기리고, 무엇보다 평생 고생만 하다가 쓸쓸하게 죽어간 김씨의 사정을 딱하게 여겼다. 그리하여 백중 무렵에 그의 넋을 위로하고자 제사를 지내기 시작했다. 예로부터 백중은 '머슴(일꾼) 생일'라고 하여, 1년에 1번 주인집에서 머슴들에게 새 옷을 지어주고 용돈도 두둑이 주어 온종일 편히 쉬게 했다. 김씨가 저승에서나마 머슴살이에서 해방되길 바라는 마을 사람들의 배려가 담겨 있다.

일부 마을에서는 젊은 시절에 장사로 모은 전 재산을 마을에 희사한 사례도 있다. 예산 마교리 주민들은 10월 그믐날이면, 예산, 서산,

잔을 올리는 제관

묘소에서 정성을 드리는 주민들

보부상 6인의 묘소(예산 마교리)

마을회관에서 보부상 6인의 지방(紙榜)을 써 붙이고 잔을 올리는 제관

당진 등을 두루 다니며 물건을 팔았던 보부상 6인의 제사를 합동으로 지낸다.

마교리는 서산, 당진, 예산 3개 시군에 접한 주요 교통로에 자리한다. 과거에는 행인들이 지나다니는 장길마다 주막이 발달했다. 마교리는 특히 행인들의 통행이 잦아서 주막이 밀집해 있었다. 고덕-면천-운산-해미-덕산-삽교 등지를 오가던 보부상들이 마교 주막을 주로 이용했다. 그들 중에서 말년에 마교리에 정착한 이들이 있다. 모두 6명이었고, 마교리를 고향 삼아서 지냈다. 이들은 젊어서 각지를 떠돌아 다니다보니 안정된 가정생활을 누릴 수 없었다.

혼인했어도 자손이 없는 이도 있었고, 아예 혼인도 못한 이도 있었다. 어느 경우든 재산을 물려줄 자손이 없다는 것이 공통점이었다. 6명 모두 죽기 전 마을에 재산을 내놓고, 이웃에 제사를 지내달라고 당부했다. 마을에서는 100여 년이 넘는 세월 동안 고인들과의 약속을 지켜 오고 있다.

제 2 장

세시풍속

제 2 장 세시풍속

세시(歲時)는 '해〔년(年)〕세 자(字)'와 '때 시 자'로 구성된 말이다. 시는 철(계절) · 때마다 · 항상이란 뜻도 지닌다. 이들 낱말 뜻을 조합하면, '한 해와 그 안의 계절과 때(시간의 어떤 순간이나 부분)'를 의미한다. 그런데 한 해는 그 1년으로 끝나는 1년이 아니라, 무한히 되풀이되는 1년이기에, 세시는 '해마다 윤회하는 1년과 그 안의 계절과 때'라고 할 수 있다. 이는 더 나아가 '세시와 관련한 일체의 문화를 포함한 개념'으로까지 확대된다. 이를 '세시풍속'이라고 보통 말하지만, 사실 '세시'라고만 해도, 그 안에는 그와 관련된 모든 풍속이 전세되는 것이다.

시간은 직선적 시간과 반복되는 시간으로 나눌 수 있다. 전자가 과거-현재-미래로 무한히 진행되는 시간이라면, 후자는 그 안에서 일정한 하나의 단위를 이루며 순환하는 시간이다. 전자는 주기가 없고, 후자는 주기가 있다.

1년은 영겁의 우주 시간 안에 존재하는 영원 회귀의 지구 시간이다. 지구가 태양을 공전하는 시간이 1년이고, 그 기간에 춘하추동이 지난다. 그래서 사람은 기본적으로 1년을 단위로 하여 살아간다. 사람의 주식인 곡식도 1년이란 시간 단위 안에서, 순차적으로 흐르는 계절에 맞추어서, 파종하고 성장시키며 걷어야 한다. 그 밖의 세상 삼라만상 모든 것도 '1년과 그 안의 계절'과 조응하며 존재한다. 자연 자체가 계절에 따라서 그 모습과 내용이 변화되는 것이 대표 사례이다. 물론 우주와 세상 자체도 무한량의 시간 안에서 성주괴공(成住壞空)을 반복하겠지만, 사람이 인지할 수 있는 시간은 1년과 그 안의 계절 변화이다.

이러한 우주와 자연은 그 자체가 살아 있는 생명이다. 그리고 그 안에서 사람이 살아간다. 사람은 한 평생을 살지만, 실제로는 하루하루를 산다고도 할 수 있다. 이와 마찬가지로 하나의 문명은 유구한 역사를 가지지만, 실제로는 매해를 반복하며 지속한다고도 할 수 있다. 이렇게 한 해 한 해를 잘 살아내려면, 인간과 그의 문명은 자신을 둘러싼 우주와 자연을 정확히 알아야 한다. 그것도 1년 단위로 우주와 자연이 어떻게 작동되는지를 파악해야 한다. 이렇게 시간 차원에서 이해된 '우주와 자연의 규칙적인 순환 리듬'에 인간과 그 문명을 적응시키고, 또한 그것을 활용하여 최선의 삶을 이루려는 것, 그것이 바로 세시풍속이다.

그런데 1년 365일이 모두 세시가 되는 것은 아니다. 모든 단순한 사건이 역사적 사실이 아니듯이, 365일 중에서 사람에게 중요한 의미를 지니는 월일(月日)만 장구한 역사를 거치면서 선별되고 세시로 성립·전개되는 것이다. 특히 천하지대본인 농업은 세시 구성에서 가장 중요한 근간이다.

세시도 다른 문화의 부면과 마찬가지로 오랜 역사 속에서 지속과 변화 양상을 보인다. 삼국시대, 남북국시대, 고려시대, 조선 전기 및 후기, 일제강점기, 산업화·근대화·도시화의 현대 세시에는 각 시대를 관통하는 지속성도 있고 한편으로는 변화성도 있다. 신라의 추석, 고려의 추석, 조선의 추석, 오늘의 추석은 동질동형의 추석이 아니다.

세시는 다음과 같은 중요한 요인들에 의하여 구성된다.

① 시간은 인간과 관계없이 홀로 흐를 뿐이지만, 사람은 반가운 사람을 배웅하고 마중하듯이, 묵은해를 보내고 새해를 맞이한다. 자연의 시간을 인간의 시간으로 만든다. 송구영신(送舊迎新)이란 말은 그래서 생겼다. 시작은 끝과 잇닿아 있고, 그 결별에는 늘 과도기가 있다. 과도기는 위험하고 불안한 경계의 시간이다. 설은 새해의 첫날이고, 정초는 묵은해와 새해가 중첩되어 있는 과도기이다. 이제 정초의 끝자락인 열나흘을 지나 대보름이 되면, 새해의 과도기를 벗어난 또 다른 새해가 된다. 이렇게 '설-정초-열나흘-대보름의 시간 구분'이 설정된 정월에는, 가장 다양하며 중요한 세시가 마련되어 있다.

한 해의 시작인 설은 지난해의 마지막 시간 곧 섣달그믐과, 하루 전만 하더라도, 맞닿아 있었다. 또 그 시간으로부터 왔다. 이제 새해도 한 해를 다 보내고 나면, 새해도 작년이 되고, 또 그 새해의 끝 날인 섣달그믐이 올 것이다. 한 해의 마지막 날인 섣달그믐도 중요시되는 까닭이다. 이러한 경계 시점을 잘 넘기려면 매사에 근신을 하지 않을 수 없다. 수세(守歲)는 바로 그러한 의미를 지닌다.

섣달그믐과 정월 열나흘은 서로 닮은 데가 있다. 둘 다 경계 시점에 있는 날이다. 전자는 '한 해의 끝 날'과 '한 해의 시작 날' 사이의 경계에 있고, 후자는 '정초의 마지막 날'과 '진정한 새해의 시작 날인 대보름' 사이의 경계에 있다. 그래서 열나흘에도 수세를 한다.

동지도 또 하나의 새해라고 여겨진다. 길어질대로 길어진 밤 시간이 동지를 기점으로 아주 조금씩이나마 짧아지기 시작한다. 밤과 낮 시간의 형세가 역전을 일으키는 시점이다. 암흑의 시간에서 광명의 시간으로 전환되는 자연의 드라마이다. 동지를 또 하나의 새해라고 여기는 것은 오히려 자연스럽다. 그래서 동지는 작은 설이라 부른다.

② 달은 지구 주위를 공전하면서, 그 모양을 한 달을 주기로 규칙적으로 변모시킨다. 초승달, 상현달, 보름달, 하현달, 그믐달은 달이 변화되어 가는 모습을 잘 표현해 주는 낱말이다. 이들 달의 모습 중에서 보름달이 고래로부터 가장 중시된다. 보름달은 다른 달에 비하여 유난히 크고 밝다. 보름의 어원이 '밝다'에 있다는 견해도 있다. 밝은 보름달은 그 신비감에 도취되어 한참을 바라보게 만든다. 무엇인가 소원을 들어줄 것 같다. 한자의 망(望)은 원래 사람이 뒤꿈치를 들고 보름달을 보는 모습을 그린 것이다. 여기에서 무엇을 바라거나 기대한다는 뜻도 파생되었다. 더욱이 보름달은 그 달 15일쯤에 뜬다. 한 달의 중간 시점이다. 이는 한 달이란 시간을 인지하는 하나의 지표가 된다. 보름 자체가 15일이란 뜻도 된다.

1년에 12번의 보름달이 뜨건만, 이 중에서도 특별히 소중히 여겨지는 보름달은 단연 새해의 첫 보름달인 정월 보름의 보름달이다. 이를 다른 월(月)의 보름달과 대비시켜 돋보이게 하려고 '대보름' 또는 '대보름달'이라 부른다. 대보름이 대단히 중요한 세시로 편성되는 이유이다.

그 다음에 중요한 달이 팔월 보름, 추석의 보름달이다. 아직 오곡백과가 충분히 여물지는 않았다. 이를 인위적으로 해결하려는 풍습이 올벼심리이다. 추석은 햇곡식으로 조상께 천신(薦新)하는 명절이다. 추석과 곡물의 미성숙은 수수께끼이다. 이는 아마도 상고시대에 요동에 살던 삼한 주민이 진한(秦漢) 교체기에 신라 지역으로 이주하는 역사적 사건과 관련이 있는지 모르겠다. 요동의 밭농사는 팔월이면 종료되기 때문이다.

칠월 보름 백중도 여름 세시에서 뜻있는 날이다. 백중은 도교의 삼원(三元) 중의 하나이다. 상원(上元)은 1월 15일이고, 중원(中元)은 7월

15일이며, 하원(下元)은 10월 15일이다. 삼원에는 초제(醮祭)를 모신다. 또한 백중은 불교의 우란분절(盂蘭盆節)과도 관련이 있다. 이 날 지옥에 떨어진 조상을 구제하기 위하여 우란분재(盂蘭盆齋)를 지낸다. 우란분은 고통을 구해 주는 법회이다. 그러나 백중은 농촌에서 그러한 의미들보다는 머슴 명절로 하루를 놀았다. 지역마다 편차는 있지만, 백중 즈음이 되면 김매기는 거의 끝난다. 그래서 힘든 농사일을 일단 무사히 마친 것을 기뻐하고, 머슴들의 노고에 보답하기 위하여 백중을 크게 놀았다.

유월 보름은 유두이다. 그 역사는 신라 및 고려까지 소급된다. 그러나 유월 보름과 동쪽으로 흐르는 물에 머리를 감는 풍습이 어떤 관련이 있는지는 분명하지 않다. 이 날에는 햇밀과 햇보리로 유두천신이나 유두차례를 올린다.

이처럼 보름달이 뜨는 달 중에 정월 대보름, 팔월 추석, 칠월 백중, 유월 유두가 명절로 되어 있다.

③ 월일(月日)에 홀수, 곧 양수(陽數)가 겹쳐지는 날이 세시에서 중요시 된다. 삼월 삼일, 오월 오일, 칠월 칠일, 구월 구일이 그러한 경우이다. 짝수, 곧 음수(陰數)인 이월 이일, 사월 사일, 팔월 팔일, 시월 시일은 세시가 아니다. 양수 중첩 그 자체에는 길하다는 의미가 부여된다. 여기에는 이들 월일을 세시로 하여, 그것이 지닌 계절성을 분명히 인지시키고, 그에 따른 세시풍속도 행하려는 사회적 의미도 있을 것이다.

삼월 삼일은 흔히 삼짇날이라 부른다. 한자로는 중삼일(重三日)이라 한다. 봄의 전령인 제비가 강남에서 돌아온다. 날씨가 온화하고 산야에 꽃이 피기 시작하고 그 기쁨을 즐기기 위하여 진달래 화전을 마련한다. 이러한 관념과 행사가 반드시 삼월 삼일과 관련되어야 할 실제 이유는 없다. 삼월 이일이나 삼월 사일이라도 전혀 상관없다. 다만 이즈음의 날수 중에서 양수가 중첩된 삼월 삼일이 채택되어, 길일로 상징화되고, 세시로 확정되었을 뿐이다. 다른 양수 중첩일도 마찬가지이다. 오월 오일 단오(端午)는 중오일(重午日)이다. 1년 중에 양기가 가장 왕성한 날이다. 이 날에는 그네를 뛰고 씨름을 한다. 조선시대에도 4대 명절 중의 하나였다. 절기상 망종과 하지 사이에 드는 대표적 여름 세시이다. 칠월 칠일은 견우와 직녀가 오작교에서 만나는 날이다. 이즈음은 북두칠성이 한층 밝아 보인다고 한다. 그래서인지 이날에 아낙들은 장광에서 칠성을 위하고, 무당은 칠성맞이를 하고, 절에서는 칠성불공을 드린다. 마을에서는 힘든 농사일을 일단 마쳤기에, 칠석 명절을 이용하여 두레 결산도 하고 마을 전체가 하루를 즐겁게 놀며 쉰다. 대동샘도 새로 품어 낸다. 구월 구일은 중구일(重九日)이다. 추석에 차례를 못 올린 가정에서는 구일차례를 지낸다. 이와 아울러 집안이나 마을의 무주고혼에게도 제삿밥을 올린다. 삼짇날에 왔던 제비가 이날 강남으로 되돌아간다고 한다. 삼짇날에는 진달래로 화전을, 중구일에는 국화전을 먹는다.

④ 농사의 시작과 과정 그리고 끝 모두 세시에 반영된다. 정월에는 한 해 농사의 성공을 기도하며, 또한 풍년이 되도록 강제하는 여러 풍속이 있다. 굳이 분별하자면, 전자는 종교의 영역이고 후자는 주술의 영역이다. 풍흉을 점쳐보기도 한다. 그러나 흉년 조짐조차도 넓은 의미에서 풍년의 희망 안에 있다. 설령 흉년이 분명히 예고된다고 해도, 이는 흉년을 극복하기 위한 마음을 다지는 데 구실이 될 뿐이다. 이러한 풍농 기원은 설-정초-열나흘-대보름에 집중된다. 정월 대보름을 지

내고 이월 초하루 이전까지 특별한 세시는 없다. 진정한 새해인 대보름 이후로부터 이월 초하루 이전까지는, 농사가 시작되기 전의 과도기이다.

이월 초하루는 '머슴날', '일꾼날', '농꾼들 잔치하는 날' 등이라고 부른다. 이 날 밤에는 겨우내 쉬었던 머슴들이 울타리를 붙들고 운다고 한다. 본격적인 농사일을 시작하기 전에 머슴들을 위로하는 풍습이다.

지역이나 마을마다 다르지만, 칠석 또는 백중은 모내기 · 김매기 등으로 노고가 많았던 머슴들을 놀게 하는 날이다. 백중도 이월 초하루와 마찬가지로 머슴날이라고 불려진다. 그런데 칠석 또는 백중은 이월 초하루와는 달리 머슴만이 아닌 마을 잔치이다. 가장 중요한 것은 두레를 결산하는 일이다. 이 날은 두레 경비와 부잣집의 찬조금 등으로 마을 잔치를 연다. 온종일 풍장패의 쇠가락이 요란하고, 집집마다 지신밟기를 하면서 축원을 해 준다. 가장 힘든 농사일의 고비를 넘긴 머슴과 농꾼들의 축제이다. 칠석과 백중의 본질은 농사와 관계가 없건만, 마침 이즈음 농사력(農事曆)을 7월 7일과 7월 15일에 연계하기에 적합하므로, 칠석과 백중은 농가의 명질이 된 것이다.

한 해 농사의 수확이 실제로 종료되고 편하게 쉴 수 있는 시기는, 팔월 보름 추석이 아니라 바로 시월이다. 농가는 가장 행복한 시간을 맞이한다. 벼를 비롯한 여러 나락이 곳간에 그득하다. 일단 힘든 농사일에서도 벗어났다. 몸과 마음에도 휴식의 여백이 생긴다. 오죽하면 시월을 상달(上-)이라 했겠는가. 그만큼 최고의 좋은 달이란 뜻이다. 농사를 잘 짓게 보살펴 준 마을의 산신과 집안의 조상 및 가신에게 감사와 기쁨을 표하지 않을 수 없다. 마을마다 산신제를 모시고, 집안마다 가을떡을 하고 안택을 한다.

⑤ 24절기 중에는 입춘과 동지만 세시로 의미가 부여된다. 입춘은 첫 번째 절기로서 봄이 시작되는 날이다. 대문에 '입춘대길(立春大吉)'이라고 쓴 입춘첩을 붙인다. 춘하추동 사계절의 순환이 다시 시작되는 표준점이 입춘이다. 24절기의 마지막인 대설은 세시로 편성되어 있지 않다. 23번째 절기인 동지는 다시 낮이 길어지는 전환점이기에, 중요한 세시로 인정된다. 사월 초파일은 고려 후기 사월 초파일 연등회의 유풍이다. 많은 부녀자들이 인근의 절을 찾아 부처님의 탄신을 축하하며 부처님의 가피(加被)를 비는 불공을 드린다. 등(燈) 공양도 하며 가내평안도 기도한다.

이상에서 언급한 대로 세시는 한 해의 시작과 끝, 보름과 보름달, 양수 중첩일, 농업력, 그리고 일부 절기 등을 중심으로 구성되어 있다. 그리고 이들 세시에는, 당연한 지적이지만, 한국의 역사와 문화가 직·간접적으로 반영되어 있다. 다시 말하면, 세시를 통하여 한국 역사와 문화의 단면을 읽을 수 있다. 또한 한국과 인접 민족 및 국가의 문화 영향 및 교류 관계도 살필 수 있다. 더 나아가 한국인이 우주와 자연의 순환에, 자신의 문화를 어떻게 적응하고 또한 활용했는가를 이해할 수 있다.

세시풍속은 급변하는 현대사회 속에서 쇠퇴·소멸·변형이 가장 심한 문화의 부면이다. 농업 중심의 사회구조에서 배태·형성되었던 세시풍속이 현대 산업사회로 이행되면서, 전면적으로 변질·해체되고 있다. 몇 가지 사례를 들면 다음과 같다.

이미 일제강점기에 여러 대동(大同) 세시 행사가 강제적으로 중단 또는 폐지됐다. 그렇지 않은 경우라도 많이 위축됐다. 줄다리기는 그 하나의 경우일 뿐이다. 보리와 밀농사가 쇠퇴하면서, 입춘의 보리 풍흉

점과 유두천신은 거의 없어졌다. 조생벼의 보급으로 올벼천신도 사라졌다. 특수작물의 재배로 농한기의 개념도 없다. 가옥구조 및 주생활의 변화로 노내각시 바늘주기나 노가주나무로 오곡밥 짓기 등도 옛말이 되고 말았다. 노두 놓기도 마을 및 주변 도로의 정비로 소용없는 일이 됐다. 젊은이가 떠나간 마을에서 어르신들에게 드리는 합동 세배도 그렇다. 교회가 마을에 들어오면서 엄나무나 복조리 거는 것조차 미신이 된다. 설·추석은 교통난 속의 귀성길·귀경길에서, 대보름은 지역자치단체에서 주관하는 민속 행사에서, 그리고 정월 열나흘과 동지는 백화점이나 마트 등에서 판매하는 부럼과 팥죽에서 경험한다. 더 이상의 변화 양상은 생략한다. 이제 설날과 추석 정도만 현대 사회에서 중요한 명절로 남아있다.

이 장에서 소개하는 세시풍속은 현재 도시나 마을 사람들 스스로의 삶의 조건이나 필요에서 행하는 문화가 아니다. 대부분은 노인들의 기억과 체험 속에만 존재하는 지나간 과거의 문화일 뿐이다. 물론 그 내용의 일부는 비록 많이 변질됐다고 하더라도, 지금도 행해진다. 곧 여기서는 대개 한두 세대 이전, 조금 더 멀리 소급한다면 세 세대 이전 즈음에 행해졌던 세시풍속을 소개했다. 그리고 각 세대마다의 미시적 또는 거시적 변화에는 크게 주목하지 않았다. 한두 세대 또는 두세 세대 이전의 세시풍속을 한데 혼합하여 서술했다. 따라서 각 세시 항목의 설명에는 각 세대의 세시 편차가 함께 공존한다.

서술 내용에서는 세시와 관련한 생산력(生產曆)에는 일단 크게 치중하지 않고, 계절 및 월별에 따라서 마을 및 가정 단위에서 어떤 세시풍속이 있었고 그 의미는 무엇인지를 설명하는 데 목적을 두었다. 생산력과 관련해서는 이 책 「제3장 생산풍속」을 참고하기 바란다.

1. 봄의 세시

가. 정월

정월은 묵은해와 새해 사이의 과도기 달[月]이며, 한 해를 다시 시작하는 달이다. 무한한 직선적 시간 안에서 1년을 단위로, 시간을 원점으로 되돌리는 기점이기도 하다. 이처럼 시간을 영구히 반복·회전시키는 정월은 다른 달과 달리, 그 안에 다시 여러 분기를 가지고 있다.

정월 초하루인 설날은 묵은해와 새해가 교차하는 날이다. 묵은해 섣달그믐의 해시(亥時: 오후 9시-11시)를 지나 새해 설날의 자시(子時: 오후 11시-오전 1시)로 접어드는 시각이, 묵은해와 새해 그리고 섣달그믐과 설날의 교차 시점이다. 이는 묵은해와 새해가 공존하는 시간이며, 섣달그믐과 정월 초하루가 공존하는 시간이기도 하다. 이 자시를 벗어나면 온전한 설날이 된다. '새해 첫날'이면서 '설의 첫날'인 것이다.

설은 정월 초하루부터 열나흘까지를 일컫는다. 설이란 몸과 마음을 삼간다는 뜻을 지닌다. 한자어로는 신일(愼日)이라고 한다. 매사에 삼가는 날이란 뜻이다. 묵은해와 새해의 경계 시간을 근신(勤愼)과 재계(齋戒)로 보내야 한다는 것이다. 아득히 오래된 역사 속에서 형성된 새해에 대한 관념이다.

설의 시작은 섣달그믐과 정월 초하루 사이의 자시이고, 설의 끝은 정월 열나흘과 대보름 사이의 자시이다.(<표 1> 참조) 대보름과 시간 경계를 이루는 열나흘 자시가 지나면, 묵은해와 새해의 과도기인 설에서 완전히 벗어난다. 정월 보름인 대보름부터가 진정한 새해이다. 설의 시작은 섣달그믐 자시이고, 설의 마지막은 정월 열나흘 자시이다.

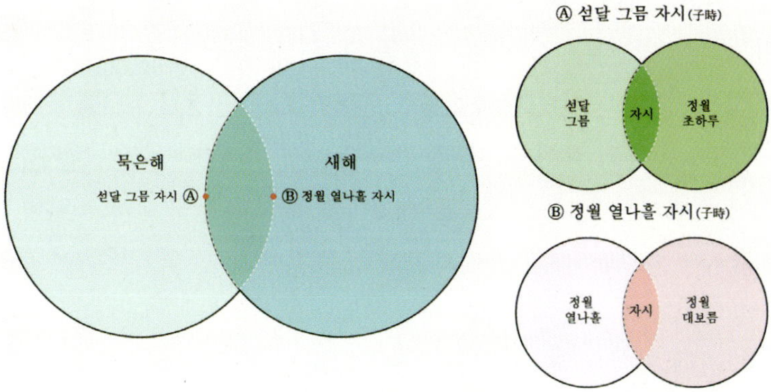

<표 1> 묵은해와 새해의 경계

정월 열나흘은 '묵은해와 새해의 과도기인 설'의 모든 액운을 가셔 내고, 온갖 복을 부르는 설의 끝자락에 있는 시간이다. 이에 비하여 대보름은 명실상부한 새해이다. 설이 지닌 비일상(非日常)에서 벗어나 일상(日常)으로 되돌아 온 시간이다. 농자천하지대본(農者天下之大本)의 시대에서 일상 복귀는 바로 농사의 개시를 뜻한다. 그래서 대보름에는 풍년을 기원하는 세시풍속이 다양하게 마련되어 있다.

정월 열나흘과 대보름은 하루 상관이지만, 열나흘은 설의 마지막 날이고 대보름은 진정한 새해의 첫날이다. 정월 열나흘은 설에 남아 있거나 또는 남아있을지 모를 부정과 액을 가셔 내고 막아 내는 날이다. 이에 비하여 대보름은 열나흘의 부정풀이와 액막이를 거쳐서 온전히 깨끗해진 진정한 새해의 첫날이다. 이제 농경사회의 절실한 소망인 풍농 기원에 집중할 시간이다. 물론 이 날에도 제액초복을 위한 여러 세시풍속이 마련되어 있다. 또 하나의 새해 첫날이기 때문이다.

정월 열나흘이 한 해의 진정한 마지막 날이라면, 섣달 그믐날은 묵은해에서 새해로 들어가는 첫 길목의 시간이다. 곧 섣달 그믐날과 정월 열나흘은 모두 한 해의 마지막 시간이다. 이를 다시 구별하자면 전자는 '한 해 끝의 시작'이고, 후자는 '한 해 끝의 끝'인 셈이다. 그래서 동일한 세시풍속이 섣달그믐에도 행해지고 또한 정월 열나흘에도 행해진다. 한 해의 끝이라는 공통성이 있어서 그러하다. 정월 초하루도 새해 첫날이지만 대보름은 진정한 새해 첫날이다. 그래서 동일한 세시풍속이 정월 초하루와 대보름에도 행해진다. 한 해의 시작이라는 공통성이 있기 때문에 그러하다.

그러나 지역에 따라서 이러한 민속 원칙이 반드시 지켜지는 것은 아니다. 정월 열나흘의 액막이와 대보름의 기풍(祈豊)은 기본이지만, 정월 열나흘에도 액막이와 기풍이, 대보름에도 액막이와 기풍이 행해진다. 이는 지역마다 세시풍속에 대한 인식과 그에 따른 실제 적용이 다소 다른 데서 기인한다.

음력 정월에는 입춘(立春)과 우수(雨水)가 든다. 입춘은 새해의 첫 절기이자 봄이 시작되는 절기로서, 양력으로는 2월 4일경이다. 우수는 눈이 녹아서 비가 된다는 뜻이다. 얼었던 대동강이 이즈음에 풀리기 시작한다. 양력으로는 2월 19일쯤이다. 어느 절기이나 양력으로 매년 하루 이틀 정도의 차이는 있다. 입춘은 4일이나 5일에, 우수는 19일이나 20일에 든다.

다음에는 앞에서 언급한 정월에 대한 시간 인식에 따라서 구분된 설날 · 설 · 열나흘 · 대보름에, 각각 어떠한 세시풍속이 행해지고 또한 그것이 지닌 내용과 의미는 무엇인지를, 대표적 항목별로 소개한다.

1) 설날

새해 첫날인 설날에는 조상에게 차례를 모시고 새해를 맞이했음을 고한다. 그리고 최고의 집안 신령인 성주에게도 제물을 차려 위해 드린다. 이렇게 조상과 가신(家神)에게 새해 인사를 올린 후에는, 설빔을 입고 집안과 이웃 어른께 세배한다.

새해 첫날이기에 개문만복래(開門萬福來)라 하여, 새벽에 대문을 활짝 열어서 복을 가득 받아들인다. 만일 부정이 끼었거나 우환이 있으면, 대문을 닫아 놓는다. 또 한 해 운수를 살피기 위하여 청참(聽讖)을 한다. 여자는 남의 집에 가지 않도록 한다. 특히 삼[麻]농사를 짓는 집은 엄금한다.

(1) 차례(茶禮)

설명절 차례상(보령 외연도)

설날 새벽에 조상에게 올리는 제사를 설차례라고 한다. 차례는 아침 햇살이 방문을 비추기 전에 지내야 한다. 차례상에는 메 대신에 떡국을 올린다. 그래서 떡국차례라고도 한다. 내포 지역에서는 수수 부침개를 사각형으로 조그맣게 잘라서 떡국에 넣는다. 이를 수수문주라 한다.

차례를 정성껏 모시려면, 미리 매사에 부정을 타지 않도록 조심한다. 차례를 앞두고는 궂은 곳에 가지 않는다. 또 조상이 오시는데 조금이라도 불편하지 않도록 대문과 방문을 활짝 열어 놓는다. 빨랫줄도 걷어 놓는다. 빨랫줄에 조상의 목이 걸릴까 걱정되기 때문이다.

4대 봉사(奉祀)가 원칙이지만, 2대만 모시는 집안이 많다. 만일 집안에 궤연(几筵)을 모셨다면, 차례 전후에 궤연에 새해 인사를 드린다. 그렇지 않으면 아예 차례를 모시지 않는 집안도 있다. 친정 부모가 모두 돌아가시고 또한 제사 모실 형제도 없는 경우에는, 출가한 딸이 시댁 마루 한편에 친정 부모를 위한 조촐한 차례상을 마련해 놓기도 한다. 그러나 어떤 시댁에서는 며느리가 차례상을 차리는 것은 허락해도 절은 올리지 않도록 한다.

(2) 성주 위하기

설차례를 지내기 전후에 주부가 간단한 제상을 보아 집안 신령을 위한다. 집안에 따라서는 성주를 비롯하여 터주 · 삼신 등 다른 가신도 모신다. 그러나 최고의 가신인 성주만 위하는 것이 일반적이다. 이때에 제물만 차려 놓을 뿐이지, 대개 절은 하지 않는다. 성주 위하기는 내포 지역에서 더욱 일반적이다. 그밖에 공주 · 부여 · 청양 · 천안 등지에서도 모신다.

차례와 마찬가지로 떡국이 마련되면 성주상(-床)에 올린다. 어떤 집안에서는 성주상을 먼저 본 다음에 차례상을 차린다. 떡국을 안방 · 부엌 · 장광 · 마루 등 가신을 모신 곳마다 떠다 놓기도 한다. 보령 지역에서는 터주를 먼저 위하고 다음에 성주를 위한다. 아산 지역에서는 떡국을 조왕에게만 올리기도 한다.

설명절 성주상

성주상을 차리는 주부(서산 명학리)

(3) 성묘(省墓)

조상에게 새해 인사의 뜻으로 묘소에 절을 올린다. 조상에 대한 세

성묘(세종시 평기리)

성묘(천안 하장리)

음복

배인 셈이다. 대개는 차례를 모신 후에 당일 날 성묘를 다녀온다. 설날에 하지 못하면, 초사흘 안에는 성묘를 하고자 한다. 그러나 집안 형편이 여의치 않고 묘소까지 거리가 멀어도, 보름 안에는 성묘를 한다.

성묘를 갈 때에는 집안에서 이미 차례를 모셨으므로 빈손으로 가도 괜찮다. 그러나 대개는 빈손이 민망하여, 술·포(脯)·삼색실과 등을 간소하게나마 준비한다. 한 묘소에 올렸던 제물은 다른 묘소에는 쓰지 않는다. 그래서 제물은 조상 몫대로 마련한다. 과거에는 남자들만 성묘를 했지만, 근래에는 여자들도 함께 한다.

(4) 세배(歲拜)

설날 오전에 집안과 마을 어른들께 무릎을 꿇고 큰절로 세배를 드린다. 세배는 집안 어른에게 먼저 한 뒤, 마을 어른에게 한다. 남자들은 초하루부터 세배를 다니지만, 여자들은 그렇게 하지 못한다. 여자가 정초에 남의 집을 다니면, 그 집의 재수가 좋지 않다고 여기기 때문이다. 그래서 여자들은 정초를 지나서 세배를 다닌다.

세배는 음력 정월 열나흘까지만 다닌다. 이를 두고 '보름안 세배'라고 한다. 처갓집 세배는 대체로 늦어지지만, 큰 흉은 되지 않는다. 만일 열나흘을 넘겨 처갓집 세배를 갔다면, "묵은세배 받으십시요!"라고 말하며 큰절을 올린다. 대보름 이후에 하는 세배는 지난해의 세배라는 뜻이다. 이런 표현에서도, 참된 새해는 대보름 이후라고 관념하고 있음을 알 수 있다.

세배는 연장자 순서대로 한다. 동기간이나 부부간에는 서로 맞절을 한다. 세배를 하면서 어른께 만수무강을 기원한다. 어른들은 덕담을 해 준다.

세배를 갈 때에는 빈손으로 가지 않고 선물을 준비해 간다. 세배를 하면 설 음식으로 대접을 받는다. 어린이에게는 세뱃돈을 준다. 세뱃돈은 절값이라고도 한다.

궤연을 모신 집안에 세배를 갔다면, 먼저 망자에게 새해 인사를 드린다. 집안에 따라서는 세배를 받지 않기도 한다.

수양부모에게도 세배를 올린다. 또한 수명장수를 위하여 산이나 또는 산의 나무나 바위 등에 아이를 팔았다면, 이들 산・나무・바위 등에도 세배를 한다.

(5) 설빔 입고 복주머니 차기

설빔은 설에 입는 옷이다. 빔은 명절이나 잔치 때 새 옷으로 갖추어 입는 일이나 또는 그 옷을 뜻한다. 어린이의 설빔은 꼬까옷・색동옷・때때옷이라고도 한다.

예전에 설빔은 집에서 직접 지어서 입혔다. 새 옷을 지을 형편이 안 되면, 옷을 깨끗이 빨아서 입힌다. 설을 일주일이나 보름 정도 앞두고, 집안 부녀자들은 설빔을 짓기 시작한다. 어린이의 설빔은 밝고 고운 색을 넣어 화려하게 만든다. 부잣집에서는 색동옷으로 짓는다. 어린이는 새 옷에 대한 기대로 설을 무척 기다린다. 며느리는 시부모의 설빔에 더욱 정성을 기울인다.

설에는 설빔을 입고 조상과 가족 그리고 이웃에게 새해 인사를 한다. 어린이 설빔에는 복주머니를 달아 준다. 대개 동전이나 곡식을 그 안에 조금 넣어 준다. 설빔을 못 해줄 형편이면, 복주머니만이라도 만들어준다. 복주머니는 정초 내내 매달고 다닌다.

복주머니에는 여러 모양의 장식을 한다. 수를 놓거나 노리개도 매단다. 남자 아이에는 괴발(삼각형으로 만든 노리개의 일종)이나 고추 등을 달고, 여자 아이 것에는 괴발·부전(여자 아이들이 차던 노리개)·버선·바늘꽂이 등을 단다.

부여 지역에서는 기주머니라 하여 사각형 복주머니를 마련해 준다. 홍성 지역에서는 복주머니의 겉면을 청·홍색으로 예쁘게 덧대어 장식해 준다. 여기서는 딸의 복주머니에 고추를 달아주면 남자 동생을 낳는다는 속설도 전한다. 복주머니는 대체로 허리에 달아준다. 당진 지역에서는 아이의 목에 달아주기도 한다. 이때 복주머니 안의 동전이 서로 부딪히며 내는 쇳소리가 액을 막아준다고 한다.

설빔을 입은 소녀(천안 모전리)

(6) 청참(聽讖)

설날 아침 처음 듣는 조수(鳥獸)의 소리로 한 해 운수를 점쳐 본다. 지역에 따라서는 정월 열나흗이나 보름날에 청참을 한다.

까치 소리를 들으면, 그 해에는 농사도 잘 되고 집안도 편안할 것이라 한다. 또 반가운 소식도 있을 것이다. 이에 반하여 까마귀 소리는 불길하게 여긴다. 흉년도 들거니와 집안이나 동네 운도 좋지 않다. 소 우는 소리를 들으면 풍년이 든다. 소가 올 한해 농사일에 얼마나 고될지 걱정하여 운다는 것이다. 암탉이 울면 재수 없다는 속신은 매우 보편적이다.

2) 정초(正初)

정초는 그 해의 처음 며칠을 뜻하지만, 넓은 의미로는 설 기간 전체를 일컫는다. 곧 설날부터 열나흘 이전까지이다. 대보름 이후는 당연히 정초라고 하지 않는다. 정초의 개념은 다른 달에는 적용되지 않는다. 가령 3월 초라 한다면, 그 달의 처음 며칠만 일컫는다.

정초에는 집안의 무탈을 위하여 법사를 불러다가 안택(安宅)을 한다. 안택은 집안을 편안하게 한다는 뜻이다. 이를 안택굿이라고도 한다. 법사(法師)[경쟁이, 경객(經客)]가 앉은굿으로 가내화평을 위해 기도하기 때문이다. (제4장-3-나. 안택굿 참조) 안택을 하지 않는 해에는, 정월떡만 하여 집안 조상과 가신에게 정성을 드린다. 시월상달에 하는 가을떡이 추수에 대한 감사의 뜻이라면, 정월에 하는 정월떡은 새해 안녕을 비는 기도이다.

정초에 드는 돼지날[亥日]에는 터주제나 지신제(地神祭)를 지낸다. 돼지날을 지키지 않는다면, 정월 초사흘에 터주와 지신을 위한다. 말날[午日]에는 마을 인근의 서낭당에 가서 제사를 모신다. 아마도 서낭님이 말을 타고 다닌다거나 또는 서낭님을 말이 지킨다는 속전 때문에 그러할 것이다. 이들 제사 역시 집안의 평안을 위해서 지낸다. (제4장-1-나. 서낭제 · 용왕제 · 거리제 참조)

정초에 신수를 보아서 액운이나 삼재가 끼었다고 하면, 횡수(橫數)맥이 · 삼재풀이 · 제웅치기 등도 한다. 집 대문에는 엄나무나 갱수병(간수병)을 왼새끼줄로 매달아서 잡귀와 병귀를 막아낸다. 방문이나 마루 등에는 재앙을 물리치고 복을 부르는 부적을 붙이고 복조리도 매단다. 새해의 첫째 절기인 입춘에는 입춘첩(立春帖)을 붙여서 신년을 송축한다. 세화(歲畫) 풍속은 없어졌다.

정초에 여자들이 남의 집을 가서는 안 된다는 속신은 매우 일반적이다. 정월 초하루는 특히 그러하다. 또 문종이를 바르지 않아야 한다. 복을 막는다는 이유에서이다.

정초에 처음 드는 각각의 십이지일(十二支日)에는 해당 동물의 특성과 관련된 속신과 금기가 있다. 이를 잘 따르고 지키면 각 날에서 길을 얻고 흉을 막을 수 있다.

정초에는 마을의 안녕을 위하여 동제(洞祭)를 모신다. 충남 해안 지역에서는 동제를 대개 당제(堂祭)라고 부른다. 정월 초하루, 초사흘, 열나흘에 가장 많이 지낸다. 정초 중에 택일하기도 한다. 충남에서는 대개 마을 뒷산이나 부근의 산에 산신을 모시고, 마을 어귀에는 장승·짐대(솟대)·돌탑 등을 위한다. 또는 마을 한복판이나 그 부근의 둥구나무에게도 정성을 드린다. 이들 산신과 그 밖의 다른 신령들이 좌정해 있는 공간은 각각 상당과 하당으로 관념된다. 마을에 따라서 상당과 하당 모두를 모시기도 하고, 상당 또는 하당 하나만 위하기도 한다. 상·하당 중에서 하나만 위하는 마을은 원래 그랬었거나, 아니면 상·하당이 모두 있었는데 중년에(어느 중간 시점을 뜻하는 충남 지역어) 하나가 중단 또는 폐지된 경우이다. 이런 마을에서는 상·하당 개념이 없거나 그 개념이 있어도 희박하다. 다만 산제를 모실 경우에 대부분의 마을에서는 가정마다 마짐시루를 올려 산신의 가호를 빈다.

충남에서는 동제에 앞서 풍물패가 가가호호 방문하며 지신밟기를 한다. 풍물패는 마당-부엌-안방-장광-우물 등을 돌면서 쇠를 울리고 마당밟기를 한다. 상쇠는 비나리로 가내화평을 축원해 준다. 이때 주부는 꽃반이라 하여, 소반에 불밝이쌀이나 돈 등을 받쳐서 내온다. 이 곡식과 돈 등은 동제 제비(祭費) 및 마을공동기금으로 쓴다.

동제 전후에 행하는 마을공동놀이에서 가장 주목되는 풍습은 줄다리기이다. 충남에서는 대체로 차령산맥 서북부 및 북부 지역에서 행한다. 암줄과 수줄을 따로 만들어서 비녀목으로 연결하고 이것을 두 개의 마을이 당겨서 승부를 가리기도 하고, 하나의 줄을 꼬아서 하나의 마을이 남녀 편으로 나누어 당기기도 한다. 어느 경우이든 암줄 편이나 여자 편이 이기도록 한다. 그래야 풍년이 든다고 한다. 당진군 기지시리, 천안시 직산리 및 병천리, 세종시 용암리 등이 충남 줄다리기의 대표 마을이다.

정초 놀이로서 윷놀이와 연날리기를 가장 많이 한다. 윷놀이는 여러 사람이 두 편으로 나누어 하는 놀이지만, 지역에 따라서는 이로써 농사의 풍흉을 점친다. 곧 봉답(奉畓) 편과 수답(水畓) 편으로 나누어서 윷을 놀되, 봉답 편이 이기면 풍년이고 수답 편이 이기면 흉년이라 한다. 봉답은 물이 공급되지 않아 오로지 비에만 의존하여 경작하는 논이다. 이러한 봉답 편이 이기면 봉답 소출은 넉넉할 것이다. 물이 부족한 봉답마저 풍년이니, 수답은 말할 필요도 없다. 결국 올해 농사는 대풍을 예고한다. 이와는 반대로 수답 편이 이기면 수답만 풍년이고, 봉답은 소출이 없다고 여긴다. 연날리기는 정초에 주로 사내아이들이 많이 한다. 그러나 열나흘까지만 연날리기를 하고 대보름부터는 하지 않는다. 그래서 열나흘에는 송액(送厄)이라 하여 연을 하늘 높이 날려 보낸다.

정초에는 주로 처녀들이 문간방이나 마당 등에 모여서, 꼬대각시 놀리기 · 춘향아씨 놀리기 · 연자아씨 놀리기 등을 하며 놀았다. 불쌍하고 가련하게 살았던 이들 아씨들의 혼백을 불러내어, 서로 돌아가며 접신(接神)을 하며 놀던 놀이이다. 일시적인 '강신무 체험놀이'인 셈이다. 아씨가 지핀 사람은 점도 치고 숨긴 물건도 찾는다. 또는 언제 시집을 갈지, 아들을 낳을지 딸을 낳을지 등도 알아맞힌다.

다음에는 앞에서 언급한 내용 중에서 자세한 설명이 필요한 세시풍속을 항목별로 소개한다.

(1) 십이지일(十二支日)

음력 정월 초하루부터 열이튿날까지 그 날 일진에 따라서 첫 번째 맞는 십이지일마다 일정한 금기와 속신(俗信)을 지켜서, 흉을 억제하고 길을 얻고자 한다. 십간(十干)과 십이지(十二支)를 순차적으로 맞추어 가면, 60개의 간지(干支)가 만들어지는데, 이 중에서 십이지만을 따져서 십이지일을 상정한다.

십이지에 따라서 각 날을 쥐날[子日]·소날[丑日]·호랑이날[寅日]·토끼날[卯日]·용날[辰日]·뱀날[巳日]·말날[午日]·양날[未日]·원숭이날[申日]·닭날[酉日]·개날[戌日]·돼지날[亥日]이라 부른다. 다만 새해의 첫 십이지일이기에, 각 십이지일에 윗 상(上) 자(字)만을 붙여서, 상자일(上子日: 첫 쥐날)이니 상축일(上丑日: 첫 소날)이니 상인일(上寅日: 첫 범날)이니 하고 부른다.

상자일(上子日)은 음력 정월에 드는 첫 쥐날이다. 이 날에 쥐를 퇴치하기 위하여 쥐불놀이를 하고 콩을 볶아 먹는다. 쥐불놀이는 음력 정월 열나흘과 대보름에도 한다.

상축일(上丑日)은 첫 소날이다. 이 날은 아무 일도 하지 않는다. 이날 일을 하면 돌아가신 조상이 좋지 않다고 한다. 이는 이 날 하루 소를 충분히 쉬게 하려는 뜻에서 나온 속신이다. 사람이 일을 하지 않으면,

소도 당연히 쉬게 된다. 한편 이 속신에는 사람과 소를 동일시하는 생각이 깃들여 있다. 사람이나 소나 임신 기간이 10달이기에 그렇게 여기기도 하고, 논밭을 갈아 사람을 먹여 살리는데 소의 덕이 크기에 그렇게 여기기도 한다. 어쩌면 밥을 먹고 바로 누우면 소가 된다는 속신도 이와 무관하지 않을 듯하다.

상인일(上寅日)은 첫 호랑이날이다. 산신을 호랑이로 여기는 마을에서는 산제를 모시기도 한다.

상묘일(上卯日)은 첫 토끼날이다. 이 날은 여자가 집 바깥으로 나가지 않도록 한다. 여자가 돌아다니면 동네가 재수가 없다. 여자가 외출을 하면 넘어져 다치기도 쉽다. 특히 생리 중인 여인은 바깥출입을 삼간다. 토끼날은 톱날 또는 톳날이라고도 한다.

상진일(上辰日)은 첫 용날이다. 이 날 비가 내리면, 일 년 내내 일을 할 때마다 비가 온다. 모내기철에 드는 용날에는 모내기를 하지 않는다. 용날에는 물질도 하지 않는다. 물질을 하면, 일할 때마다 역시 비가 온다. 용날에는 칼질도 하지 않는다. 용의 꼬리를 자를 수 있기 때문이다. 이 날 요왕제(용왕제)를 모시는 가정이 많다. 첫 용날이기에 그러하다. 내포 지역에서는 정월에 상진일이 언제 드는 가를 따져서 풍흉을 점친다. 정월 초순에 용날이 들면 용이 많지 않은 해라 한다. 초순을 넘어서 용날이 들면 용이 많은 해라 한다. 용이 많으면 서로 다투어서 물을 많이 주지 않기 때문에 농사가 힘들고, 용이 적으면 물이 풍부하여 풍년이 든다고 한다. 그래서 정초에 용날이 들면 좋다.

상사일(上巳日)은 첫 뱀날이다. 이 날에는 뱀을 죽이지 않는다. 뱀을 죽이면, 한 해 동안 뱀이 많이 생긴다.

상오일(上午日)은 첫 말날이다. 이 날에는 장(醬)을 담근다. 말날 중에서도 갑오일(甲午日)이 가장 좋다. 그러나 병오일(丙午日)은 좋지 않다.

장(醬) 담기(서산 율목리)

장독에 두른 금줄과 버선

그래서 병오일에는 장을 담그지 않는다. 말날에 장을 담그지 못했다면, 소날도 비교적 괜찮다. 그러나 뱀날에는 담그지 않는다. 일부 지역에서는 이 날 마을에서 서낭제를 모시기도 한다.

상신일(上申日)은 첫 원숭이날이다. 상유일(上酉日)은 첫 닭날이다. 상술일(上戌日)은 첫 개날이다.

상해일(上亥日)은 첫 돼지날이다. 내포 지역에서는 이 날 터주를 위

장독에 붙인 버선

잘 익은 장

장 가르기

하는 집안이 많다. 그래서 이 날을 '떡 해 먹는 날'이라고도 부른다. 예산 지역에서는 터주를 위한 다음에 성주를 모신다. 정초에 안택을 했어도, 첫 돼지날에는 별도로 터주제를 지낸다. 그만큼 첫 돼지날은 터주를 위하는 날로 유명하다. 일부 가정에서는 첫 호랑이날에도 터주와 당산을 위한다. 돼지날에는 절에 가도 좋다고 한다. 호랑이날에 가도 좋다. 그러나 뱀날 · 닭날 · 개날에는 절에 가지 않는다.

(2) 복조리 걸기

복조리는 정월 초하루부터 열나흘 사이에 매단다. 어떤 가정에서는 보름날 걸기도 한다. 조리(笊籬)로 쌀을 일듯이, 집안으로 복을 건져 들이란 뜻이다. 그래서 특별히 복조리라고 부른다.

예전에는 복조리를 집에서 산죽(山竹)이나 싸리나무 등을 가지고 직접 만들었다. 마을을 돌아다니며 복조리를 파는 장사꾼에게 구입하기도 했다. 복조리 값은 흥정하지 않고 달라는 대로 준다. 흥정을 하면 재수가 나간다고 여기기 때문이다. 또한 청년들이 마을 기금에 보태기 위하여 이른 새벽에 주인 몰래 울타리 안으로 복조리를 던져 놓는다. 그리고 낮에 복조리 값을 집집마다 다니며 받기도 했다.

복조리는 안방 방문이나 부엌 또는 마루 등에 1개나 2개를 걸어둔

문 위에 건 복조리

문 위에 건 복조리, 부적, 북어(부여 장벌리)

액막이로 걸어둔 소코뚜레(보령 노천리)

복자리 속에 넣어둔 쌀과 동전

다. 2개를 걸때는 X자 형태로 자루 부분을 서로 교차하여 매단다. 방문에 거는 까닭은 방문 여닫는 것과 쌀을 이는 것을 동일시하기 때문이다. 쌀을 일듯이 복을 일어서 안방에 들이라는 뜻이다.

복조리에는 쌀이나 엿을 조금 담아놓기도 한다. 쌀은 1년 내내 양식이 떨어지지 말라는 뜻이고, 엿은 끈적거리고 잘 붙는 성질처럼 복도 그렇게 찰싹 붙어 있으라는 의미이다. 집에서 엿을 고지 않아도, 정초에는 엿장수가 "복엿 사세요!" 하고 외치며 마을을 돌아다녔기에 엿을 쉽게 구할 수 있었다.

(3) 엄나무가지와 갱수(간수)병 걸기

엄나무에는 유난히 뾰족하고 길며 단단한 가시가 많다. 얼핏 보더라도 그 가시는 매우 무섭게 느껴진다. 그래서 엄나무 가지를 대문이나 방문 위에 매달아 놓으면 잡귀가 얼씬거리지 못한다. 그것도 왼새끼 금줄로 묶는다. 더욱이 2개의 엄나무 가지를 X 모양으로 교차하여 설치한다. X 자체는 금지 · 차단 · 죽음의 상징이다. 그래서 X 모양의 엄나무는 잡귀 근접을 완전히 막을 수 있다.

돌림병 등의 병귀(病鬼)를 물리치기 위하여 간수병(갱수병)도 대문에 매단다. 이때에도 역시 왼새끼 금줄을 쓴다. 두부를 만들 때 응고제로 쓰는 간수를 병에 담아서 대문에 매달면, 그 강한 소금기가 병귀에 배어들어 병귀를 꼼짝 못하게 응고시킨다는 것이다. 충남 대부분 지역에서는 엄나무가지만 달지만, 내포의 일부 지역에서는 엄나무가지와 간수병을 함께 매단다.

엄나무 묶을 새끼 꼬기(예산 운산리)

새끼줄로 엄나무 묶기

대문에 엄나무 걸기

대문 위에 길게 걸어둔 엄나무(예산 차동리)

(4) 돌량(전염병) 뱅이

정월에는 돌량을 막기 위하여 보리떡을 쪄 먹는다. 돌량은 돌림병을 일컫는 충남 지역어이다. 특히 사모(紗帽)를 3번 썼던 사람의 밭에서 보리뿌리를 캐다가 떡을 찌면 효험이 있다. 3번이나 장가를 든 사람의 보리밭을 찾기는 아주 어렵다. 그만큼 정성을 들이면 전염병을

엄나무가 집안으로 드는 액을 막아달라고 비는 대주

피할 수 있다는 것이다.

(5) 인(人) 동토(動土) 날

정월 초사흘은 '인 동토 날'이라고도 한다. 이 날 조심하지 않으면 사람 자체가 동토가 되어 해를 입을 수 있다. 심지어 부모가 자식 집에 가도 동토가 날 수 있고, 자식이 부모 집에 가도 동토가 날 수 있다. 그래서 이 날에는 부모지간이라도 방문을 꺼린다. 다른 사람의 집은 더욱 위험하다. 머슴을 들일 때에도 인 동토 날은 피한다.

(6) 꼬대각시놀이(꼬대각시놀리기)

정초에 주로 처녀와 새댁이 방에 모여서 꼬대각시를 놀았다. 꼬대각시는 불쌍하고 가련하게 살다 죽은 각시이다. 한두 살에 부모를 잃고 외삼촌 댁에서 온갖 구박을 받으며 자랐다. 15세에는 끼니마저 간데없는 가난한 집으로 시집을 갔다. 더욱이 신랑은 성불구자였다. 그러므로 한 점 혈육이 있을 수 없다. 꼬대는 고자(鼓子)라는 말이 있지만 분명하지 않다. 없는 살림에 정성을 다해 시부모를 모시고 시집살이를 했지만, 심한 학대와 타박에 몸과 마음은 황폐해졌다. 그나마 살갑지 않던 신랑은 스무 살도 못 살고 세상을 떴다. 그 후 꼬대각시가 얼마나 힘든 삶을 살았을지는 물을 필요조차 없다. 꼬대각시 노래 가사에서도 더 이상의 언급은 없다. 아무런 복도 누리지 못했던 그녀는 죽었어도 눈을 감지 못했을 터이다. 그녀는 박복한 여성의 표상이다. 그녀보다 더욱 박복한 삶은 있을 수 없다. 마침내 꼬대각시는 원귀가 되었다.

젊은 여자들은 꼬대각시놀이를 놀기 위하여 방에 빙 둘러 앉는다. 한 여자에게 신대(神-)를 잡게 하고 가운데 앉힌다. 신대는 내개 내나무나 참나무로 만든다. 그러나 버선을 양손에 끼기도 하고, 인형 · 가락지 · 비녀 등을 손에 쥐기도 한다. 이윽고 다른 여자들은 서러운 꼬대각시의 삶을 노래하기 시작한다. 노랫말은 지역마다 조금씩 다르다. 그러나 그 차이는 큰 의미가 없다. 가사의 기본 구조는 동일하다. 다음에 부여와 서산의 사례를 소개한다.

① "꼬대각시 불쌍하다. 한 살 먹어 어매 죽고. 두 살 먹어 아배 죽어. 세 살 먹어 걸음 배워. 네 살 먹어 삼촌 집에 들어가니. 삼촌은 들이치고.

삼촌댁은 내리치네. 그럭저럭 15세가 되니께. 중신애비 문턱 들랑날랑. 이구 십팔 십팔세에 시집을 갔더니. 고자낭군 얻어주데. 삼일날이라고 부엌에 내다보니. 솥인가 쌀독인가. 거미줄만 엉기 생키여. 양지 양지 양고사리. 음지 음지 음고사리 꺾어다가. 내려가는 시냇물에 닦아서. 시아버지 진지 한 상 받으세요. 에라 이 년아. 네년에 밥 해 주는 것. 안 먹겠다. 시어머니 진지 한 상 받으세요. 에라 이 년아. 네년에 밥 해 주는 것. 안 먹겠다. 시누이님 진지 한 상 받으세요. 에라 이 년아. 네년에 밥 해 주는 것. 안 먹겠다. 아이 담담 설운지고. 이런 설움 어딨을까."(부여)

② "꼬대각시 불쌍하다. 한 살 먹어 오메 죽고. 두 살 먹어 아베 죽고. 세 살 먹어 걸음 배워. 네 살 먹어 말을 배워. 다섯 살 먹어 외삼촌댁에. 차츰차츰 찾아가니. 외삼촌이 베 매다 말고. 솔꼭지로 도리치고 내치어. 십리만치 밀뜨리네. 아이고 담담 설움지고. 이내 설움 어이할꼬. 꼬대각시 가련하고 불쌍하다. 그럭저럭 15세가 되었는데. 중신애비 등랑달랑. 문턱이 다 닳는다. 시집이라고 가고 보니. 아침 할 때 쌀독 보니. 쌀은 없고 거미줄만 하나 쳤네. 뒷동산에 올라가서. 양지쪽에 양고사리 음지쪽에 음고사리. 꺾음꺾음 꺾어다가. 가마솥에 삶아 갖고. 얕은 물에 흔들흔들. 깊은 물에 흔들흔들 흔들어서. 시어머니 잡수세요. 나는 안 먹는다. 네년이나 다 먹어라. 아이고 담담 설움지고. 시아버지 잡수세요. 아침조반 잡수세요. 나도 안 먹는다. 네년이나 다 먹어라. 사랑방에 문을 열고 서방님아 잡수세요. 구정물에 빠질놈아 부뚜막에 말릴놈아. 담뱃대로 건질놈아 아침이나 쳐먹어라. 아이고 담담 지고 담담 설움지고. 꼬대각시 불쌍하다. 어이할꼬 이내 설움. 열아홉에 신랑죽고. 꼬대각시 불쌍하다. 아이고 담담 설움지고. 꼬대각시 불쌍하다."(서산)

꼬대각시의 인생은 수없이 반복되어 불려진다. 노랫말만큼이나 곡조도 구슬프다. 그 합창 속에 모두들 꼬대각시의 설움에 깊이 몰입한다. 어느덧 내가 꼬대각시이고, 꼬대각시가 나인 순간이 온다. 신대를 잡은 여자는 더욱 그러하다. 시간이 흐르고 손에 쥔 신대가 마침내 흔들리기 시작한다. 꼬대각시가 내린 것이다. 점점 신대는 부들부들 요동을 친다. 이윽고 여자는 신대를 잡은 채 벌떡 일어나 덩실덩실 춤을 춘다. 눈빛도 예사롭지 않다. 갑자기 뒤로 벌떡 쓰러진다. 신대를 잡은 여자는 이미 망아(忘我) 상태에서 꼬대각시가 된 것이다.

이때 다른 여자들은 꼬대각시에게 자신의 운명을 점친다. 대개 개인과 가정의 현안이다. 가령 언제 시집을 갈 수 있을지, 태아가 아들인지 딸인지, 잃어버린 물건이 어디에 있는지, 그리고 올해 운수가 어떠할지 등을 묻는다. 꼬대각시는 신통하게 미래의 일들을 말해 준다. 이렇게 춤을 추고 점사를 보아주며 한참 놀다가, 꼬대각시가 갑자기 쓰러지는 등 위험한 징후가 느껴지면, 다른 여자들이 꼬대각시를 깨워준다. 신대를 빼앗고 찬물을 뿌려주고 등을 두들겨서 제정신으로 돌아오게 한다. 깨어난 여자는 꼬대각시가 실렸던 그 상황에서 무슨 일이 있었는지 모른다. 만일 일부러 깨워주지 않으면, 꼬대각시가 실린 여자는 위험할 수 있다. 그래서 어느 정도 놀다가 점점 신기가 발동이 되면 멈춰야 한다.

이렇게 한 여자가 제정신으로 되돌아오면 잠시 쉬었다가, 다시 다른 여자들이 차례대로 신대를 잡는다. 그러나 신대를 잡았다고 누구나 꼬대각시가 되는 것은 아니다. 신을 잘 받는 여자는 따로 있다. 아무리 애를 써도 꼬대각시가 실리지 않는 경우도 많다.

이 놀이는 충남 전역에 걸친 매우 보편적인 여성 놀이였다. 음력 정월 열나흘이나 보름에도 했지만, 정초에도 많이 놀았다. 물론 1년 중

어느 때라도 놀 수 있는 놀이이다. 그러나 설 명절에는 젊은 여자들이 모이기도 편했고, 또한 꼬대각시를 통해서 한 해 운수도 볼 수 있었기 때문에 정초에 주로 놀았다. 다만 어른들은 이러한 접신 놀이를 꺼리고 싫어해 몰래 하는 경우가 많았다.

꼬대각시놀이는 남자들은 하지 않는 젊은 여자들의 놀이이다. 그 이유는 아마도 여자가 남자에 비하여 무속 문화에 더욱 익숙하기 때문일 것이다. 또한 젊은 여자들이 미혼이든 기혼이든 꼬대각시의 불우한 가정환경, 온갖 구박으로 점철된 성장과정, 극심한 가난, 슬프고 고된 시집살이, 남편의 사망과 그로 인한 청상과부 신세 등을 자기 일처럼 딱하고 가엾게 여기기에 그렇기도 하다. 이는 여성의 삶마다 정도 차이는 있겠지만, 누구나 공감하고 동정하는 서러움이다.

이러한 꼬대각시놀이는 대개 1960-70년대를 거치면서 거의 소멸되었다. 현재로서는 노인들의 기억 속에만 남아있는 세시풍속이다.

요컨대 꼬대각시는 서러움의 응결체이다. 조선 후기와 일제강점기 등의 시대를 살아냈던 여성들의 상상계(想像界) 안에서 탄생한 가상의 존재이다. 이러한 꼬대각시를 음력 정초마다 젊은 여자들이 놀려주고, 또한 꼬대각시를 자신들에게 입신(入神)시키며, 한시적으로 신인합일(神人合一)의 체험을 하며 노는 놀이였다.

(7) 춘향아씨놀이 · 연자아씨놀이

이들 놀이 역시 꼬대각시와 유사하다. 정초에 동네 처녀나 새댁이 방에 모여 논다. 한 여자를 춘향이로 지정하고, 두 손을 합장한 채 방 한복판에 앉힌다. 지역에 따라서는 합장한 양손 안에 반지를 넣기도 하고, 또는 방망이를 손에 쥐기도 한다. 다른 여자들은 그 주위에 빙 둘러 앉는다. 그리고 모두들 '춘향이 놀리는 사설'을 춘향이가 실릴 때까지 반복하여 외운다. 부여에서 채록된 하나의 사례를 들면 다음과 같다.

"나무께(전북 남원) 춘향이여! 나무께 춘향이여! 여기는 구신(귀신)이 왔습니다. 구신이 하! 나무께 춘향이여! 딴 디가 아니라 여기는 놀자는 댄디 이것을 못하는 사람은 죽어 선 디 나무께 춘향이여! 나무께 춘향이여! 백구같이 늙었어도 우리가 일편단심에서 한번 가고 두번 가고 일전에서 죽은 구신을 다 모아들이니 이 얼마나 고통에 수고스럽습니까? 여보세요 저희들은 일편단심을 할지라도 아버지께서 나무께 춘향이가 다 둘러 보실 줄을 믿습니다. 나무께 춘향이여! 나무께 춘향이여! 우리도 일편단심을 할 줄을 믿습니다. 아하! 그렇구말구 그렇지 그려 그려 나무께 춘향이여! 나무께 춘향이여!" (부여 은산면 장벌리)

그밖에도 "춘향아! 춘향아! 성춘향아! 나이는 18세 생일은 사월 초파일 경치 좋은 곳에서 놀다가라", "나무 나무 사춘향아! 나이는 18세 생일은 사월초파일 이 방에서 재미있게 놀아 봅시다"(부여), "나막골 춘향아씨! 사월 초파일 시는 사시(巳時) 슬슬 내립시다!"(서천) 등의 단편 사설도 전승된다.

이러한 사설이 여러 차례 외워지는 가운데, 합장을 한 여자는 점차 신이 오르면서 부들부들 떨기 시작한다. 드디어 여자가 벌떡 일어나 방안 이곳저곳을 다니면서 너울너울 춤을 춘다. 춘향이를 놀리던 여자들도 함께 일어나 춤을 춘다. 그리고 꼬대각시놀이처럼 춘향이가 접신된 여자에게 자신의 운명에 대하여 이것저것 물어본다. 또는 반지 등을 일부러 숨겨 놓고, 춘향이에게 그 영험으로 찾아보라고 시험하기도 한다. 한참을 놀다가 이번에는 다른 사람이 춘향이 노릇을 한다.

사람에 따라서는 강한 접신 상태에 들어서 실신을 할 수 있다. 그래서 어느 정도 놀았으면 다른 여자들이 "춘향아씨 좌정하시오!" 하면서 놀이를 중단시킨다.

춘향은 한글소설 춘향전의 주인공이다. 소설에서는 춘향이가 이몽룡의 정실부인이 되는 것으로 결말이 난다. 더욱이 임금으로부터 정렬부인이라는 칭호도 얻는다. 그러나 이 놀이는 춘향의 행복한 결말에 별로 관심이 없는 듯하다. 오히려 이몽룡이 장원급제하고 암행어사가 되어 남원에 내려오기 이전의 춘향이가 중심이다. 이몽룡과 부부 인연은 맺었지만 혼인을 하지 못한 처량함, 이몽룡을 따라서 한양으로 가지 못한 좌절감, 이씨 집안으로부터 천대받고 버림받아 남원에 홀로 남겨진 서러움, 변 사또에 대한 수청 거부와 그에 따른 매질과 감옥살이 등이 그것이다. 곧 춘향의 좌절과 고통 그리고 그 한(恨)에만 초점이 맞추어져 있다. 그래서 춘향이를 신나게 한바탕 놀려 줄테니 설설이 내리라고 빌 뿐이다. 이 놀이의 주인공은 '정렬부인 춘향'이 아니라 '한 맺힌 춘향'이다. 그러한 춘향만이 놀이를 통하여 일반 여인들과 교감할 수 있는 것이다.

한편 다른 유사한 접신 놀이로는 연자아씨놀이도 있다. 무안목포연자아씨라고도 한다. 그러나 그녀의 실체는 분명하지 않다. 이 놀이에서 불려지는 가사에 의하면, 그녀는 은가락지를 훔쳤다는 올케의 모함에 물에 빠져 자살한 비극의 여인으로 묘사된다.

젊은 여자들이 모이면, 한 사람을 선정하여 연자아씨로 한다. 길쭉하게 자른 백지에 '연자아씨' 또는 '무안목포연자아씨'라고 세로로 내려 쓴다. 이것을 연자아씨가 양손에 쥐고 앉아 있는다. 이제 여자들은 노래를 부른다. "무안목포연자아씨 불쌍하고 가련하다! 올케 년이 죽일 년이여! 은가락지 하나 땜에 물에 빠져 죽었으니!"라고 슬프게 왼다. 이렇게 연거푸 부르다가 보면, 이윽고 손에 든 종이가 흔들리면서 논다. 연자아씨가 접신된 것이다. 이때 여자들은 연자아씨에게 평소에 궁금했던 일들을 물어본다. 연자아씨의 점은 영험하다고 한다.

(8) 입춘(立春)

입춘은 24절기 중에서 첫 번째 드는 절기이다. 대한(大寒)과 우수(雨水) 사이에 드는데, 대개 음력 정초에 걸린다. 양력으로는 2월 4일쯤이다. 봄이 시작되는 날이다.

이날 대문에는 봄을 맞이하여 집안이 길하고 경사롭기를 바라는 마음에서 입춘첩(立春帖)을 붙인다. 흔히 '입춘대길(立春大吉)'과 '건양다경(建陽多慶)'이라고 쓴 2개의 입춘첩을 팔(八)자처럼 되게 한다. 입춘첩을

현관 위에 써붙인 입춘첩과 부적(아산)

입춘첩(태안 정당리)

입춘첩(예산 차동리)

대문에 써 붙인 용호부(청양 내초리)

용호부(천안 속창리)

대들보나 기둥 등에도 붙이지만, 좋은 운수가 대문을 통하여 많이 들어오라고 대부분 대문에 붙인다. 집밖의 행운을 집안으로 불러들이기 위하여 대문에 붙이는 것이다. 한편 입춘첩은 입춘시(立春時)를 보아, 그 시각에 맞추어 붙이는 것이 좋다.

입춘에 보리농사의 풍흉을 점치는 풍습은 충남 전역에서 나타난다. 예전에는 농가에서 보리농사를 많이 지었기 때문이다. 보리는 가을에 파종하고 초여름에 수확하는 작물이다. 입춘 즈음이 되면 보리가 뿌리를 내린다. 이때에 보리를 뽑아서, 뿌리가 여럿이면 풍년이 들고 뿌리가 적으면 흉년이 든다고 여긴다. 이는 앞으로 닥칠 4-5월의 보릿고개를 넘어서 오로지 초여름의 보리바심에 기대를 하고 있는 농심을 잘 반영하는 풍습이다. 매년 춘궁기마다 식량이 없어서 소나무 속껍질을 벗겨먹으며 보리바심만을 고대하던 시절이다. 당연히 보리농사의 풍·흉년 여부는 지대한 관심사가 아닐 수 없다. 마침 보리가 뿌리를 내리는 시점은 입춘과 맞닿아 있다. 입춘의 보리뿌리 살피기는 그래서 생긴 풍습이다.

이 풍습은 조선 후기 김매순(金邁淳)의 『열양세시기(洌陽歲時記)』(1819)에도 다음과 같이 기록되어 있다.

> "농가에서는 입춘 날에 보리 뿌리를 캐어 그 해의 풍흉을 점친다. 그 보리 뿌리가 세 가닥 이상이면 풍년이고, 두 가닥이면 평년이고, 한 가닥이면 흉년이라 한다.
>
> 보리로 입춘시를 가늠하는 방법도 있다. 보리 뿌리를 뽑아다가 방안에 두면 그 뿌리가 유난히 삐죽이 나오는 때가 있다. 이때를 놓치지 않고 입춘첩을 대문에 붙인다. 한편 이 날에는 입춘불공이라 하여, 절에 가서 입춘첩도 받아 오고 식구들 신수도 보고 재수 부적도 받아온다."

3) 정월 열나흘

정월 열나흘은 설의 마지막 날이고, 다음날인 대보름은 참된 새해의 첫날이다. 그래서 열나흘에서 대보름으로 넘어가는 시각인 자시(子時)에 동제를 모시는 마을이 많다. 가정에서는 식구의 제액초복을 위

하여 거리제 · 서낭제 · 용왕제 등을 지낸다.(제4장-1-나. 서낭제 · 거리제 · 용왕제 참조)

또한 이 날의 세시풍속은 묵은해와 새해의 과도기에 남아 있을지 모를 부정과 액운을 없애는 데 초점을 맞추고 있다. 그리고 여기에 부수적으로 한 해 농사의 성공을 비는 의례 등을 행한다.

액막이에는 액연(厄鳶) 날리기, 제웅치기(허재비 버리기), 화재맥이, 바람개비 · 깃대 · 버선 · 달[월(月)]등을 종이로 만들어 지붕 위에 꽂기, 연자방앗간에서 떡 먹기, 신발 숨기기, 집 네 귀퉁이에서 창출(국화과에 속하는 여러해살이 초본식물인 삽주의 열매) · 소금 · 고추 · 약쑥 태우기, 딱총 터트리기, 마당에 체 걸어두기, 새 쫓기, 신발 뒤집어 놓기, 매통(벼의 껍질을 벗기는데 쓰는 도구)으로 집안 마당 찧기, 생쌀 버리기, 정초에 모아 둔 쓰레기 태우기 등이 있다.

농사가 잘 되고 가내 평안을 위한 세시풍속에는 논의 구렁이 위하기, 수수깡으로 보리 · 콩 · 팥 등을 만들어서 잿간에 꽂기, 콩불이와 달불이, 키 엎어두기, 고사반 올리기, 집안에 불을 밤새 켜두기, 각 식구들 몫으로 불 켜두기, 집안 대청소하기, 지신제(地神祭), 복토(福土) 훔치기, 나이 떡 먹기, 무슨 일이든지 9번씩 행하기 등이 있다. 소나 개가 무탈하도록 소나 개의 목에 왼새끼줄로 목사리(목걸이)를 해 주거나, 개를 굶긴다. 짐승이나 곤충의 피해를 막기 위해서는 절굿공이로 땅 찧기, 긴 것(뱀) 쫓기, 솔가지로 노래기 퇴치하기, 가랫불을 놓아 모깃불 피우기 등을 행한다. 시절 음식으로는 묵은 나물 반찬으로 오곡밥(보름밥)을 먹는다.

그런데 이들 중 일부의 세시풍속은 열나흘부터 대보름까지 이어서 행해지거나, 지역에 따라서는 열나흘이 아닌 대보름에 행하기도 한다. 특히 풍농과 관련된 세시풍속은 대보름에 하는 마을이나 집안도

정월 보름날 마을의 풍물패(태안 고남리)

많다.

다음에는 정월 열나흘의 대표적인 세시풍속을 액막이, 가내 평안, 해로운 짐승과 벌레 쫓아내기, 소와 개 위하기로 구분하고, 다시 그 안에 여러 항목을 설정하여 소개한다.

(1) 액막이

액연(厄鳶) 날리기

정초의 연날리기는 정월 열나흘까지만 한다. 그래서 이 날 연을 허공에 날려 보낸다. 더 이상 연을 날리지 않겠다는 의도이기도 하다. 이를 송액(送厄)이라고 한다. 연을 날려 보내면 송연(送鳶)이라 불러야 할 터이나, 이런 말은 없다. 이제 멀리 날아가는 연은 평소의 연이 아니다. 연에 묵은해의 모든 액운이 실려 있는 상징물이다. 연줄이 끊어져 하늘 높이 홀로 날아가는 연은 잠시 후 아예 허공에서 자취를 감추어 버린다. 묵은해의 액운도 그와 같이 완전히 사라져 버릴 것이다. 연은 대보름 이후에는 날리지 않는다. 만일 연을 날리는 사람이 있다면 고리백정(-白丁)이라고 놀린다. 고리백정이란 때를 지켜서 해야 할 일을 그 뒤에도 하는 사람을 비웃는 말이다. 곧 정월 열나흘은 설의 끝 날이자 동시에 액막이 날인 것이다.

아산시 송악면 외암리에서는 조선시대의 양반이 했다는 박쥐 날리기가 구전으로 전승된다. 정초에 박쥐를 잡아서 그 날개에 한 해 소망을 먹으로 써서 날려 보냈다. 산 박쥐를 얻지 못했다면, 종이로 만든 박쥐를 송액의 뜻으로 날려 보냈다.

제웅치기(허재비 버리기)

정초에 점사(占辭)를 보아서 신수(身數)가 나쁘거나 또는 삼재(三災)·제웅직성(-直星)·아홉수(-數) 등이 들었다고 하면, 열나흗날이나 보름날 밤에 액을 막고 풀기 위하여 제웅을 버린다. 이를 제웅치기라 한다. 제웅은 볏짚으로 만든 허재비(허수아비)이다. 제웅이란 말뜻은 잘 모른다. 운수 나쁜 사람이 당할 액운을 제웅이 대신 가져가도록 하는 것이다. 일종의 대수대명(代數代命)이다.

제웅은 1개 또는 3개를 만든다. 얼굴·몸통·팔·다리를 모두 갖추었다. 손가락·발가락도 있다. 작은 것은 30-40cm 정도, 큰 것은 1m 내외쯤 된다. 몸통에는 불운한 사람의 이름과 사주, 그리고 동전·지전(紙錢)·쌀·소금 등을 넣는다. 그리고 시신을 염습할 때처럼 삼베로 7매가 되게 묶는다. 이제 볏짚 인형인 제웅은 액운이 든 사람이 되었다.

볏짚으로 허재비 만들기(금산 신동리)

허재비

삼재풀이를 하는 보살

제웅은 사람들이 많이 다니는 길가, 삼거리 또는 사거리, 그리고 서낭당 등에 버린다. 강이나 개울에 띄워 보내기도 한다. 또는 땅에 묻거나 불에 태운다. 달집태우기를 하는 마을에서는 달집이 한창 탈 때에 제웅을 달집에 던져서 사르기도 한다. 또한 음력 정초에 집안의 제액초복을 위하여 거리제 · 서낭제 · 용왕제 등을 지낸다면, 제사를 모신 후에 이곳에 제웅을 버린다. 제웅을 오색천으로 서낭나무에 묶어 놓기도 한다.

제웅이 제대로 대수대명을 했는지 알아보는 방법이 있다. 식칼을 던져서 그 칼끝이 바깥을 향해 있으면, 액을 모두 가지고 나간 것이다. 그렇지 않으면 아직 액풀이가 안 된 것이다. 그래서 칼끝이 바깥을 향할 때까지 여러 차례 칼을 던진다. 그런 후에 제웅에게 소금을 뿌리기도 한다. 대수대명을 한 제웅마저 완전히 제압하는 행위이다.

화재맥이

정월 열나흘 저녁이나 밤에는 한 해 동안 불이 나지 않도록 여러 뱅이를 행한다. 지역 · 마을 · 가정마다 다양한 관행이 전승되어 온다. 가령 술을 집안의 상기둥 네 귀퉁이에 조금씩 붓거나, 쌀뜨물을 집안의 사방에 뿌린다(부여). 또는 여자들이 집안 네 귀퉁이를 돌면서 소변을 본다(아산). 화로에 창출 · 고추 · 쑥 등을 태운 재를 넣고 그 위에 소금을 뿌리기도 한다(아산). 그리고 굴뚝 앞에 밥과 청수를 차려 놓기고 하고(예산), 굴뚝 앞에 막걸리나 소금을 뿌리기도 한다(홍성).

마을에서도 화재를 막기 위한 뱅이를 한다. 대개 음력 정월의 동제 전후에 마을 인근의 산에 소금이나 간수를 넣은 항아리를 봉안한다. 이렇게 하면 마을에 도깨비불을 일으키는 마을 부근의 화산(火山)을 제어할 수 있다. 또한 마을 자체가 상징적으로 물바다가 되기 때문에 어

떤 화마(火魔)라도 얼씬거릴 수 없다. (제4장-2-다. 소금단지 묻기 참조)

지붕에 기(旗)·바람개비·종이버선 꽂기

정월 열나흘 저녁에 지붕에 기를 꽂아 둔다. 이렇게 하면 그 해에 드는 액(厄)을 물리칠 수 있다. 바람에 나부끼는 깃발처럼 액도 바람 따라 멀리 날라 간다고 하지만, 그 이유는 분명하지 않다. 기는 대나무 장대 끝에 창호지로 만든 기폭을 붙여서 만든다. 깃대는 싸리나무나 수수대 등으로도 만든다. 기폭은 종이에 여러 모양을 그려 넣는다. 주로 해와 달을 많이 그리고, 때로는 태극기나 버선도 그린다.

기는 지붕의 용마루 한쪽 끝에 한 개를 꽂거나, 아니면 양쪽 끝에 한 개씩 꽂기도 한다. 대보름이 지나면 기를 내려서 불에 태운다. 그러나 기를 일부러 내리지 않고, 시간이 지나 나중에 저절로 없어지게 하기도 한다.

연기 지역에서는 대보름달이 뜨는 시간에 맞추어 버선을 꽂는다. 천안 지역에서는 열나흘 저녁에 장대에 종이 버선을 매달아서 지붕 위에 꽂아 둔다. 이때에 사방에 절을 하면서 액을 막아달라고 기도를 한다. 간혹 버선이나 달[월(月)]을 그린 종이를 기폭으로 하여 꽂기도 한다. 당진 지역에서는 종이에 그린 버선본을 깃대에 매달아 지붕 위에 꽂아 둔다. 연기 지역에서는 대보름 만월(滿月)이 뜰 때 조그만 버선본 깃대를 달맞이하는 산 날망(꼭대기를 일컫는 충남 지역어)에 꽂고 한 해 무탈을 비손한다. 기도를 마치면 깃대는 태워 버린다. 서천 지역에서는 바람개비를 지붕 위에 설치하기도 한다.

이러한 풍습은 대개 그 해 운수가 사납다고 점괘가 나온 식구, 특히 아이가 있는 경우에 한다.

쓰레기 태우기

정월 열나흗날 저녁과 밤에 정초부터 모아 둔 쓰레기를 태워 버린다. 대보름 전야인 열나흗날 밤은 무엇인가를 막고, 버리고, 풀고, 치는 데 매우 적합한 시간이다. 묵은해와 새해의 과도기가 열나흗날 자시(子時)에 끝나기 때문이다. 진정한 새해인 대보름을 맞이하기 전에 쓰레기를 소각시켜서 집안을 깨끗하게 하는 것이다. 이는 더 나아가 액을 없애고 잡귀를 좇는다는 상징적 의미도 지닌다.

당진 지역에서는 저녁밥을 일찍 해 먹고 주부가 마당에 짚불을 놓는다. 이를 가래불이라 한다. 가래불은 남보다 먼저 놓아야 좋다고 한다. 이때 방에서 나온 쓰레기도 함께 태운다. 이러한 풍습은 주로 경기도, 충청남도, 전라북도 지역에 집중적으로 분포한다. 어느 지역을 막론하고 열나흘은 집안을 대청소하는 날로도 유명하다.

도구지지미

천안시 수신면 해정리 엄정말의 도구지지미는 정초 액막이로서 매우 주목된다. 1950년대 초반 6·25 전쟁 무렵 없어진 세시풍속이다. 그 당시 행해졌던 도구지지미는 다음과 같다.

정월 열이튿날부터 열나흗날까지 삼일 동안, 밤마다 마을 청장년들은 크고 넓적한 돌을 동아줄로 묶어서 어깨에 메고, 각 집을 차례대로 돌면서 "도구지지미!"라고 연호(連呼)하며 마당을 찧는다. 도구는 독(돌)을 뜻하며 지지미는 누른다는 뜻이다. 돌을 가지고 땅을 누른다는 의미이다. 돌로 하는 지신밟기 또는 마당밟기이다.

풍물패가 맨 앞에 서고, 그 뒤로 마을 사람들이 따른다. 도구지지미패가 집에 들어서면 지신밟기처럼 마당-부엌-장광-우물 등을 차례로 돌아다닌다. 이때 마당에서는 지경다지기 하듯이, 마당을 돌로 단단히 다져준다.

도구지지미를 마치면 집 주인은 불밝이상(쌀과 촛불을 올려놓은 소반)을 내오고 술과 음식 등으로 대접한다. 불밝이쌀이나 돈 등은 마을 기금으로 쓴다.

도구지지미를 모두 끝낸 열나흘 밤에는 집집마다 느티나무에서 제사를 모신다. 그리고 돌은 마을 바깥으로 가져다가 버린다.

도구지지미는 정초 지신밟기의 한 변형이다. 일반적인 지신밟기는 풍물패가 마당을 필두로 집안 곳곳을 다니면서 지신을 밟고, 상쇠의 비나리로 가내 평안을 축원한다. 그런데 도구지지미는 집터를 닦는 지경다지기처럼 지짐돌로 땅을 다진다. 곧 지짐돌을 들어 올렸다가 내리기를 반복하면서 지신밟기를 하는 것이다. 풍물패만의 지신밟기보다는 지짐돌로 한층 강화된 지신밟기를 한다. 그리고 액막이 날인 열나흘에 3일 동안 계속되었던 도구지지미를 마치고, 그 날 밤에는 목신제를 지낸다.

민간의 삼재풀이

내어난 해의 간지(干支)에서 12지를 기준으로 9년마다 찾아오는 3년의 삼재년(三災年) 동안 각종 액운을 막아내기 위하여 치르는 일체의 종교적 의례이다. 가령 사(巳)·유(酉)·축(丑)이 든 해에 태어난 사람은 해(亥)·자(子)·축(丑)이 되는 해에 삼재가 들고, 신(申)·자(子)·진(辰)이 든 해에 태어난 사람은 인(寅)·묘(卯)·진(辰)이 되는 해에 삼재가 들며, 해(亥)·묘(卯)·미(未)가 든 해에 태어난 사람은 사(巳)·오(午)·미(未)가 되는 해에 삼재가 든다. 또 인(寅)·오(午)·술(戌)이 든 해에 태어난 사람은 신(申)·유(酉)·술(戌)이 되는 해에 삼재가 든다.

삼재해는 3년 동안 지속된다. 삼재가 든 첫 해를 '들삼재'(시작되는 해), 둘째 해를 '누울 삼재'(묵는 해), 셋째 해를 '날삼재'(나는 해)라고 한다. 첫 해는 삼재가 들어오는 해이며, 둘째 해는 삼재가 머물러 있는 해이며, 마지막 해에는 삼재가 나가는 해라는 뜻이다. 삼년 중에서 들삼재가 가장 무섭고, 그 다음으로는 누울 삼재가 불길하다. 날삼재에도 경거망동하지 않고 근신한다.

삼재를 적극적으로 막아내기 위한 민속적 대응은 대개 2종류로 대별된다. 하나는 민간에 전승되고 있는 각종의 민속 관행이고, 또 하나는 무당이나 법사에 의한 굿이다.

민간에서는 음력 정월 열나흗날 저녁이나 밤에 삼재풀이를 한다. 이날 하지 못했다면, 입춘 전까지는 해야 한다. 또는 입춘에 맞추어 삼재풀이를 하기도 한다.

삼재를 푸는 방법은 다양하다. 대수대명(代數代命)의 의미에서 제웅치기를 많이 한다. 또한 삼재 든 사람의 머리카락이나 옷 또는 동정을 세 갈래 길에 나가 태운다. 특히 첫호랑이날[초인일(初寅日)]과 첫말날[초오일(初午日)]에 하면 좋다고 한다. 집 용마루에 삼재 든 사람의 왼쪽 버선이나 종이로 깃발을 만들어 꽂아 놓기도 한다.

가장 일반적인 방법은 삼재 부적을 무당이나 절에 가서 받아 오는 것이다. 삼재 부적은 3년 동안 매해 동지마다 새것으로 바꾸며 낡은 것은 태워버린다. 부적을 삼재 든 사람의 베개 속에 넣기도 하고, 부적을 불에 태워 마시기도 한다.

무당이나 법사의 삼재풀이

대체로 음력 정월 열나흗날에 삼재풀이를 한다. 삼재 든 사람이 자신의 속옷에 이름과 사주를 써서 무당이나 법사에게 가져가면, 속옷에 북어를 삼베로 묶어준다. 이때 7매듭이 되게 한다. 이것을 굿상과 함께 삼거리로 가지고 나가서 삼재를 풀어달라고 비손을 한다. 이렇게 손을 비빈 다음에는 속옷에서 떼어 낸 북어를 바깥쪽을 향하여 힘차게 던진다. 북어 대가리가 바깥을 향해 떨어져야 삼재가 풀어진 것으로 여긴다. 만일 명태 대가리가 안쪽을 향하게 되면, 바깥 방향으로 될 때

음력 정월 열나흗날 삼재맥이 제물(금산 성곡리)

동전 · 쌀 · 삼재 든 사람의 이름을 적어서 일곱매로 묶은 통북어

삼재풀이를 하는 보살

집 밖으로 던진 삼재맥이 통북어

삼재풀이가 끝난 뒤에 통북어 태우기

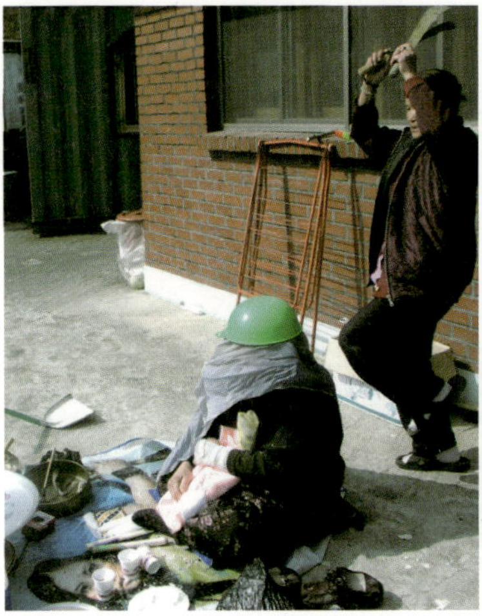

살풀이 축원을 하는 보살(금산 신동리)

살풀이 제물

까지 수차례 다시 던진다. 몇 번을 던져도 북어 대가리가 안쪽을 향하면, 신장칼로 삼재 든 사람을 찌르는 흉내를 내거나, 아예 용왕제를 별도로 치러준다.

이렇게 하여 삼재가 풀어졌다고 판단되면, 곧바로 삼재든 사람으로 하여금 오방기를 뽑게 한다. 청색기나 녹색기를 뽑으면 좋지 않다. 그

액살을 물리치는 화살쏘기

살이 나가길 축원하는 보살

래서 삼재 든 사람에게 소금을 뿌린 후에, 다시 다른 깃발을 뽑도록 한다. 다음에는 굿상에 올렸던 밤이나 대추로 '산'을 잡아본다. 짝이 잘 맞으면 길하지만, 그렇지 않으면 불길하다. 마지막으로 소금 · 메밀 · 팥을 삼재든 사람에게 힘차게 뿌려준다. 삼재풀이를 모두 마치면, 굿상 음식과 옷가지 등은 그 자리에서 태워 버린다.

어떤 법사는 다음과 같이 삼재풀이를 한다. 먼저 삼재 부적을 21장을 그린다. 또한 삼재가 든 사람의 웃옷에도 부적을 그린다. 웃옷에는 사람의 얼굴과 몸체와 사지를 그린다. 몸체에는 삼재 부적을 다시 그린다. 웃옷 하단에는 성명과 사주를 쓰고, 그 가장자리에는 삼재일시소멸(三災一時消滅)이라고 쓴다. 이렇게 부적이 마련되면, 삼재상(三災床) 위에 쌀 · 삼재시루(팥시루) · 메 3그릇 등을 올리고, 법사는 경문을 외기 시작한다. 먼저 부정경을 하고, 육계주를 열고 삼재경을 읽는다. 때로는 옥추경 중에서 뇌공뇌차신장경을 추가로 외워 준다. 경문 구송을 마치면 21장의 삼재부적을 삼재 든 사람의 몸에 둘러 준다. 이들 부적은 나중에 불에 사르고 웃옷도 태운다. 대수대명(代數代命)인 셈이다. 법사에 따라서는 마지막으로 식칼을 마당에 던져 삼재가 풀어졌는지 확인을 한다. 칼끝이 집 바깥을 향할 때까지 여러 차례 던지는 것이다. 또 액풀이를 위하여 장만한 수수경단은 삼재 든 사람에게 반드시 먹인다.

삼재풀이는 주로 무당과 법사가 해주지만 스님을 찾아가서 하는 경우도 많다. 절에 갈 때는 삼재 든 사람의 속옷과 통북어 · 동전 · 쌀 등을 가지고 간다. 스님은 삼재를 풀어달라고 불공을 드려준다. 대개 정초, 사월 초파일, 동지에 행한다.

낙화내리기(落花-)와 똥수깐(변소) 태우기

낙화내리기는 정월 열나흗날 세시로 행하는 달맞이[망월(望月)]와 불[화(火)]과 관련된 풍습에서 유래한다. 곧 '달맞이-불놀이-불싸움 문화복합'의 한 유형으로 추측된다.

충남에서는 낙화내리기가 매우 희귀한 풍습에 속한다. 충남의 다른 지역에서는 거의 행해지지 않는다. 그러나 똥수깐 태우기는 아주 오래전 충남의 많은 지역에서 종종 볼 수 있었던 정초의 액막이 풍습이다.

다음에는 세종시 부강면 등곡리의 낙화내리기를 소개한다. 동네 사람들은 열나흘 밤에 마을 뒷산이나 인근의 산으로 횃불을 들고 달맞이를 나간다. 이때에 횃불을 달을 향하여 휘휘 돌리거나 땅에 꽂아 놓은 채 소원을 빈다. 어떤 마을은 원추형으로 달집을 세워 놓고 태우면서 한 해 평안을 기도한다. 이른바 달집태우기이다. 이를 달 그슬리기라고 부르기도 한다. 아이들은 그 전후나 옆에서 잔솔가지 등을 놓은 깡통에 불을 지펴 역시 휘휘 돌리면서 쥐불놀이를 한다.

이제 해거름을 지나 어둠이 짙게 깔리면, 마을 어귀를 가로질러 매어 놓은 낙화줄의 낙화봉에 불을 붙인다. 낙화봉은 뽕나무 숯을 볏집으로 둘둘 쌓아서 만든 볏짚 막대기이다. 낙화봉에 점화가 되면, "뿌지직! 뿌지직!" 조그만 소리를 내며 실같이 가느다란 불꽃이 조금씩 끊어지고 흩어지면서 살포시 내려앉는다. 춘정월 바람이 깃든 열나흘 밤의 한기와 휘영청 솟아오른 보름달을 배경으로 불꽃이 소리 없이 흘러내린다. 꽃비란 낱말처럼 꽃불이라고 해야 더 어울린다. 바람이 일 때마다 꽃비가 흩날리듯, 낙화봉의 뽕나무 숯이 사금파리나 소금과 함

천 위에 곱게 빻은 뽕나무 숯 깔기

낙화봉 촘촘히 묶기

완성된 낙화봉

낙화봉에 불 붙이기

불이 잘 붙도록 입바람을 부는 주민

밤하늘을 수놓은 낙화불빛

께 터질 때마다 꽃불도 흘러내린다. 그 고요함은 불꽃놀이나 폭죽놀이의 요란함과 비교할 바가 아니다. 오히려 간혹 툭툭 터지는 낙화 소리가 정적을 더욱 깊게 할 뿐이다. 낙화는 다음날 새벽까지 탈 것이다. 밤이 깊어 사람들이 모두 집으로 돌아간 '인(人)이 끊긴 시간'에도, 새벽을 깨우는 닭이 울 때까지도, 아무도 낙화를 보지 않아도, 홀로 타고 흘러내린다. 낙화봉은 거의 다 타들어가서 더욱 가느다란 불꽃이 된다. 그리고 완전히 꺼져 버린 듯한 낙화봉 마지막 불꽃들이 새벽과 마주한다.

등곡리 윗말과 아랫말은 어느 마을의 낙화봉이 오래도록 잘 타는지를 살펴서 승부를 가리기도 한다. 낙화봉에 불이 지펴지면, 동민들은 탄성을 지르는 동시에 "윗말 이겨라!" 또는 "아랫말 이겨라!" 하고 큰소리로 외친다. 심지어 상대방 마을의 낙화줄을 끊으려고도 한다. 그만큼 낙화내리기에도 불싸움의 속성이 보인다.

똥수깐을 짓는 주민들

똥수깐 태우기

이처럼 낙화봉에 불을 붙이고 낙화가 제대로 내리기 시작하면 잠시 후 똥수깐에 불을 질렀다. 지금은 하지 않지만, 오래전에는 그렇게 했었다. 똥수깐은 변소이다. 똥수간은 나무 장대와 볏짚으로 엮은 이엉 등으로 원뿔대 형태로 만든다. 똥수깐 모습을 그대로 모방한 것이다. 그러나 오래도록 잘 태워서 제액을 해야 하므로, 그 안에 청솔가지나 그밖에 쉽게 타는 땔감 등을 잔뜩 넣는다. 마

활활 타오르는 똥수깐 곁에서 풍물을 치는 주민들

침내 똥수깐이 활활 타오르면, 각 마을은 서로 "윗말 이겨라!", "아랫말 이겨라!" 하고 외쳤다. 불길이 대단히 거세게 일고, 오래도록 잘 타는 마을이 이기는 셈이다. 이 역시 정월 열나흗날 밤에 전국에 걸쳐 거의 보편적으로 이루어지는 불놀이 또는 불싸움의 한 유형이다.

이렇게 똥수깐은 상징적으로 만든 변소이다. 실제로 변소로 쓸 수 없게 만든 원뿔대 구조물이고, 더욱이 그 안에 땔감을 가득 채웠지만, 이를 변소로 관념하는 것이다. 개인의 병굿이나 미친굿에서 화전(火戰) 치기를 하듯이, 이는 마을로부터 재액과 잡귀를 내치기 위하여 하는 것이다.

대개 음력 정초에 행하는 개인 및 마을 단위의 액막이는 열나흘에 한다. 이날 잡귀 구축에 강력한 힘을 지닌 변소에, 잡귀가 가장 무서워하는 불을 질러 태움으로써, 한 마을의 액막이를 하는 것이다. 이것이 바로 변소 태우기의 목적이다.

사실 일제강점기만 하더라도 많은 지역에서 동제 차원에서 변소 태우기를 했다. 보통은 마을 어귀에 있는 집의 변소를 집주인의 양해를 얻어 불을 질렀다. 만일 마을 어귀에 적당한 변소를 물색하지 못했다면, 일부러 매우 허름하게나마 새로 지었다. 이러한 변소 태우기는 동제가 다 끝나고 마지막으로 행해지는 절차였다. 일종의 마을 해물리기이다. 이에 비하여 등곡리 똥수깐 태우기는 동제의 본제(本祭)에 해당하는 탑제 이전에 행해진다는 특징이 있다.

(2) 가내 평안

수세(守歲)

정월 열나흘이나 대보름 밤에 날이 밝도록 온 집안에 불을 밝혀 놓는다. 아주 오래 전에는 들기름·참기름·피마자기름 등으로 종지불을 밝혔다. 심지로는 솜이나 한지를 꼬아서 만든 세발심지를 썼다. 전기불이 들어 온 이후로는 각 방마다 전등을 켜 놓는다. 평소에 쓰지 않는 방에도 불을 켠다.

이렇게 불을 밝히고, 밤새 잠을 자지 않는다. 식구들이나 이웃들과 어울려 놀면서, 밤을 지새운다. 이를 수세라 한다. 만일 잠을 자면 머리가 하얗게 센다고 한다. 졸음을 참지 못하고 자는 사람이 있으면 눈썹에 밀가루를 묻혀 놓고, 다음날 아침 눈썹이 하얗게 세었다고 놀린다.

수세는 선달그믐에도 행해진다. 이는 아마도 선달그믐과 정월 열나흘이 모두 한 해의 끝으로 여겨지기 때문일 것이다. 이 풍습은 '묵은 시간과 새로운 시간의 과도기'가 지닌 위험을 식구들이 함께 지키려는데 목적이 있는 듯하다.

귀신날

정월 열나흘은 귀신날로 알려져 있다. 그래서 매사에 조심하며 근신한다. 집 바깥도 그러하지만, 특히 다른 마을 출입은 삼간다. 이 날 밤에는 체(가루를 곱게 치는데 쓰는 도구)를 삽짝에 걸어놓는다. 귀신이 밤새 체의 구멍만 자꾸 세다가 집안에 다른 탈을 일으키지 못하고 날이 밝으면 그냥 가도록 하기 위해서이다. 체는 그 다음날 아침 집으로 들여온다. 또 식구의 신발도 모두 방안에 들여 놓는다. 귀신이 손뼘으로 신발 크기를 재어 보거나 귀신이 신발을 신어 보면 그 신발 주인은 병들거나 심지어 죽는다고 여겼기 때문이다. 충남의 일부 지역은 정월 초닷새날을 귀신날로 여긴다.

식구 불 켜기

정월 열나흘 저녁에 종지불이나 촛불을 밝혀서, 그 불의 크기와 밝기 등으로 식구의 길흉을 살피는 신수점(身數占)이다. 대보름에 하기도 한다. 불은 식구 수대로 하나씩 밝히기도 하고, 대주(大主) 몫 하나만 켜기도 한다.

연기 지역에서는 이 불을 '명화(命火)'라고 한다. 사람의 운수나 목숨을 살핀다는 뜻이다. 금산 지역에서는 주로 아이들의 신수를 보기 위한 것이라 하여, 이를 '아이들 불'이라고 부른다. 아산 지역에서는 불이 바람에 꺼지더라도 그 심지에 남아있는 불똥을 보고 점을 친다. 불똥의 머리가 꽃순처럼 생겨 있으면 길하다고 여긴다.

귀신날 체 걸기

문 밖에 걸어둔 체

불이 심지에 잘 붙어 꺼지지 않고 맑게 타면 그 해 신수가 좋다. 하지만 불에 그을음이 많이 나고 어둡고 잘 타지 않으면 신수가 좋지 않다. 이렇게 신수점을 본 뒤에도 불은 끄지 않고 다 타도록 그대로 둔다. 신수가 좋지 않게 나온 사람들은 한 해 동안 매사에 조심해야 한다.

노두 놓기

노두란 정월 열나흘 밤에 나쁜 운수에 든 식구, 특히 자식을 위하여 부모가 냇물 등에 징검다리를 놓는 일을 말한다. 물론 온 식구들이 함께 징검다리를 놓는다. 대보름날 하기도 한다. 이를 '도강(渡江) 놓기' 또는 '월천공덕(越川功德) 쌓기'라고도 한다.

대개 '크고 넓적한 돌'이나 '돌멩이를 넣은 가마니(오쟁이)'로 징검다리를 만든다. 가마니 안에는 액막이 부적이나 동전을 넣기도 한다.

집안 남정네들이 징검다리를 놓는 동안에 부녀자들은 액을 풀어 달라고 사방에 절을 하며 비손을 한다. 노두를 놓은 다음에는 신수 나쁜 식구의 나이만큼 징검다리를 왕복한다. 이 징검다리가 노두인 것을 아는 동네 사람들도, 이곳을 건너다닐 때마다, "명(命) 길게 살아라!" 하고 외치며 축원을 해 준다. 만일 노두 놓을 형편이 안 되면, 액막이로 허재비라도 징검다리 주변에 갖다 놓는다.

이 풍습은 적선공덕(積善功德)의 하나이다. 상여소리의 "입춘날 절기 좋은 철에 헐벗은 이 옷을 주어 구난공덕(救難功德) 했는가? 깊은 물에 다리 놓아 월천공덕(越川功德) 했는가? 병든 사람 약을 주어 활인공덕(活人功德)했는가? 부처님께 공양드려 염불공덕(念佛功德)했는가?" 하는 구절 중에 월천공덕이 바로 노두 놓기이다. 곧 좋은 과보(果報)를 얻기 위한 불교의 공덕(功德), 액막이 시각인 정월 열나흘, 신수가 나쁜 사람의 액풀이, 징검다리가 연계되어 형성된 세시풍속이다. 냇물을 편하게 건넌 사람도 징검다리를 놓아 준 사람의 노고를 잊지 않는다. 그의 공덕을 알기 때문이다. 그래서 그의 복(福)을 빌어준다. 이렇게 노두를 놓아준 사람과 냇물을 쉽게 건넌 사람은 서로 공덕을 주고받는다.

오곡밥과 땔감 그리고 금기

열나흗날 저녁이나 대보름 아침에는 시절 음식으로 오곡밥을 해 먹는다. 이는 보름밥이라고도 한다. 묵은 나물을 반찬으로 곁들인다.

오곡밥은 반드시 노간주나무 · 싸리나무 · 콩대 · 아주까리대 · 보릿대 등을 땔감으로 하여 짓는다. 이들 땔감은 탈 때 대개 "톡톡", "탁탁", "오독오독", "후두둑 후두둑" 등의 다양한 소리를 낸다. 이는 곡식이 여물거나 패는 소리와 동일시된다. 이처럼 타는 소리가 요란하면 풍년이 들지만, 그렇지 않으면 흉년이 든다고 한다. 그러나 실제로 이 땔감들은 늘 시끄럽게 타기 때문에 사실상 풍년을 확신하는 셈이 된다. 또한 이들 땔감으로 곡식 영그는 소리를 미리 흉내내면, 가을에 영락없이 오곡이 튼실하게 영근다는 것이다.

특히 싸리나무는 화력이 좋고 불 조절이 쉽기에, 오곡밥 땔감으로 흔히 쓰인다. 더욱이 타는 소리도 요란하다. 그래서 지역에 따라서는 횃불싸움의 횃대로도 사용하고, 논두렁이니 밭두렁의 쥐구멍에 불을 놓을 때도 쓰인다.

정월 보름날 장터(태안)

열나흘 또는 대보름 저녁이나 밤에 동네 아이들이 오곡밥을 얻어먹거나 훔쳐 먹으러 돌아다니는 풍습이 있다. 아이들이 오곡밥을 얻으러 오면, 빈손으로 돌려보내지 않고 한 수저라도 나누어

잡곡

나물

오곡밥(논산 임화리)

보름나물

준다. 형편이 넉넉한 집에서는 오곡밥을 많이 해서 이웃과 나누기도 한다. 이렇게 베풀면 농번기에 일꾼 구하기가 수월하다. 또한 아이들이 오곡밥을 훔치러 다니는 것을 알고, 웬만큼 사는 집에서는 부엌 문을 열어 놓고 부뚜막 위에 오곡밥과 나물을 준비해 놓기도 한다. 때로는 청장년들도 다닌다. 이렇게 오곡밥을 먹으면 1년 내내 감기에도 안 걸리고 잔병치레도 안 하며, 특히 노총각은 장가를 갈 수 있다고 한다.

충남 일부 지역에서는 무병장수를 위하여 각성바지 3집에서 오곡밥을 얻어다가 절구통 위나 굴뚝에 걸터앉아 먹기도 한다. 동네에서 얻거나 훔쳐 온 오곡밥은 방앗간에 가서 먹어야 좋다는 속신은 충남

성주께에 올린 보름밥(대전 봉곡동)

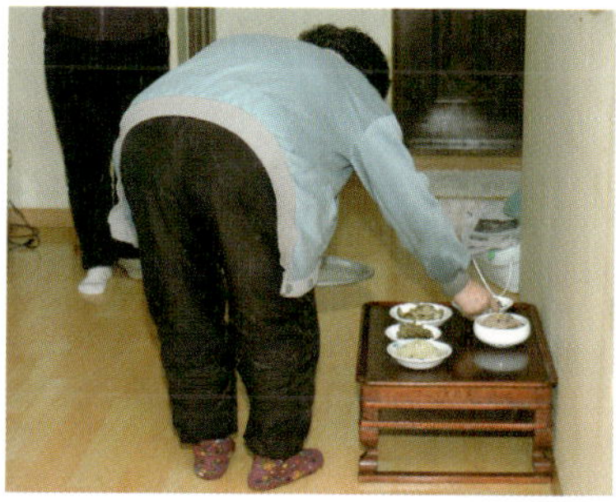

보름날 오곡밥을 하여 성주 위하기

터주에 올린 오곡밥과 나물

선역에 걸쳐서 나타난다. 그것도 여러 집에서 얻은 것이면 더욱 효험이 있다. 얼굴에 버짐이 심한 사람도 오곡밥을 방앗간에서 먹으면 즉시 낫는다고 한다. 아홉 집의 오곡밥을 먹으면 대길하다. 오곡밥은 대체로 쌀을 이는 조리에 담아 온다.

오곡밥은 물에 말아 먹지 않아야 한다. 그렇게 하면 그 해 논두렁이 자주 터진다. 또 오곡밥 지은 솥에는 물을 금방 붓지 않는다. 그렇게 하면 게불져서 안 좋다. 못자리를 할 때 모가 한쪽으로 쏠려서 나는 것을 게불이라 한다. 이렇게 되면 모가 잘 자라지 않는다. 그래서 오곡밥 솥은 점심이나 지나서 물을 붓는다.

부여 지역에서는 개에게 오곡밥을 먹여서, 그 해에 든 액운을 풀어내는 풍습이 있다. 액운이 든 사람이 개에게 오곡밥을 한 숟가락 먹이고, 자신도 한 숟가락 먹는다. 이렇게 한 숟가락씩 번갈아 먹는다. 이렇게 하면 나에게 올 액운을 개가 대신한다는 것이다.

이와 비슷한 풍습이 조선후기 유득공(柳得恭, 1748-1807)의 『경도잡지(京都雜志)』에서도 확인된다. 곧 상원(上元), 음력 정월 대보름에 봄을 타서 얼굴빛이 검어지고 야윈 아이에게, 백(百) 집에서 얻어 온 밥을 먹이면 효험을 볼 수 있다고 한다. 이때 절구통을 타고 앉아서 개하고 마주 앉아 개에게 한 숟갈 먹이고 자기도 한 숟갈 먹는다는 것이다.

무슨 일이든지 아홉 번씩 하기

정월 열나흘이나 대보름에는 무슨 일을 하든지 아홉 번씩 해야 좋다. 오곡밥도 아홉 번 먹고, 나무도 아홉 짐을 해야, 한 해 동안 내내 건강하고 부지런할 수 있다고 한다. 그러나 아홉이란 횟수는 하나의 이상이고 실제로는 그렇게 할 수가 없어서 단지 상징적으로 '여러 번' 또는 '많이' 등을 뜻한다. 따라서 실제로 반드시 아홉 번씩 해야 한다는 것은 아니다. 그러나 대개는 되도록 무슨 일이든 아홉 번을 해야 좋다고 여긴다.

(3) 해로운 짐승과 벌레 등 쫓아내기

쥐불놓기와 쥐불놀이

열나흘 해거름이나 밤에 사내아이들이 논둑이나 밭둑 등을 태우면서, 깡통에 불을 지펴서 휘두르며 노는 풍습이다. 보름날에도 많이 한다. 깡통에 여러 개의 구멍을 뚫어 공기를 통하게 하고, 솔방울 · 솔가지 · 나무토막 · 지푸라기 · 광솔 등을 넣어 불을 붙인다. 깡통 윗부분에 긴 철사 줄을 묶어서 휘휘 저으면 바람이 잘 통하여, 불이 활활 타오른다. 땔감이 다 타서 없어지면 다시 새 땔감을 넣는다. 겨울밤을 이곳저곳에서 수놓는 쥐불놀이는 그 자체가 장관이다. 사내아이들은 시

쥐불놀이를 하는 아이들(부여 장벌리)

논두렁 태우기(대전 서구)

간가는 줄 모르고 깡통을 휘휘 저으며 한참을 논다.

이렇게 쥐불을 놓고 또 쥐불을 놀면, 쥐를 비롯하여 각종 해충의 알이 없어져, 쥐와 병충해로 인한 농작물 피해를 줄일 수 있다고 한다. 간혹 액막이를 한다고 쥐불 위를 자기 나이 숫자만큼 뛰어 넘기도 한다. 쥐불을 놀다가 이웃 동네 아이들과 만나면, 흔히 쥐불 싸움으로 번지는데 이웃 동네 아이들과 어느 마을의 불깡통이 오래 잘 타는지 가려서 승패를 짓기도 한다. 쥐불놀이는 흔히 이웃마을과 불싸움으로도 이어진다. 『동국세시기(東國歲時記)』에 의하면, 호서지방 풍속에 사람들이 떼를 지어 횃불을 사르는데, 이를 훈서화(燻鼠火)라고 부른다고 한다. 쥐를 그슬리는 불이란 뜻이다.

두더지 방아 찧기(절굿공이 땅 찧기)

두더지는 마구잡이로 땅 속을 헤집고 다니며, 논밭 등에 심각한 피해를 준다. 각종의 농작물도 심각하게 훼손시킨다. 그래서 정월 열나흘 저녁이나 밤 또는 대보름 아침에 절굿공이를 들고 집 안팎이나 밭 등을 돌면서, "두더지 잡자! 두더지 잡자!"라고 외치며 땅을 쿵쿵 찧으며 다닌다. 때로는 집안의 네 귀퉁이를 절굿공이로 찧으면서 "여기도 내 땅, 저기도 내 땅."이라고 외친다. 이때 "노래기도 생기지 말고, 구데기[구더기]도 오지 말고, 뱀도 들어오지 말라!"고 고함을 친다. 두더지 외에 노래기 · 구더기 · 뱀도 사람에게 피해를 주지 말고 멀리 가라는 것이다.

절굿공이는 절구에 넣은 곡식을 찧거나 빻는 도구이다. 단단한 물체를 가루처럼 만들거나 여지없이 부순다. 이런 절굿공이를 가지고 땅을 찧고 다니면 두더지 등이 두려워서 다시 나타나지 못한다고 여긴다. 아산 지역에서는 며느리들이 절굿공이로 땅을 찧으며 다닌다.

절굿공이를 든 노인

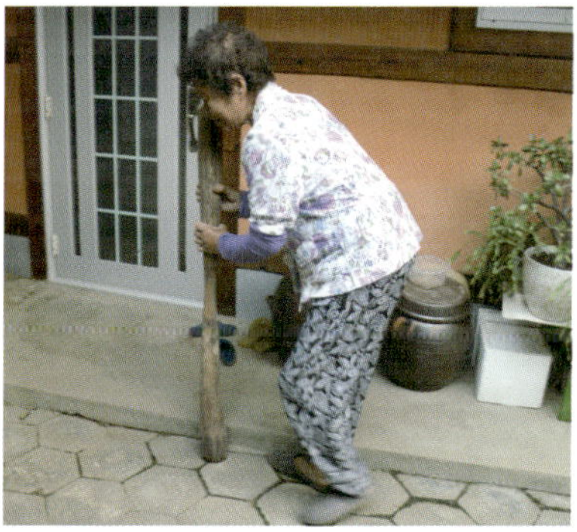

집안 곳곳을 다니며 두더지 방아 찧기

뱀 쫓기(긴 것 쫓기)

뱀도 집안에 얼씬거려서는 안 될 위험한 동물이다. 그래서 뱀을 쫓기 위한 여러 뱅이도 행해졌다.

열나흘 저녁이나 밤에 또는 대보름 아침에 왼새끼줄을 꼬아서 부지깽이에 길게 매달고, "진대 가두자! 진대 가두자!"라고 외치며 집안을 한 바퀴 또는 서너 바퀴 돈다. 진대란 뱀을 뜻하는데, 특히 구렁이를 그렇게 부른다. 그리고 왼새끼줄을 삽짝 바깥으로 던져 버리거나, 아예 집 바깥으로 가지고 나가 태워 버린다. 또는 도랑이나 냇가로 나가서, 왼새끼줄로 뱀이 똬리(또아리)를 튼 것처럼 해 놓고, 그 위를 그릇으로 덮는다. 때로는 똬리를 그릇에 담아서 부엌에 가져다 놓는다. 이렇게만 해도 올 한해 뱀을 퇴치할 수 있다고 한다.

긴 나뭇가지를 불에 그슬리거나 태우면서 땅에 끌고 다니기도 한다. 이때 긴 나뭇가지는 뱀으로 간주된다. 마지막에 긴 나뭇가지는 불에 태워 버린다. 들기름 병을 대문에 매달아 두기도 한다. 뱀이 집에 나타나면 들기름을 천에 묻혀 긴 막대기에 매달아서 뱀 주위를 돌아다닌다.

그 밖에도 집안에 뱀을 쫓는 부적을 붙이거나, 울타리 주변에 서광꽃을 심기도 한다. 뱀은 서광꽃 냄새를 매우 싫어하기에, 이 꽃을 일명 뱀꽃이라고도 부른다.

두더지나 뱀 이외에도 쥐를 구축하기 위하여 쥐불놀이도 한다. 음력 정월에 드는 첫 쥐날에도 하지만, 대개는 열나흘과 대보름에도 한다. 또한 지붕 이엉을 비롯하여 집안 곳곳에서 악취를 풍기며 우글거리는 노래기를 내쫓는 여러 뱅이도 행한다. 그런데 이 풍습은 이월 초하루에도 많이 행한다.

(4) 소와 개 위하기

소에게 목사리 해주기

올 농사에 많은 수고를 할 소의 무탈을 위하여, 정월 열나흗날 저녁이나 밤에 소의 목에 왼새끼줄이나 복숭아 나뭇가지로 목사리(소나 말의 목에 두른 굴레)를 해 준다. 논산 지역에서는 타래버선을 목에 걸어주기도 한다. 그리고 이 날은 쇠죽을 배불리 먹인다.

소의 목사리와 관련한 흥미로운 이야기가 예산 지역에서 전승된다. 정초에 예산저수지에 얼음이 얼어 있으면, 하늘의 오방신장(五方神將)이 살아 있는 소들의 혼백에 명을 내려 얼음을 모두 깨버린다. 한 해의 농업용수를 얻기 위해서이다. 그래서 정월 대보름 아침에 소들을 유심히 보면, 어떤 소들은 땀에 흠뻑 젖어 있다. 특히 등에 땀이 줄줄 흐른다. 밤새 오방신장에게 불려나가 얼음을 깼기 때문이다. 소를 먹이는 집에서는 소가 이렇게 고생하는 것이 안타까워서 오방신장에게 불려나가지 않도록 뱅이를 행한다. 곧 소에게 목사리를 해주면 오방신장에게 불림을 당하지 않고, 또 설사 강제 노역을 당한다고 해도 지치지 않는다고 한다. 그래서 대보름 아침에 소를 먹이는 집들은 서로 소의 안부를 묻는다. 어떤 집의 소가 밤새 땀을 많이 흘렸는지, 아니면 괜찮은지가 관심사인 것이다. 소의 목에 둘렀던 왼새끼줄과 복숭아 나뭇가지는 대보름이 지나면 걷어버린다.

열나흘 밤 소의 노역과 관련한 다른 실화도 있다. 아산 지역의 사례이다. 소는 열나흘 밤에 당진 합덕의 방죽에서 땅을 가는 꿈을 꾼다. 소는 꿈속에서 1년 동안 쓸 힘을 다 써 버렸기에, 보름날 새벽에는 소를 잘 먹이고 또한 목사리도 해 주어서 기운을 돋우어주어야 한다고 여긴다. 목사리는 복숭아 나뭇가지로 만들고, 그것을 왼새끼줄로 묶어 준다. 그리고 나물과 밥을 충분히 준다. 한편 개도 잔병치레하지 말라고 소처럼 목사리를 해 주기도 한다.

충북 일부 지역에서는 열나흘 밤에 소에게 밤참을 준다. 이 날 밤에 소의 혼령이 들에 나가 밭을 갈고 돌아온다고 하여, 배가 고프지 않도

소 밥 주기(청양 흥산리)

록 미리 밥을 먹이는 것이다.

이들 설화와 풍습의 메시지는 진정한 새해의 첫날인 대보름 새벽이나 열나흘 밤에 우선 소를 잘 먹여서 대접을 하고 목사리도 해 주어서 한 해의 무탈을 지키자는 데 있다. 목사리는 각종 질병과 사고를 막아내어 평안을 유지하는 데 널리 쓰이는 뱅이 도구이다. 소는 정초나 열나흘에 저수지 얼음을 깨어 물을 확보하거나 방죽과 밭을 갈았다. 농부가 본격적으로 농사일을 시작하기 전에 소는 이미 농사를 준비하고 있었던 것이다. 그만큼 소는 농사에 더 할 수 없이 소중한 존재이다.

개밥 주지 않기

지역에 따라서 열나흗날 또는 대보름에는 개에게 밥을 주지 않고 굶긴다. 만약 주더라도 저녁 늦게 준다. 이 날 개에게 밥을 주면, 소화를 시키지 못하고 토한다. 그리고 살이 많이 쪄서 몸놀림이 둔해지고 잘 짖지도 않는다. 개는 도둑을 지켜야 하는데, 배가 부르면 잠만 자기 때문이라고도 한다. 다른 말로는 여름에 파리나 모기가 개에게 많이 꾀고 마른다고도 한다. 그래서 가난한 사람이 끼니를 자주 거르는 것을 보고 "개보름 쇠듯 한다."고 한다. 개보름은 정월 열나흘을 뜻한다.

어떤 집안에서는 개에게 밥을 준다고 해도, 이 날 만큼은 치(쌀 까부르는 키)에 담아서 준다. 개 명절이라 하여 그렇게 한다고 하지만, 그 이유는 분명하지 않다(연기). 대보름에 개를 온종일 굶긴다면, 달이 휘영청 뜬 후에나 준다(아산). 또는 대보름에 개가 한 해 동안 무병하기를 기원하면서 타래버선을 목에 묶어주기도 한다(논산).

유득공(1749-1807)의 『경도잡지(京都雜志)』「상원(上元)」조(條)에도 "이 날만은 개를 먹이지 않는다. 개에게 먹을 것을 주면 파리가 많이 꾀고 마른다고 한다."는 기록이 있다. 18세기 중엽에도 이미 그러한 풍습이 한양에도 있었다.

논의 구렁이 위하기

논에는 논의 임자인 먹구렁이가 살고 있다. 뱀류 중에서 가장 큰 뱀이다. 만약 논에서 먹구렁이를 보았다면, 논 주인의 정성이 부족해서 그렇다고 간주한다. 이는 흉년이 들 불길한 징조이다. 그래서 정월 열나흘 밤 인이 끊겼을 때(아무도 없을 때) 몰래 떡시루를 해 가지고 먹구렁이를 위하는 제사를 지낸다. 이렇게 해야 흉년을 막을 수 있다고 한다(부여). 이는 집안의 재산을 불려준다는 업구렁이를 논에 적용한 데서 비롯한 풍습으로 보인다.

4) 정월 대보름

대보름은 정월 초하루와는 다른 '또 하나의 새해 첫날'이다. 대보름은 묵은해와 새해의 과도기인 설이 끝나고, 진정한 새해가 시작되는 첫날이다. 종교학자 미르체아 엘리아데(Mircea Eliade)의 개념으로 설명하면, 성(聖)의 시간에서 속(俗)의 시간으로 되돌아가는 첫 날이다. 그래서 대보름에도 근신(勤愼)과 제액초복(除厄招福) 그리고 풍년을 위한 여러 속신과 의례가 마련되어 있다. 이는 정월 초하루인 설날도 마찬가지이다. 설날이나 대보름이나 그 성격은 다소 다르지만, 모두 새해이기 때문이다. 다만 대보름은 설날에 비하여 새해의 가장 중요하며 절실한 소망인 풍년을 비는 데 더욱 치중한다. 대보름이 참된 새해이고 일상으로 복귀하는 첫날이기에 그러하다. 또한 정월 열나흘까지 이미 여러 액막이로 시간과 공간을 정화했기에, 대보름 아침은 깨끗한 기운이 가득하다.

대보름에 삼가야 하는 여러 행위들

"대보름날 아침 여자가 일찍 남의 집에 가면 부정하다."

"대보름날 아침 바느질을 하면 생인손을 앓는다."

"대보름날 아침 잡귀를 막으려고 대문 밖에 생쌀을 뿌린다."

"대보름날 재(灰)를 버리지 않는다."

"대보름날 머리를 빗으면 머리카락이 오골오골 부스러진다."

"대보름날 칼질을 하면 손을 다친다."

"대보름날 생선을 자르지 않는다."

"대보름날 맨발로 다니면 발에 무좀이나 동상이 생긴다."

"대보름날 신발이나 양말을 신지 않고 다니면 발을 뱀에 물리거나 가시에 찔린다."

"대보름날 전날인 열나흘 밤에는 버선이나 양말을 신고 자야 한다."

"대보름날 물을 길으면 논일 할 때 소나기 만난다."

"대보름날 바가지를 태우면 부스럼이 인다."

"대보름날 물을 함부로 버리지 않는다. 이 날 썼던 물은 큰 함지박 등에 모아 두었다가 이튿날 버린다."

다음에는 정월 대보름의 세시를 달맞이와 달집태우기, 풍년 기원, 겨루기로 나누고, 그 안에서 대표적 풍속을 소개한다.

(1) 달맞이와 달집태우기

대보름달과 달맞이

보름달은 1년에 12차례 떠오른다. 그중에서 새해의 첫 번째 보름달을 대보름달이라 한다. 보름달 중에서 가장 큰 달이란 뜻이다. 그러나 달의 크기가 최대라는 말이 아니다. 보름달 중에서 최고로 막중하다는 의미이다. 묵은해가 지나고 또다시 시작하는 새해에 첫 번째 솟아오르는 만월(滿月)이기 때문이다. '처음'은 늘 중요하다. 2월이나 3월의 보름달 모두 같은 보름달이지만, 정월 보름달은 새해 첫 보름달이기에 유난히 반갑고 소중하다.

해거름을 지나 어둠이 조용히 내려앉는 시간에, 대보름달은 오히려 어둠을 거스르며 휘영청 온누리를 밝힌다. 어둠이 짙을수록 달은 더욱 환하다. 대보름달은 정녕 새해의 희망을 가득 안고 떠오른다. 대보름달을 밤새 사람들 모르게 고요히 내린 눈처럼 홀로 떠오르게 할 수는 없다. 귀한 손님을 반갑게 마중하듯이 해야 한다. 달맞이란 말은 그

높이 뜬 보름달(세종시 등곡리)

활활 태워지는 달집과 마을 풍물패

래서 생겼다. 달이 인격화 또는 신격화된 것으로 달을 달님이라고 부르는 이유이기도 하다.

새해 첫 번째 솟은 희망의 대보름달은 모든 소원을 들어줄 것만 같다. 대보름달의 밝음과 맑음은 충분히 그러한 자태를 자아낸다. 달에게 빌고 싶은 마음이 이는 것은 아주 자연스럽다. 이러한 마음이 달맞이 풍습을 낳았다.

달맞이 장소는 마을마다 정해져 있다. 대체로 달이 잘 보이는 마을 뒷산이나 그 부근의 산 또는 너른 논밭 등으로 나간다. 물론 달만 환하게 잘 보이면 어디든 상관은 없다. 달이 휘영청 밝게 떠오르면, 달을 향하여 각자의 소원을 빈다. 지역이나 집안에 따라서는 횃불을 마련하여 달맞이를 한다. 이때 달을 바라보며 횃불을 휘휘 젓는다.

대보름달의 모양 · 밝기 · 빛깔 등을 보고, 그 해 농사의 풍흉을 점쳐보기도 한다. 달이 뜰 때 붉은 빛이 보이면 비가 적게 내려 흉년이 들고, 하얀 빛을 띠면 우순풍조(雨順風調)하여 풍년이 든다고 한다. 또 달무리가 지면 흉년이고, 달무리가 없으면 풍년이라 한다.

공주 지역에서는 보름달의 윗부분이 얇으면 그 해에 비가 많이 오고, 아랫부분이 얇으면 비가 적게 오고, 달의 옆 부분이 얇으면 흉년이라고 한다. 서산 지역에서는 보름달 전체가 둥글게 잘 뜨면 풍년, 어느 한쪽이 둥글지 않게 뜨면 그 방향의 벼는 흉작이라 한다.

일부 지역에서는 달맞이를 할 무렵에 마당에 모닥불을 피운다. 그리고 불이 거의 꺼질 즈음에는 한 해의 액을 막는다고 하여, 불 위를 여러 차례 뛰어 넘는다. 이른바 가래불 놓기, 가래불 넘기이다.

달집 태우기

달집 태우기 풍습은 정월 열나흘 동제의 부대행사나 대보름에 달맞이를 하기 전후에도 한다.

달집은 소나무 · 참나무 · 대나무 등으로 그 외곽을 원추형으로 만든다. 작은 달집의 높이는 3-4미터 정도, 큰 달집은 5-6미터 정도 된다. 달집 안에는 생솔가지 · 볏짚 · 잡목 등 땔감을 충분히 채운다. 또

달집 주변에 모인 주민들

달집에 불을 붙이는 주민(금산 황풍리)

달집 주변에서 쥐불놀이를 하는 아이들

달집 태우기

정월 보름날 저녁 달집태우기를 하고 풍물을 치는 주민들

대나무도 넣어서 그것이 탈 때, "딱!" 하고 크게 터지는 소리를 내게 한다. 잡귀나 액을 쫓기 위함이라 한다. 달집 안에 땔감이 많아야 불길이 잘 솟고 오래도록 탄다.

달집태우기는 달끄스르기, 달불놓기, 망월, 동화제리고도 한다. 그러나 다른 일부 민속 용어도 그러한 것처럼, 마을에서 실제로 그런 말은 잘 쓰지 않는다. "달집을 태운다.", "달을 끄스른다.", "달불 놓는다." 등으로 말한다. 다만 이러한 풍습을 하나의 용어로 표현하기 위하여, 곧 어떤 말을 명사 구실을 하도록 '기'라는 어미를 쓸 뿐이다.

달집은 대개 마을 어귀나 공터, 논두렁 · 밭두렁, 보름달이 잘 보이는 언덕 등에 세운다. 이제 대보름달이 떠오르는 시각을 기다려 불을 붙인다. 대개 장가를 들거나 아들 낳기를 바라는 사람이 불을 붙인다. 달집에 불을 붙이면, 복이 따른다고 여기기 때문이다. 또 불을 붙이는 권

동화제 준비(청양)

동화대

한을 갖는 사람이 이 날 술과 음식을 제공한다.

달집에 불길이 솟고 활활 타오르면, 마을의 풍장패는 한판 쇠가락을 울리고, 어린아이들은 깡통에 불을 지펴 쥐불놀이도 하며 동네 사람들은 저마다 보름달을 바라보며 손을 비빈다. 불타는 달집의 열기는 사람들의 몸을 잠시 뜨겁게 하고, 그 불빛은 사람들의 얼굴을 붉게 물들인다. 캄캄한 어둠 속을 불꽃들이 난무하며 허공으로 사라지고, 간간이 "딱! 딱! 딱!" 하는 폭죽 소리는 더욱 크게 들린다. 사람들의 환호 소리, 풍장 소리, 매캐한 연기 냄새 등이 달집태우기의 배경이 된다.

달집이 한창 타오를 때, 그 해 운수가 나쁜 사람들은 자신의 옷이나 사주를 적은 종이를 그 안에 던져 태운다. 우환이 있는 가정에서도 아픈 사람을 위해서 그렇게 한다. 속옷·종이옷·동정(옷깃에 덧대는 헝겊)·제웅 등도 달집에 던진다. 또 어제 열나흘까지 날리고 놀던 연도 달집에 태운다.

달집이 수시로 밝은 빛을 뿌리며 잘 타오르고 오래 타며 연기도 많이 나면, 그 해 운수가 좋다. 또 거의 다 타도록 달집이 쓰러지지 않아야 길하다. 이와 반대로 불길이 잘 솟구치지 않고 잘 타지 않거나 도중에 달집이 쓰러지면 불길하다.

달집태우기는 충남의 일부 지역에서 전승된다. 곧 청양군, 부여군, 금산군 등 일대에 주로 분포한다. 특히 평야지대보다는 산간 마을에서 주로 행해진다. 그러나 근래에는 각 지방자치단체마다 음력 정월대보름 행사로 달집태우기를 많이 한다. 원래 달집태우기 풍속이 없었던 지역에서도 관 주도로 달집태우기를 하는 것이다.

(2) 풍년 기원

볏가리대 세우기

볏가리대는 볏가리+대로 이루어진 말이고, 볏가리는 벼+가리로 구성된 말이다. 곧 벼, 가리, 대가 합쳐진 말이 볏가리대이다. 벼는 쌀을 내는 볏과의 한해살이풀이고, 가리는 단으로 묶은 곡식을 차곡차곡 쌓은 더미이다. 그래서 볏가리는 벼를 베어서 볏단을 차곡차곡 쌓은 더미를 뜻한다. 대는 장대(長-)를 말한다. 따라서 볏가리대란 볏가리의 장대란 뜻이 된다.

그러나 '볏가리의 장대'란 말은 형용모순(形容矛盾)이다. 형용하는 말이 형용을 받는 말과 모순된다. 현실적으로 볏가리는 장대에 쌓을 수도 없고 놓을 수도 없다. 수사법상으로도 어긋난다. 그럼에도 불구하고 흔히 "볏가리를 세운다." 또는 "볏가리대를 세운다."고 말한다. 그러나 실제로 볏가리를 세운 것이

볏가릿대 상부에 달린 오곡 주머니

볏가릿대를 세우기 전에 간단히 고사를 지내는 주민(당진 기지시리)

아니다. 세운 것은 장대이다. 장대 자체가 볏가리가 될 수는 없다. 볏가리의 상징적 대체물은 장대 상단 부분에 종이나 헝겊으로 싸서 매달아 놓은 쌀이나 오곡이다. '오곡주머니'가 바로 볏가리인 셈이다. 이렇게 볏가리를 하늘을 향해 높이 세운 것이 볏가리대이다.

장대는 오곡주머니, 곧 볏가리를 매달기 위한 수단에 불과한 것이 아니다. 장대는 하늘과 지상을 연결하는 교통로이면서, 동시에 세상의 중심이 되기도 한다. 이른바 우주축(宇宙軸)이란 원초적 상징성을 지닌다. 볏가리대는 우주축+볏가리(오곡주머니)인 것이다. 볏가리대를 세운 마을은 세상에서 가장 곡식이 풍요로운 땅이 된다. 볏가리대는 '농업의 우주축'이다.

볏가리대는 음력 정월 대보름 아침에 세운다. 극히 일부의 마을만 정월 열나흗날에 할 뿐이다. 그러나 볏가리대를 내리는 날은 어느 마을이든 반드시 이월 초하루에 한다. 특히 서산 · 태안 · 당진 · 예산 등 내포 지역은 볏가리대 중심지이다.

볏가리대를 세우는 장소는 대개 마을의 대동샘이나 부잣집 옆이다. 대동샘은 생명의 원천인 물 그 자체를 상징하기에 농사와 불가분의 관계에 있다. 대동샘 옆에 세워지는 볏가리대는 당연히 그 소임을 더할 것이다. 부잣집의 볏가리대는 천석꾼 · 만석꾼의 부유함을 전이받을 것이다. 그리고 현실적으로는 볏가리대를 세우고 내리는 날에 부잣집으로부터 잔치 음식도 제공받을 수 있을 것이다.

왜정(倭政)시대에도 그랬지만 해방 나고서도 그리고 특히 한국전쟁 중이나 그 이후에도, 농민의 생활은 끼니조차 잇기 어려웠다. 볏가리대를 세우고 내리는 날마저도 마을 사람들이 한데 모여서 먹을 술과 음식마저 여의치 않았다. 그럴 여유가 있는 동네는 흔치 않았다. 볏가리대를 세우고 내리려면 잘 사는 부잣집에 기댈 수밖에 없었다. 부잣집이나 그 옆에 볏가리대를 세우면 그나마 술과 음식을 내왔다. 그렇지만 부잣집에서도 힘들어 했다.

용알 뜨기

대보름 새벽에 각 가정의 아낙은 대동샘에서 물을 길어 온다. 다른 집보다 먼저 물을 떠와야 좋다고 하여 서두른다. 그래야 올해 농사에서 장원(壯元)을 할 수 있다. 또한 집안에 온갖 복을 부르고 일체의 액도 물리칠 수 있다.

이 물은 평소의 물과는 전혀 다른 의미를 지닌다. 열나흘 밤 자시(子時), 진정한 새해의 첫 시간에 대동샘에 비친 대보름달은 이미 달이 아니다. 용이 대동샘에 낳은 알이다. 대보름달이 우물에 빛으로 내려와 용알이 되었다. '음(陰)과 여성과 물'의 상징인 달이 수신(水神)인 용의 알로 변환된 것이다. 대보름달과 용알도 그 둥근 모양이 서로 꼭 닮았다.

농사지을 물에 대한 희망이 대동샘에 휘영청 반사된 대보름달을 용알로 보이게 한다. 이제 올 한 해 충분히 물을 대줄 용신이 태어 날 것이다. 더욱이 용은 용알을 마을의 생명줄인 대동샘에 낳았다. 그러나 이 용알은 물뿐만 아니라 모든 복을 가져다주는 근원이기도 하다. 용알 뜨기를 복떠오기 또는 복물뜨기라고도 말하는 까닭이다. 그래서 보름날 오곡밥은 되도록 이 복물로 짓는다.

이러한 용알을 다른 집 아낙보다 먼저 떠서 우리 집으로 가져오면, 가내평안은 응당 보장받는다. 갓 낳은 생명력 강한 용알을 미리 앞서서 옮겼기 때문이다. 그렇다고 해서 대동샘의 용알이 다 없어진 것은 아니다. 대보름달이 대동샘에 떠 있는 시간만큼은 용알은 그곳에 여전히 가득하다.

용알을 집안의 남정네가 떠 오는 경우는 없다. 아낙이어야 용알을 떠 올 수 있고 또한 그래야 효험이 있다. 여성은 달-물-용과 상징적으로 관련을 맺고 있기 때문이다.

보름날 용밥 주기

충남 서해안 일부 어촌에서는 보름날 새벽에 바닷가에 나가 용왕에게 밥을 먹이는 풍습이 있다.

홍성 지역에서는 밀물이 들기 전에 되도록 바다 멀리 나가 밥과 조기 등으로 제물을 차리고 용왕에게 치성을 드린다. 밥은 3숟가락씩 백지에 싸서, 식구 수만큼 주먹밥을 만든다. 이때 주먹밥에는 식구의 이름을 쓴 종이를 넣기도 한다. 제물은 볏짚을 열십자로 깔고 그 위에 차린다. 그리고 동서남북 사방에 비손을 하면서 사해용왕(四海龍王)에게 집안의 복을 빈다. 물이 들어오면 자연스럽게 제물은 바닷물에 휩쓸려 먼 바다로 나간다. 이를 "용왕에게 밥을 먹인다."라고 한다.

그런데 이는 황해도 어촌 사람들의 풍습이기도 하다. 6·25 전쟁 때에 황해도에서 내려온 피난민들이 홍성 지역에 정착하면서 보름날에 용밥에게 밥을 주는 일이 더욱 많아졌다고 한다.

과일나무 시집보내기

설날이나 대보름에는 과일나무의 수확이 많기를 비는 풍습이 있다. 당진 지역에서는 대보름날 부부가 자귀와 오곡밥을 들고 과일나무로 향한다. 남편이 자귀를 들고 과일나무에서 Y자형으로 갈라진 가지 윗부분을 살짝 내리친다. 그러면 부인이 오곡밥을 자귀 흠집이 난 부위에 채워 넣는다. 또는 오곡밥을 지을 때 가마솥 한쪽에서 익힌 서숙(조)을 넣어주기도 한다. 서숙은 한 가지에 낟알이 다닥다닥 붙어 있으므로, 나무에도 과일이 그렇게 많이 열리기를 바라는 것이다. 이는 아마도 과일나무에 남녀의 생식 원리를 적용한 데서 비롯한 풍습으로 보인다.

또한 과수를 보고 "열매 잘 맺어라!" 하고 외친다. 이때 나무에 큰 상처가 나지 않을 정도로 도끼로 가볍게 찍는다. 과일나무에 엄포를 놓는 것이다. 때로는 도끼로 나무를 찍지는 않고 위협만 가하기도 한다. 가령 남편이 "열매를 많이 맺지 않으면 도끼로 찍겠다."고 겁박하면, 아내는 그 옆에서 "아무쪼록 열매 많이 달려라!" 하고 타이른다.

밀보리 털기 · 꿩알 얻기 · 치 엎어두기 · 보리밭 도리깨로 치기

대보름 아침에 밀보리 농사가 잘 되기를 빌면서 수수깡으로 만든 밀보리를 타작하는 흉내를 낸다. 전날인 열나흘 저녁에 수수깡 속과 대로 밀보리가 달려 있는 밀보리대를 만든다. 이것을 잿간의 잿더미 위에 꽂아 두었다가, 보름날 아침에 꺼내어 밀보리 털기를 한다. 이렇게 하면 초여름 보리 수확을 잘 할 수 있다. 일종의 모방주술이다. (아산)

꿩알은 흔히 행운을 가져다준다고 믿는다. 특히 대보름에 꿩알을 얻으면 대길하여, 이미 풍년이 든 것과 마찬가지이다. 그래서 그 전날인 열나흘 밤에는 오곡밥 누룽지를 안고 잔다. 이렇게 하면 이튿날 대보름에 반드시 꿩알을 얻을 수 있다고 한다. (당진)

열나흘 저녁에 쌀 까부르는 키(치)를 톡톡 쳐서, 치에 끼어 있는 곡식 알갱이를 털어 낸다. 그런 후에 키를 대문간이나 마당에 엎어 둔다. 보름날 아침에 일어나 키를 자세히 살펴보면 쌀이나 보리 등의 곡식이 여전히 끼어 있다. 쌀이 끼어 있으면 그 해에 풍년이 들고, 보리 등의 잡곡이 끼어 있으면 흉년이 든다고 한다. (부여)

대보름 저녁이나 밤에 보리농사를 망치는 숟치를 없애기 위해 보리밭에 나가서 도리깨질을 한다. 숟치는 두더지와 비슷한데 보리밭의 뿌리 부분을 들떠 놓아서 보리를 죽게 한다. 한 밤에 남자가 혼자서 도리깨를 들고 나가서 보리밭을 탁탁 내리친다. 이때 야행성 동물인 숟치가 멀리 도망간다고 한다.(당진) 두더지를 퇴치하기 위한 두더지 방아 풍습이 숟치로부터 보리밭을 온전히 지키기 위한 뱅이로 전용된 것이다.

대보름의 김쌈과 볏섬

보름날 아침밥을 먹을 때, 몇 가지 유념해야 할 사항이 있다. 아침밥은 다른 날보다 일찍 먹어야 한 해 동안 부지런히 농사일을 할 수 있다. 또 아침밥은 되도록 김쌈으로 먹어야 좋다. 김쌈이 싫다면 첫 술이라도 김쌈으로 해야 한다. 김쌈은 김으로 싼 밥이지만, 볏섬으로 간주한다. 이날 아침에 김쌈을 많이 먹으면, 그 해 볏섬을 많이 할 수 있다고 한다. 그래서 김쌈을 복쌈이라고도 부른다.

공주 지역에서는 김쌈을 짚끄랭이에 넣어서 방안 시렁 위에 올려두기도 한다. 서산 지역에서는 열나흘 밤에 부녀자들이 김쌈을 모판에 쌓아 둔다. 이때 김쌈을 볏섬이라고 부른다. 김쌈을 많이 만들수록 풍년이 든다. 다음날 대보름 아침밥을 먹기 전에 식구들이 모판의 김쌈을 하나씩 집어 먹고 이웃에게도 나누어 준다.

삼[麻]농사 풍흉 가리기

열나흗날이나 보름날 우리 집에 첫 번째로 들어오는 남자가 키가 큰지 작은지를 가려서 삼 농사의 풍흉을 가리는 풍습이다. 주로 충청도와 전라북도에 전승된다.

키 큰 남자가 새벽부터 들어오면 그 해 삼 농사는 풍년이 들고, 키 작은 사람이 먼저 들어오면 흉년이 든다고 여긴다. 키 작은 사람에는 사내아이도 포함된다. 어떤 집에서는 삼 농사 잘되라고, 일부러 키 큰 사람을 불러서 오곡밥을 대접한다. 여자는 키에 상관없이 보름날 남의 집에 함부로 가지 않도록 주의시킨다. 재수가 없다는 것이다. 여자들은 보름날 머리도 빗지 않고 바느질도 하지 않는 등 매사에 조심해야 한다.

달불이[月滋]

한 해 농사의 풍흉을 콩이 물에 불은 정도를 보고 점치는 풍속이다. 정월 열나흗날 저녁 적당한 길이의 수숫대를 수직으로 타개서 반쪽 수숫대 안에 12개의 콩을 일렬로 넣는다. 12개 콩에는 각각 1월부터 12월까지 표시를 해 놓는다. 그리고 다른 반쪽 수숫대를 콩을 넣은 반쪽 수숫대와 합친 다음에, 수숫대 양쪽 끝을 실이나 삼으로 동여맨다. 집안에 따라서는 수숫대를 반으로 쪼개지 않고 수숫대 안에 12개의 콩을 그대로 밀어 넣기도 하고, 새끼줄에 콩이 빠지지 않도록 잘 끼워 놓기도 한다.

이렇게 콩을 넣은 수숫대나 새끼줄은 밤새 우물이나 물동이에 담가 놓기도 하고, 또는 눈이 쌓인 지붕의 처마나 고드름이 맺힌 처마에 매달기도 한다.

다음날 대보름 새벽에 이것을 풀어헤쳐서, 어느 달의 콩이 물에 잘 불었는지 유심히 살핀다. 4월, 5월, 6월달의 콩이 불어 있으면 가장 길하다. 이들 달에 비가 충분할 것으로 여겨지기 때문이다. 만일 그렇지 않으면, 심한 가뭄에 고생하지 않을까 염려한다.

지역에 따라서는 대보름이 아닌 음력 이월 초하루에 콩을 꺼내 보기도 한다.

주대드리기(봇줄 드리기, 소 고뺑이 드리기)

대보름에는 한 해 동안 쓸 소의 줄, 곧 주대를 드린다. 주대는 볏짚이나 삼줄로 꼰다. 이 날 쟁기나 써레 등에 쓸 줄도 함께 만든다. 소를 먹이는 집에 마을 사람들이 모여 주인집에서 내는 술과 음식 등을 먹으며 담소를 즐기는 가운데 소 줄을 꼰다. 1년 동안 쓸 많은 양의 새끼줄이기 때문에 온종일 꼰다. 이 날 여자들은 한 해 동안 쓸 똬리나 수세미 등을 만든다. 지역에 따라서는 2월 초하루에 하기도 한다.

병아리 잘 까라고 솔방울 던지기

닭을 키우는 집에서는 열나흗날이나 보름날 아침에 닭장이나 마당 등에 솔방울을 던진다. 이때 "병아리 깠다! 병아리 깠다!"라고 외치며 집안 곳곳을 돌아다닌다. 이렇게 하면 닭이 알도 잘 낳고 알도 쉽게 부화한다고 한다. 또는 열나흘 저녁에 솔방울을 따다가 바구니에 담아서 왕겨더미 위에 올려 놓는다. 이렇게 하면 그 해 병아리가 잘 된다.

부럼깨기 및 동치미 먹지 않기

정월 열나흘이나 대보름 이른 아침에 한 해 동안 각종 부스럼을 예방하고 이를 튼튼하게 하려고 호두·땅콩·잣·밤 등의 견과류를 어금니로 깨무는 풍습이다. 부럼은 부스럼을 뜻하는 사투리이다.

대보름에 고춧가루를 많이 쓴 김치나 동치미처럼 톡 쏘는 음식을 먹으면, 농사철에 생고자리에 쏘인다고 한다. 생고자리는 눌쐐기(여린 황등에)를 말한다. 생고자리에 쏘인 부위는 가시가 박힌 듯 통증이 심하고 퉁퉁 붓는다. 대보름에 김치를 먹으면 어른들은 "생고자리에 쏘

가게 진열대의 부럼

방안 곳곳에 부럼을 뿌리는 주부(대전)

이면 농사를 못 짓는데 어떻게 하려고 그러느냐?"고 야단을 쳤다.

(3) 겨루기

불싸움과 석전

대보름날 저녁이 되면 이웃 마을과 불싸움을 한다. 지역에 따라서 홰싸움, 횃불싸움, 쥐불싸움, 망우리싸움[망월(望月)싸움]이라고도 부른다. 두 마을의 소년들은 멀리서 마주보며, 자기네 횃불이 더 밝고 오래도록 잘 탄다고 자랑한다. 가령 공주시 탄천면 송학리 소라실의 경우를 보면 서로에게 "너희 불 꺼져가니 우리 불 꾸어가라!"라고 소리지른다. 심지어 횃불을 휘두르며 상대방 마을을 위협하며 쳐들어가기도 한다. 몸싸움도 당연히 일어난다. 상대방 마을의 횃불을 빼앗기도 한다. 여기에서 밀리거나 도망을 가거나 횃불을 뺏기면 지는 것이다.

홰는 대개 싸리나무나 겨릅대(껍질을 벗긴 삼대)로 만든다. 그 안에 솔잎, 사금파리, 닭똥, 돌멩이 등을 넣는다. 홰가 더 오래 타도록 송진을 바르기도 한다.

두 마을의 소년들은 쥐불을 만들어 휘휘 돌리면서, 양쪽 마을의 중간쯤으로 나아간다. 이때 상대방 마을을 조롱하고 비방하는 여러 구호를 외친다. 서로 가까이 다가가면, 쥐불 깡통을 던지는 등 위협을 준다. 쥐불이 불꽃이 되어 여기저기 튄다. 쥐불이나 불꽃에 옷이 타거나 구멍이 나기도 한다. 겁이 나서 도망치는 소년들이 많을수록 진 것이 된다. 서로 이기려고 진퇴를 거듭한다.

우리 마을의 논둑이나 밭둑을 태우면서 쥐불이 다른 마을까지 퍼지면, 그때부터 두 마을의 불싸움이 시작되기도 한다. 서로 달려가고 도망가고, 밀치고 당기다가 다치기도 한다. 쥐불놀이를 하다가 우연히 다른 마을 소년들을 만나서 불싸움을 벌이기도 한다. 몇 명이 싸우다가 마침내 동네 싸움으로 번지기도 한다.

1940-50년대만 해도 충남의 많은 마을에서 음력 정월 열나흘이나 보름에 석전(石戰)을 벌였다. 불싸움과 마찬가지로 두 마을이 큰 길이나 하천 또는 논밭 등을 경계로 하여 돌싸움을 했다. 심하면 상대방 마을까지 쫓아가서 돌을 던지며 싸웠다. 물론 다치는 사람들도 있었다.

줄다리기

지금은 충남에서 줄다리기를 하는 지역이나 마을은 거의 없다. 무형문화재로 지정된 당진 기지시리 줄다리기(국가무형문화재 제75호)와 세종시 용암 강다리기(무형문화재 제2호)만 행해질 뿐이다.

그러나 1950년대나 그 이전 시기 만해도 천안이나 아산 지역 등에서는 음력 정월 열나흘이나 대보름 저녁에 동제를 전후하여 줄다리기를 했다.

이 날 아침 또는 며칠 전부터 마을에서 미리 볏짚을 수렴하여 마을 공터 등에서 볏짚을 꼰다. 줄을 길고 굵게 만들려면 새끼틀로 꼰다. 암줄은 그 끝을 둥글게 하여 구멍 뚫린 엽전 모양으로 만들고, 숫줄도 동일한 모양으로 하되 그 크기는 작게 한다. 곧 줄의 한쪽 끝은 새끼줄을 둥글게 매듭지어 고를 만든다. 숫줄의 작은 고를 암줄의 큰 고에 삽입하고, 그 틈새에 비녀목을 끼우면 줄이 완성된다. 마을 규모가 작으면, 암·숫줄 없이 줄 하나만 꼬아서 당기기도 한다.

마을 안이나 부근의 넓은 공터로 줄을 가지고 나가, 여자 편과 남자 편으로 편을 갈라서 줄을 당긴다. 줄이 크면 원줄에 많은 샛줄을 달아매서, 그것을 당기도록 한다. 혼인하지 않은 총각은 여자 편에 속한다. 줄은 세 차례를 당겨서 두 번 이기면 승리하는 것이 된다. 보통 여자 편이 이겨야 풍년이 든다고 하여, 결국에는 남자 편이 져주게 된다. 줄을 당길 때 남자 편이 이길 것 같으면, 구경하던 사람들이 여자 편에 더 붙거나 또는 남자 편 사람들이 줄을 제대로 당기지 못하도록 방해한다.

두 마을이 남자 편·여자 편으로 나누어 줄을 당기기도 한다. 가령 윗말이 남자 편이고, 아랫말이 여자 편이 된다. 이런 마을 대항인 경우에는, 남자 편이 이겨야 풍년이 든다는 속신이 있기도 하다.

줄다리기 날 마을은 온종일 잔치 분위기이다. 남정네들은 줄을 꼬으고, 아낙들은 음식을 장만하느라 분주하다. 수시로 마을 풍장패는 쇠가락을 울린다. 줄을 당길 때에는 동네 사람들이 다 나온다. 노약자나 아이들은 구경을 한다. 횃불을 밝힌 가운데 한판 신나게 놀았던 줄다리기가 끝나면, 줄다리기를 했던 줄은 도끼나 칼로 조금 끊어서 집으로 가져간다. 많은 사람들이 놀았던 줄이기에, 복을 부르는 줄로 여겨진다. 지붕 위에 던져두면 집안이 무탈하고, 밭에 놓으면 농사가 잘 되며, 며느리에게 삶아 먹이면 태기가 있다고 한다. 남은 줄은 퇴비로 쓴다.

기지시리 줄다리기

일반 농촌의 줄다리기와 달리, 시장의 번성과 지역의 제액초복과 대동을 위하여 하는 줄다리기도 있다. 당진군 송악면 기지시리(機池市里)의 줄다리기가 그러하다. 마을의 줄다리기가 시장 중심의 고을 줄다리기로 그 의미와 역할이 변화·확대된 경우이다. 여기서는 음력 정월 대보름이 아니라, 윤년(閏年)이 드는 해 양력 4월 1일에 인근의 마을들을 수하(水下) 편과 수상(水上) 편으로 나누어 대규모의 줄다리기를 행한다. 원래 줄다리기라는 말보다는 줄난장이라는 말을 썼다. 줄다리기로 인하여 난장이 벌어졌다는 뜻이다.

기지시리는 틀처럼 생긴 못이 있다 하여 틀모시라고 불렀다. 조선 후기에 면천의 남쪽과 서쪽의 고을 사람들은 한양을 가려면 이곳 면천을 거쳐 기지시를 통과해 한나루[漢津]를 건너야 했다. 교통의 요지이기에 당시에 이미 정기 시장이 섰고, 내포 지역에서 면천 읍내장과 더불어 가장 번성한 시장으로 성장했다. 그 후 상인을 비롯하여 각지에서 모여든 주민들이 촌락을 이루기 시작하면서 언제부터인가 줄다리기도 행해졌을 것으로 추정된다.

현재 기지시 줄다리기는 보존회가 행사를 주관하고 있다. 윤년마다 하는 대제(大祭)는 나흘간에 걸쳐서 진행되는데, 첫째 날은 당제와 용왕제를 지내고, 둘째 날과 셋째 날은 여러 민속놀이가 부대행사로 펼쳐지며, 마지막 날에 줄다리기를 행한다. 줄다리기 일시는 양력 4월 1일로 고정시켰다. 소제(小祭)는 매년 음력 정월 그믐과 이월 초하루에 치르는데, 이때에는 줄다리기를 하지 않는다.

줄다리기 한 달 전부터 수상과 수하에 속한 마을들이 각각 짚단을 가져와 줄을 만든다. 먼저 짚단을 한 주먹씩 넣고 비벼 꼬아서 작은 줄을 만들고, 이 작은 줄 70가닥을 다시 큰 줄로 만들고, 큰 줄 3개를 마

암줄을 옮기는 주민들(당진 기지시리)

마을 가운데로 난 길로 옮긴 줄

줄다리기를 지휘할 대장

높이 솟은 깃대

비녀장을 지른 암·숫줄

열심히 줄을 당기는 주민들

줄을 잘라 가는 아낙네들

줄을 들고 기뻐하는 노인

용왕제를 모시는 샘(2007년)

마을 앞 도로에 길게 늘인 줄

련한 후 '줄틀'을 이용하여 하나의 거대한 원줄을 만든다. 여기에 줄을 잡아당기는 데 쓸 수 있도록 곁줄을 연결한다. 줄은 암줄과 숫줄 두 개를 만드는데, 암줄의 머리는 타원형으로 크게 하고 숫줄의 머리는 원형으로 작게 제작한다. 암·숫줄 모두의 길이는 200미터 정도 되고, 직경은 1미터, 둘레는 1.8미터에 달한다. 줄이 완성되면, 일종의 전야제로서 당제와 용왕제를 지낸다. 당제는 마을의 동쪽에 있는 국수봉

기를 든 장군

암줄 옮기기

에서 지내는데, 유교식의 제사에 이어 승려의 독경과 무당의 굿으로 진행된다. 이를 보존회에서는 유불선(儒彿仙)의 합동 제사라고 한다. 다음에는 마을 한복판에 있는 우물에서 용왕제를 모시는데, 제사 방식은 당제와 동일하다. 밤에는 일종의 축원행사로 시장에서 굿을 벌인다.

둘째 날과 셋째 날은 풍물경연, 씨름, 그네뛰기, 궁도, 연날리기, 시조경창, 민요경창, 널뛰기, 윷놀이, 새끼꼬기, 베짜기, 그리고 효자효부 선발 및 표창 등이 부대행사로 열린다.

마지막 날 오전에는 면사무소 광장에서 대회식을 치르고, 오후 2시부터 약 2시간여 동안 줄을 옮긴다. 줄을 마련해 놓은 시장통에서 줄을 당기는 홍척동까지 줄을 운반하는 과정이다. 숫줄이 앞에 서고 암줄이 뒤를 따른다. 여기에는 자매학교의 학생들이 동원된다.

줄다리기가 시작되면 양편 주민들은 풍물을 울려 기세를 올리며 줄 옆에 모여 선다. 중앙선에 기지시의 두레농기를 꽂고 좌우에 수상의 청기(靑旗)와 수하의 황기(黃旗)를 세운다. 양편은 대장이 지휘하는데 심판의 신호에 따라서 첫 번째 신호에 줄을 잡고 두 번째 신호에 줄을 들고 세 번째 신호에서는 줄을 당겨 끈 쪽이 이긴다. 수하 편, 곧 암줄 편이 이겨야 풍년이 든다고 한다. 매번 수하 편이 승리한다. 수하 쪽이 수상 쪽보다 지형이 낮아서 수하가 줄을 당기기에 유리한 것이다.

승부가 결정되면, 줄다리기에 참여했던 사람들은 넓은 들판에 널려 있는 줄에 달려들어 칼이나 도끼 등으로 줄을 잘라 간다. 이들 줄은 개인이나 가정의 각종 소망을 이루는 여러 용도로 쓰여진다. 특히 암줄과 숫줄을 결합시켰던 비녀목을 꽂은 부분의 줄은 불임과 요통에 효험이 있다고 한다. 또한 원줄은 썰어서 논에 거름으로 쓰기도 한다.

나. 이월

음력 이월은 만물이 생동하는 상징으로 개구리가 처음 나온다는 경칩(驚蟄)과 낮과 밤의 길이가 같아지는 춘분(春分)이 든다. 경칩은 3월 5일 경에 들고, 춘분은 3월 20일경에 든다.

설날, 설, 정월 열나흘, 정월 대보름에 이어서 맞는 이월 초하루는 실질적 농사의 개시일이다. 진정한 새해인 대보름 이후 이월 초하루까지 보름간은 농사 측면에서 보면 일종의 과도기이다. 볏가리대나 농기를 정월 열나흘이나 대보름에 세웠다가 이월 초하루에 내리는 풍습은 하늘에 풍농을 기원하는 시간을 지나, 이제는 사람이 실제로 농사일을 시작하는 날로 접어들었음을 잘 보여 준다.

그래서 이월 초하룻날에는 농사와 직접적인 관계가 있는 세시풍속이 집중되어 있다. 곧 이 날은 '머슴날'이라고 하여, 한 해 농사의 본격적인 시작을 앞두고 머슴을 위로하고 놀린다. 또 농사를 힘들게 하고 망치게 하는 잡초를 없애기 위해 콩을 볶아 먹는다. 풍년과 흉년을 미리 점쳐 보려고 좀생이별을 유심히 보는 것도 이 날이다. 농사 성패에 가장 중요한 우순풍조를 관장하는 이월할머니를 모시기도 한다. 이 노파신의 이름 자체가 이월달의 할머니이다. 그만큼 이 날은 농사의 시작과 관련하여 막중한 의미를 지닌다.

그밖에 이 날에는 집안 곳곳에 악취를 풍기는 노래기를 퇴치하는 뱅이도 하고, '주대 드리기'라 하여 1년 동안 쓸 소줄 등을 꼰다. 이들 풍습은 정월 열나흘이나 대보름에도 하지만 초하루에도 많이 한다. 특히 내포 지역이 그렇다. 정월 초하룻날 그리고 정초에도 여자는 다른 사람의 집 출입을 삼가야 하지만, 이월 초하룻날도 마찬가지이다. 여자가 남자보다 먼저 이웃집 등을 방문하는 것은 더욱 금기시된다. 만일 남의 집 변소에 오줌을 누면 큰일 난다. 땅을 매만지고 종자를 고르는 등 본격적인 농사일이 시작되는 날이기에 그렇다.

서산이나 태안 등 염전을 하는 마을에서는 음력 2월 초엿새날에 염전고사를 지낸다. 첫 번째 소금 생산에 대하여 감사를 표하고, 한 해 염전 사업의 성공을 빌기 위해서이다.

경칩이면 대동강 물도 풀린다고 한다. 겨울잠에서 깨어난 개구리는 논과 개울 등에 알을 낳는다. 이것을 깨끗한 물에 헹구어 술과 함께 먹으면 위장병, 허리병, 가래, 정력 등에 좋다고 한다. 개구리알은 아무 냄새도 나지 않고, 한번 입에 넣으면 토하지 않는다. 경칩을 지나 사흘 후가 되면 꼬리가 나와 먹지 못한다. 개구리알처럼 도룡농알을 먹기도 한다.

다음에는 대표적인 이월의 세시풍속을 항목별로 소개한다.

1) 초하루

(1) 머슴날과 나이떡

초하룻날에는 한 해 농사일에 수고가 많을 머슴을 위로하고 격려하기 위해 떡과 술 등을 장만하여 먹인다. 보통 인절미를 많이 한다. 그래서 이 날을 '머슴날', '일꾼날', '머슴생일', '신농씨 생일', '농꾼들 잔치하는 날' 등이라고 부른다. 이 날이 지나면 "머슴들이 울타리를 붙들고 운다."는 말이 있다. 가을걷이가 끝날 때까지 앞으로는 쉬는 날은 없고 힘든 일만 해야 하기 때문이다. 머슴은 칠석이나 백중에도 하루를 잘 먹이고 놀렸다.

또 이날 새벽이나 아침에 식구들은 나이떡을 먹는다. 식구들 각자의 나이만큼 송편을 먹는 것이다. 그러나 예전에는 식구도 많았고 나이만큼 먹을 수도 없었기 때문에, 실제로는 송편을 조그맣게 만들거나 상징적으로 몇 개만 먹었을 뿐이다. 아니면 송편 떡살을 담글 때 쌀을 숟가락으로 식구들 나이 수만큼 뜨기도 했다.

(2) 노래기 퇴치를 위한 뱅이(노내각시 바늘주기)

노래기는 노내기 또는 노내각시라고도 부르는 배각강(倍脚綱)에 속하는 절지동물이다. 이는 어둡고 습기가 있는 곳에 서식한다. 식물의 부식질을 먹고 살기에 주로 썩은 풀이나 나무속에서 쉽게 볼 수 있다. 예전에 초가집에서 살 때는 노래기가 이곳저곳에서 우글거렸다. 특히 한여름에는 흘러내릴 정도였다. 집안의 웅덩이나 짚더미에도 영락없이 꿈틀거렸다. 초가집과 노래기는 불가분의 관계였다. 사람에게 직접 해를 입히지는 않지만, 참기 힘든 악취를 내뿜는다. 물론 징그럽기도 하다. 그래서 정월 열나흘이나 대보름 또는 이월 초하루에 노래기를 쫓는 여러 뱅이를 행한다.

새벽에 솔잎을 꺾어서 들고 집 주변을 돌아다니며, "노래각시, 노래각시, 바느질이나 하고 내려오지 마소!" 또는 "노내각시 바늘 받으시오. 올 1년일랑 꼼짝 말고 있으시오!"라고 외친다. 그리고 나서 솔잎을 지붕 위로 던진다. 솔잎을 바늘로 삼아 지붕에 앉아 바느질이나 하라는 부탁이다. 소나무 가지를 지붕 위로 던지기도 한다.

보령 지역에서는 노래기불이라 하여 열나흗날 땔감으로 노가지나무(노간주나무)를 쓴다. 땔감이 탈 때 나는 "오독오독" 소리가 노래기를 쫓는다고 한다. 논산 지역에서는 볶은 콩을 솔잎과 함께 지붕 위에 던져 놓는다. 노래기가 볶은 콩처럼 볶아지고, 솔잎에 바늘처럼 찔려서 모두 없어진다.

조선후기 유득공(1748-1807)의 『경도잡지(京都雜志)』에도 "2월 초하룻날 집안을 청소한 후에, 종이에 '향랑각시속거천리(香娘閣氏速去千里)'라고 써서, 서까래에 붙였다."고 소개하고 있다.

향랑각시는 고약한 냄새를 풍기는 노래기를 일컫는다. 노린내를 향기로, 지네와 비슷한 벌레를 새색시로 비유한 것이다. 노래기의 악취와 흉측한 외모를 오히려 아름답게 지칭한다. 우리네 풍습에서는 사람에게 해롭고 위험한 존재를 여신, 특히 각시에 빗대는 경우가 있다. 변소 귀신인 측신(厠神)을 측신각시, 부출각시, 통시각시 등으로 부르는 것이 대표적 사례이다. 그녀는 아홉 자나 쉰댓 자나 되는 긴 머리를 늘어뜨리고 머리카락의 끝자락을 이빨로 질겅질겅 씹으며 표독을 부리고 있다. 향랑각시란 낱말에는 노래기의 비위를 맞추고 달래주면서 어서 멀리 갔으면 하는 조바심과 간절함이 잘 드러나 있다.

(3) 콩 볶아 먹기

충남 전역에서 가장 보편적으로 분포하는 세시풍속이다. 이월 초하루는 곧 '콩 볶아 먹는 날'로 생각할 정도이다. 콩을 볶아 먹으면 논과 밭에 잡풀이 나지 않는다고 한다. 또한 그렇게 해야 한 해 동안 종기도 앓지 않고, 치아도 좋아진다고 한다.

공주 지역에서는 콩을 볶으면서, "근잠 볶자! 새삼 볶자! 쥐부리 볶자!"라고 외친다. 근잠과 새삼은 콩밭에 넝쿨처럼 올라가는 나쁜 풀이다. 이때 농작물이나 집안 곳곳을 훼손시키는 쥐도 볶자고 한다. 그것도 쥐를 완전히 볶아서 죽이자는 것이 아니고, 쥐의 주둥이만 아프게 하여 사람의 피해를 줄여보자는 것이다. 이렇게 정월 세시풍속에서도 그랬듯이, 이날에도 사람과 농사에 해를 끼치는 짐승과 벌레를 쫓고 있다. 특히 이 날에는 잡초 제거에 더욱 초점을 맞추고 있다.

서산 지역에서는 "새샘이를 볶는다."는 주문도 추가한다. 새샘이 넝쿨은 콩을 감아 자라지 못하게 한다. 곡식을 내는 식물을 못 자라게 하는 다른 식물을 막으려는 것이다. 논산 지역에서는 새샘이를 없애기

2월 초하룻날 콩 볶기(금산)

새삼이 없어지길 바라며 볶은 콩

위해 볶은 콩을 콩밭에 뿌리고, 볶은 콩을 주머니에 넣고 다니며 초하룻날 수시로 먹는다.

콩 볶기로 한 해 농사의 풍흉을 가늠하기도 한다. 보령 지역에서는 콩 한 되를 볶은 후, 그것을 다시 되에 넣는다. 볶은 콩이 볶기 전보다 많아 보이면 풍년이 들고, 적어 보이면 흉년이 든다고 한다. 또 볶은 콩 일부는 지붕 위에 뿌린다. 천안 지역에서는 볶은 콩을 밥그릇에 담아서 쌀 항아리에 넣어 둔다. 3일 후에 꺼내 보면 부자가 될 집은 볶은 콩이 불어 있고, 가난해 질 집은 그대로 있다고 한다.

(4) 이월할머니 위하기

충남의 남서부 일부 지역(대전광역시 일부 및 금산군 일원 등)에서는 이월할머니 신앙이 보편적이다. 이는 '영등할머니'라고도 부르는데 이월 초하룻날 하늘로부터 내려와서 이십일이 지나면 다시 올라간다. 이월할머니가 내려올 때 딸을 데리고 오면 바람이 불고, 며느리를 데리고 내려오면 비가 온다고 한다. 이월할머니가 하강하고 승천하는 초하루와 스무날에는 이월밥을 마련하여 정성껏 위해준다. 이 기간에 가정주부는 특히 근신을 하며 매사에 조심을 한다. 가탈스러운 이월할머니를 정성으로 잘 모셔야, 집안이 무탈하고 화평하다.(제4장-1-마. 이월할머니와 업 위하기 참조)

충남에서 이월할머니 또는 영등할머니의 이름조차 모르는 지역에서도 이월 초하루 바람에 대해서는 각별히 여긴다. 특히 이 날의 바람과 장닭의 꼬리를 상관 짓는 속신이 많다. 가령 "장닭의 꽁지가 날리면 그 해에 바람이 세다.", "꽁지가 날리지 않으면 그 해에 바람이 적다.", "장닭 꼬리만 날려도 그 해 봄바람이 세다." 등과 같은 속신이다. 해안의 서천 지역에서는 이 바람을 '하루달이 바람'이라고 부른다. 하루달이의 뜻은 분명하지 않다.

2) 월중

(1) 좀생이별 보기

이월 초엿새날에 좀생이별을 관찰하여 풍흉을 가늠해 본다. 이월 초하루나 보름에 보기도 하는데 좀스럽게 모여 있다고 하여 좀생이별로 불린다. 이십팔수(二十八宿)의 열여덟째 별자리의 별들인 묘성(昴星)이고, 서양 천문학의 플레이아데스 성단(Pleiades star cluster)이다. 육안으로 보면 6개 남짓의 별을 헤아릴 수 있다. 겨울밤에는 특히 맑게 빛나고 달 부근에서 보이는 경우가 많다.

초엿새날 좀생이별이 달을 뒤쫓는 모습을 보고 풍년과 흉년을 예측한다. 좀생이별은 여러 개의 별이 무리지어 다닌다. 엿샛날에는 달 주변에서 북쪽을 향하여 나아간다. 좀생이 별이 달 뒤쪽에서 멀리 떨어져서 쫓아가면 그 해에는 풍년이 드는 반면에 달을 앞서거나 달 뒤를 바짝 쫓아가면 흉년이 든다고 한다.(공주) 좀생이별이 달과 가까이 가면 좀생이가 밥 달라고 가까이 가는 것으로 그 해는 흉년이 든다. 만약 좀생이별이 멀리 떨어져서 가면 배가 고프지 않아서 그런 것이니 풍년이 든다.(보령)

초엿새에 밤하늘을 보면 좀생이별과 신할아버지별이 보인다. 신할아버지별이 먼저 가면 풍년이 들고, 좀생이별이 먼저 가면 흉년이 든다. 좀생이별은 아이들 행동과 같다고 여긴다. 먹을 것이 귀한 흉년의 징조이기에 남들보다 빨리 가서 무엇이든 먹으려 한다는 것이다.(서산)

좀생이별은 아이들이고 달은 어른이다. 좀생이별이 달에 가깝게 붙어 쫓아가면, 아이들이 밥을 얻어먹으러 어른 뒤를 바싹 쫓아가는 것과 같으므로 흉년이 든다. 그러나 좀생이별이 달과 멀리 떨어져 가면, 아이들이 쌀이 넉넉해서 그런 것이다. 그래서 풍년이 든다.(서산) 좀생이별을 시어머니에, 달을 며느리에 빗대기도 한다. 좀생이별이 달을 바짝 따라가면 며느리가 무엇을 먹는가 보려고 시어머니가 바짝 따라가는 것이라 하여 농사가 잘 안될 것으로 간주한다.(당진) 좀생이별은 새참을 나르는 어머니를 쫓아가는 어린이이고, 달은 어머니이다. 좀생이별이 달을 앞서면 흉년이고, 달 뒤를 따라가며 풍년이다.(세종시)

동네 어른들이 좀생이별을 관찰한 후에, "올해는 좀생이가 잘 가더라." 또는 "좀생이가 잘못 가더라."라고 말을 한다. 잘 가면 풍년이고 못 가면 흉년이다.(천안)

이들 점풍(占豐) 기준과는 다른 사례도 있다. 좀생이별은 작은 별들이 삼각형으로 무리 진 상태로 보인다. 좀생이별이 북쪽을 향해 가면 풍년이 들고, 남쪽으로 가면 흉년이 든다. 구름이 끼어서 별을 보지 못하면 평년작을 한다. 좀생이가 달과 많이 떨어져서 가면 흉년이 들고, 가까이 따라가면 풍년이 든다고도 한다.(예산) 좀생이와 달과의 거리가 짧으면 풍년이고, 멀면 흉년이다.(논산) 좀생이가 달과 가까우면, 이를 "입에 와 닿는다."고 표현한다. 그 해에는 먹을 복이 있다는 것이다.(아산)

19세기 초반에 찬술된 『열양세시기(洌陽歲時記)』에서도 다음과 같이 기록하고 있다.

> "농가에서 초저녁에 묘성(昴星 · 좀생이별)과 달의 원근을 살펴 그 해의 일을 점친다. 이 별이 달과 나란히 가거나 촌척(寸尺) 이내의 거리를

두고 앞서 가면 길하고, 만일 앞이나 뒤로 너무 멀리 떨어져 가면 그해에는 흉년이 들어 어린아이들이 먹을 것이 없다고 한다. 징험해 보면, 대개 맞는다.”

다. 삼월

음력 삼월은 봄기운이 뚜렷해지고 밭농사가 시작되며 못자리 준비 등 논농사가 비로소 시작되는 때이다. 이 달의 절기로는 봄일을 시작하는 청명(淸明)과 벼농사에 때를 맞추어 비가 오는 곡우(穀雨)가 든다. 청명은 양력 4월 4일경에 들고, 곡우는 4월 20일이나 21일에 든다. 청명이 지나면 논갈이를 시작하는데 논밭둑을 손질하는 가래질과 써레질을 하여 농사지을 땅을 준비하고 곡우 무렵에는 못자리판을 만든다. 기장·조·콩·등 밭작물을 파종하고, 들깨 모종을 내며 보리밭도 이 무렵 김을 매주어야 한다.

삼월의 세시 의례에는 삼짇날 제비 오는 것 보기, 제비집 짓는 모양으로 길흉 점치기, 한식날 차례 모시고 묘소 수리하기, 느티나무 잎 피는 것을 보고 풍흉 점치기, 소쩍새 울음으로 풍흉 점치기, 처음 본 동물로 신수 점치기 등이 있다.

이 달에는 청명을 전후하여 한식(寒食)이 드는데, 이때 조상의 묘소를 찾아가 벌초를 하고 묘제(墓祭)를 지낸다. 삼월 삼일 삼짇날이나 중순은 화전놀이로 유명한 날이다. 그러나 이곳 충남 지방에서는 별로 전승되지 않았던 풍속으로 보인다.

다음에는 대표적인 삼월의 세시풍속을 항목별로 소개한다.

화창한 3월에 봄놀이 나간 청년들(논산 임화리)

금강변에서 봄놀이를 즐기는 아낙네들

부강약수터로 봄나들이 나온 아낙네들

1) 삼짇날

(1) 처음 본 나비 색깔로 운수 점치기

삼월 삼짇날은 제비가 강남으로부터 돌아오는 날이다. 날씨가 따뜻해지므로 나비도 하나둘 눈에 띄기 시작한다. 이날 처음 본 나비의 색깔을 보고 그 해 운수를 점친다. 흰색이면 그 해에 집안의 어르신이 돌아가실 수 있다. 노랑나비는 운수가 무난하고 좋다. 최고의 길조는 호랑나비를 보는 것이다. 어떤 지역에서는 호랑나비를 보면, 생각하지도 않았던 좋은 옷을 얻어 입게 된다고 한다. 그러나 나비를 보는 일은 반드시 삼짇날이 아니라도 괜찮다.

한편 초봄에 제비를 처음 보면 그해에 몸이 가볍고 부지런해지고, 뱀을 보면 게을러져서 좋지 않다. 그러나 이와 달리 뱀을 보면 쫓겨 다녀야 하므로 매사에 바빠진다는 말도 있다. 한편 개구리를 보면 그 해에 굶주리지 않아 좋고, 벌을 보면 신역이 고되다고 한다.

(2) 제비집과 까치집으로 운수 점치기

제비가 흙으로 제비집을 예쁘게 지으면 세월이 편안하고, 지저분하게 붙여서 지으면 세월이 좋지 않다고 여긴다. 제비집이 깨끗하면 그 집의 밭이 깨끗하고, 제비집이 지저분하면 밭이 지저분하다. 제비가 처마 도리 바깥에 집을 지으면, 복이 나가거나 심지어 흉사를 겪는다 하여 제비가 여기에 집을 지으려고 하면 못하게 한다.

까치가 집을 낮게 지으면 그 해에 물이 많고, 높이 지으면 그 해에 물이 적다. 까치가 높은 곳에 집을 지으면 바람이 적고, 낮은 곳에 지

제비집(아산)

으면 바람이 많다고 한다.

2) 한식(寒食)

한식은 동지(冬至) 이후 105일째 되는 날이다. 그래서 한식은 음력 2월에 들 수도, 3월에 들 수도 있다. 양력으로는 4월 5일 전후에 든다.

원래 한식에는 불을 쓰지 않는다. 이 날은 음식을 끓이거나 삶거나 굽지 못하여 찬 음식을 먹을 수밖에 없다. 차가울 한(寒)에 먹을 식(食) 자를 쓰는 이유이다. 이는 아마도 초기 고대 사회의 개화(改火) 풍습과 관련된 것으로 보인다. 곧 시간이 지나 쇠퇴해 버린 낡은 불을 일단 소멸시킨 다음에, 다시 생명력이 왕성한 새 불을 만들어 쓰는 개화에서 유래된 것으로 추측된다.

고려 및 조선시대에 한식은 매우 중요한 명절이었다. 설날, 단오, 추석과 함께 4대 절사(節祀)의 하나로 꼽혔다.

이즈음이 되면 날이 많이 풀려서 겨우내 돌보지 못했던 조상의 묘소를 찾고 제사도 올린다. 집안에서 지내는 제사가 아니다. 제물은 술과 포 등으로 조촐하게 차린다. 제사도 묘소에 술 한잔 붓고 절을 올리는 정도로 간단히 지낸다. 또한 자손 없는 사람에게 제사를 지내 주거나, 집에서 제사를 모시지 못한 조상을 위해 제사를 지낸다.

"한식 날 서리가 오면 땅이 석자 세치나 탄다."는 속담이 있다. 이러한 해에는 땅속 깊이 메마를 정도로 심한 가뭄을 겪는다는 말이다. 한식 때가 되면 당연히 따뜻한 기운이 대지에 감돌아야 하지만, 서리가 내린다면 그만큼 이상 기후로 우순이 부조화를 이룬다는 것이다.

3) 월중

(1) 풀각시 놀이(각시풀 놀이)

따뜻한 봄날에 햇볕이 잘 드는 담장 밑에 가면 각시풀이 길게 자라나 있다. 이 각시풀로서 어린 소녀들은 '풀각시'를 만들어 논다. 수수깡이나 막대기를 각시의 몸통으로 하고, 여기에 각시풀로 몸통 윗부분에 각시 머리를 만든다. 또 머리에는 풀로서 낭자를 틀고, 여기에 가녀린 나뭇가지로 비녀를 만들어 꽂는다. 여럿이 모여 앉아 풀각시를 만들어 누가 예쁘게 만드는지를 보고, 만들어진 풀각시를 각기 들고 절[拜]도 시키며, 소꿉장난도 한다. 때로는 각시풀을 위로 묶어 상투를 틀어 올려 신랑 인형도 만든다.

(2) 풀싸움

봄철에 풀이 나기 시작하면 두 명이 잡풀을 뽑아 각기 양끝을 잡고 풀싸움을 한다. 풀의 중간을 서로 교차하도록 하여 맞댄 후, 풀을 쥐고 있는 양쪽 손에 힘을 주어 잡아당긴다. 풀이 끊어진 사람이 지게 된다.

이와는 다른 풀싸움도 있다. 여럿이 각기 흩어져서 여러 가지 풀을 뜯는다. 풀을 가지고 한 곳에 모여, 두 사람씩 마주서서 풀을 한 개씩 내놓는다. 한 사람이 먼저 풀을 내놓으면, 마주 선 사람도 같은 풀을 내놓아야 한다. 만약 그 풀을 미처 뜯지 않았다면 그 사람이 진다. 이와는 달리 두 사람이 자신이 뜯어 온 풀을 일렬로 죽 늘어놓고 풀을 맞추어 보기도 한다. 풀의 종류를 하나라도 덜 뜯어온 사람이 진다.

2. 여름의 세시

가. 사월

음력 사월에는 입하(立夏)와 소만(小滿)이 든다. 입하는 여름으로 접어들었음을 알리는 첫 절기이다. 양력으로는 5월 5일경이다. 봄기운은 거의 사라지고 산야에는 신록이 짙어진다. 소만은 보리 나락이 조금 찼다는 뜻에서 생긴 말이다. 5월 21일 즈음이다. 햇볕도 녹음도 한결 여름다워졌다.

이 달에는 특별한 세시가 없다. 가장 중요한 연중행사로는 사월 초파일에 절을 찾아 불공을 드리는 일이다. 한편 초닷새 이전에 비가 조금이라도 오면 그 후 40일 동안은 심하게 가문다는 속신이 충남 전역에서 나타난다.

1) 초파일

이 날에는 인근의 절을 찾아 부처님의 탄신을 축하하며 부처님의 가피(加被)를 비는 불공을 드리고 등(燈) 공양도 한다. 이때 등이 어떻게

초파일에 절을 찾아서 불공을 드리는 불자들(서산 개심사)

식구들의 안녕을 비는 할머니

연등

불빛을 발하는지 살펴서 집안의 운세를 가늠한다. 촛불이 맑고 밝게 고요히 타올라야, 대길한 것으로 여긴다. 형편이 여의치 않아서 절에 가지 못했다면, 흰무리떡을 쪄서 당산(장광)에 올리며 비손을 한다.

논산 상월면 주곡리에서는 참나무숯과 소금으로 낙화봉을 만들어 나무에 걸고 불을 붙여 낙화놀이를 한다. 음력 정월 대보름의 낙화놀이 자체도 충남에서는 거의 보기 어려운 풍습이다. 사월 초파일의 경우에는 더욱 그러하다. 대보름 낙화놀이가 부처님 탄신을 기념하는 행사로 변용된 것으로 보인다. 아주 오래전에 없어진 풍습이다.

나. 오월

음력 오월에는 망종(芒種)과 하지(夏至)가 든다. 망종은 보리나 밀의 까끄라기를 뜻하는 망(芒) 자와 씨앗을 지칭하는 종(種) 자로 구성된 낱말이다. 이들 한자는 각각 보리베기와 씨뿌리기를 의미한다. 보리바심과 모내기에 적합한 절기이다. 양력으로 6월 6일쯤 된다. 하지는

1년 중에 낮이 가장 길고 밤이 가장 짧다. 하지를 지나면 동지가 될 때까지 낮 길이가 조금씩 짧아진다. 남중고도(南中高度)가 가장 높기에, 그림자도 가장 짧다. 정오의 태양 높이도 가장 높고, 태양이 가장 오랜 시간 내려 쬐는 날이다. 양력으로 6월 21일 무렵이다. 이때 보리베기와 타작이 이루어지고 늦은 모내기를 한다.

1) 단오(端午)

음력 5월 5일을 단오라 한다. 5란 숫자가 월과 일에 모두 중첩되기에 중오절(重五節)이라고도 한다. 우리말로는 수릿날이라 한다. 아마도 높은 날이란 뜻으로 추정된다. 1년 중 양기가 가장 성한 날이다.

단오는 남부 지방보다는 북부 지방에서 큰 명절로 여긴다. 조선시대에는 설날·한식·추석과 함께 4대 명절이기도 했다. 남부 지방은 상대적으로 추석을 중시한다.

이 날 풍속으로는 그네뛰기·씨름·활쏘기를 비롯하여, 창포에 머리감기·쑥과 익모초 뜯기·부적 붙이기·대추나무 시집보내기 등이 행해진다.

다음에는 이들 풍속 중에서 그네뛰기, 창포에 머리감기, 쑥과 익모초 뜯기, 모내기 후의 장마 예측, 수리취떡에 대하여 설명하도록 한다.

마을 어귀나 인근의 적당한 고목에 남자들이 그네를 맨다. 그넷줄은 집집마다 조금씩 염출한다. 그네를 매면 남자들이 낮 동안 그네를 뛰며 논다. 이때 여자들은 멀리서 구경이나 할 뿐, 함께 어울려 그네는 뛰지 않는다. 남자들이 모두 돌아간 후, 저녁이나 밤이 되어야 여자들이 나와 그네를 탄다. 여자들은 밭일이 많으므로 그네를 뛰려면 눈치를 보아야 한다. 보리를 하던 시절에는 보리타작으로 한창 바쁘다. 낮에는 도리깨질을 하고 챙이[키]로 보리를 까부르는 등의 일을 하고서 밤에 그네를 뛴다. 그네를 실컷 타고 냇가에서 목욕을 하기도 한다. 그네를 뛰다가 들키면, 어른들에게 혼이 났으므로 몰래 타기도 한다. 그네를 뛰면서 "모기야!" 하고 소리를 지르는 마을도 있다. 이렇게 하면 그 해에 모기에 물리지 않는다. 그넷줄은 오래되면 삭게 마련이다. 이것을 모르고 동네 사람들이 단오 이후에도 그네를 타다가 다칠 수 있으므로, 그넷줄을 끊어 버리거나 아예 풀어 버린다.

단오 즈음에는 물가에 강한 향기를 내는 창포(菖蒲)가 한창이다. 부녀자들은 창포 삶은 물로 세수를 하고 머리를 감는다. 이렇게 하면 잡귀와 병마를 쫓을 수 있다고 한다. 실제로도 머릿결이나 피부가 부드러워지고 윤기가 난다. 창포 뿌리로는 액막이 비녀를 만들어 꽂기도 한다. 비녀 양 끝에 경면주사를 바르면 더욱 효험이 있다. 예전에는 창포를 강변이나 시냇가에서 흔히 볼 수 있었다. 지금은 거의 멸종 위기에 처하여 정부에서 보호식물로 지정한 상태이다.

이 날 아침에는 상추에 맺힌 이슬을 받아다가 세수를 한다. 양손에 이슬을 묻혀 여러 차례 얼굴을 문지르는 세수이다. 또는 이슬을 분에 개어서 이것을 얼굴에 바른다.

쑥도 뜯어다가 말린다. 그것도 단옷날 오시(午時)에 뜯으면 가장 좋다. 이 무렵의 쑥은 약효가 좋아 약쑥으로 불린다. 특히 갯벌쑥이라 부르는 바닷가 쑥을 최고로 친다. 당진 · 서산 · 태안 등지에서는 이 날 갯벌쑥을 뜯는다.

쑥은 부인병에 널리 쓰이는데 산부의 좌욕에도 많이 쓰인다. 아기 목욕에도 쓰고, 뜸 뜰 때도 쓰고, 여름 모깃불 놓을 때도 쓴다. 성냥이 귀할 때 논두렁에 쑥불을 피워 놓았다가 담뱃불 붙일 때도 썼다. 이외에도 말린 쑥 다발을 단오 이른 아침에 액막이 용도로 대문에 걸기도 한다.

단오에는 익모초를 뜯어서 즙을 낸다. 이 즙을 장독대에서 하루 밤 이슬을 맞힌 뒤 다음날 마시면 복통, 학질, 더위 등에 효험이 있다.

이 무렵에는 모내기가 대체로 끝나는데 혹시 비가 많이 와서 피해를 보지 않을까 걱정을 한다. 그래서 비가 얼마나 올지 가늠해 본다. 왁새풀 마디의 숫자로 장마 시기와 횟수를 점치고, 개미의 이동 모습으로는 소나기를 예측한다. 고양이가 낳는 새끼의 마릿수를 가지고도 큰물이 몇 번 날지 추측한다. 단오 즈음에 비가 오면 "단오물 든다."고 한다. 아직 모를 심지 않은 논도 있으므로 단오물은 반갑다. 그러나 이때에는 비가 여간해서 잘 오지 않는다. 그래서 "단오물은 정승하기보다 더 어렵다."고 한다.

단오에는 멥쌀이나 찹쌀가루에 수리취나 쑥을 섞어서 수리취떡이나 쑥떡을 시절음식으로 마련한다. 서산 지역에서는 보생이떡이라고도 한다. 여기서는 이것을 절편이나 버무리떡으로도 만들어 먹는다. 이 떡을 먹어야 여름에 땀띠도 나지 않고 더위를 이길 수 있다고 한다.

다. 유월

음력 유월에는 더위가 심해지는 소서(小暑)와 대서(大暑)가 든다. 소서는 더위의 시작을, 대서는 더위의 극성을 뜻한다. 소서는 양력으로 7월 5일 무렵, 대서는 양력 7월 23일 즈음이다. 이 달에는 초복과 중복 더위가 심하다. 이들 시기는 장마철이다. 비가 많이 내리고 습도가 높다.

이 달에 논가꾸기는 물론이고, 보리 · 밀 · 귀리 · 삼 등을 거두어드리고, 참깨 · 고구마 등을 심는다. 유월은 일 년 중 가장 바쁜 달이다. "앉은 방석도 돌아앉지 않아야 한다."는 속담이 전한다. 그만큼 바쁜 농사철에 다른 데 신경을 쓸 겨를이 없다는 말이다. 유월을 일명 '비낀 유월'이라고도 한다. 역시 어찌나 바쁜지 있는지도 모르게 비껴갔다는 뜻이다.

또 '액달(厄-)', '썩은 달'이라고도 한다. 좋지 않은 달로 여기는 것이다. 본격적인 더위 속에 농사일도 고되고, 모를 낸 논에 벼가 잘 자랄지도 걱정이다. 이 달에는 매사에 조심해야 한다. "잿물로 빨래를 하면 벼가 삭는다."는 등의 속신은 그러한 조바심과 관련된다. 또 솜을 만지거나 이불 빨래를 하면, 집안에 우환이 생긴다고 한다. 또한 혼인도 하지 않고, 수의도 꿰매지 않고, 이장도 하지 않는다. 다른 일에는 일체 마음 쓰지 말고, 오로지 농사에 전념해야 한다는 속신으로 보인다.

이 달에는 뱀이 극성을 부리는 시기이다. 뱀 피해를 막기 위하여 집 구석구석에 백반(명반석)을 뿌린다.

1) 유두(流頭)

음력 6월 보름은 유둣날(流頭-)이다. 이는 '동류수두목욕(東流水頭沐浴)'에서 나온 말로 추정된다. 곧 "동쪽으로 흐르는 물에 머리를 감는다."는 뜻이다. 19세기 중반 홍석모의 『동국세시기(東國歲時記)』에는 고려 명종대의 학자 김극기(金克己)의 문집 『김거사집(金居士集)』에서 인용한 다음의 기록이 있다. 곧 "경주 옛 풍속에 6월 보름날 동쪽으로 흐르는 물에 머리를 감아 불길한 것들을 씻어버리고 그 자리에서 재앙을 물리치는 제를 지내고 술을 마시는데, 이것을 유두연(流頭宴)이라고 한다."는 것이다.

영남 지방에서는 유둣날을 물맞이날로 아는 경우가 많다. 강이나 시내 등에 나가 머리를 감고 목욕을 하며, 물맞이를 해야 여름을 잘 난다고 한다. 충남 지방에서는 이 날 약수를 찾고 천렵을 간다.

(1) 유두천신(流頭薦新)

충남 지방에서는 이 무렵에 새로 수확한 햇밀과 햇보리로 국수·부침개·밀개떡 등을 마련하여 조상에게 천신(薦新)을 하고, 이웃을 불러 함께 나누어 먹는다. 이를 유두천신이라 한다. 천신이란 글자 뜻 그대로 "새 곡식[신(新)]을 바친다[천(薦)]."는 말이다. 그러나 밀농사를 짓지 않게 되면서 유두천신도 없어졌다.

밀국수나 보리떡을 만들려면 한 나절 정도 맷돌로 갈아서 가루를 낸다. 한 말 정도의 분량은 그 정도의 시간이 걸린다. 밀가루를 찬물에 반죽을 하고, 밀대로 둥글고 넓적하게 민다. 반죽 두께가 얇아지면 밀가루를 뿌려서 서로 붙지 않도록 하고, 이를 두세 겹 포갠 다음에 칼로 가늘게 썬다. 이렇게 만든 국수 가락을 끓는 물에 삶아서 맑은 간장 국물에 파와 마늘만 넣고 말아 먹는다. 멸치 국물은 부잣집에서나 썼다. 게린 지단도 웬만한 집에서는 쓰지 못했다.

유두에 부친 밀개떡과 호박전(논산)

밀개떡은 밀가루에 소금으로 간하여 반죽한다. 반죽한 밀가루 덩어리를 손으로 얇게 펴서 솥에 넣는다. 이때 솥의 아래에 얼개미를 놓고, 그 위에 천을 깔고 반죽 덩어리를 얹는다. 아래와 중간 부분까지는 반죽 덩어리를 놓지만, 그 위에는 밀껍질을 넣는다. 밀껍질이란 밀기울을 말한다. 밀을 빻아 가루를 내 체로 치고 남은 찌꺼기이다. 이 부분의 떡은 여자들이 먹는다. 꺼끌꺼끌하여 먹기가 곤혹스럽지만 먹을 것이 없던 시절에는 여자들이 먹었다.

또 천신은 하지 않는다고 해도, 이 날 식전에 밀가루에 호박을 썰어 넣고 기름떡을 부쳐먹는다. 이 날은 기름 냄새를 피워야 좋다고 하여, 기름떡을 넉넉하게 부친다.

한편 부잣집에서 낸 술과 음식으로 동네 사람들이 온종일 잔치를 벌이며 하루를 즐겁게 놀기도 한다. 이를 보통 유두잔치라 한다.

(2) 유두차례

어떤 집안에서는 유둣날 조상에게 차례를 올린다. 특히 반가(班家)의 전통을 지닌 집안에서 그러하다. 설은 떡국차례, 팔월은 송편차례, 동지섣달은 팥죽차례라고 하듯이, 유월의 유두차례는 국수차례라고 칭한다. 햇밀로 국수를 말아서 올리는 차례이다. 그 밖에 수박과 참외도 제물로 올린다. 만일 탈상하지 않은 조상이 있다면, 이 날 상청(喪廳)에서 삭망제(朔望祭)를 지낸다.

(3) 논에 기름 냄새 피우기

이 날 논에 나가 기름 냄새를 피워야 병충해도 없이 벼가 잘 자란다고 한다. 도열병 방지에 좋다. 기름은 한여름 논에 생길 각종 병충해를 없애는 효과가 있다고 여겨진다. 농약을 사용하지 않던 시절에는 특히 그렇게 알았다. 부침개 할 재료를 준비하여, 논둑에 나가 기름을 듬뿍 뿌려서 부침개를 부친다. 부침개가 되면 논에 물이 넘나들도록 만들어 놓은 물꼬에 갖다 놓는다. 이 부침개는 먹고 남아도 집으로 가져오지 않고, 논두렁 위에 그냥 버려둔다. 나중에 동네 아이들이 논두렁을 다니면서 버려진 부침개를 먹었다.

(4) 유두물 보기

유둣날 비가 오면, 이를 '유두물'이라고 한다. 이 비는 농사에 좋기 때문에, 매우 반가워한다. 그러나 유두물을 꺼리는 지역이나 마을도 있다. 비가 많으면 "유두 물난리 났다."고 한다. 6월은 모내기를 끝내고 잘 크기만을 기다리는 시기이다. 날이 맑고 해가 쨍쨍 나야 곡식이 잘 자란다. 그런데 유두물이 오래 가고 많으면, 달가워하지 않는다. 유두에는 비가 오지 않아도 천둥이 친다는 속신이 있다. 천둥이 아침 일찍 치면 그 해 서리가 일찍 오고, 저녁 늦게 치면 서리가 늦게 온다고 한다.

2) 월중

(1) 써레부심

소를 먹이는 집안에서는 '써레'를 씻어서 잘 보관한다. 써레는 흙덩이를 잘게 부수고, 잡초 뿌리를 제거하고, 파종 후에 흙은 덮는데 쓴다. 올해에는 써레를 다 썼기 때문에, 더 이상 써레 쓸 일이 없다. 이를 '써레부심'이라 한다. 이때 인절미를 만들어 먹기도 한다.

마을에 따라서는 마지막으로 써레질을 한 집에서 농꾼들에게 술과 음식을 낸다. 이 날 써레를 깨끗이 손질하여 들여 놓는다. 또는 부잣집에서 써레를 써도 그렇게 한다.

(2) 초복(初伏)과 중복(中伏)

이 달에 대개 초복과 중복이 든다. 더위를 견디기 위한 보양식으로 팥죽이나 보신탕을 먹는다. 부유한 집안에서는 삼계탕을 먹기도 한다. 이를 복다름이라 한다.

한편 초복에는 벼가 한 마디, 중복에는 두 마디, 그리고 말복에는 세 마디가 나온다고 한다. 초복 · 중복 · 말복을 지날 때마다, 벼가 그만큼 쑥쑥 자라난다는 말이다.

(3) 호박순 때려주기

유두 무렵에는 호박이나 참외 등의 새순이 나기 시작한다. 유두나 초복에 많은 수확을 보기 위하여 줄기를 회초리나 부지깽이로 때려 준다. 호박 새순이 떨어지면 호박이 많이 열리고 그 맛이 달다. 이때 "호박순 잡자! 호박순 잡자!"라고 외친다. 부여 지역에서는 호박 밭을 바라보며 "구실(세금) 무는 땅에 설설 기어만 다니고 왜 호박은 안열리냐?" 하고 나무란다.

(4) 참외제

유두 즈음에 여름 과일인 참외가 첫 출시된다. 다른 과일들이 나오기 전이라서 참외는 유독 더욱 큰 관심거리가 된다. 그래서 참외가 익기 시작하면 앞으로 별 탈 없이 맛있는 참외가 많이 열리도록 참외밭에서 참외제를 지낸다. 또 참외 농사를 위하여 원두막을 짓는 경우가 많아 참외제를 원두막제라고도 한다. 이런 경우에는 새로 지은 원두막에서 참외제를 지낸다. 첫 번째 수확한 참외와 밀떡 등으로 조촐하게 고사상을 차리고 절을 한다. 당진 지역에서는 참외를 반으로 갈라서 상에 올리고 그 앞에서 김참봉을 위한다.

참외밭에 참외가 달리기 시작하면, 여자는 들어가지 못하게 한다. 그렇지 않으면 참외 껍질의 갈라진 부분이 더욱 심하게 벌어진다. 심한 경우에는 참외가 "짝짝 뽀개진다."고 한다. 여자가 참외를 사러 오면 밭에는 들어가지 않도록 하고, 밭주인이 참외를 가져다 준다. 닭고기를 먹은 사람이 참외밭에 들어가면 참외가 썩는다고 하여 역시 출입을 금한다.

농가에 따라서는 수박이나 오이를 수확해도 간단한 고사를 지내고, 집안의 성주·조왕·터주 등에도 갖다 놓는다.

3. 가을의 세시

가. 칠월

음력 칠월에는 입추(立秋)와 처서(處暑)가 든다. 입추는 가을의 문턱으로 들어선다는 절기이다. 양력으로 8월 8일 즈음이다. 가을은 입추로부터 입동 이전까지이다. 처서는 더위가 가시고 선선한 가을을 맞이한다는 절기이다. 한자 그 자체로는 "아직 더위 속에 있다."라는 뜻을 지닌다. "처서가 지나면 모기입도 비뚤어진다."고 한다. 양력으로 8월 23일 무렵이다.

1) 칠석(七夕)

(1) 칠석잔치 · 두레먹기 · 들돌들기 · 우물청소

칠석 즈음이 되면 대체로 김매기가 끝난다. 그래서 칠석에는 여름

들돌 들기(논산)

칠석날 샘에 모여서 정성을 드리는 주민들(예산 마전리)

칠석제를 지내는 주민들(부여 내초리)

소지 올리기

농사를 마쳤다는 의미로 두레도 결산하며 하루를 논다. 칠월 보름인 백중 무렵에 농사일이 끝나는 지역도 있지만, 충남에서는 대개 칠석 즈음에 김매기를 마친다. 충남은 대체로 백중보다는 칠석에 많이 논다.

이 날 두레 품삯의 일부를 꺾거나(추렴을 뜻하는 지역어), 부잣집의 도움 등을 받아서 마을잔치를 벌인다. 통돼지를 잡기도 한다. 이를 두레

한여름의 칠석잔치

잔치 · 두레먹기 · 칠석잔치 등이라고 부른다.

일부 지역은 두레잔치를 백중에 한다. 가령 인근 지역 안에서도 칠석에 놀기도 하고 백중에 놀기도 한다. 세종시 서면 용암리는 고갯마루를 경계로 하여 그 위쪽 마을은 칠석에 두레잔치를 하고, 아래쪽 마을은 백중에 두레잔치를 했다. 공주 및 대전 지역 등에서도 칠석과 백중이 서로 섞여 있는 지역이다. 이에 비해 부여 지역은 칠석이 가장 중요한 여름 명절이다.

이 날 아침에 농기를 마을 공터에 세워 놓고 무사히 김매기를 마친 것을 기뻐하고 감사하는 마음으로 기고사를 올린다. 오전에는 풍장패가 집집마다 다니면서 마당밟기를 하며 가내평안을 축원해 준다. 풍장패의 쇠가락에 마을은 금세 잔치 분위기가 된다. 동민들은 풍장패를 쫓아서 이집저집 몰려 다닌다. 한편에서는 청년들은 공동샘을 품

샘을 향해 절을 하는 아낙네

어 내고, 마을 공터에는 솥을 걸고 아낙들은 음식 준비 등으로 분주하다. 술과 음식 등으로 배불리 먹고 마시며 한참을 놀다가, 이제는 둥구나무 아래로 모이기 시작한다.

여기서 청장년들은 들돌을 들면서 서로 힘자랑을 한다. 이때 비료·소금·삽 등을 경품으로 걸고 들돌들기를 하기도 한다. 그러나 오래전 들돌은 처음으로 두레나 품앗이 등에 한 사람의 장정으로 인정받으려는 소년들이 들었다. 들돌은 대개 타원형이나 원형의 돌로, 보통 둥구나무 아래에 한두 개가 있다. 큰돌과 작은돌로서, 그 무게는 차이가 난다. 마을마다 다르지만 대개 쌀 한 가마 정도의 무게도 있고, 그보다 가벼운 것도 있다. 많은 사람들이 지켜보는 가운데 이 들돌을 들거나 등 뒤로 넘기거나, 어깨 뒤로 넘겨서 힘을 과시한다. 이렇게 해야 대체로 두레꾼으로 인정받았다. 두레 결산은 마을에 따라서 칠석 하루 전에 하기도 하고, 칠석날 아침 또는 저녁에 하기도 한다. 마을에 따라서는 이웃 마을과 기세배(旗歲拜)도 하고 합굿을 치기도 한다. 때로는 이웃마을과 기싸움도 벌인다.

칠석에는 마을공동으로 대동우물을 깨끗이 품어 내고 그 주변을 청소한다. 어떤 마을은 세벌매기가 끝나고 일꾼들이 칠석날 두레먹기를 하기 전에 대동우물을 깨끗이 청소해 놓는다. 그리고 우물고사를 지낸다. 논산 일부 지역에는 깨끗이 품어 낸 우물에 자라를 넣기도 한다. 아마도 우물을 용궁으로 상징화하려는 의도일 것이다. 이렇게 하면 물이 마를 까닭이 없다고 한다.

두레잔치를 인근 마을과 더불어 크게 노는 경우도 있다. 논산시 상월면 주곡리 숯골이 그러하다. 여기서는 칠석과 백중 무렵에 세벌매기가 끝나면, 스승마을인 숯골을 포함하여 인근의 제자마을들이 연합으로 두레잔치를 연다. 이들 7개 마을의 두레패가 모두 모여 합굿[合鼓]을 친다. 이때 스승마을에서는 음식과 술을 장만해서 잔치판을 벌인다. 공주시 계룡면 중장리와 하대리를 중심으로 한 12개 마을도 예전에는 합굿을 치며 하루를 놀았다.

(2) 칠성할머니 · 칠성할아버지

칠석을 앞두고 농가에서는 논밭을 잡초 하나 남기지 않고 깨끗이 가꾼다. 논두렁 · 밭두렁도 정갈하게 제초를 한다. 이 날 새벽 하늘에서 칠성할머니와 칠성할아버지가 내려와 논밭 상태를 보고, 그 해 수확할 곡식의 분량을 확정한다고 하기 때문이다. 논밭이 잡초하나 없이 깨끗할수록 많은 소출을 보장받는다. 그래서 먼동이 터 올 때까지는 칠성할머니와 칠성할아버지를 방해하지 않도록 논밭에 나가지 않는다. 남자는 그래도 괜찮을 수 있지만, 여자는 절대 안 된다. 만일 여자가 칠석날 이른 새벽에 논밭에 나가면 곡식이 여물지 않는다고 한다. 또한 논두렁 · 밭두렁의 잡초를 없애지 못해, 칠성할머니 · 칠성할아버지가 오시다가 잡초에 발이 걸려 넘어지기라도 하면, 그 해 농사는 크게 결딴난다.

또 칠석날은 곡식들이 논밭에서 회의하여 그 해의 소출량을 정하는 날이라고도 한다. 이들 속신에는 칠석 이전에 반드시 김매기 등의 농사일을 끝내려는 농민의 마음이 잘 담겨 있다. 한편 농민들에게 예정된 일정을 지키게 하는 효과도 있다.

(3) 칠성 위하기(칠석제)

칠석 아침이나 그 전날인 칠월 엿새날 저녁에 조촐한 제물을 차려 칠성을 위한다. 대개 신체 없이 모시는 건궁 칠성이다. 나락을 넣은 조그만 단지를 칠성으로 모시는 경우도 적지 않다. 때로는 한 섬 정도의 많은 나락을 큰항아리에 넣어 둔다. 이를 칠석벼라고 하는데 모두 전년도 가을걷이 후에 새로 넣은 나락이다.

칠석 무렵이 되면 양식이 거의 떨어진다. 그래서 칠성단지나 칠석벼를 털어내어 칠성을 모실 메나 떡을 마련한다. 쌀밥을 먹어본지 이미 오래 된 때이므로, 이날 먹는 쌀밥은 대단한 별미로 여긴다. 가난한 집이라도 칠석날은 되도록 쌀밥을 짓는다. 이외에도 칠성에게는 미역국, 청수, 나물 등을 올린다. 떡은 반드시 흰무리떡으로 해야 한다. 칠성은 자손의 수명장수를 돌보아 주는 맑은 신령이기 때문이다.

제물을 진설하고 집안의 아낙은 자손의 안녕을 위하여 칠성에게 비손하며 사방에 절을 한다. 칠성을 위한 제물은 다른 사람에게는 주지 않고 식구들만 먹는다. (제4장-1-마. 칠성위하기 참조)

이 날 절에 가서 칠성불공을 드리거나 무당을 불러서 칠성맞이굿을 하거나 법사를 불러서 칠성경을 읽기도 한다.

칠석에는 견우와 직녀가 만나는 날이므로 조금이라도 비가 온다고 한다. 이를 칠석물이라 한다. 이즈음에 칠석물이 들면 농사에 별로 좋지 못하다. 김매기를 마친 후에는 벼가 햇볕을 충분히 받아야 하기 때문이다.

2) 백중(百中)

백중은 음력 칠월 보름이다. 백종(百種)·중원(中元), 망혼일(亡魂日)·우란분절(盂蘭盆節)이라고도 한다.

농민들은 이 날을 '머슴날'이라고 부른다. 여름 내내 힘들게 일한 머슴에게 음식과 돈을 주어 하루 잘 먹고 즐겁게 놀게 한다. 이 돈은 '호미실돈'이라고 한다. 부잣집에서는 옷도 해 주고 개도 잡아 준다. 머슴은 장(場)에 나가 술이나 떡, 개장국 등도 사먹으며 하루를 즐겁게 지낸다. 이 날에는 농군들도 장에 나가 마시고 먹고 흥겹게 논다. 대목을 노리는 장사꾼들도 평소 장보다 더욱 많이 모여들어서 장터는 시끌벅적하다. 씨름판은 이 날 가장 활기를 띠는 곳이다. 씨름대회는 면(面)에서 주최하기도 했다. 이곳저곳에서 한판 신나게 쇠를 부수며 풍장이 대단한데 이 장을 특별히 백중장이라 한다. 온종일 하루를 잘 즐긴 머슴은 저녁 늦게 귀가할 때에 주인에게 선물을 드려서 고마움에 보답한다.

머슴에게 잘해 주는 집에서는 1년에 옷을 3차례 해준다. 백중에는 마포로 옷을 해 주고, 8월 추석에는 광목으로 중의적삼(여름 홑바지와 홑저고리)을 해 주며, 추수 후에는 광목으로 겹바지와 겹저고리를 해준다.

3) 월중

(1) 복날과 복달음

하지 이후 세 번째 경일(庚日)을 초복(初伏)이라 하고, 네 번째 경일을 중복(中伏)이라 하고, 입추(立秋) 후 첫 번째 경일을 말복(末伏)이라고 한다. 초복부터 10일 간격으로 중복과 말복이 들지만, 때때로 월복(越伏)이라 하여 중복과 말복 사이에 20일의 간격이 생기기도 한다. 1년 중에 가장 더운 삼복더위를 이기기 위하여 개장국을 끓여 먹거나 닭죽 또는 팥죽을 먹기도 하는데 이를 복달음이라 한다.

나. 팔월

음력 팔월에는 백로(白露)와 추분(秋分)이 든다. 백로는 밤 기온이 이슬점 아래로 내려가 풀잎에 이슬이 맺힌다는 뜻이다. 양력 9월 9일쯤이다. 추분은 태양이 북쪽으로부터 남쪽으로 적도를 지나는 추분점에 이르는 때이다. 낮과 밤의 길이가 같아진다. 추분이 지나면 밤 시간이 낮 시간보다 길어지기 시작한다. 양력으로는 9월 23일 무렵이다.

이 달의 대표적 세시는 추석이다. 아침에는 추석 차례를 모시고 성묘를 다녀온다. 이 날 밤에는 보름달에 소원을 빌기 위하여 횃불과 짚을 준비하여 산에 오른다. 여의치 않으면 집 마당에서도 달맞이를 한다. 달이 떠오르면 짚에 불을 낭긴다.

충남 북부 및 내포의 일부 지역에서는 추석 날 밤에 거북놀이를 한다. 이들 지역은 경기도 남부 및 충북 동부와 함께 '거북놀이 문화영역'을 구성한다.

추석을 쇠고 하루나 이틀이 지나 집안이 정리되면, 며느리들이 친정에 다녀온다. 아이를 업고 술 한 병을 사서 다녀온다. 시댁 형편에 따라서 이삼일 간의 친정나들이를 하는 것이다. 외가에 아이를 데리고 갈 경우, 잡귀가 덤벼들지 말라고 아이 저고리 뒷고대에 고추를 바늘로 져며 준다. 솥검정을 아이 머리의 쥐구녕에도 바른다. 외가에 가서 병치레를 하는 아이들이 많았기 때문이다.

며느리의 친정나들이가 확대·변용된 것이 서천 지역의 남산가기이다. 서해안 일부 지역에서도 인근의 산을 지정하여 그러한 풍속을 행했다.

모시재배를 하는 지역에서는 추석 전에 모시두레를 한다. 몇 집이 서로 어울려 공동으로 모시를 짜서 공동으로 시장에 내다 판다. 그 대금으로 돼지를 한 마리 사 온 뒤 추석 즈음에 두레하는 집끼리 분육하여 나눈다. 일명 '돼지모시두레'라고도 한다.

다음에는 대표적 세시풍속을 항목별로 소개한다.

1) 추석(秋夕)

(1) 추석차례와 올벼

추석빔을 입은 여아(태안 승언리)

추석에는 첫 수확한 햇곡식으로 조상에게 차례를 올린다. 그러나 실제로 팔월 보름에 벼는 추수할 만큼 충분히 여물지 않는다. 추석의 의미와 햇곡식의 수확 시기가 서로 어긋난다. 이러한 부조화를 해결하기 위한 방법이 올벼(조생종)를 별도로 심거나, 아직 여물지 않은 벼를 조금 베다가 솥에 쪄서 억지로 쌀을 만드는 일이다. 이렇게 얻은 햅쌀로 메를 짓고 송

추석날 한복을 곱게 차려입은 처녀들(예산 차동리)

송편 빚기(천안 산정리)

편을 빚어서 차례상에 올린다. 송편은 추석의 시절음식이라서, 추석 차례를 일명 송편차례라고도 한다.

그런데 차례를 올리기 전에 가정주부는 메나 송편을 성주·터주·조왕·삼신 등을 모신 마루·장광·부엌·안방 등에 가져다 놓는다. 만일 여의치 않으면 다른 가신은 몰라도 성주는 반드시 위한다. 추석 차례를 지낸 후에는 성묘를 한다. 자손들은 추석 이전에 미리 조상의 묘를 찾아다니면서 벌초를 해둔다.

(2) 거북놀이

충남의 천안 지역을 비롯하여, 경기도 용인·안성·평택 및 충북 진천·음성 지역 등은 가히 '거북놀이 문화영역'이라고 명명할 만큼 거북놀이의 중심지이다. 이러한 분포 지역으로 보면, 천안 지역은 거북놀이 문화영역의 남방 한계선이다.

천안 거북놀이는 음력 팔월 추석날 저녁부터 한밤에 이르기까지 마을의 소년들이나 청년들이 수수잎 등으로 꾸민 가장(假裝) 거북을 앞세우고 집집마다 찾아다니며 거북을 놀리면서 술과 음식을 얻어먹고 그 집안의 복도 빌어주는 마을공동체의 놀이이다.

이에 앞서서 추석 당일이나 그 전날에 수숫잎 등을 엮어서 거북의 등판이나 머리로 꾸밀 이엉 등을 미리 만든다. 추석 즈음이 되면, 수수는 성숙기에 도달하여 수숫잎 등을 쓰기에 적합한 시기가 된다. 수숫잎을 따도, 대개는 수수 작황에 큰 영향을 주지 않는다. 추석 즈음에 농가에서 거북을 꾸미는 데 가장 쉽고 알맞은 재료가 바로 수숫잎이다.

거북 역할은 대개 1명이나 2명이 한다. 때로는 3-5명까지 동원된다. 거북 역할을 하는 사람은 허리를 낮게 구부리거나 엉금엉금 기는 자세를 취한다. 거북 일행 앞에서는 몰이꾼이 거북의 목줄을 끌거나 목줄 없이 길 인도만 하면서 집집마다 데리고 다닌다. 마을에 따라서는 거북 일행 앞뒤로 풍물패가 풍장을 울리며 따르기도 한다.

몰이꾼의 안내에 따라서 거북 일행이 어떤 집 앞에 이르게 되면, 수숫대 방망이나 싸리비 또는 고무래 등을 흔들거나 땅바닥을 두들기면서, "거북이! 거북이! 논다." 하고 외친다. 이는 거북 일행이 곧 집안으로 들어가겠다는 신호이다.

집 마당에 들어선 거북은 놀이패(거북놀이 일행)의 소리나 또는 풍물패의 쇠가락에 맞추어 기어 다니기도 하고 껑충껑충 뛰기도 하며 춤도 추면서 논다. 이렇게 놀던 거북은 잠시 후 갑자기 땅바닥에 쓰러진다. 꼼짝도 하지 않는다. '멀리서 오느라고' 그리고 '한참을 노느라고' 기운이 빠지고 지쳤다는 몸짓이다. 몰이꾼은 거북을 다시 일으켜 세우려면 거북에게 무엇이라도 먹여야 하니, 집주인은 서둘러 술과 음식을 내오라고 한다.

주인집에서는 형편에 따라서 송편이나 술 등의 명절 음식을 내어놓는다. 형편이 괜찮은 집에서는 거북 일행이 나중에 먹을 술과 음식도 덤으로 내주거나 돈도 조금 주기도 한다. 송편을 비롯한 몇 가지 추석 음식으로 요기를 한 거북과 놀이패는 다시 한바탕 논다.

이때에 일부 마을에서는 풍물패가 정월의 지신밟기처럼 마당-우물-부엌-장광 등을 다니며 터를 밟아준다. 물론 상쇠의 덕담도 곁들인다. 이렇게 한 집에서 거북을 모두 놀렸으면 다음 차례의 집으로 거북 일행은 발걸음을 옮긴다.

기본적으로 마을의 모든 집을 방문하는 것이 원칙이지만, 대체로 술과 음식 또는 돈이나 곡식 등을 낼 수 있는 부잣집을 다소 선호하는 경향이 있다. 아무래도 부잣집의 마당이 넓기도 하지만, 거북 일행을 주인집에서 부담 없이 맞이할 수 있기 때문이기도 하다. 물론 음식도 마음껏 먹고 돈도 얻을 수 있기에 그러하다. 반면에 지극히 가난한 집은 불편을 줄 수 있기에 방문을 꺼리거나 아예 생략할 수 있다. 이런 경우에 빈가에서도 서운히 여기지 않는다. 그렇지만 대체로 명절 음식을 장만한 집에서는, 오히려 방문하지 않으면 섭섭히 생각한다. 거북이가 식구들의 무병장수와 복을 가져다준다고 하기 때문이다. 또 집안의 재액(災厄)도 없애준다고도 여기기에 그렇다.

이런 방식으로 집집마다 다닌다. 거북놀이를 모두 마치면, 거북 일행은 거북을 놀리면서 얻은 술과 음식 등을 함께 먹으며 추석날 밤을 즐긴다. 때로는 이들 음식이나 돈 등을 마을의 가난한 집에 주기도 하고, 마을 공동 기금으로 쓰기도 한다. 이는 당연히 거북놀이의 부수적

수숫잎으로 거북치마 만들기(천안 산정리)

수숫잎과 맷방석으로 꾸민 거북(천안 산정리)

몰이꾼과 거북 재연(성환 와룡리)

천안 거북놀이 행사(천안 입장 초등학교)

결과물이지 본질적 목적은 아니다. 걸립하기 위하여 거북놀이를 하는 것은 아니다.

거북놀이의 형성과 변화는 분명히 알기 어렵다. 다만 언젠가부터 경기도 남부 · 충남 북부 · 충북 서북부 지역 등에서, 종래의 걸립이나 지신밟기와, 영험 · 상서 · 장수의 상징인 거북을 연계하여 추석에 놀기 시작한 것으로 보인다. 소놀이도 마찬가지이다. 곧 거북놀이의 본질은 명절, 걸립 · 지신밟기, 거북의 합성으로 보인다.

(3) 남산가기

충남 서남부 해안의 서천 지역에서는 매년 음력 8월 17일에 부녀자들이 서천읍 남산에 올라 친척이나 친구를 만나며 하루를 즐기는 풍습이 있었다. 추석을 지낸 후에 시집간 딸을 시댁과 친정 사이의 적당한 장소에서 만나는 반보기가 남산가기로 된 것이다. 이는 추석의 '반보기'가 확대되고 변형된 것으로 보인다.

1950년대 말엽 전후에 이미 남산가기는 없어졌다. 그 무렵 남산가기 모습은 다음과 같았다.

서천읍을 비롯하여 한산, 비인, 장암, 판교 지역 등에 살고 있는 부녀자들은 추석을 쇠고 그 이틀 후인 열이레 날 남산에 서둘러 올랐다. 많은 부녀자들이 남산에 모였기에, 임시 시장이 설 정도였다. 이를 '여자장(-場)', '안장(-場)'이라 불렀다. 여자들의 시장이란 뜻이다. 또 부녀자들이 여러 예쁜 색깔의 치마 · 저고리 등을 입고 남산에 오르내리는 모습이, 마치 울긋불긋한 꽃이 만발한 것 같다고 해서 꽃장(-場)이라고도 했다. 시집간 딸을 먹인다고 친정에서는 추석 음식을 정성껏 가져오고, 시댁에서도 사돈 식구들 대접한다고 며느리에게 역시 추석 음식을 들려 보냈다. 남산 이곳저곳 숲속 그늘에 자리를 펴고, 삼삼오오 반가운 식구들끼리 모여, 음식을 나누며 오랜만의 해후를 즐겼다. 물론 임시시장에서 파는 국밥이나 주전부리 등도 사서 먹었다.

당시에는 시집간 여자의 바깥출입이 쉽지 않았다. 그러나 아무리 시집살이가 고되어도 이 날만큼은 특별히 시댁에서 바깥나들이를 허락했다. 시댁에서 배려해 준다면 친정에서 하룻밤 잘 수도 있었다. 아무튼 추석을 쇠고 그 다음날 집안 뒷정리를 마치면, 열이렛날 아침은 일찍 남산으로 갈 채비를 했다. 1년 내내 손꼽아 기다려 온 날이다. 설레는 마음으로 밤잠을 이루지 못했던 터이다.

남산에는 해마다 약 4-5백명이 모여들어서, 특히 산 정상에는 사람들로 발 디딜 틈도 없었다. 산에 오르면 친정 식구들을 오랜만에 만나 서로 부둥켜안고 우는 모습을 쉽게 볼 수 있었다. 이렇게 만날 때도 눈물짓다 한나절 함께 즐거운 시간을 보내고, 저녁 무렵 헤어질 때가 되면 다시 눈시울이 뜨거워졌다. 친정어머니는 아직 철부지처럼 보이는 딸이 못내 미덥지 못했고, 더욱이 시집살이에 얼마나 고생이 많을까 하여 목이 메었다.

인근 지역의 처녀들 역시 남산에 구경 가는 것을 매우 기다렸다. 남산에 오르면 바다에 인접한 군산과 장항 등지를 한눈에 볼 수 있었다. 주변이 탁 트였고 경치도 좋았다.

본래 이 날에 남산에는 여자들만이 오를 수 있었지만 처녀들 구경하러 간혹 총각들도 올라왔다. 여자들은 이러한 남자들을 염치없는 사람이라고 비난했다. 짓궂은 총각들은 남산으로 오르는 길목을 지키고 있다가 처녀들을 골탕 먹이기도 했다. 산길에 구덩이를 파고 나뭇가지로 덮어놓아서 길가는 처녀를 빠뜨리기도 했고, 길게 자란 풀을 묶어서 발에 채여 넘어지게도 했다. 산길에 실로 연결한 동전을 떨어뜨려 놓고, 처녀가 주변을 기웃거리며 돈을 집으려고 하면, 실을 잡아당겨 무안을 주는 경우도 있었다.

한편 오랫동안 소식이 끊어진 가족 · 친척 · 친지 · 친구들을 찾으려는 사람들도 해마다 이 날이 되면 남산에 올랐다. 시집간 딸과 친정어머니의 만남이 가장 중요했지만 이를 계기로 이런저런 사연을 가진 많은 사람들이 잃어버린 사람을 찾으려고 남산에 올랐다.

이러한 풍습은 서천군 비인면 월명산에서도 있었다. 여기서도 매년 팔월 열이렛날이 되면 인근 지역의 시집 간 딸과 친정 식구들은 월명산에 올라서 서로의 회포를 풀며 하루를 즐겁게 놀았다. 어릴 적 동무들도 월명산에서 만날 수 있었고, 그렇지 않으면 소식이라도 들을 수 있었다.

다. 구월

절기상 찬 이슬이 내리는 한로(寒露)와 첫 서리가 내리는 상강(霜降)이 든다. 한로는 양력 10월 8일경, 상강은 10월 23일경이다. 특별한 세시풍속은 없다.

어떤 집안에서는 9월 9일 중구일(重九日)에 구일차례(九日茶禮)를 지낸다. 대개 올벼나마 추석차례를 모시지 못한 경우에 구일차례로 대신한다. 집안에 생사를 모르거나 자손없는 조상도 구일차례를 지낼 때 함께 모셔 드린다.

마을에서도 이 날 후손 없이 돌아가신 마을 분들을 위하여 제사를 모신다. 이를 구일제(九日祭)라고 한다. 제사 비용은 이 분들이 돌아가시면서 마을에 희사한 위토(位土)의 소출로 충당한다. 때로는 마을공동으로 제사를 모시지 않고, 위토를 소작한 사람이 그 소출로 제사를 모시기도 한다.

한편 이 날에는 구절초(들국화)를 뜯어다 말리는 풍습이 있었다. 구절초는 봄부터 피는데, 특히 이 날 채취한 것이 약이 된다고 알려져 있어 구일초라고도 한다. 흔히 만병통치약으로 통하는데 보통 새끼줄에 엮어 그늘에 말려두었다가 삶아 먹는다. 또 구월 여드렛날 밤이슬을 맞추어야 약이 된다고 하여, 그 이전에 미리 뜯어 두었다가 여드렛날 이슬을 맞추기도 한다. 이 달에는 메주도 쑤지 않고 문도 바르지 않는다.

4. 겨울의 세시

가. 시월

음력 시월에는 입동(立冬)과 소설(小雪)이 든다. 겨울이 시작된다는 입동은 양력은 11월 8일경, 첫눈이 내린다는 소설은 11월 23일경이다. 농가에서는 겨우살이를 위하여 무와 배추를 거두어 김장을 담그고, 감을 따서 곶감을 만들며, 메주를 쑤어 다음 해에 장을 담글 준비 등을 한다.

이 달에 가장 중요한 세시는 산신제와 가을떡이다. 곧 추수에 대한 감사함으로 마을에서는 산신제를 모시고, 집안에서는 팥시루떡으로 마련하여 고사를 지낸다.

1) 월중

(1) 산제 · 가을떡 · 시제

시월은 가을걷이를 마쳤기에 어느 농가나 가장 풍족한 시기이다.

그래서 시월을 상달(上-)이라 한다. 마을에서는 한 해 농사에 감사하는 뜻으로 산신에게 제사를 올린다. 산제는 1년에 2차례, 곧 음력 정월과 시월에 모시는 것이 마을신앙에서 가장 규범적인 모습이다. 그러나 만일 한 해에 2차례 지내는 것이 부담된다면, 정월 산제를 폐지하고 시월 산제를 유지하는 경우가 많다. 그만큼 시월 산제의 의미는 막중하다. 또 각 가정에서는 가을떡(가을베끼)을 팥시루떡으로 마련하여 집 안의 여러 신령들을 위한다. (제4장-1-가. 가을떡과 정월떡 참조) 이를 상달 고사라고도 한다. 이때에 법사를 불러 안택을 하고, 성주를 새로 받아 모시기도 한다.

또한 각 문중별로 적당한 길일을 택해 시제(時祭)를 올린다. (제1장-5-다. 시제 참조) 간혹 후손 없이 사망한 마을 사람들을 위해서도 마을 공동으로 제사를 모셔 준다. 대개의 경우 집이나 토지를 마을에 희사하고, 그 대신에 홀로 후사 없이 죽은 자신의 제사를 지내달라고 부탁한다. 그러면 동네에서는 이들 무주고혼(無主孤魂)을 위하여 정성껏 제사를 모셔준다.

(2) 손돌맹이 추위

시월은 겨울로 들어가는 초입이다. 그래서 이날 날씨를 살펴서 올 겨울 날씨가 얼마나 추울지를 가늠해 본다. 초하룻날 날씨가 추우면 그 해 겨울이 몹시 춥고, 그리 춥지 않으면 겨울이 비교적 포근하다. 또 김장 무의 뿌리가 땅에 깊이 박혀 있으면 겨울 날씨가 춥고, 얕게 박혀 있으면 그다지 춥지 않다. 이 날 등짐장수의 옷차림을 보고도 날씨를 짐작한다. 그가 솜옷을 입었다면 겨울옷을 두껍게 짓고, 홑옷을 입었다면 얇게 짓는다. 또 그가 겹바지를 입었으면 두꺼운 옷을, 홑바지를 입었으면 얇은 옷을 마련한다.

이달 스무날은 매년 어김없이 심한 추위가 찾아온다고 한다. 충남에서도 다른 지역과 마찬가지로 이날의 한파를 손돌맹이 추위라고 부른다. 손돌맹이는 손돌 또는 손사공이라고도 부른다. 그는 아주 오래전 어느 시월 스무날에 얼어 죽은 비운의 사나이이다. 동사한 손돌맹이의 원한이 사무쳐 해마다 이 날이 되면 반드시 춥다는 것이다. "손돌이 추위는 꾸어서라도 한다."는 속담은 그래서 생겨났다. 또한 이 날을 보통 '손돌맹이가 죽은 날' 아니면 그냥 '그 놈 죽은 날'이라고도 부른다.

그런데 충남의 손돌맹이는 경기도 강화도의 손돌목 전설에서 유래된 것이다. 고려시대의 어느 왕이 개경에서 강화도로 파천(播遷) 가던 바닷길에 이곳 손돌목을 지나게 되었다. 왕의 뱃길을 돕던 뱃사공 손돌이 왕을 안전하게 건너게 하려고 애를 썼으나, 비극적으로 왕의 오해를 사서 참수를 당했다. 그러자 광풍이 갑자기 불어서 왕은 위험에 처했는데, 왕은 손돌을 죽인 것을 뉘우치고 제사를 지내 주었다. 그 이후 이 날이 되면 바람이 심하고 매우 춥게 되었다는 것이다.

(3) 새 이엉으로 지붕 얹기

추수를 마치면 새 볏짚으로 이엉을 엮어 초가지붕을 새로 얹는다. 이 달 중에도 특히 용날이나 뱀날을 가려서 했다. 용과 뱀은 물짐승이므로, 이 날 이엉을 새로 올리면, 화재를 예방할 수 있다. 돼지날에 올리면 불이 날 위험이 높다. 만일 어쩔 수 없이 돼지날에 이엉을 얹는다면, 특별한 뱅이로 예방을 해야 한다. 곧 지붕을 얹는 도편수가 용구새(용마름)를 얹기 바로 전에 여기에 오줌을 누면, 화재를 방지할 수 있다.

새 이엉으로 지붕 얹기(태안 승언리)

나. 십일월 동짓달

이 달에는 대설(大雪)과 동지(冬至)가 든다. 음력 11월에는 반드시 동지가 들기에, 흔히 동짓달이라고 부른다. 농가에서는 농한기에 접어들어 서서히 한 해를 마무리하는 시기이다. 남자들은 대개 가마니를 짜고 여자들은 길쌈을 한다.

동지는 양력으로 12월 21일이나 22일이다. 이 날은 1년 중 밤이 제일 길고 반대로 낮은 가장 짧다. 동지가 지나면, 낮이 조금씩 길어지는데 이를 두고 "노루 꼬리만큼씩 길어진다.", "쥐꼬리 만큼씩 길어진다.", "싸래기 눈 만큼씩 길어진다."고 표현한다. 동지를 기점으로 길어지기만 하던 밤 시간과 짧아지기만 하던 낮 시간이 바야흐로 반대 상황으로 뒤집힌다. 이제는 아주 조금씩이지만, 낮이 길어지고 밤이 짧아지기 시작한다. 어둠에서 밝음으로 대전환이 이루어진다. 밝음이 쇠퇴하고 죽어갔던 하지(夏至) 이후의 시간이 동지를 고비로 어둠을 극복하고 다시 되살려진 것이다. 이러한 상반된 시간 변화의 기점으로 본다면 동지는 또 하나의 새로운 해이다. 그래서 동지를 아세(亞歲)라고 부른다. 곧 으뜸이 아닌 버금가는 새해란 뜻이다. 섣달그믐도 작은 설이라 하지만, 동지 역시 작은설이라 부르는 까닭이다. 동지에 팥죽을 먹어야 한 살을 더 먹는 것이란 말은 그래서 나온 것이다. 옛날에는 서당도 대개 이날부터 공부를 시작했다. 한편 이 날 천둥이 치면 "한양의 말 탄 사람이 죽는다."든지 "임금이 용상(龍床)에서 내려 앉는다."는 등의 정변과 관련한 속설이 충남 전역에서 전승된다. 동짓달에 천둥이 치는 것은 거의 없는 일이다. 아주 드물지만 그런 일이 있으면 나라에 큰 변고가 생긴다는 뜻이다.

반가의 전통을 지닌 일부의 가정에서는 동지차례를 지내기도 한다. 설 차례와 거의 동일하게 모신다. 다만 떡국 대신에 팥죽을 올린다. 또 이날 가을보리를 뽑아 그 뿌리를 본다. 햇 뿌리가 많으면 이듬해에 풍년이 되고, 적으면 흉년이 든다고 한다.

1) 동지(冬至)

(1) 동지팥죽

이 날에는 잡귀와 액운을 물리치기 위하여 팥죽을 쑨다. 팥죽에는 새알심(찹쌀경단)을 반드시 넣는다. 예로부터 팥[적두(赤豆)]은 그 붉은 색으로 인하여 벽사(辟邪)에 널리 쓰였다.

고대 중국의 전설은 동짓날과 팥죽의 상관성을 역신(疫神)이 된 공공씨(共工氏) 아들 이야기로 설명한다. 공공씨의 고약한 아들이 동짓날에

동지 팥죽 쑤기(청양)

팥죽 그릇에 푸기

성주께 팥죽을 올리고 절을 하는 주부

장광에 떠놓은 팥죽 한 그릇

집안 곳곳에 팥죽을 끼얹는 주부

죽었는데, 그가 돌림병을 퍼트리는 역신이 되었다. 그런데 그 아들은 평소에 팥을 무서워 해 동짓달에 팥죽을 가지고 그 아들을 물리쳤다는 것이다.

동지가 동짓달 열흘 안쪽으로 닿으면 애동지라 하여 아이에게 좋지 않다고 한다. 심지어 이때 아이들이 많이 죽는다고 한다. 애동지에는 팥죽 대신에 팥시루떡을 해 먹는다. 보름경에 닿으면 중동지라 하여 팥죽을 끓인다. 이때는 중년들에게 좋지 않다. 이십일이 넘어서 닿으면 노동지라 한다. 노인들에게 좋지 않다고 하여, 그 예방으로 역시 팥죽을 마련한다.

팥죽은 바가지에 담아 숟가락으로 떠서 대문을 비롯하여 울타리 등에 조금씩 뿌린다. 이때 집안 서쪽으로부터 동쪽으로 돌면서 뿌리면 더욱 효험이 있다. 특히 책력을 보아 동지 절입(節入) 시각, 이른바 동지 시(時)에 맞추어 뿌리면 좋다. 이렇게 하면 법사를 불러 안택하는 것보다 집안의 안과태평에 훨씬 덕을 본다고 한다. 그런 후에는 부엌, 장광, 마루, 우물, 곳간, 대문 등에 팥죽 한 그릇씩을 떠다 놓는다. 집안의 조왕, 터주, 성주 등을 위해 주기 위함이다.

2) 월중

(1) 용경(龍耕)과 풍흉점

19세기 중반에 찬술된 『동국세시기(東國歲時記)』「11월 월내(月內)」에는 홍주(洪州) 합덕지(合德池)의 용경(龍耕)에 대한 다음과 같은 기록이 있다.

"충청도 홍주 지방의 합덕지에서는 매년 겨울마다 용이 땅을 가는[龍耕]듯이 언 못[池]이 갈라지면서 그 위로 긴 금이 생기는 기이한 현상이 있다. 그 금이 남쪽으로부터 북쪽 방향으로 세로로 언덕 부근까지 나면 이듬해는 풍년이 들고, 서쪽으로부터 동쪽 방향으로 한가운데를 지나면 흉년이 든다고 한다. 또는 동서남북 이리저리 종횡으로 가지런하지 않게 나면 흉년과 풍년이 반반이라고 한다. 농사꾼들은 이것으로 이듬해 농사의 작황을 가늠하는데 예측이 잘 맞는다고 한다. 경상도 밀양 지방의 남지(南池)에도 용이 땅을 갈 듯 얼음이 갈라지는 현상이 있어 이것으로 이듬해 농사일을 점친다."

이러한 설화에는 당대 농민들의 풍년 여부에 대한 지극한 관심이 잘 반영되어 있다. 특히 농업용수를 대는 저수지이기에, 그 얼음 상태조차도 다음 해 농사에 대한 조짐을 나타낸다고 믿었다.

다. 섣달

섣달에는 절기상 소한(小寒)과 대한(大寒)이 든다. 한 겨울로 가장 추운 달이다. 섣달은 음력으로 한 해의 맨 끝 달이다. 원래는 설이 드는 달이란 뜻을 지닌다. 묵은 설이라고도 한다.

이 달의 세시풍속은 그믐날에 집중되어 있다. 이는 단지 섣달의 마지막 날일 뿐 아니라, 묵은해의 끝자락에 있는 날로서 새해의 설날로 넘어가는 날이기도 하다. 곧 묵은해와 새해의 경계에 있는 날이다. 세모(歲暮), 제석(除夕), 제야(除夜) 등이라고도 한다.

이 날 묵은세배를 하고, 수세를 하며 정반차례도 올린다. 어촌에서는 뱃고사를 지낸다. 집안을 대청소하고, 특히 방바닥의 낡은 자리를 새로 짠 왕골자리 등으로 바꾼다. 이는 단순히 집안을 깨끗이 하는 것만이 아니라, 제액의 뜻에서도 그렇게 한다. 이 날에는 되도록 다른 사람에게 빌린 돈이나 물건 등을 반드시 돌려준다. 정초에는 빚 독촉을 하지 않는 것이 통례이다. 또 강하고 굵은 가시가 많은 벙구나무(엄나무) 가지를 잘라서 문 앞에 X자 모양으로 매달아 둔다. 그러면 잡신이 범접하지 못한다. 만일 수세를 하지 않고 잠을 잔다면, 주머니에 돈을 넣고 잔다. 그래야 다음 해에 돈이 마르지 않는다고 한다.

한편 선달에는 액달이라 하여 메주를 쑤지 않는다. 그리고 이 달에는 고드름으로 풍·흉년을 점친다. 고드름이 많이 열리면 다음해에 풍년이고, 조금 열리면 흉년이다. 특히 서숙 농사가 그러하다. 엿을 고아 먹는 풍습도 매우 일반적이다. 특히 동지 이후의 셋째 미일(未日)인 납일(臘日)에 엿을 고면 좋다고 한다. 이 날 눈이 내리면 눈 세 덩어리를 뭉쳐 엿을 골 때 넣는다. 납일의 눈은 먹기도 하고 약물로도 쓴다. 이 날 아이에게 참새를 잡아 먹이면 잔병치레를 하지 않는다고도 한다.

1) 섣달그믐

(1) 묵은세배

섣달그믐 저녁에는 '묵은세배'라 하여, 부모님과 친인척 그리고 동네 어른들을 찾아뵙고 묵은해의 인사를 드린다. 한 해를 무사하게 보내서 감사하다는 세배이다. 실제로는 섣달그믐 며칠 전부터 묵은세배를 올리기도 한다.

(2) 수세(守歲)

이 날 밤이 되면 집안 곳곳에 환히 불을 밝힌다. 아주 오래전에는 집안 곳곳에 기름불을 놓았다. 평소에 쓰지 않는 방에도 불을 켜둔다. 지금도 밤새 모든 전기불을 끄지 않고 켜두는 가정도 있다. 근래에는 마을회관에도 불을 밝혀 둔다. 이를 수세(守歲)라고 한다. 글자 뜻 그대로 한 해를 지킨다는 뜻이다. 식구들이 둘러앉아 온밤을 지새운다. 졸음을 이기지 못하고 잔다면, "눈썹이 하얗게 세어진다."고 한다. 아이들은 겁이 나서 자지 않으려고 안간힘을 쓰다가 결국에는 곯아떨어진다. 어른들은 장난으로 자는 아이의 눈썹에 밀가루를 살짝 묻혀 놓고는 설날 아침에 눈썹이 희어졌다고 놀린다. 이렇게 수세하는 풍습은 지역에 따라서 음력 정월 열나흘에 하기도 한다.

19세기 중반 홍석모(洪錫謨)의 『동국세시기(東國歲時記)』에도 수세 풍습을 다음과 같이 소개하고 있다.

> "민간에서는 섣달그믐 밤에 집집마다 다락 · 마루 · 방 · 부엌에 모두 기름등잔을 켜놓는다. 등잔은 흰 사기접시에 실을 여러 겹 꼬아 만든 심지를 올려놓은 것이다. 이것을 외양간과 변소에까지 켜서 대낮처럼 환하게 해놓고 밤새도록 자지 않는다. 이를 수세(守歲)라고 하는데, 곧 경신일(庚申日)을 지키는 수경신(守庚申)이라는 옛 풍속이다."

홍석모는 수세를 경신일에 잠을 자지 않고 밤을 새는 도교의 장생법인 수경신의 유풍(遺風)으로 설명하고 있다. 이처럼 민간의 수세와 도교의 수경신이 연관될지도 모른다. 그러나 그보다는 묵은해에서 새해로 넘어가는 경계의 '위험한 시간'을, 사람이 불을 밝힌 채 잠을 자지 않으며 지킴으로써 '안정된 시간'으로 유지시키려는 유구한 풍습에서 비롯된 것으로 보인다.

(3) 정반차례(-茶禮)

선달 그믐날 자정에 정반차례를 지낸다. 한 해 동안 후손을 돌보아 주신 조상에게 감사의 뜻으로 드리는 제사이다. 또 한 해가 지나가고 새해가 오고 있음을 고하는 의미도 있다. 차례상에는 떡국을 올린다. 정반차례를 올리고 나서야, 묵은세배를 하기도 한다. 다음날 아침 설 차례에는 떡국 대신에 메를 차리기도 한다. 정반차례에서 이미 떡국을 올렸기 때문이다. 정반차례를 마치면, 조용히 새벽이 오기를 기다리며 설 아침을 맞는다. 일부 지역에서는 이를 그믐차례라고도 부른다.

윤달(閏-)

음력 1개월은 약 29.5일이고, 음력 12달은 약 354일이다. 태양년 1년은 약 365.2이기에, 음력 12달은 1태양년보다 약 11일이 짧다. 햇수가 많이 지날수록 점점 이들 역법(曆法) 사이의 날짜와 계절 차이는 심해진다. 17년이 지나면 음력 5월이나 6월쯤이 가장 춥고, 음력 11월과 12월쯤이 가장 덥다. 이러한 차이를 방지하기 위하여 고안된 것이 '19년 7윤법'이다. 그래서 3년에 한 달, 또는 8년에 석 달의 윤달을 삽입하여 그 불균형을 맞추는 것이다.

곧 음력에서 평년의 12개월에 1월을 덧붙인 달이 윤달이다. 이는 '잉여 시간을 모아서 만든 인위적 달'이란 뜻으로, 지칭한다. 윤(閏)이란 '쓰고 난 후 남은 것'이란 뜻이다. 민간에서 이를 '썩은달', '남의달',

'공달', '덤달', '어벌달' 등이라고 부르는 이유이다.

또한 예로부터 윤달은 천지의 신령들이 인간 세계에 관심을 두지 않는 기간으로 여겨져 왔다. 이때에 사람들이 무슨 일을 해도 신령들이 모르기도 하거니와, 설령 나쁜 일을 했어도 신벌(神罰)을 내릴 신령들도 없다. 그래서 평달에는 지벌[신벌]을 맞거나 동투나 탈이 날까 보아서, 겁을 내고 꺼렸던 각종의 일들을 해도 무방하다고 생각했다. 이런 의미에서 윤달을 '탈이 없는 달', '손이 없는 달', '군색이 드는 달' 등으로도 불렀다.

민간에서는 흔히 이 달에는 어떤 일을 해도 탈이 나지 않는다고 한다. 심지어 송장을 거꾸로 세워도 탈이 나지 않는다는 것이다. 그래서 조상의 묘소도 마음에 꺼리지 않고 이장하거나 사초(莎草)나 벌초(伐草)를 한다. 집안의 어르신을 위하여 수의를 짓고 관을 만들기도 한다. 그러나 4월에 윤달이 들면, 수의나 관을 준비하지 않는다.

한편 윤달에 세 절을 다니며 불공을 드리면 좋다고 한다. 그러나 실제로 그렇게 하기는 어려워서, 인근의 절을 찾아 집안의 안과태평과 조상의 극락왕생을 빈다. 윤달에 대한 관념과 그에 따른 세시는 충남의 어느 지역에서도 공통되게 나타난다.

19세기 중반에 찬술된 『동국세시기(東國歲時記)』에서도 윤달에 관한 다음과 같은 기록이 있다.

> "윤달에는 어떤 일을 해도 부정을 타거나 액이 끼지 않는다고 믿어 장가가고 시집가기에 좋다고 하고, 또 죽은 자에게 입히는 수의를 만들기에도 좋다고 하는 등 모든 일에 꺼리는 것이 없다.
>
> 경기도 광주에 있는 봉은사에서는 매번 윤달을 만날 때마다 장안의 여인들이 다투어 와서 불공을 드리며 부처 앞에 돈을 내놓는다. 이러한

일은 윤달 내내 끊이지 않고 계속되는데, 이렇게 하면 극락세계로 간다고 하면서 사바의 노파들이 물밀 듯이 분주히 몰려든다. 서울과 지방 대부분의 절에서 이런 풍속을 볼 수 있다."

제 3 장

생산풍습

제 3 장 생산풍습

각 가정이 모여서 서로 돕고 함께 살아가는 마을은 기본적으로 지속적인 경제 생산이 가능한 자연환경에 터전을 잡는다. 그리고 이 터전을 마을 사람들의 의지와 노력으로 경제 생산 등이 더욱 효율적으로 될 수 있도록 꾸준히 일구어 나간다.

마을의 경제 생산은 대부분 마을을 둘러싸고 있는 자연환경을 이해하고 가꾸며 그것을 이용하는데서 이루어진다. 자연에 온전히 의지하여, 자연에서 거의 모든 재화를 구하고 생산하여 사는 삶이라 할 수 있나. 마을 인근의 장시(場市)에 나가 특정 재화를 곡식이나 돈으로 교환하거나 사는 경제 행위 외에는 마을 사람들은 대체로 자급자족을 하며 살아간다.

사람이 살아가는 데 가장 중요한 재화는 식량이다. 식량 생산이 원활하지 않아서 결핍이나 고갈 상태가 되면, 삶은 절체절명의 위기에 직면한다. 또한 쌀은 식량의 의미를 넘어서, 그것 자체가 화폐와 동일한 가치를 지닌다. 쌀로서 다른 재화를 구할 수 있기에, 쌀은 식량이자 화폐인 것이다. 식생활이 최우선 과제이고 주생활이나 의생활 등은 그 다음의 문제이다.

이러한 식량 생산은 마을 경제의 핵심이다. 그리고 식량 생산의 요체는 곡물이며, 곡물의 요체는 쌀이다. 쌀은 하늘이고 생명이며 백성이다. 쌀은 하늘과 땅이 백성을 살리려고 내주는 자연의 선물이다. 그래서 쌀에는 신성이 깃들여 있고 때로는 신령 자체라고 여긴다. 쌀로써 삼신·터주·성주 등의 신체(神體)로 삼고, 쌀로써 점을 치는 이유이다.

백성이 살아가려면 쌀을 내는 논을 갈아야 하고, 여러 잡곡을 내려면 밭을 갈아야 한다. 벼농사와 밭농사는 식량 생산의 의미를 넘어서 마을 경제의 핵심이다. 그래서 흔히 마을은 농촌으로, 가정은 농가로, 마을 남정네는 농민·농꾼·농부로 불려진다. 물론 농가에서는 가축도 먹이고 사냥도 하며 식물도 채집하고 과수도 재배하며 꿀벌도 친다.

또 하나의 중요한 식량 생산은 바다와 육지가 맞닿은 해안 지역이나 바다에 둘러싸인 섬 지역의 어촌에서 이루어진다. 중선배를 타고 청어나 조기 등을 잡고, 부녀자들 중심으로 조개·바지락·굴 등을 채취하며, 미역이나 김 등도 뜯어서 말린다. 특히 소금은 바다가 주는 천혜의 선물이다. 곧 바다와 갯벌에서 얻는 해산물과 소금 등은 농산물과 더불어 식량 생산의 양대 축이다.

그런데 농업과 어업의 생산 방식은 유구한 역사 속에서 충남의 지역민과 전체 한국인들이 충남 지역과 전체 한국의 자연환경에 적응하여, 최대의 농어업 생산성을 높이기 위한 경험과학에서 형성되고 발전되어 온 것이다. 그러한 역사적 경로 속에서 비효율적 생산 요소들은 쇠퇴되고 폐기된 것은 물론이다. 그래서 이들 생산 방식은 생산풍습이라고 명명할 만큼 하나의 풍속이고 문화인 것이다.

다음에는 충남의 농업 생산풍습과 어업 생산풍습에 대하여 설명한다. 농업과 관련해서는 논농사와 밭농사의 절차와 방식, 이들 농사에 쓰이는 농기구, 마을에서 농사일을 공동으로 하는 두레와 가정 단위에서 농사일을 교환하는 품앗이, 그리고 일종의 곡식대여제도인 장례(장리)와 고지 등에 대하여 차례대로 서술한다. 어업에 대해서는 충남 서해의 어족 자원과 해산물인 조기·청어·홍어·새우 등을 어떻게 잡고, 바지락·굴 등을 어떻게 채취하며, 김은 어떻게 뜯고 말리는지, 그리고 자염과 천일염은 어떻게 생산하는지 설명한다. 또한 어살과 독살 그리고 주목망과 중선배로 어떻게 고기잡이를 하는지, 어촌의 공동체 놀이인 조개부르기·등바루·등불써기 등은 어떠한 의미와 기능을 지니는지 소개하도록 한다.

1. 농업 생산풍습

농부에게 논밭은 봄이면 땅을 일구어 씨앗을 뿌리고, 여름이면 곡식이 잘 자라나게 보살피고, 가을이면 추수를 하는 삶의 터전이다. 한겨울의 눈 덮인 논밭은 텅 빈 죽음의 공간처럼 보이다가도 봄이 오면 새싹이 돋아나 생명력이 넘치는 신비의 공간으로 변한다. 농민들은 논밭을 일구어 경제적인 삶의 토대를 마련하고, 우주와 자연의 변화에 대한 경험과학을 농업 생산의 극대화에 적극적으로 활용하였다.

티끌 하나에 온 우주가 있다는 말이 있듯이, 쌀 한 톨에도 온 우주가 오롯이 담겨 있다. 무위당 장일순은 이를 '나락 한 알 속의 우주'라고 표현했다. 그리고 여기에 덧붙인다면, 쌀 한 톨에도 농부와 그의 가족 그리고 마을 사람들 모두의 풍년에 대한 소망과 노고가 담겨 있기도 하다.

조선 후기에 이르러 이앙법이 널리 보급되면서 논에 모를 심고 피를 뽑고 수확하기까지 단시간에 집약적인 노동력이 요구되었다. 때를 놓치면 한 해 농사의 풍년을 기대하기 어려웠다. 이를 극복하기 위해서 농가에서는 대가족이 농사에 참여하고, 그 노동력을 기반으로 이웃과 공동의 노동 조직을 갖추었다. 그것이 두레 · 품앗이와 같은 전통적인 협업체계로 발전했다.

농기(農旗)에 적힌 '농자천하지대본(農者天下之大本)'이라는 글귀는 농사가 국가 경제의 기초였음을 잘 보여 준다. 농촌에서는 주식인 쌀의 생산량을 높이는 등 논농사 위주로 농업 경제를 운영했다. 부족분은 이모작으로 겨우내 보리를 생산하거나 밭에서 난 잡곡으로 충당했다.

이처럼 농민들은 농토에 기대어 살아왔다. 부자들은 소작인을 두어서 드넓은 논밭을 경작했다. 반대로 땅 한 뙈기도 없는 가난한 농민들은 농사지을 땅이 있어야만 했기에 지주의 땅을 빌려 농사를 지었다.

농사를 잘 지으려면 일꾼들의 역할이 중요하다. 지주들은 일꾼들의 인심을 얻어야만 농번기에 쉽사리 일손을 구할 수 있었다. 정월 대보름 · 2월 초하루 · 칠석 · 백중은 흔히 '일꾼날(일꾼 생일) · 머슴날'이라고 하여 일꾼들의 노고를 달래기 위해 술과 안주를 배불리 먹이고 후하게 대접하는 날이다.

농민들은 오랜 경험을 바탕으로 각종 농기구를 고안해 냈다. 우선 논과 밭의 토질, 여러 농사일에 따른 적합한 용도 등을 고려하여 농기구를 제작하였다. 이들 농기구는 사람들이 쓰기에 더욱 편리한 방향으로 발전했고, 한 가지 농기구를 여러 용도로 쓰기도 했다.

1970-1980년대를 기점으로 농업 환경에도 많은 변화가 생겼다. 경운기와 컴바인 등을 시작으로 현대화된 농기계가 등장하고, 양질의 비료와 제초제가 보급되면서, 이전보다 농사의 효율성과 생산량이 급격

히 증가했다. 다량의 수확을 보장하는 통일벼도 보급되었다. 자연히 전통적인 농업 방식은 쇠퇴·소멸하게 되었다.

다음에는 그러한 변화가 본격적으로 일어나기 이전의 농업에 대하여 설명하도록 한다.

가. 논농사

1) 봇줄 드리기

해마다 추수를 마치고 동지가 지나면 농한기(農閑期)로 접어든다. 음력 정월은 이듬해 농사를 준비하는 시기이다. 농사꾼들은 이때 부지런히 농기구를 손보고, 세간 살림들을 돌본다.

외양간 옆 창고에는 가래·삽·낫·호미·극젱이·괭이·쇠스랑 등 농기구가 그득하다. 1년 동안 농사를 짓느라 무뎌진 날을 숫돌에 갈고, 망가진 농기구는 대장간에 맡긴다. 정월 보름 무렵에는 일꾼들이 모여서 써레·쟁기 등에 매다는 줄을 꼰다. 이를 지역에 따라서 '소술 꼬기'·'쇠술 드리기'·'봇줄 드리기'·'쟁기 줄 드리기'·'소 고뺑이[고삐] 드리기'·'주대 드리기'라고 한다. 여기서 '드리다'라는 표현은 짚이나 삼[麻]으로 새끼줄 여러 개를 하나로 굵게 꼰다는 의미이다. 이 줄이 있어야만 소와 농기구를 안전하게 연결할 수 있는데 굵고 튼튼하게 만들어야만 줄이 늘어지거나 끊어지는 것을 막을 수 있다. 소줄 이외에도 일꾼들은 살림살이에 필요한 소쿠리·메꾸리[멱둥구미]·삼태미[삼태기] 등을 만든다.

부잣집에서는 1년 농사를 잘 지어달라는 뜻에서 일꾼들에게 한턱을 낸다. 정월 보름날 일부러 일꾼들을 불러서 보름밥(오곡밥)과 술을

주대 드리기(예산 운산리)

멍에에 주대 묶기

소 주대

나무에 주대를 걸기

푸짐하게 대접했다. 이날 부지런히 드린 고삐 · 쟁기줄 · 써레줄을 나무에 걸고 무거운 맷돌을 매단다. 그래야만 성글게 엮은 부분을 찾아서 보강할 수 있고, 오래 써도 줄이 늘어나는 것을 방지할 수 있다.

음력 2월 초하루가 지나면 농사가 본격적으로 시작된다. 그리하여 이 날을 머슴날(일꾼날) · 머슴 생일 · 머슴 노는 날 · 머슴이 우는 날이

나무에 건 주대 끝에
돌을 달아서 늘리기

논갈이

라고 했다.

2) 볍씨 담그기와 못자리 하기

절기상 곡우(穀雨)가 다가오면 농사일은 점차 바빠지기 시작한다. 가을에 추수가 끝난 뒤 소중히 보관해 둔 볍씨를 꺼내서 쭉정이나 불순물·해충 등을 골라낸다. 일반적으로 '씨나락 담그기'·'씨나락 붓기'라고 하는데, 소독을 위해서 볍씨를 하루 정도 소금물에 담가 둔다. 이때 물 위에 뜬 쭉정이는 버리고, 바닥에 가라앉은 고른 볍씨만 쓴다. 볍씨는 일주일에서 길게는 보름 정도 물에 담가 둔다. 사실상 1년 농사는 볍씨 관리부터 시작이다. 그리하여 볍씨를 담근 '볍씨 항아리'에 조금이라도 부정이 타지 않도록 조심하고 뚜껑에는 솔가지를 덮어 둔다. 또한 상제(喪制)를 비롯하여 부정한 사람들이 씨나락 근처에 얼씬도 못 하게 한다.

물에 담갔던 볍씨를 따뜻한 곳에 놓아두면 곧 싹이 튼다. 손모를 심을 때에는 논 1마지기에 볍씨 1말 정도가 들었지만, 기계로 모를 심게 된 이후에는 5-7되만 있으면 충분하다.

싹이 튼 볍씨는 양력 4월 초승에 못자리에 뿌린다. 아직 추위가 가시지 않은 늦봄이어서 논에는 살얼음이 언 곳도 있다. 양지바른 곳에 두둑을 쌓아서 못자리를 마련한다. 못자리는 다른 곳보다 적시에 물을 넣고 빼기 좋아야 한다.

볍씨가 제대로 싹을 틔우려면 못자리에 자양분이 충분해야 한다. 땅이 비옥해야만 튼튼한 모가 난다. 농가에서는 이 무렵에 산에서 봄풀과 갈잎 등을 베어다가 바짝 말려서 논에 깔고 발로 밟는다. 잡풀이 썩으면서 자연히 거름이 된다.

못자리도 3차례 논갈이를 한다. 처음 가는 것을 '아시', 그 다음이 '이듬', 마지막을 '골 지르기'라고 한다. 평균적으로 2-3일 안에 이루어진다. 논갈이를 한 뒤에 군데군데 뭉친 흙을 써레로 푼 뒤 반드시 고무래나 번지로 평평하게 다진다. 울퉁불퉁한 땅에서는 여린 볍씨가 싹을 틔울 수 없다.

못자리가 다 되면 맑고 바람이 없는 날을 택하여 볍씨를 뿌린다. 혹여 바람이 잦은 날 볍씨를 뿌리게 되면 한쪽으로 뭉칠 염려가 있다. 볍씨가 뿌리를 내릴 때까지는 논에 물을 거의 빼는데, 이를 "터 건다."라고 한다. 열흘 정도 지나면 차츰 싹이 올라온다. 이때 물을 완전히 빼서 못자리를 말린다. 이를 "못자리 그룬다."라고 하며, 사흘간 말린 뒤에 차츰 물을 넣어서 모가 잘 크는지 살핀다.

이따금 못자리에 피가 자라서 김을 매는 일도 있다. 일부 지역에서는 이를 "도사리 잡는다."라고 표현한다. 약 40일간 모자리에서 한 뼘 이상 모가 자라면 새 논으로 옮겨 심는다. 낱말 뜻 그대로 모내기, 곧

'이앙(移秧)'을 하는 것이다.

3) 보막이와 방천(防川)

농가에서는 풍년이 들길 간절히 바라지만, 가뭄·홍수 등 자연재해가 곳곳에 도사리고 있어서 좀처럼 쉬운 일이 아니었다. 농부들은 거북 등처럼 갈라진 논바닥을 바라보며 하늘을 원망했다. 곧 드넓은 논에 물을 제때에 대고 빼는 일, 관개는 농사의 성패를 결정짓는 중요한 요인이다. 비가 적게 와도 문제이지만, 반대로 넘치게 와도 풍농을 기대할 수 없다.

조선 후기에 이앙법이 확대되면서 모내기철의 가뭄을 대비한 수리시설이 확충되었다. 이는 일제강점기에 더욱 활성화되어 특히 산간지역에 보(洑)의 숫자가 늘었다. 한 마을에도 여러 개의 보가 있어서 각각의 논에 물을 댔다. 보 이름은 대개 들 이름을 붙여 건너뜰보, 양지뜰보, 음지뜰보, 도래뜰보 등으로 불렸다.

같은 봇물을 쓰는 사람들은 공동으로 보를 정비했다. 봄철에 땅이 녹기 시작하면 무너진 봇둑을 새로 막고, 수문(水門)과 수로(水路)를 손보았다. 보를 관리하는 책임자를 따로 둔 마을도 있었다. 그들을 '보주'·'보장'·'물광고'·'물간수'라고 불렀다. 책임자를 두는 까닭은 수시로 보를 살펴서 농수 공급과 관련한 피해가 없도록 하기 위해서이다. 보에는 항시 가뭄을 대비하여 물이 차 있어야 하고, 필요한 때에 물을 댈 수 있어야만 그 쓰임을 다하는 것이다.

논밭이 있는 곳이면 어디든 크고 작은 규모의 보가 있다. 논산 성평리 일대에는 탑정저수지가 있고, 그 아래에 넓은 들(성검들)이 펼쳐져 있다. 마을에서는 해마다 음력 정월 초사흗날이면 저수지 근처의 둑

(성겹보)에서 둑제(뚝제)를 지냈다. 이처럼 둑제를 지내지 않으면 큰 구렁이가 끝내 보를 터뜨린다고 믿었다. 그만큼 둑을 안전하게 관리하는 일이 농민들에게는 시급하고 중요했다. 매년 깨끗한 사람으로 제주 1명, 축관 1명, 유사 2-3명을 뽑아서 정성껏 둑제를 지냈다.

충남 태안 · 서산 해안가 지역에서는 간척사업을 통하여 농경지를 넓혀나갔다. 예컨대 안면도에서는 1960-1970년대까지 10여 년간 섬 전체 해안선이 완전히 달라질 정도로 대규모의 간척사업이 진행되었

제방 안의 드넓은 간척지(태안 정죽리)

바다를 막은 제방(태안 정당리)

다. 그로 인해 제방 안쪽으로 엄청난 규모의 농경지가 마련되었다.

간척사업은 순전히 인력으로 이루어졌다. 제방을 막기 전에 측량사가 동원되어 측량 작업을 하고, 설계 도면에 따라서 공사가 진행되었다. 본격적으로 작업이 시작되면 갯벌 바닥을 단단히 돋우고, 바위들을 옮겨서 차곡차곡 쌓기 시작한다. 그 위에 자갈 · 진흙 · 모래 등을 다져 넣고 튼튼하게 마감한다. 양쪽에서 제방을 막아오다가 최종적으로 20-30미터 정도가 떨어진 상태에서 물발이 약한 조금 때를 기다렸다가 보창맥이[물막이]를 한다. 보창맥이는 가장 힘든 작업이었다.

최종 물막이 공사를 하는 날은 마을에서 잔치가 벌어졌다. 밤새도록 물과 씨름해야 할 인부들을 위해서 돼지도 잡고 푸짐하게 술과 안주를 장만했다. 예로부터 "보창맥이를 할 때 사람 5명을 집어넣어야 보가 안 터진다."는 말이 있다. 그만큼 많은 사람의 희생을 치르고서야 어렵게 간척지를 만들었다는 의미이다. 태안 정죽리에서는 원을 막는 공사가 완료될 즈음에 도사가 나타나서 잘생긴 총각을 바쳐야 한다고 일러주었다. 그러나 마을 사람들은 인간의 목숨을 함부로 할 수가 없다고 여겨서 그 말을 듣지 않았다. 그 후 도사의 예언처럼 원은 수시로 터지고, 바닷물로 인한 농작물 피해도 종종 있었다.

간척지 안에 논을 개간한 농민들은 혹시라도 둑이 터지는 것을 염려하여 음력 정월이면 고사를 지냈다. 물이 들고나는 수문(水門) 바로 앞에서 지낸다고 하여 수문고사(수문제) 또는 원둑고사(원둑제, 둑제)라고 했다.

둑제는 대개 음력 정월 열나흗날 저녁에 시루떡 1시루와 삼색실과 · 포 등을 간단히 장만하여 지냈다. 제물을 진설한 뒤에는 "물 위의 참봉, 물 아래 참봉 그저 둑이 무너지지 않게 잘 돌봐주세요."하고 빌었다고 한다.

인면도의 한 농민은 둑제에 대하여 다음과 같이 회고한다.

"둑을 막고 나서 원둑제를 지냈어요. 원이 터지지 말라구. 사리때에 가서 떡 하고 술 해 가지고 가서 정성을 드려요. 요왕제[용왕제]라고도 흔히 하지요. 마을 대표자만 가는 거요. 깨끗한 사람이 대표로 가요. 여자로 말하면 월경 같은 거 안 하는 사람이요. 정성을 드릴 때는 몸이 깨끗한 사람이 가야지. 주로 남자들이 가요. 떡은 시루떡으로 1시루 찌고, 둑이 터지지 말라고 정성을 드렸어요. 요왕제라는 것은 바다에 정성을 드리는 것이기 때문에. 튼튼하게 잘 보전해 달라고 비는 거요. 정월에도 주로 해요. 정월은 1년 열두 달 중 상달이잖아요. 둑 안 터지고 농사가 잘 될 거라고 믿었지. 한 번 둑이 터졌다면 큰일이니까. 생명 끊어지는 일이요. 그래서 주민들이 합심해서 정성을 드린 거지요. 다행히 둑이 터져서 고생한 일은 없었어요."

봄이 오면 겨우내 얼었던 땅이 녹기 시작한다. 해빙기에 농민들은 봇둑이나 논둑을 본격적으로 손보았다. 미꾸라지나 웅어 등이 부드러운 흙을 찾아 다니며 내놓은 구멍 때문에 둑이 쉽게 무너졌다. 논두렁에서 흙을 퍼 올려서 둑을 돋우는데 이때 가래질을 한다. 가래에 2개의 줄을 연결하여 1명은 삽자루를 쥐고, 2명은 양쪽에서 줄을 잡아당긴다. 삽 하나에 3명의 힘이 실려 무거운 흙도 쉽게 퍼 올릴 수 있었다. 이때 일의 능률을 높이기 위해서 구성진 가래질 소리가 이어진다.

어낭청 가래여허
천지조화로 무너진 뚝을
몸부림 친들 소용 있나.

걱정을 맞춰서 근심을 마소
오늘 해 전에 완공을 할테니
여보소 권양반 술 가져 오시오.
물동이 위에다가 전자리포 덮었네.
이 뚝도 막고 저 뚝도 막세.
만고영웅 호걸 님들
초한 승부를 들어보소.(결성농요 중 뚝매기: 긴가래질 소리)

홍수로 둑이 터지거나 흙이 쓸려 내려가는 것을 막으려고 말뚝을 박기도 한다. 말뚝은 잘 썩지 않는 밤나무나 가죽나무로 만든다.

1970년대 이후 전국적으로 양수기가 보급되면서 농수 확보가 편리해졌다. 어디든 관정(管井)을 파서 지하수를 끌어쓰거나 냇물을 퍼 올리면 그만이었다. 이렇게 하늘바래기논들이 고라실(물길이 좋은 기름진 논)로 바뀌어 갔다.

4) 논갈이

곡우(穀雨)가 지나면 논갈이가 시작된다. 쩍쩍 갈라진 논바닥에 물을 가두고 고르게 흙을 뒤집어야만 양질의 논을 만들 수 있다. 소에 봇줄로 쟁기를 연결하여 3차례 정도 논을 갈아엎는 모습은 봄철에 흔히 볼 수 있는 풍경이었다.

논갈이에서 소의 역할은 매우 중요하다. 소가 없는 집에서는 일소를 하루 빌려 쓰는 대신 닷새 동안 그 집의 일을 대신해 주어야 했다. 소를 부리는 일도 아무나 할 수 없었다. 농사일에 길이 난 '상머슴'이나 할 수 있는 일이었다. 이처럼 소를 부리는 일, 곧 봇줄을 능숙하게 잡

논을 가는 농부(논산 임화리)

는 상일꾼을 가리켜 보잡이 또는 보줄꾼이라고 불렀다.

첫 논갈이를 아시갈이, 그 다음을 두벌갈이, 마지막을 이듬갈이라고 했다. 산골짜기의 다랑논은 그 모양새가 제각각이어서 쟁기로는 논갈이가 어렵다. 이런 경우에는 쟁기보다는 극젱이를 쓴다.

처음에 쟁기질을 할 때는 길게 한 방향으로 갈아엎는다. 마치 밭두둑처럼 보인다. 시간이 없을 때는 모심기를 앞두고 한 번만 논을 가는데, 이를 '삭갈이'라고 했다. 아시갈이가 끝나고 열흘 후에 다시 두둑의 가운데를 갈아엎어서 흙이 골고루 잘 섞이게 한다. 흙이 충분히 섞여야 지력이 강해진다.

어떤 때는 봄에 비가 오지 않아서 마른 논을 갈아엎을 때도 있다. 이처럼 '마른갈이'는 무논(물이 차 있는 논)에 비해서 2배 이상 힘들다. 농부들은 아시갈이가 끝나면 비가 오길 빌었다. 다행히 비가 내리면 한 번 갈아놓은 흙덩이가 곱게 부서진다.

힘 좋은 황소는 하루 동안 7-8마지기의 논을 거뜬히 간다. 암소와 달리 황소는 한여름에 일을 시켜도 탈이 나는 법이 거의 없다. 간혹 힘에 부치도록 일을 시킨 경우에는 막걸리나 계란을 여물에 섞어 먹이거나 "소에는 콩이 보약이다."라는 옛말처럼 콩죽을 쑤어 준다. 소가 더위에 지쳐서 쓰러졌다면 침을 놓는 침쟁이를 부르기도 했다.

두벌갈이가 끝나고 모심기 사나흘 전에 써레질을 한다. 써레에 달린 날은 보통 7개로 써레 줄을 소에 묶어서 끌게 했다. 여러 개의 날 덕분에 군데군데 뭉쳐 있던 흙이 완전히 풀어진다. 써레질을 할 수 없는 곳은 농부가 직접 쇠스랑을 들고 다니며 흙덩이를 부수었다. 써레질은 쟁기질에 비해서 비교적 수월한 편이어서 하루 평균 10마지기 정도를 갈 수 있다.

이듬갈이가 끝나면 마지막으로 써레 자국이 남지 않도록 정리한다. 써레 날 뒤로 길고 반듯한 송판을 대는데, 이것이 번지이다. 논바닥이 고르지 못하면 모내기를 하기 불편하다. 그래서 번지로 바닥을 반듯하게 고른다. 이처럼 논갈이가 끝나야만 못자리의 모를 옮겨 심을 수 있다.

5) 모내기

모내기 기간에는 집중적으로 노동력이 투입된다. 농부들은 온종일 허리를 굽힌 채 모를 심어야 하므로 매우 힘들어 한다. 정해진 시간 안에 모내기가 끝나야만 모가 제대로 자란다. 농촌에서는 이 무렵에 일손이 가장 절실하다. "늦모내기에 죽은 중도 꿈틀한다"는 속담은 바쁜 모내기철의 일상을 잘 보여 준다.

모내기는 하지(夏至) 때에 한다. 물이 넉넉한 고래실은 그보다 빠른

쇠스랑으로 흙 고르기(서산 독곶리)

모내기

새참

망종(芒種)에 모내기가 이루어진다. 그러나 대부분의 논에서는 하지를 기준으로 전후 3일에 모내기가 시작된다. 특히 하지 전 3일에 심은 모를 '올모'라고 했고, 이를 최적기에 심은 가장 좋은 모로 쳤다. 모내기는 아무리 늦어도 소서(小暑) 이전에는 끝내야 한다. 늦게 심게 되면 그만큼 추수도 늦어진다. 늦모일수록 발육 상태가 좋지 않아서 쭉정이가 많다. 논에 물을 뺄 무렵에 찬바람이 불면 흉년을 면하기 어렵다.

모내기(논산 임화리 이웃 마을, 운주 완창리)

모내기

하지 무렵에 시작된 모내기는 거의 한 달간 지속된다.

하지에 비가 와서 논에 빗물이 고이면 그야말로 천우신조(天佑神助)이다. 빗속에서 모내기를 하는 것은 힘이 들지만, 적당히 비가 내리면 풍년을 기대할 수 있다. 불행히 하지까지 비가 내리지 않으면 마을에서는 뜻을 모아 기우제를 지냈다. 인근의 산, 계곡, 강변 어디든 영험한 곳을 찾아서 비를 빌었다.

하지가 지나도록 비 소식이 없으면 농부들은 하늘을 원망하며 호미를 들고 논으로 나간다. 갈라진 논바닥을 파내어 억지로 모를 심었다. 이른바 '호미모' · '막대모' · '마냥모'이다. 평소 수확량의 절반에도 미치지 않지만, 그 마저도 놓치면 가을 추수는 기대할 수 없다. 벼농사를 포기하고, 마른 논에 메밀을 심기도 했다.

모내기 철로 접어들면 농부들은 못논이나 모판에서 모를 뽑아 단으로 묶는다. 이를 '모찌기'라고 한다. 새벽부터 일을 시작하여 그날 못자리에서 뽑은 모는 모두 새 논으로 옮겨 심어야 한다.

조선후기에는 산식(散植)이라 하여 못줄을 띠지 않고 손길 가는 대로 '허튼모'를 심었다. 이를 '삭모' · '샛갓모' · '막모'라고도 한다. 일제강점기에 가지런히 줄을 맞추는 줄모 방식이 도입되었고, 이는 산식에 비해서 수확량을 늘리는 데 효과적이었다. 그러나 줄을 띠울 수 없을 정도로 농지가 협소한 곳에서는 여전히 산식이 행해졌다.

줄모는 논 전체에 가로세로 방향으로 줄을 띠운 상태에서 모를 심는 방식이다. 반드시 못줄 잡이(줄꾼)가 있어야 한다. 세로로 장줄을 길게 띠운 상태에서 못줄잡이 2명이 양쪽에서 가로줄을 잡고 조금씩 자리를 옮긴다. 못줄의 간격은 논의 상태에 따라서 7치에서 9치까지 차등을 두었다. 예컨대 연기군(현 세종특별자치시) 금남면 달전리에서는 고래실은 9치, 보통 논은 7치 반이나 8치 간격으로 모를 심었다. 촘촘히 모를 심게 되면 오히려 수확량이 감소하므로 일꾼(농부)들이 지나다닐 수 있을 정도의 여유를 두었다.

이처럼 모내기를 하려면 일꾼이 10여 명 이상 모여야 가능하다. 모를 찌어 주는 일꾼 1명과 줄잡이 2명, 모를 심는 일꾼 10여 명 이상이 동원된다. 혼자서는 온종일 1마지기도 심기 어렵지만, 일꾼이 여럿 있으면 10마지기도 거뜬하다. 일꾼들은 각자 손에 모 포기를 쥐고 1포기씩 구령에 맞추어 심는다. 모내기를 마치고 열흘 뒤 논 주인은 뿌리 내리지 못한 '뜬모'가 없는지 살핀다. 듬성듬성 물 위에 떠 있는 모를 일일이 제자리에 심는 주인의 집에서는 일꾼들의 식사와 참을 낸다. 일부 지역에서는 새참을 점심에 곁들인다는 뜻에서 '접밥'이라고도 했다. 부잣집에서는 쌀밥과 고기를 푸짐하게 대접한다. 아침부터 저녁까지 밥을 주고 새참도 수시로 낸다. 인심이 후한 집에서는 새참까지 모두 합쳐 다섯 끼니를 준비한다. 어촌에서는 숭어 · 꽃게 등 제철 어물로 찌개 · 찜 등을 끓여서 냈다. 일꾼 대접을 잘 해야 이듬해에도 수월하게 농사를 지을 수 있다. 인심이 박하다는 소문이라도 나면 농사철 일꾼 구하기가 어려워진다.

이처럼 모내기철은 고양이 손이라도 빌려야 할 만큼 바쁘다. 이때를 놓치면 일이 더욱 고될 뿐 아니라 한 해 농사를 망칠 수도 있다. 그만큼 일손이 많이 필요한 때이다. 이를 지혜롭게 이겨내고자 두레 · 품앗이와 같은 협업이 이루어졌다. 이웃의 농사가 잘되어야 내 농사도 잘 되는 것이다.

6) 논매기

모내기 이상으로 고된 작업이 바로 김매기(지심매기)이다. 논에서는 모가 자라는 동시에 잡초도 무성하다. 모내기를 마친 논에는 불과 열흘도 지나지 않아서 피가 자라기 시작한다. 피는 벼과에 속하는 식물로 벼와 유사하게 생겼다. 그러나 알곡을 맺지 못하고 모의 양분을 빨아들여서 쭉정이로 만든다. 모가 잘 자랄 수 있도록 주변의 잡초를 제거하는 과정이 김매기이다.

"상농(上農)은 잡초를 보기 전에 김을 매고, 중농(中農)은 잡초를 보고서야 김을 매며, 하농(下農)은 잡초를 보고서도 김을 매지 않는다."라는 속담처럼 부지런한 농사꾼일수록 김매기에 힘썼다. 피를 잘 뽑아 주는 만큼 수확량도 늘어난다.

논매기는 평균 3-4번 정도 나누어서 진행된다. 제일 처음 논을 매는 것을 아시매기·초벌매기·애벌매기라고 한다. 두 번째는 두벌매기·재벌매기, 마지막이 세벌매기 또는 만물이다. 지역에 따라서 세벌매기와 만물을 나누기도 하고, 또는 같은 과정으로 여기기도 한다. 초벌·두벌·세벌이 끝난 뒤에 만물까지 하면 김매기만 4차례 하는 셈이다. 만물의 만(晩)은 순서상으로 마지막을 뜻한다.

일반적으로 모내기가 끝나고 일주일에서 보름 정도가 지나면 아시매기를 한다. 그 후 열흘 정도 지나면 두벌을 맨다. 아시매기와 두벌매기까지는 호미를 쓴다. 모를 기준으로 호미질을 하는 방법에 따라서 꺾어치기·홀치기·옆치기 등 여러 방법이 있다. 상일꾼들은 한 번에 피를 뿌리채 뽑아서 흙 속에 꾹 눌러 넣는다. 피는 자연히 흙에 섞여서 퇴비가 된다.

일꾼 1명이 온종일 맬 수 있는 논의 규모는 대략 1-2마지기 정도이다. 손이 빠르고, 논 상태가 좋아야 그나마 속도가 난다. 발이 쉽게 빠지는 수렁논(둠벙더미)이나 제멋대로 생긴 논(갓모배미, 장구배미, 진논)은 아무래도 시간이 오래 걸린다.

논매기(대전 유성구)

새참을 머리에 이고 논으로 향하는 아낙네들

다음은 세종특별자치시의 고로들이 들려준 논을 매는 방법이다.

“호미로 논을 맬 때는 꺾어치기 · 훌치기 · 옆치기 등 여러 방법이 있어요. 꺾어치기는 오른손으로 호미를 잡고 흙을 파서 왼손으로 곧장 파묻는 거요. 훌치기는 흙을 파서 양옆으로 밀어서 덮는 거요. 옆치기는 흙을 파서 한쪽 옆으로 묻는 거고요.

한 사람이 좋은 논을 만나면 온종일 2마지기를 매요. 풀이 없는 곳은 쉽지. 잘 매려고 하면 한도 없는 거요. 그런데 어려운 논을 만나면 1마지기도 어려워요. 호미질을 할 때 발을 어깨 너비 만큼 벌려요. 너무 많이 벌리면 옆 사람이 호미질을 할 수가 없어요. 잘못하면 발을 다칠 수도 있고. 대략 줄모는 5줄 너비가 되요. 못 매는 사람은 4줄도 주고. 어떻든 쫓아 와야 하니까. 평균적으로는 5줄을 기준으로 줘요.

옛날에는 줄을 안 띠우고 눈대중으로 모를 심은 논이 많았어요. 그게 산모거든. 산모는 자기 손 닿는 곳까지 대략 잡으면 되고. 그런 논은 일하기 안 좋아요.

줄모는 줄 간격만 맞추면 한 번 호미질로 주변을 갈아엎기가 쉬어요. 그리고 논을 잘 매는 사람은 얼마나 잘 하는지 몰라요. 호미로 논바닥을 탁! 탁! 탁! 찍어서 흙을 엎어놓으면 풀이 다 없어져요. 호미로 찍어서 손으로 한 번 눌러줘요. 그것도 못 매는 사람은 쫓아오느라고 죽지. 속된말로 중간중간 띄어 넘기도 하고.

만물에는 느시랭이라고 있어요. 밤나무에서 자라는 벌레. 그 껍데기를 손가락에 끼우고 하면 한결 편해요. 어떤 때는 밤나무에 느시랭이가 얼마나 많았는지 밤나무 잎이 남아나지 않을 때도 있었지요. 요즘은 밤을 파먹는 밤벌레가 있지만, 옛날에는 밤나무 잎을 먹는 벌레가 있었던 거예요. 그게 대단히 억세요. 논에서 일하다가 벼 잎에 쓸려서 상처도 많이 났어요."

아시매기가 끝난 뒤에 두벌매기부터는 논의 물을 서서히 빼낸다. 물이 많으면 미끄러워서 피를 뽑기가 힘들어진다. 이를 대비하여 호미자루에 새끼줄을 칭칭 감아서 쓰기도 했다. 논을 매다가 돌부리에 걸려서 호미 날이 상하거나 닳게 되면 대장간에 맡긴다. 이를 "호미날 잇는다."고 했다.

두벌매기를 할 때는 아시매기에서 놓친 잡풀을 호미로 완전히 뽑아 없앤다. 이윽고 3-7일이 지나 세벌매기를 할 때는 미처 뽑지 못한 피를 손으로 훔친다. 이때는 호미 없이 맨손으로 흙을 훔쳐야 하므로 손에 상처가 나는 것을 막기 위해서 딱딱한 나무껍질을 손가락마다 묶거나 밤벌레 고치(느시랭이, 느스랭이)를 끼운다. 마치 골무와 같다. 특히 밤벌레 고치는 튼튼하고 손가락에 끼우기 좋아서 많이 썼다. 논을 맬 무렵에 이것을 팔러 다니는 장사꾼도 있었다. 지역에 따라서 아시매기와 두벌매기만 하고 손으로 훔치는 작업을 생략하기도 했다.

이렇게 고된 논매기가 끝나면 곧 칠석이 다가온다. 바쁜 농번기도 거의 다 지난 셈이다. 논매기가 마무리되는 시점은 지역에 따라서 조금씩 차이가 있지만 대개 칠석 또는 백중 무렵이다. 어느 마을이든 칠석·백중 무렵에는 잔치가 벌어졌다. 일꾼들은 오랜만에 모여서 술과 안주를 나누며 신나게 하루를 놀았다. 충남에서는 이를 가리켜 '두레먹기(두레셈·두레회의·두레공사·두레잔치)'·'칠석놀이'·'술멕이'라고 했다. '호미씻이'·'호미걸이'·'써레씻이'라는 말은 쓰지 않았다.

4-6월은 농사꾼들에게 '발등에 오줌을 눌' 정도로 바쁜 시기이다. 고된 농사 일을 잘 견뎌낸 만큼 두레 먹는 날을 모두가 기다렸다. 뙤약볕 아래서 허리도 못 펴고 일을 했던 시간들을 보상이라도 받으려는 듯

한바탕 놀이판이 벌어진다.

이윽고 벼꽃이 피고 지면, 알곡이 팬다. 마지막으로 농부들은 피사리를 하고 가을이 오기를 기다린다.

7) 물 빼기(도구치기) · 발수(拔穗)

추수를 앞둔 한 달 전부터 논의 물을 조금씩 빼낸다. 논의 가장자리에 있는 벼를 뿌리 채 떠서 옆 고랑으로 옮기고 물고를 트는데 이를 '도구치기'라고 한다. 부지런한 사람은 농한기에 미리 도구를 쳐놓는다. 물이 흥건한 논에서는 벼를 베기도 힘들고 말리기는 더욱 어렵다.

초복 · 중복 · 말복이 지날 때마다 벼 마디가 1마디씩 자란다. 말복이 지난 뒤 음력 7월 말에서 8월 초엽이 되면 하얀 벼꽃이 핀다. 꽃망울이 작아서 꽃이 피었는지 자세히 봐야 알 수 있다. 게다가 개화기도 무척 짧은 편이다. 이 기간에 폭우가 쏟아지거나 강풍이 불면 수확량이 감소할 수밖에 없다. 다행히 태풍이 비껴간다면 한 해 농사의 절반은 성공한 셈이다. 그래서 "벼꽃이 피고 날이 청명하면 풍년이 든다."는 속담이 생겼다.

벼꽃이 지면 곧 알곡이 여문다. 만약 절기상 백로(白露)까지 벼가 패지 않았다면 풍년을 기대하기 어렵다. 벼 모가지에 알곡이 여물어 달리는 것을 발수(拔穗)라고 한다. 농부들은 이 시기에 논에 밑거름을 주어 발수를 돕는다. 벼의 이삭이 패게 한다는 뜻에서 이를 '이삭거름'이라고 한다. 이삭거름을 주어야 벼 모가지도 튼튼해지고, 알곡도 굵어진다.

이삭에 물이 오르면 논마다 새들이 날아들어 알곡을 상하게 한다. 여기저기서 새를 쫓느라 분주하다. 허수아비를 세워도 소용이 없을 때는 온 식구들이 논에 나가서 새를 쫓았다. 새 쫓기가 시작되면 들녘도 순식간에 황금빛으로 물든다.

8) 벼 베기와 타작

음력 7월 휴지기가 끝나면 농부들은 다시 바빠진다. "어정 칠월, 동동 팔월"이라는 옛말이 그르지 않다. 누렇게 익은 들녘을 바라보며 추수를 준비한다.

추석에는 조상께 첫 수확물로 천신(薦新)한다. 가정에서는 비록 덜 여물었으나 햇곡을 베어다가 메를 짓는다. 이른 벼(올벼)를 베어다가 올린다는 뜻에서 '올벼(오려) 천신'이라고 했다. 충남 남부 지역에서는 '올개 심리'라고 했다. 충남 동북부 지역에서는 오려 품종을 가리켜 '잔쌀벼'·'유월벼'라고 했다.

음력 9월 그믐께가 되면 본격적인 추수철로 접어든다. 일꾼들은 들녘에 나가서 오른손에 낫을 들고, 왼손에 꽉 찰 정도로 벼 포기를 잡아 베어나간다. 평균 3-5포기를 한 번에 베어내는 셈이다. 이를 한 다발(뭇)로 묶어서 논두렁에 말린다. 이때 볏단을 X자 형태로 엇대어 길게 세워두어야 햇볕을 많이 받고 통풍도 잘 되어 빨리 마른다. 산간 지역에서는 좁은 논을 벗어나 가까운 개울가에 널어두기도 했다. 추수를 살얼음이 얼 무렵인 11월에 하는 품종도 있는데, 이를 '얼음벼'라고 불렀다.

볕이 잘 드는 양지바른 논에서는 사나흘만 말려도 금세 물기가 없어진다. 그렇지 못한 경우에는 보름에서 한 달까지 오랜 기간 볏난을 말린다. 농가에서는 타작을 앞두고 마당질을 한다. 장마에 움푹 팬 곳이 있으면 개흙을 파다가 메우고, 타작을 하는 곳에 개흙을 넓게 덧바

누렇게 물든 들녘(예산 궁평리)

벼베기(세종 평기리)

지게

입망을 씌운 소

타작한 벼를 옮기는 농부

른다. 그래야만 타작마당에 먼지가 나는 것을 막을 수 있다.

타작할 준비를 마치면 지게로 지어 온 볏단은 마당 한옆에 잘 쌓아 둔다. 타작용 농기구로 '개상'이 있다. 이는 굵기가 10-15㎝되는 소나무 3-4개를 10㎝ 간격으로 나란히 묶고, 바닥 네 귀에 50-60㎝ 높이의 발을 붙인 농기구이다. 개상에 볏단을 털기도 하고, 절구나 굵은 소나무를 옆으로 뉘어 놓고 그 위에 볏단을 힘껏 내리치며 타작을 하기도 한다. 이를 '개상질' 또는 '자리개질'이라고 한다.

충남 서산 · 태안 등 일부 지역에서는 개상질을 하기 전에 절구 밑에 술 한 잔을 올리고 간단히 고사를 지낸다. 이를 '개상제'라고 한다. 특별히 다른 제물은 올리지 않고, 술 한 잔을 부어 놓는 것으로 대신한다. 탈곡을 잘 하게 해달라는 소망이 담겨 있다.

보통 절구 2개를 바닥에 뉘어 놓고 2인 1조로 한다. 볏단을 앞뒤로 번갈아 가며 고루 털어야 벼 모가지에 낟알이 남지 않는다. 부잣집에서는 일꾼들 5-6명이 사나흘 동안 개상질을 해야 할 정도로 일이 많았다. 타작마당은 어느 때보다 풍요롭다. 볏단에서 떨어지는 나락 하나하나가 한 해 농사의 결실이기에 일꾼들의 손놀림도 어느 때보다 가벼웠다.

가을볕에 벼 말리기

개상질을 했어도 볏단에

알곡이 붙어 있을 수 있으므로 그네(홀태)를 쓴다. 그네는 발이 촘촘하게 여러 개 달린 농기구로 전체적으로 빗을 닮았다. 볏단 상부를 그네에 걸어서 잡아당기면, 알곡은 바닥으로 떨어지고 볏단만 남게 된다. 일제강점기에는 수동 탈곡기가 보급되었는데, 이를 도곡기(와룽기)라고 불렀다. 도곡기가 보급되면서 이전보다 벼 타작이 쉬워졌다.

타작하는 날이면 지주(地主) 집 마당은 더욱 풍족하다. 소작농들은 땅을 빌린 대가로 도지를 바쳤는데 수확량의 절반을 도지로 내고 나면 남는 식량이 별로 없었다. 과거에는 좋은 논 1마지기에서조차 쌀 2가마니 이상의 소출을 기대하기 어려웠다. 그만큼 소작농들의 생활은 고되었다. 대지주는 마름(타작관)을 두어서 도지를 걷었다. 소작인들은 마름에게 잘 보이려고 애를 썼다. 없는 살림에 닭을 잡아서 푸짐하게 술상을 내기도 하고, 담배와 계란 등을 선물로 주기도 했다. 이듬해에도 땅을 부치려면 어쩔 수 없는 일이었다.

마름은 타작할 무렵에 소작농가를 찾아다니며 수확량을 꼼꼼히 기록했다. 나쁜 마음을 먹고 볏단 수를 속이는 날에는 소작지도 빼앗길 수 있었다. "마당질을 해도 빚을 갚고 나면 빗자루만 가지고 집으로 간다."라는 옛말은 소작인들의 처지를 잘 보여 준다.

일꾼들은 흙바닥에 떨어진 나락까지 모두 쓸어 모아서 볏섬에 담았다. 일제강점기에는 볏섬보다 크기가 작은 가마니를 주로 썼다. 광(토광)이 있는 경우에는 이곳에 볏섬을 쌓아 두고, 없다면 부엌이나 마루 위 서늘한 곳에 보관했다.

벼를 찧는 작업은 방앗간에서 이루어졌다. 마을마다 물레방아 · 연자방아 · 디딜방아와 같은 공동의 도정(搗精) 작업장이 있었다. 개인이 소유한 방앗간에서는 도정 비용을 받았다. 예컨대 쌀 1가마니를 도정하는데, 쌀 3-5되를 삯으로 냈다. 적은 양을 도정할 때는 디딜방아나 절구를 썼다. 일제강점기에는 정미소가 생겨서 전통적인 방앗간들도 하나둘씩 사라졌다.

타작과 도정이 끝난 뒤 농가에서는 지붕을 해 얹고, 땔감을 하는 등 월동 준비를 서두른다. 대개 동짓달이나 섣달 초승이나 되어야 지붕을 해 얹을 여력이 생겼다. 헌 지붕은 내려서 묵혔다가 거름으로 쓰고, 새 지붕을 말끔히 해 얹는다.

일꾼 2-3명이 사흘간 함께 일해야 지붕 얹기가 끝났다. 처마 끝까지 이엉을 덮고, 마지막에 용구새[용마름]를 덮는데, 이때 일꾼 중 한 명이 지붕 위에 올라가서 오줌을 누었다. 그래야만 1년간 화재를 예방할 수 있다고 믿었다. 일종의 화재맥이인 셈이다. 이처럼 지붕을 해 얹고 나면 마침내 한 해 농사일이 끝났다.

나. 밭농사

1) 보리

보리는 벼농사가 끝난 뒤에 논에서 이모작(그루갈이)으로 재배했고,

딸기 재배(논산)

논산 감따기

곶감 말리기

잘 익은 사과(예산)

늦봄 서산 마늘밭

수수는 보리농사가 끝난 밭에서 역시 이모작으로 재배했다. 가난한 농가에서는 보리 · 수수 · 조 · 콩 등 잡곡이 주식이었으므로 밭농사에

가을철 고추밭 풍경(태안 안면도)

고추 말리기

고구마 수확(태안 안면도)

쏟는 정성이 지극했다.

보리는 그루갈이 작물이다. 충남 전역에서는 보리 품종 중 쌀보리와 겉보리가 골고루 생산되었다. 쌀보리와 겉보리는 밥을 지었을 때 식감에 차이가 있다. 겉보리는 표면이 거칠어서 식감이 좋지 않지만, 쌀보리는 쌀밥에 가까울 정도로 부드럽다. 주식으로는 겉보리보다 쌀보리를 재배하는 비율이 높았다.

일꾼들은 한여름에 김매기가 끝나면 산에서 풀을 베어다가 보리농사에 쓸 밑거름을 마련한다. 일꾼들은 으레 "보리풀 하러 간다."며 낫한 자루를 들고 산으로 향했다. 잿간에 수북하게 쌓아 둔 풀은 그대로 썩어서 보리밭의 밑거름으로 쓰인다.

음력 8월 중순이 지나면 보리밭 갈이가 본격적으로 시작된다. 여름 내 묵혔던 밑거름을 밭에 뿌리고 쟁기질을 한다. 밑거름이 부족한 경우에는 잿간에서 재라도 퍼다가 밭에 뿌린다. 쟁기질을 한 뒤에 쇠스랑으로 뭉친 흙덩이를 고르는데 이를 "보리밭 꾸민다."라고 한다.

음력 9월에서 10월이 되면 이제 보리 씨앗을 뿌린다. 바가지에 씨앗을 담아서 들고 다니며 골고루 흩뿌린다. 씨 뿌리기가 끝나면 쇠스랑으로 조심스럽게 흙을 덮는다. 물기가 충분한 밭은 보리 싹이 금세 올라오지만, 건조한 경우에는 비가 내려야만 싹이 난다. 보리 싹이 틀 무렵이면 날씨도 점점 추워져 어느새 눈이 내린다. "눈은 보리이불이다."라는 속담처럼 보리 씨앗은 눈 속에 파묻혀 싹을 틔운다.

한겨울 추위도 이겨낸 보리 싹이 가장 많이 죽는 시기는 봄철 늦추위가 밀려 왔을 때이다. 이때가 보리농사의 고비이다. 봄볕에 얼었던 땅이 녹는가 싶더니 다시 찬바람이 불어서 땅을 얼려 버린다. 녹고 얼기를 반복하다 보면 보리 싹이 제대로 뿌리내리기 어려워진다. 이때 흙 사이에 생긴 구멍을 메워야 보리 싹이 잘 자란다. 농가에서는 날씨가 풀리기 시작하면 보리밭을 밟아 준다. 밟으면 밟을수록 지력이 생겨서 보리 싹이 더욱 튼튼해진다. 보리농사를 많이 짓는 집에서는 아예 쇠스랑을 들고 다니며 뭉친 흙을 흩었다.

입춘에는 보리 뿌리를 뽑아서 보리농사의 풍흉을 점쳐본다. 그 뿌리가 풍성하여 3가닥 이상 나 있으면 틀림없이 풍년이 들 징조이다. 2가닥이면 평년작이고, 1가닥이면 흉년이다. 지역마다 보리 뿌리로 점을 치는 방식은 조금씩 차이가 있으나 대개 잔뿌리가 많고 풍성할수록 풍년이 들 것으로 여겼다.

날이 풀리면 보리밭에 나가서 김을 맨다. 한두 차례 손으로 풀을 뽑아 주면 충분하다. 이윽고 보리가 익기 시작하면 가난한 집에서는 풋보리를 베어다가 밥을 지었다. 아직 덜 여문 상태여서 반드시 솥에 한 번 볶는다. 볶은 보리는 맷돌에 갈아서 밥을 지었다. 이 밥을 '갈밥'이라고 한다. 갈밥을 지을 때는 보리에 밥물을 아주 많이 잡아야 먹기가 좋다.

서산 · 태안 · 예산 지역에서는 초여름에 보리 수확을 앞두고 천신(薦新)을 했다. 이를 '보리천신'이라고 했고, 덜 여문 보리를 베어다가 갈아서 죽을 쑤어 올렸다. 성주께에 보리죽 한 그릇을 올리고, 대문간부터 집안 곳곳을 다니며 보리죽을 뿌리기도 했다.

쌀 · 보리 이외에 여름철에 나는 오이와 참외도 천신한다. 이 날은 오이 한두 개를 따더라도 큰 구럭에 담아야 풍년이 든다는 속신이 있다. 첫 수확을 앞두고, 제일 크고 좋은 것을 따다가 성주께에 올리고, 참외밭에는 밀개떡(밀전병)을 올렸다. 밭에 기름내가 나야 풍년이 든다고 여겼다.

"망종(芒種)은 보리환갑이다."라는 속담처럼 망종 무렵에 보리 수확이 시작된다. 지리적으로 한반도 북부 지역으로 올라갈수록 보리의 수확 시기는 늦어진다. 충청도 내륙 북부 지역에서는 망종을 지나서 하지 때까지 보리 수확이 계속되었다.

망종이 지나면 양지바른 논에 보릿단을 X자로 엮어서 가지런히 세워둔다. 양달에서는 일주일 정도 말린 후에 한 차례 뒤집어서 다시 말린다. 평균 10-15일 정도면 보릿단 말리기가 끝난다. 이를 '가리치기'라고 한다.

일꾼들은 잘 마른 보릿단을 마당으로 옮겨서 '보리마당질'을 한다. 가을철에 볏단을 털 때와 같은 방법으로 절구를 옆으로 뉘어 놓는다. 그 위에 보릿단을 올리고, 자리개질을 한 뒤 이어서 도리깨로 한 번 더

털어낸다. 그래야만 두꺼운 보리의 겉껍질이 벗겨진다. 보리에 잔뜩 묻은 검불은 바람을 일으켜 털어낸다. 이를 '바람질'·'나비질'·'드리기'라고 한다. 대개 키·풍구·팔랑개비 등으로 바람을 일으켜서 가벼운 검불을 멀리 날려보내고, 나락만 바닥에 떨어지게 한다.

마당질을 한 보리는 섬에 담아서 광에 보관한다. 보리는 그때그때 먹을 만큼씩 꺼내어 절구에 찧는다. 보리 껍질은 잘 벗겨지지 않기 때문에 두 번 이상 찧어야 한다. 처음을 '애벌 찧기'라고 하는데, 이때는 껍질이 잘 벗겨지게 하려고 물을 부어가면서 찧는다. 애벌 찧은 것은 그대로 저녁까지 놓아두었다가 밥 짓기 전에 한 번 더 찧는다. 이처럼 두벌을 찧어도 여전히 보리는 꺼끌꺼끌하다. 밥을 안치기 전에 흐르는 물에 보리쌀을 씻을 때에도 주먹만한 돌로 비벼서 껍질을 벗겨 낸다. 어느 집이나 작고 둥근 '보리쌀 닦는 돌'이 있었다.

2) 수수

수수는 척박하고 건조한 땅에서도 잘 자라며, 특히 조생종은 생육기간이 화곡류(禾穀類) 중 가장 짧다. 파종 후 약 80일이 지난 뒤 수확이 가능하다. 따라서 새로 개간한 땅이나 척박한 산지 등에서도 수수 재배가 가능하다.

농가에서는 보리농사가 끝난 논을 다시 갈아엎어서 벼농사를 짓고, 밭에는 콩·팥·수수 등 밭작물을 심는다. 하지가 지나면 밭을 새로 갈고 고랑을 낸다. 밭이랑에 약 30㎝ 간격으로 콩을 심고, 수수는 주변에 헛친다. 대개 콩밭에서 수수를 함께 경작했다.

수수는 찰기에 따라서 메수수와 찰수수로 나뉜다. 찰수수가 메수수에 비해서 훨씬 찰져서 밥에 섞어 짓거나 떡을 하기 좋다. 메수수는 찰기가 거의 없어서 밥을 지으면 겉보리와 유사하다. 식감은 나쁘지만, 수확량이 많아서 메수수를 많이 심었다. 품종에 따라서 이삭의 모양도 차이가 있다. 이삭이 한쪽으로 몰린 것도 있고, 퍼진 것도 있는가 하면, 이삭이 달린 형태가 곧게 선 것과 숙인 것이 있다. 충남에서는 전자를 방맹이[방망이] 수수, 후자를 느루수수라고 한다. 수수 빛깔은 품종에 따라서 흰색 · 노란색 · 갈색 · 붉은 갈색 등을 띤다. 예로부터 붉은색은 액을 막는다고 하여 수수떡은 아이들 생일상에 빠지지 않았다.

밭에 콩과 수수가 어느 정도 자라면 2-3차례 잡초를 뽑아주어야 작황이 좋다. 콩밭을 매는 일은 대개 아낙네들의 몫이었다. 한여름에 남자들은 논에 나가 김을 매고, 여자들은 밭을 맸다.

이윽고 음력 8월 보름께가 되면 곧은 댓가지에 푸른 잎이 축 늘어지고 수수가 거의 여문다. 천안 · 아산 · 예산 등지에서는 푸른 수숫잎을 따다가 거북놀이를 하는 풍습이 있었다. 마을 청년들이 길쭉한 수숫잎을 잘라다가 거북 모양의 옷을 만들어 입고, 가가호호 방문하여 축원을 해주며 떡과 술 등 명절 음식을 얻어 먹었다.

보통 콩을 먼저 딴 뒤에 수수를 수확하는데 콩 마당질과 수수 수확은 동시에 이루어졌다. 수수는 알곡을 잘 털어서 통풍이 잘되는 곳에 보관한다. 보리와 수수는 주식이나 마찬가지여서 수시로 내다가 밥을 지었다.

천안 · 아산 일부 지역에서는 겨우내 수수로 도가니떡(수수옴팡떡 또는 수수도가니)이나 수수부꾸미를 해 먹었다. 도가니떡은 솥 바닥에 콩을 깔고, 그 위에 수수가루를 넣고 쪄서 적당한 크기로 빚어서 먹는 떡이다. 수수부꾸미는 묽은 수수 반죽 사이에 팥고물을 넣고 반으로 접어서 기름칠을 한 음식이다. 이는 수수철이 끝난 뒤에야 먹을 수 있는 별식이었다.

수숫대와 잎도 버리지 않고 모아 둔다. 수숫대는 집의 벽면을 보강하는 재료로 쓰일 만큼 단단해서 집을 수리하는 데 썼고, 수숫잎은 말려서 소여물이나 퇴비로도 썼다. 알곡을 털어낸 수수 모가지는 한데 모아서 말렸다가 빗자루를 만든다. 천안・아산 지역에서는 정월 보름날 산등성이에 올라가 달맞이를 하는 풍습이 있었다. 이때 수숫대를 한 데 뭉쳐서 각자 나이만큼 끈으로 묶는다. 아이들은 수수횃대를 산에 가지고 올라가서 불을 붙여서 돌리며 소원을 빌었다.

다. 농기구

농기구는 농사에 쓰이는 모든 도구를 뜻한다. 논밭을 갈고 매는 도구, 곡식을 거두고 터는 도구, 알곡 및 가루를 내는 도구, 운반 및 물 대는 도구 등 그 종류와 용도가 매우 다양하다. 농기구는 농작물의 종류와 그 재배 과정 그리고 농경지의 상황에 따라서 적합하게 잘 쓰일 수 있도록, 오랜 세월 축적된 경험을 바탕으로 제작하고 또한 꾸준히 개량해 왔다.

과거에는 시골 장터나 큰 마을 단위로 대장간(승냥간)이 있었다. 대장간에서는 각종 연장을 새로 만들거나 무딘 농기구를 벼리어 주었다. 농어촌에서 대장간은 없어서는 안 되는 필수적인 곳이었다. 대장장이는 풀무・모루・정・메(앞메와 옆메)・집게・마치(대갈마치) 등의 도구로 농기구를 만들고 수리했다. 간혹 떠돌이 대장장이들이 마을마다 다니면서 필요한 연장을 손보아 주기도 했다.

옛말에 "송곳 하나도 해전(대장간), 호미 한 자루도 해전, 낫 갈러 가서도 해전."이라고 했듯이 송곳처럼 하찮아 보이는 물건도 반드시 대장간에 가야 구할 수 있었다. 그만큼 대장간을 찾는 손님이 많았고, 대

대장장이[연산대장간 고(故) 유오랑 옹]

메질(단조)

메질(단조)

대장간의 여러 도구

장장이들의 역할이 중요했다.

주요 시장·마을마다 있던 대장간이 자취를 감춘 것은 1970-80년대 이후 기계화된 농기구가 보급되면서부터였다. 이전까지는 쇠가 귀해서 가정의 재산 목록에 철제 농기구를 포함시킬 정도였다. 시간이 지나면서 신식 농기계는 확산됐고, 구식 농기구의 쓰임은 점차 줄었다. 자연히 곳곳에 있던 대장간도 문을 닫았다.

농기구의 현대화는 농법에도 많은 영향을 미쳤다. 예컨대 트랙터나 콤바인 등이 도입되면서 일꾼 5-6명이 해야 할 일을 1명이 충분히 해낼 수 있게 되었다. 이러한 변화 속에서 전통적인 농기구의 사용이 대폭 감소하고, 일부 농기구가 사라졌다.

다음에는 전통적인 농기구와 그 쓰임새에 대해서 논을 갈고 매는 도구, 곡식을 거두고 터는 도구, 알곡 및 가루 내는 도구, 운반 및 물 대는 도구로 나누어 살펴보도록 한다

1) 논을 갈고 매는 도구

논을 가는 대표적인 농기구는 쟁기이다. 소에 줄을 매어서 논밭을 가는 도구이다. 일반적으로 1마리의 소가 끄는 것을 '호리(호리 쟁기)'라 한다. 거친 땅은 소 2마리를 나란히 묶어서 앞세워 갈기도 하는데, 이는 '겨리(겨리 쟁기)'이다. 겨리질은 축력을 극대화시킨 방법이다. 그만큼 논갈이는 수월하게 할 수 있을지 모르지만, 소 2마리를 한꺼번에 부려야 하므로 일꾼의 품도 많이 든다. 충남 지역에서는 호리질이 일반적이었다. 산골짜기의 좁고 제멋대로 생긴 고랑논은 소를 이용한 밭갈이가 불가능하다. 이런 곳에서는 사람이 직접 쟁기를 어깨에 메고 다니며 논갈이를 했다.

예로부터 조선 쟁기는 무쇠로 제작하여 대단히 무거웠다. 일제강점기에는 조선 쟁기의 단점을 보완한 왜쟁기가 보급되었다. 이는 조선 쟁기 비해서 철의 함량이 낮아 가벼워서 부드러운 땅을 갈 때에 편리했다.

논밭의 김을 맬 때는 호미를 쓴다. 논은 밭에 비해서 물이 있어서 땅이 무른 편이다. 따라서 논호미와 밭호미를 구분하여 썼다. 논호미는 날이 넓고 길며 긴 호미자루를 달았다. 자루에는 일을 할 때 미끄러지지 않도록 새끼줄을 감아두었다. 밭호미는 논호미에 비해서 날이 전체적으로 작은 편이다. 손이 작은 여자들이 밭일하기 좋게 고안되었다. 농가에서는 장에서 새 호미를 사다가 날이 다 닳도록 썼다.

논갈이에 있어서 필수적인 농기구 중 하나가 써레이다. 긴 나무에 둥글고 끝이 뾰족한 이[齒]를 빗살처럼 6-10개 정도 박고 위에는 손잡이를 대었다. 또 중심 나무에 수직으로 장대를 박아서 여기에 봇줄을 매어 소 멍에에 잡아 맸다. 일부 지역에서는 봇줄을 매지 않고 양쪽으

쟁기

여러 종류의 쟁기날

호미

삼각 호미

쇠스랑

써레

괭이

고무래

톱

삽

로 나루채를 길게 만들어서 소 멍에에 직접 달기도 한다. 써레의 중심이 되는 몸체는 소나무로 만들고, 빗살 형태의 이는 참나무나 박달나무와 같이 단단한 나무를 깎아서 박았다. 논에서 쓰는 것을 '무논써레'라 하고, 밭에서 쓰는 것을 '마른써레'라고 한다. 여기서 '무'는 '물'을 뜻한다. 못자리를 만들 때 논을 판판하게 고르는 번지를 따로 쓰지 않고, 써레의 발과 발 사이에 새끼줄을 감아서 논바닥을 끌고 다니기도 한다. 그러면 번지를 쓸 때와 같은 효과를 볼 수 있다.

써레는 소가 끌 수 있도록 만든 농기구이고, 사람이 직접 흙을 고를 때에는 쇠스랑을 쓴다. 갈퀴 모양으로 3-4개의 발이 달렸고 ㄱ자로 구부러진 한쪽 끝에 나무자루를 박았다. 갈퀴처럼 달린 발이 있어서 뭉친 흙을 고르게 풀기에 좋다. 발의 개수에 따라서 2발 · 3발 · 4발 · 7발 · 12발 쇠스랑이 있다. 일반적으로 쓰는 것은 2발이나 3발 쇠스랑이다. 논에서는 소를 끌고 다니기 어려운 곳이나 구석진 곳의 흙을 고르는 데 쇠스랑이 쓰인다. 밭에서는 씨 뿌리기가 끝나면 쇠스랑으로 흙을 덮고 두엄을 뿌린 뒤 흩어 놓는다.

상일꾼에게 쇠스랑 한 자루만 주면 온종일 1천여 평의 밭을 고른다는 말이 있다. 밭 고르기는 힘든 작업이지만, 쇠스랑이 일꾼에게 맞으면 일의 능률을 높일 수 있다. 발이 여러 개 달린 쇠스랑일수록 무게가 많이 나가는 단점이 있으므로 일꾼에게 맞는 것을 골라야 한다.

쇠스랑은 농가에서 한밤중에 도둑을 잡는 용도로도 쓰였다. 방문 밖에 쇠스랑을 뉘어 두면 물건을 훔친 도둑이 달아나다가 쇠스랑을 밟아 상처를 입는다는 것이다.

논갈이 끝에 써레 자국이 남지 않도록 정리해야 하는데, 이때 번지나 고무래(고물개)로 작업한다. 논바닥이 울퉁불퉁하면 모내기가 힘들어서 번지나 고무래로 바닥을 반듯하게 고른다. 모두 흙을 고르고 덮는 데 쓰는 농기구이다. 번지는 써레발 앞에 너른 판자를 덧대거나 또는 써레발 사이에 판자를 대거나 새끼줄을 얽어매어 만든다. 고무래는 널 가운데에 손잡이 장대를 수직으로 박아서 만든다. 한자의 고무래 정(丁)자처럼 생겨서 그렇게 부른다. 고무래는 수확철에 곡식을 한데 모으거나 넓게 펴서 말리는 데에도 쓴다.

2) 곡식을 거두고 터는 도구

곡식은 물론이고 여름철에 잡풀을 베어낼 때 쓰는 도구로 낫이 있다. 낫은 일상에서도 여러 용도로 쓰인다. 낫은 ㄱ자 형태로 낫 머리가 굽어 있고 그 안쪽에 날을 세웠다. 지역에 따라서 낫의 형태가 조금씩 다른데, 충남에서는 날이 반달처럼 안으로 휜 것을 주로 썼다. 낫은 담배·밀·버들·뽕 등 어떤 식물을 베는지에 따라서도 그 형태가 조금씩 다르다. 오늘날 농가에서 쓰는 낫은 대부분 일제강점기에 보급된 왜낫이다. 조선낫은 무쇠로 만들어서 무겁고 끝이 뭉툭한 반면에 왜낫은 가볍고 끝이 날카롭고 뾰족하다.

낫으로 벤 곡식은 지게로 지어다가 마당질을 한다. 곡식을 털고 말리는데 여러 도구가 쓰인다. 곡식을 털 때는 개상을 놓거나 절구(도구통)를 바닥에 뉘어 놓고, 그 위에 곡식을 힘껏 내리쳐서 알곡을 볏단에서 털어 낸다. 이를 '자리개질'이라 했다고 한다.

쇠스랑처럼 여러 개의 발이 달린 홀태(그네)도 탈곡 도구이다. 긴 나무에 뾰족한 발을 촘촘히 박아서 곡식을 훑을 때 나락이 바닥으로 떨어지게 하는 방식이다. 일제강점기에 수동탈곡기가 보급되면서 그네 사용이 많이 줄었다.

수동탈곡기는 호롱기 또는 와룡홀태라고 한다. 쇠나 나무로 만든 둥근 통에 쇠로 된 고리 여러 개를 박은 탈곡기이다. 통이 돌아갈 때 볏단에서 낟알이 분리되어 바닥으로 떨어지게 한다. 호롱기는 편리한 만큼 값이 비싸서 부잣집에 1대씩 밖에 없었다. 마당질을 할 무렵이면 부잣집에서 서로 호롱기를 약간의 삯을 주고 빌려 썼다.

보리·콩·팥·조·깨 등을 타작할 때는 도리깨질을 한다. 도리깨는 긴 나무 막대 끝에 4개의 발을 단 농기구이다. 긴 막대기를 '도리깨장치', 가는 발을 '도리깨아들'이라고 한다. 도리깨장치를 쥐고 힘껏 곡식을 내리치면 도리깨아들이 땅에 놓인 곡물과 마찰을 일으키면서 타작이 된다. 도리깨장치는 단단한 소나무로 만들고, 도리깨아들은 잘 휘어지는 노간주나무를 썼다.

탈곡의 마지막 과정은 곡식 낟알과 섞여 있는 검불·쭉정이·티끌 등을 없애는 작업이다. 보통 넉가래로 곡물을 떠서 공중 높이 던져올려서 바람에 검불 등이 날아가게 하는 넉가래질을 하거나, 키를 부치며 바람을 일으켜 쭉정이 등을 날려 없애는 나비질을 한다. 나비 나는 모습과 비슷하다 하여 나비질이라고 한다. 일제강점기에 팔랑개비(바람개비·풍선기)·풍구가 보급되어 한 번에 많은 양의 곡식에서 검불을 털어낼 수 있게 되었다.

탈곡을 마친 나락은 햇볕에 바짝 말린다. 이때 곡식을 멍석·둥구미(맷고리·맷방이)에 흩어 놓는다. 멍석은 2종류로 나뉘는데 네모반듯하게 짠 것을 '귀멍석', 모서리 없이 둥근 형태를 '도래멍석(짚방석·맷방석)'이라고 한다. 여기서 도래는 '둥근 물건의 둘레'를 뜻하는 순우리말이다. 농부는 멍석 위에 벼를 붓고 고무래로 고르게 편다.

일꾼들은 농한기에 멍석·둥구미·삼태기(삼태미)·섬·가마니·넉서리 등을 손수 짰다. 특히 멍석은 사시사철 필요하므로 4-5개 정도를 짜서 비치해 두었다. 새 멍석은 보관하기에 따라서 10년까지도 쓸 수

낫

절구

홀태(그네)

탈곡기

풍구

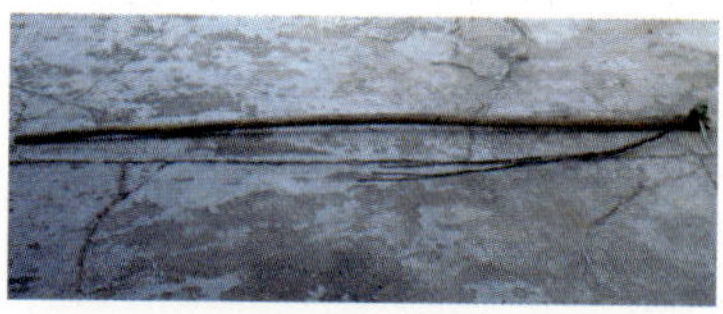

도리깨

있다. 추녀 밑에 습기가 없고 햇볕이 잘 드는 곳에 말아서 보관하고 이따금 펴서 통풍을 시킨다.

곡식 · 재 · 흙 · 거름 등을 펴서 나르는 도구로는 삼태기가 있다. 물건을 담아서 들기 좋게 앞은 넓고 뒤는 좁게 만든 삼각형 형태의 짚으로 엮은 기구이다. 싸리 · 댓가지 · 칡넝쿨 등으로도 만든다.

추수한 나락은 섬이나 멱서리에 담아서 보관한다. 가마니는 일제강점기에 보급되었다. 섬은 가마니보다 짚을 거칠게 쳐서 양쪽 끝을 안으로 대강 집어넣어 꿰맨 형태이다. 섬의 크기는 날의 수로 따지는데 보통 5날섬 · 7날섬이 쓰인다. 일꾼 1명이 하루에 섬 7장을 친다고 한다. 섬은 가마니보다 짚이 많이 든다. 섬 1장을 칠 짚이면 가마니 2-3개를 짠다. 나락 1가마니의 무게가 평균 80㎏인데, 섬은 그 2배가 된다. 곡물 외에 숯을 담는 '숯섬'이나 소금을 담는 '소금섬'이 따로 있었다. 무엇을 보관하느냐에 따라서 짚 · 수수깡 · 싸릿가지 등을 섞어서 섬을 짰다.

섬보다 조금 작게 만든 것이 '오쟁이(오장치)'이다. 손이 귀한 집안에서는 아들이 태어나면 무병장수하길 바라는 마음에서 아기를 오쟁이에 담아서 부엌 신반에 잠시 올려 두는 풍습이 있다. 그리고 아명(兒名)을 오쟁이라고 지어 주었다.

멱서리는 섬보다 훨씬 오래 쓸 수 있는 일종의 짚 그릇이다. 바닥이 직사각형이고, 울이 깊어서 많은 양의 나락을 보관할 수 있다. 곡식을 담아서 운반하기 편리하도록 바닥에 고리를 만들어 달았다.

3) 알곡 및 가루 내는 도구

알곡을 내는 도구로 연자방아 · 물레방아 · 디딜방아 등 여러 종류의 방아가 있다. 이는 곡물을 한데 모아서 겉껍질을 벗기는 탈곡 및 가루 내는 도구이다.

마을마다 반드시 1곳 이상 방앗간이 있었는데, 개울가에는 물레방앗간, 사람이 많이 모이는 곳에는 연자방앗간이나 디딜방앗간이 있었다.

이 중 연자방아는 축력을 이용한다. 연자매 1채를 장만하는 데는 비용이 많이 들어서 대개 마을에서 공동으로 장만했다. 둥글고 양면이 넓적한 돌 2개를 구하여 하나는 바닥에 뉘어 놓고, 하나는 세워서 소에 연결하여 돌리는 방식이다.

땅바닥에 괸돌을 놓고, 그 위에 아랫돌을 고정시킨다. 아랫돌이 흔들리지 않도록 돌과 흙으로 그 주위를 덧쌓는다. 아랫돌 중앙에는 구멍을 뚫어서 윗돌에 연결할 기둥을 박는데, 이를 고줏대라고 한다. 고줏대가 있어야 윗돌이 안정적으로 돌아간다.

아랫돌에 비해서 윗돌은 크기가 작은 편이고, 수레바퀴와 비슷한 형태이다. 윗돌의 바깥쪽 지름은 안쪽 지름보다 조금 크게 만든다. 윗돌에는 나무로 만든 방아 틀을 씌우고, 그 끝을 마소에 잡아맨다. 한 사람이 마소 고삐를 잡고 앞에서 몰고, 다른 사람이 그 뒤를 따르며 넉가래로 곡식을 뒤집는다. 연자매에 벼 · 보리 · 수수 · 조 등의 곡식을 찧고, 밀을 넣어 가루로 만들기도 했다.

연자매로 벼 1가마니의 겉껍질을 벗기는 데 2시간 이상 소요된다. 애벌 찧는데 20분가량 소요되고, 풍구질을 하여 겉껍질을 날린 뒤에, 다시 방아에 넣고 찧는다. 보리 방아를 찧을 때는 알곡이 부서지지 않고 겉껍질이 잘 벗겨지도록 중간중간 물을 끼얹는다. 한 차례 돌린 보리는 꺼내어 햇볕에 말리고 풍구질을 하여 껍질을 날린다. 그것을 다시 방아에 넣고 돌리는 과정을 3번 정도 거쳐야 알곡을 얻는다.

멍석

삼태기

키

용수

소쿠리

체

"죽은 시어머니도 보리방아 찧을 때면 생각난다."는 속담은 보리방아 찧기의 어려움을 잘 보여 준다. 며느리의 입장에서는 시어머니가 가장 어려운 어른이다. 그래도 살림을 할 때 가장 많이 도와주는 사람이 시어머니이다. 잘 벗겨지지도 않는 보리 껍질을 벗길 때마다 며느리는 시어머니를 그리워한다.

물레방아는 수차(水車)의 일종으로 물의 힘을 이용하여 곡식을 빻는 장치이다. 두 종류의 물레방아가 있는데, 하나는 낙차를 이용한 것이고, 다른 하나는 흐르는 물의 힘을 있는 그대로 이용한 것이다. 전자를 동채방아, 후자를 밀채물래방아라고 한다. 일반적으로 동채방아의 바퀴는 방앗간 밖에 설치하고, 밀채물레방아의 바퀴는 시설물 안에 설치한다. 개울 옆에 도랑을 파서 물레방아에 물을 댄다.

수차가 돌아갈 때 방아에 연결된 눌림대가 서로 다른 방향으로 돌아가면서 방앗공이가 오르내림을 반복한다. 이때 공이가 닿는 땅바닥에는 돌확을 묻어서 곡식을 찧을 수 있게 만든다. 수차는 소나무나 참나무로 제작하고, 공이는 단단한 재질의 박달나무을 깎아서 만든다.

물레방아는 제작 비용이 많이 들어서 개인이 소유하기 힘들었다. 대개 마을에서 계를 모아서 공동으로 방앗간을 세웠다. 따라서 계원이 아닌 경우에는 방앗간을 이용할 때 별도의 삯을 냈다. 계원들은 그 돈을 모아 두었다가 물레방아 수리 비용으로 쓰기도 하고, 칠석 무렵에 잔치를 벌이기도 했다.

디딜방아는 절구와 같은 기능을 하는 농기구이다. 절구가 손방아라면, 디딜방아는 발방아이다. 방아다리의 개수에 따라서 외다리 방아와 양다리 방아로 나뉘며, 충남 지역에서는 양다리 방아가 보다 일반적이다.

양다리 방아는 길이가 3m 남짓 되는 굵은 나무 기둥을 Y자 형태로 깎은 형태이다. 두 사람이 각각 발로 밟을 수 있게 발판을 만들었다. 밑동에는 공이를 박고, 공이가 바닥에 닿는 곳에는 돌확을 묻는다. 사람이 방아다리를 밟고 올라서면 그 무게로 인해 자연히 공이가 위로 들리고, 발을 떼면 아래로 처박혀 확 속에 담긴 곡식을 찧는 원리이다. 이때 일꾼들의 편의를 위해서 천장에 끈을 매서 잡도록 했다.

공이 끝에는 곡식의 종류에 따라서 촉을 달기도 한다. 마치 불상의 나발처럼 쇠나 돌로 오톨도톨하게 만든 촉은 왕겨를 벗기는 데 쓴다. 전체적으로 밋밋하게 돌을 깎아 만든 것은 곡식을 빻는 데 쓴다. 촉이 없이 나무공이만 쓰기도 하는데, 이것은 거친 보리·조·수수 등의 곡식을 쓿는다. 속꺼풀을 벗겨내고 깨끗한 상태여야만 비로소 밥을 지을 수 있다.

디딜방아는 민속상의 전염병 맥이에 요긴하게 쓰였다. 충남에서는 전염병이 돌면, 이웃 마을의 디딜방아를 몰래 훔쳐다가 마을 어귀에 세워 두고, 아낙네의 피 묻은 속곳을 씌워놓고 고사를 지내는 풍습이 있었다. 피 묻은 속곳 대신 팥죽을 쑤어서 보기 흉하게 뿌리기도 한다. 방앗공이에 곡식이 찧어지듯 마을로 드는 나쁜 전염병을 비롯한 재액을 콩콩 찧어 소멸시키려는 의도가 숨어 있다.

가정에서 곡식을 찧을 때 가장 많이 쓰는 도구가 절구이다. 절구는 통나무나 돌로 만드는데, 곡식을 담기 좋게 가운데가 둥글게 파여 있다. 절구에 곡식을 넣고 절굿공이(도굿대이)로 살살 찧으면서 껍질을 벗긴다.

보리나 잡곡은 손쉽게 겉껍질이 벗겨지지 않기 때문에 통매(통매방아)를 쓴다. 그 원리가 맷돌과 같아서 '벼맷돌'이라고도 한다. 통나무를 반으로 잘라서 아래위 두 면이 만나는 지점에 홈을 판다. 위쪽 나무에 양옆으로 손잡이를 달아서 맷돌을 갈 듯 방아 사이에 곡식을 넣고 돌

맷돌

맷돌다리

린다. 통매는 버드나무로 만든 것이 가장 좋다. 나무에 거스러미가 생기지 않고 오래 써도 닳지 않기 때문이다. 이와 같은 이유로 도마 또한 버드나무로 만들었다.

곡식을 가루 내는 도구로 맷돌이 있다. 돌과 돌 사이에 곡식을 넣고 압착하여 비비면서 곡물을 가루 낸다. 바닥이 평평한 두 짝의 둥근 돌에 아래짝에는 한가운데에 수쇠, 위짝에는 암쇠를 끼워서 매를 돌릴 때 벗어나지 않도록 한다. 그리고 위짝에는 매를 돌리는 맷손(손잡이)을 박는 홈과 곡식을 넣는 구멍을 낸다. ㄱ자 형태의 맷손은 위짝 홈에 끼우는데, 칡이나 대나무로 홈에 꼭 맞도록 고정시킨다.

또 위짝과 아래짝이 접하는 면은 일부러 오톨도톨하게 쪼아서 곡식이 잘 갈리도록 한다. 갈린 곡식이 잘 빠져나가도록 아래짝은 약간 볼록하게, 위짝은 오목하게 만들며, 면 전체에 골고루 골을 낸다. 맷돌은 크기와 모양이 매우 다양한 편이다. 작은 것은 지름이 20-25cm 불과한 것도 있고, 절에서 쓰는 대형 맷돌은 지름이 1m에 달한다.

마른 곡식을 갈 때는 맷방석 위에 맷돌을 놓고, 두부 · 콩국수 등 젖은 곡식을 갈 때는 함지 또는 매함지 위에 맷다리(맷돌다리)를 걸쳐 놓고 그 위에 맷돌을 올린다. 맷방석은 도래방석과 유사하며, 바깥 둘레를 10cm가량 위쪽으로 돋우어 곡식이 바닥에 떨어지지 않게 만든다.

맷돌로 곡물을 가는 작업은 보통 2명이 함께 한다. 두 사람이 마주 앉아서 한 사람은 곡물을 위짝 구멍에 떠 넣고, 한 사람은 맷손을 잡고 돌린다. 두 사람의 호흡이 잘 맞아야 맷돌질이 쉽다.

4) 운반 및 물 대는 도구

지게는 대표적인 운반도구이다. 비좁은 논두렁이나 산에서 곡식·거름·땔감 등을 옮기는 데 지게만큼 편리한 것이 없다. 지게 몸체는 Y자형 나무 2개를 사람 등판 정도 간격으로 벌려서 이를 사다리 모양으로 세우고, 그 사이를 서너 개의 가로 막대로 고정시켜 만든다. 등이 닿는 부분은 짚으로 만든 등태를 달고, 2개의 Y자형 나무 사이에는 싸리나무 소쿠리인 바수거리(발채)를 얹어서 짐을 실을 수 있게 한다. 그리고 어깨에 멜 수 있도록 가로 막대와 지게다리에 멜빵을 맨다.

논두렁을 벗어나 제법 넓은 길에서는 구루마(수레)로 짐을 옮겼다. 볏섬을 옮길 때는 어느 때보다 구루마가 요긴하게 쓰였다. 물건의 양이 많지 않을 때는 소쿠리로 옮기거나 밀차를 이용했다.

논에 물을 대는 도구로는 수차(무자위·자새·수리차)·두레(용두레)·두레박 등을 썼다. 수차(水車)는 물레방아와 같이 곡식을 찧을 때도 쓰고, 논에 물을 댈 때도 쓴다. 염전에서 간수를 퍼 올릴 때도 수차를 이용한다.

일반적인 형태의 수차는 지름이 1m 80cm 정도 되는 나무 바퀴에 약 30×40cm되는 판자를 날개마다 경사지게 단 것이다. 수차 위에 사람이 올라가서 균형을 잡을 수 있도록 양쪽에 기둥을 세운다. 이 기둥을 잡고 날개를 밟고 올라서면 일꾼의 무게에 의해서 바퀴가 천천히

물지게

돌며 이때 물을 위쪽으로 퍼 올리게 된다. 퍼 올린 물은 홈통에 옮겨져서 위의 논으로 물이 흘러든다. 실제로 수차 위에 올라서서 물을 끌어올리는 일은 무척 고되어서 30분마다 일꾼들이 돌아가면서 했다.

그 밖에 물을 대는 도구로는 두레박 · 용두레 · 맞두레 · 두레 등이 있다. 용두레는 마치 삽처럼 생긴 도구를 3개의 나무 기둥에 매달아 낮은 곳의 물을 쉽게 퍼 올릴 수 있도록 만든 것이다. 통나무를 배 모양으로 길쭉하게 파서 몸통을 만들고, 몸통 양쪽에 작은 구멍을 뚫어서 가는 나무를 끼우고 여기에 끈을 맨다. 이 끈을 긴 작대기 3개를 원추형으로 세운 꼭대기에 매어 들어 올릴 수 있도록 만든다. 몸통 끝에는 손잡이를 달아서 앞뒤로 흔들며 물을 퍼 올린다. 용두레에는 2말 정도의 물을 담을 수 있는데, 2-3명이 교대로 작업을 하면 하루에 약 1천 석(石)가량의 물을 풀 수 있다.

맞두레는 수차나 용두레를 쓸 수 없는 협소한 곳에서 물을 퍼 올릴 때 쓰는 도구이다. 목판처럼 생긴 그릇의 네 모서리에 각각 줄을 매고,

두 사람이 마주 서서 줄을 잡아당겨 물을 퍼 올린다. 이때 두레박은 물에 강한 재질의 오동나무나 소나무 재질의 판자를 바닥이 좁고 위가 넓게 만든다. 두레박에는 10여 리터의 물이 담긴다.

1970년대에는 경운기가 보급되면서 구루마가 거의 쓰지 않게 되었고, 수차와 용두레 등도 역시 양수기가 보급되면서 거의 사라졌다.

라. 공동노동조직 및 곡식대여제도

1) 두레와 품앗이

두레는 자연마을 또는 동리(洞里) 단위로 모내기와 논매기의 효율을 높이기 위해서 결성한 공동노동조직이다. 두레는 마을 주민들 전체가 참여하기도 하고, 몇몇 농가를 중심으로 소규모로 결성되기도 한다. 또한 논농사뿐만 아니라 길쌈을 할 때도 두레를 조직하여 일의 능률을 높였다.

두레를 조직하는 일을 가리켜 "두레짠다.(두레차린다 · 두레꾸민다 · 두레 공사)" 혹은 "대농선다."라고 한다. 마을에서는 두레 회의를 열어서 1년 동안 농사와 관련한 대소사를 결정한다. 충남 지역에서는 모내기가 끝난 시점에 대개 둥구나무 밑에서 회의를 열었다. 이때 두레꾼(역원)의 구성, 셈을 하는 원칙, 논매기 순서, 악기 보수 등을 의논한다.

두레패의 우두머리인 좌상은 역원들이 해야 할 일들을 전체적으로 관리 · 감독했다. 지역에 따라서 영좌 · 공원좌상 · 공좌상 등 다양한 호칭으로 불린다. 대개 마을에서 덕망 있는 어른이 좌상을 맡아서 두레꾼들의 질서를 잡았다. 실제 작업에 참여하지 않아도 좌상의 역할은 매우 컸다. 좌상의 풍부한 경험과 지혜가 두레 노동을 성공적으로 이끄는 데 한몫했기 때문이다.

좌상을 보좌하여 실질적으로 두레를 이끄는 사람은 공원(공좌상)이다. 공원은 논마다 찾아다니며 토질을 두루 살피고 미리 두레 삯을 정하고, 일꾼들의 식사를 조달할 방법 등을 챙겼다. 좌상을 곁에서 보좌하면서 동시에 꼼꼼히 문서를 작성해야 하므로 40-50대의 믿음이 가는 사람에게 공원을 맡겼다. 문서를 맡아서 작성한다고 하여 '문서잽이(서기)'라고도 했다.

마을 총각들 중에서 농사 경험이 풍부하고 일머리가 있는 사람을 뽑아서 총각대방(소임 · 총각소임 · 총각좌상)을 맡겼다. 총각대방은 말썽을 일으키는 사람들을 단번에 통제할 정도로 힘이 센 사람이 맡았다. 두레꾼들은 그의 말을 잘 들을 수밖에 없었다. 마을에 따라서 총각대방이 공원과 좌상의 역할을 함께 맡기도 했다. 그만큼 능력 있는 상일꾼의 역량이 두레패를 이끄는 데 중요했다. 이외에 화로꾼 또는 꽁배라 하여 담뱃대와 담뱃불을 붙일 화로를 들고 다니던 심부름꾼이 있었다.

17-18세 이상이 되면 어엿한 역원 취급을 해 주었다. 이때부터 '장정품앗이'라고 하여 정식으로 일꾼 대접을 해 주었다. 일꾼 중에서도 부지런하고 모든 면에서 자질이 뛰어난 사람을 상일꾼이라고 하여 서로 데려가려고 했다. 꽁배는 15-16세 정도의 아이들로 어른들의 뒤를 좇아다니면서 일을 배웠다. 꽁배가 두레 역원이 되는 날은 이를 기념하는 뜻에서 두레원들에게 술턱을 냈다. 이를 '꽁배술'이라고 했다.

역원(두레꾼)의 수는 두레의 규모에 따라서 차이가 있다. 예컨대 마을 전체가 100호 정도 된다면 1호당 1-2명씩 일꾼들이 나오므로 평균 200여 명의 역원이 모이는 셈이다. 많은 사람들이 참여하는 만큼 질서가 중요했다.

두레 회의에서 역원을 구성한 뒤에 어느 논부터 일을 시작하고, 품삯은 어떻게 계산할 것인지 등의 원칙을 정한다. 두레꾼들에게 품삯을 나누어주고 남는 비용은 칠석 무렵에 두레 먹기를 하는 비용으로 썼다.

두레에는 풍장이 빠질 수 없다. 풍장은 일의 능률을 높이는 역할을 한다. 일이 곧 놀이이고, 놀이가 일인 셈이다. 새벽부터 늦은 밤까지 강도 높은 노동에 시달리는 두레꾼들에게 신명은 절실히 필요했다. 쇠·징·북·장구·쇄납[태평소]·소고 등 풍물 소리라도 들으면 없던 기운도 나기 마련이다.

풍물패는 농청이나 공동 마당에 모여서 한바탕 풍물을 치며 일꾼들을 집결시킨다. 두레패의 제일 앞에는 풍채 좋은 사람이 농기를 들고 선다. 농기의 기폭에는 '농자천하지대본(農者天下之大本)' 또는 '신농유업(神農遺業)'이라는 글귀가 묵서(墨書)되어 있고, 깃봉에는 꿩장목을 달았다. 꿩장목 밑에는 깃수염 또는 총올치(칡 또는 말총)를 늘여 장식한다.

농기와 영기(세종 금천리)

농기(논산 노성두레풍장보존회)

농기와 꿩장목(세종 송학리)

도롱이를 걸친 모습

도롱이

깃수염이 많고 적음에 따라서 이웃 두레패와 서열이 정해지기도 했다. 유서 깊은 부촌에서는 용이 그려진 용기(龍旗)를 썼다. 농기와 함께 작은 기 2개를 들고 나서는데 이를 영기(令旗)라고 한다. 삼각형 혹은 사각형의 작은 기폭에 '령 영(令)'자가 묵서되어 있으며 농기를 호위하는 역할을 한다.

농기는 마을을 대표하므로 '큰 기[大旗]'라고도 불렀다. 공주·논산·세종·대전 등 일부 지역에서는 정월 대보름에 마을의 안과태평을 비는 뜻에서 공동 마당에 농기를 세우고 기고사를 지내는 풍습이 전한다. 또한 아랫사람이 웃어른께 세배를 하듯이 보름날이면 아우 마을에서는 형 마을에 찾아가서 기세배(旗歲拜)를 올리기도 했다.

두레가 서는 날은 기잡이 뒤로 상쇠를 비롯하여 풍물패와 역원들이 줄지어 따른다. 비가 오는 날은 도롱이를 뒤집어쓰고 한 손에 호미를 들고 나간다. 논에 도착하면 멀리서도 한 눈에 들어오는 곳에 기를 세워두는데, 이곳을 '깃대백이'라고 불렀다. 좌상은 역원들의 수를 파악한 뒤 작업을 지시하고 관리한다. 일의 순서와 방법을 환히 알고 있기에 가능한 일이다.

역원들은 쇠와 북소리에 맞추어서 신나게 일을 한다. 역원이 부족한 경우에는 풍물패들도 풍물을 내려놓고 작업에 동참한다. 작업 속도를 맞추기 위해서 천천히 일 할 때는 늦은(느린)마치, 바쁘게 일을 몰아갈 때는 자진마치로 작업 속도의 완급을 조절했다. 일꾼들은 논을 맬 때 다음과 같이 '상사디여'로 시작하는 '상사소리'를 하며 손발을 맞추었다.

<느린 동작>

(후렴)

어하 어하 상사디야

(매기는 소리)

달아달아 밝은 달아 / 임의 창에 밝은 달아

여기도 꽂고 저기도 꽂고 / 쥔네 마누래 보리짝에도 꽂고

이논배미를 얼른 심고 / 장구배미를 얼른 심고
니가 무슨 반달이냐 / 초생달이 반달이지
이논배미를 어서져서 / 조상봉양 이룩하세
월출동령에 달이 솟으니 / 이논배미 부자되리
<빠른 동작>
어하 어하 상사디여
여기도 꽂고 저기도 꽂고
어하 어하 상사디여(논산시 강경읍 채운리)

논매기 소리는 지역마다 차이가 있다. 충남 서북부 지역에서는 이를 '얼카덩어리(얼카댕이) 소리'라고 한다. 역원들은 잠시 쉬는 동안에도 신명나게 놀면서 시간을 보냈는데, 그 대표적인 놀이가 공주 선학리의 지게놀이(지게상여놀이)이다.

일꾼들은 중간에 참을 기다리며 노동의 시름을 달랬다. 대개 아침과 저녁은 각자 집에서 먹고, 점심과 오전·오후의 새참은 함께 먹었다. 논주인은 성의껏 일꾼들을 대접한다. 부잣집에서는 고깃국이나 돼지고기 찌개를 푸짐하게 내왔다. 일꾼들은 일을 마친 뒤에 냇가에서 호미를 씻고 줄지어 마을로 되돌아갔다.

논둑길을 오가면서 우연히 이웃 두레패와 마주치기도 했는데 그런 날은 으레 깃대 싸움이 벌어졌다. 서로 힘을 겨루다가 부상을 입기도 하고 심지어 깃대가 부러지기도 했다. 이는 마을과 마을 사이의 기세 싸움이었다.

김매기가 끝나면 비로소 두레꾼들도 시름을 던다. 고된 노동을 잘 이겨낸 일꾼들은 칠석날만큼은 회포를 풀며 어느 때보다 즐겁게 지낸다. 이를 '두레 먹기(두레 잔치)'·'술멕이'라고 하며, 지역에 따라서 백중에 놀기도 했다. 부잣집에서는 수고한 일꾼들에게 술 · 고기 · 떡 등을 대접했다.

이 날 마을 사람들은 둥구나무 아래에 모여서 갓 역원이 된 16-17세의 어린 일꾼들에게 들돌을 들어보게 하여 자격을 시험했다. 들돌은 그 무게에 따라서 대 · 중 · 소로 구분했다. 새내기 일꾼들은 이날 들돌을 들어 보이고 선배 일꾼들에게 한턱을 냈다. 비로소 제 몫을 하는 두레 일꾼으로 인정받게 된 것이다.

둥구나무 아래서는 마을 주민이 한데 모여서 신명나게 노는 굿판이 벌어진다. 이어서 풍물패가 앞장서서 집집마다 다니며 지신밟기(터 누르기)를 한다. 어느 집이고 들어가면 제일 먼저 샘가에 모여 1년 열두 달 물이 잘 나길 빈다. 한판 쇠가락에 맞추어 상쇠는 "뚫어라! 뚫어라! 물 구녕[구멍]을 뚫어라!"고 축원을 한다.

두레 먹는 날은 이웃 마을의 두레패까지 모여서 떠들썩하게 논다. 마을마다 서열상 선생과 제자, 형과 아우 관계를 맺기도 했다. 아랫사람이 윗사람을 모시듯이 두레 먹는 날은 아랫마을 두레패가 윗마을로 찾아가 인사를 드린다. 이를 논산에서는 '합두레(연합두레 · 합동두레)' · '대두레' 라고 했다. 마을 간의 긴밀한 유대와 실서 유시를 위해서 합두레는 거의 해마다 정기적으로 행해졌다.

좌상과 공원은 두레 먹을 비용을 마련하기 위해서 그간 역원들이 일했던 품삯을 미리 셈한다. 논이 많은 사람은 그만큼 역원들의 품이 많이 들었기 때문에 돈을 내놓고, 적은 사람은 반대로 품삯을 받아갔다. 이날 술값을 충당하기 위해서 별도로 '술멕이두레'를 결성하기도 했다. 마지막으로 논을 매준 집에서 받은 품삯을 공동으로 쓰는 것이다. 그 밖에 여러 명목으로 술을 내기도 했다. 그 해 풍년이 기대되는 논의 주인은 '꽃술'을 내고, 머슴이 많은 부잣집에서는 '머슴술'을 냈으며, 새내기 일꾼이 있는 집에서는 '꽁배술'을 냈다.

두레는 일제강점기를 거치면서 점차 쇠퇴하기 시작하였고, 지역에 따라서 시대적 차이는 있었지만 대체로 1960년대 말-1970년대 초까지는 거의 모두 소멸되었다. 일제강점기의 토지사유제 확립, 소작농의 확대, 마을의 통폐합, 화폐경제의 확산 등의 요인을 비롯하여 1960-70년대의 점진적 영농 기술의 발전과 농기계의 보급 등이 그 소멸을 가속화시켰다.

두레 노동 이외에 부족한 일손을 대신하기 위해서 개별적으로 품앗이를 하거나 놉을 얻었다. 논농사를 비롯하여 밭농사도 일손이 부족할 때는 이웃의 도움을 받았다. 두레가 일찍이 폐지된 마을에서는 모내기 · 김매기 · 추수 · 타작에 이르기까지 품앗이로 이루어졌다. 두레가 남성 중심의 협업 체계라면 품앗이는 일감에 따라서 여성들도 참여했다.

품앗이의 '앗다'는 "남의 일을 해주고, 그 일의 대가를 일로써 갚게 한다."는 의미이다. 따라서 논밭농사를 비롯하여 집안에 대소사가 있을 때도 이웃과 상부상조했다.

품앗이에서는 논밭의 면적이나 일의 분량 등을 계산하여 품앗이 일꾼의 숫자를 정한다. 일감이 많은 집에서는 일감이 적은 집의 품을 얻어 쓰고 나머지 품삯을 셈하여 준다. 품을 쓰는 집에서는 일꾼들의 식사를 푸짐하게 대접했다.

2) 장례[長利]와 고지

농가에서는 가을에 비축해 둔 양식으로 추운 겨울을 난다. 그러나 봄철을 지나면서 양식은 떨어져가고 망종 즈음에 보리바심을 하기 전까지 극심한 식량난을 겪었다. 이른바 보릿고개 또는 춘궁기(春窮期)이다. 이는 일제강점기를 거쳐 1950-70년대 초엽까지 이어졌다. 1970년대에 들어서 보급된 통일벼는 고질적인 식량 부족에서 벗어나 식량 자급을 이루게 했다.

특히 소작농들은 가을에 추수가 끝나도 정작 남는 것이 없었다. 봄에 빌렸던 원금에 장례까지 더하면 수확량의 절반을 빚으로 갚는 격이었다. 장례는 무척 비싼 편이다. 흉년이 든 해에는 쌀 1말을 빌려다 먹으면 '곱이자(곱장례)'·'맞장례'라고 하여 쌀 2말을 갚아야 했다. 그나마 싼 것이 원금의 반만 이자로 내는 것이다. 원금의 절반을 이자로 갚는다고 하여 "묷반준다."라고도 했다. 그것도 신용이 좋아야만 얻을 수 있었다.

한 번 장례를 쓰면 높은 이자를 감당하지 못하여 가난을 벗어나기가 힘들었다. "장례 쌀 빌려먹고 집안 기둥 뿌리 빠진다."는 속담이 있을 정도였다. 처음에는 봄철에 쌀을 빌리러 갔는데, 시간이 지나면 섣달에 곡식이 떨어져서 빌리러 가는 악순환이 반복되었다. 원금이나 이자를 쌀로 갚지 못한 경우에는 품으로 대신 하기도 했다. 한편 '고지'라 하여 가난한 농가에서는 형편이 웬만하거나 넉넉한 농가를 상대로 논 한 마지기 또는 일정 면적의 논에 대하여 얼마의 삯(쌀)을 받기로(빌리기로) 하고, 모내기·김매기·추수 등의 농사일을 해주는 풍습이 있었다. 가령 쌀 1말을 꾸어다 먹은 품삯은 풍흉에 따라서 어떤 해에는 닷새, 어떤 해에는 사흘을 일해 주어야 했다. 쌀 1말을 빌리고 논 1마지기 농사를 대신 지어주는 것이다. 품앗이나 놉의 품삯에 비해 상당히 비싼 값을 치르는 셈이다. 품삯을 미리 받는다는 뜻에서 '선품삯'·'품삯 내다 먹기'라고도 했다.

심지어 '장고지'라고 하여 쌀 1말 가웃을 빌려다가 먹고, 농사철 일정에 맞추어 닷새를 일해 주는 경우도 있었다. 예컨대 모내기(1일)·김매기(3일)·추수(1일)와 같이 쌀을 꾸어준 집에서 필요할 때에 일손을 부탁하는 것이다. 흉년이 든 해에는 쌀 1말에 열흘 가까이 일을 해 주기도 했다. 가난한 집에서는 보릿고개를 이겨내려면 고지라도 써야 했다.

장례·고지는 1970년대 이후 통일벼의 보급과 양질의 비료 사용 등으로 쌀 수확량이 급증하면서 점차 없어졌다.

2. 어업 생산풍습

충남 서해안은 북쪽으로는 경기도 아산만으로부터 남쪽으로는 전라북도 장항만 사이에 걸쳐 있다. 서해를 접하고 있는 지역은 당진군·서산시·태안군·보령시·서천군 6개 시군이다.

충남 북서부의 태안반도 일원에는 아산만·당진만·서산만·가로림만·적돌만·천수만 등 여러 만(灣)이 있고 그 남쪽으로도 결성만·오천만·보령만·웅천만·비인만·장구만 등이 있어서, 이곳 서해안은 매우 굴곡이 심한 리아스식 해안을 이루고 있다. 특히 가로림만에서 안면도에 이르는 지역은 잘 발달된 사구와 갯벌 그리고 아름다운 경관으로 1978년 해안국립공원으로 지정됐다.

어촌에 거주하는 주민들은 대부분 바다에 기대어 살아왔다. 일부 간척지에서나 농업에 종사하는 가구가 많고, 대부분 반농반어(半農半漁)이거나 어업이 주업이다. 그들에게 바다는 농민들의 논밭이나 다름없다.

어민들은 조석으로 달라지는 물때와 사시사철 불어오는 해풍의 변화를 잘 알고 있다. 이는 오랜 경험에서 우러난 '산지식'이다. 곧 어업 생산풍습에는 어민들의 경험과학이 고스란히 담겨 있다.

숙련된 어부들은 바다 지형을 훤히 꿰뚫고 있다. 풍향과 풍속에 따라서 수시로 변하는 조류의 흐름을 읽고, 단번에 닻을 내릴 자리를 가늠한다. 게다가 바닷길 곳곳에 있는 어장의 위치를 알고 있으며, 어종에 따라서 수심과 유속을 파악하여 그물을 내린다.

뱃일이 남성 중심의 노동이라면, 갯일은 여성들의 몫이다. 바닷가의 자연환경에 따라서 바위가 있는 곳에서는 굴이 나고, 갯벌이나 모래사장에서는 바지락을 비롯한 각종 패류가 서식한다. 김과 미역 등 해조류는 수온에 따라서 생산되는 지역이 한정되어 있다. 갯일은 부녀자들의 소일거리이자, 일부 어촌에서는 주업이었다. 예컨대 천수만의 일부 어촌에서는 바지락 채취가 마을 전체의 수익 사업으로 자리잡았다.

예로부터 서해는 조기와 청어 등을 비롯한 다양한 어족 자원의 보고(寶庫)였다. 다음에는 어종에 따른 전통적인 조업 방식과 어로 도구 등에 대해서 살펴본다.

가. 어족 자원과 해산물 그리고 소금

서해는 어족 자원이 대단히 풍부했다. 조선시대에 편찬된 『세종실록지리지』·『신증동국여지승람』·『여지도서』와 같은 지리지에는 서해에서 잡힌 주요 어물이 상세히 기록되어 있다.

당시 서해에서는 조기[石首魚, 石魚]·청어(青魚)·민어(民魚)를 비롯하여 전어(錢魚)·숭어(秀魚, 水魚)·넙치[廣魚]·홍어(洪魚, 紅魚)·갈치

[刀魚]・삼치[麻魚, 芒魚]・준치[眞魚]・오징어[烏賊魚]・낙지[落地, 絡締]・황수어(黃水漁)・세미어(細尾漁) 등 다양한 어물이 났다. 전복[鰒, 生鰒]・석굴[石花]・조개[生蛤]와 같은 패류와 꽃게・대하(大鰕)・홍대하(紅大鰕)・쌀새우[白蝦]・중새우[中蝦]・새우 등의 갑각류도 많았다. 해조류로는 참가사리[細毛]・해청(海青)・황각(黃角)・김[海衣] 등이 나고, 소금도 생산되었다.

이처럼 다양한 어족 자원 가운데 으뜸으로 친 어물은 조기와 청어이다. 그 밖에 갑각류로는 새우가 많이 잡혔고, 김을 비롯한 참가사리 등의 해조류도 풍부했다.

어민들은 청어와 조기의 회유(回遊) 경로에 따라서 어장을 옮겨야 했고, 산란기와 물때 등을 파악하여 어살을 설치했다. 이 모든 작업이 어종의 특성을 명확히 알고 있어야만 가능한 일이었다.

다음에는 충남 서해안 주요 해양 자원인 조기・청어・새우・홍어・전갱이, 바지락・굴・미역・김 그리고 소금에 대하여 그 생태와 환경・어로와 생산 방식・유통과 거래 관행 등을 살펴본다.

1) 조기

예로부터 조기는 '전라도 명태'로 불릴 정도로 서해안 일대에서 많이 잡힌 어류이다. 조선시대의 지리지와 읍지에는 조기를 종어(鯼魚)・석수어(石首魚)・조기(曹機) 등으로 기록했다.

정약전이 전라도 흑산도 유배지에서 작성한 『자산어보(玆山魚譜)』(1814)에는 조기의 종류를 다음과 같이 분류했다. 곧 '대면(大鮸), 속명 애우질(艾羽叱)'・'면어(鮸魚), 속명 민어(民魚)'・'추수어(䲡水魚), 속명 조기(曹機)'로 나누고 다시 추수어 중 조금 큰 것을 보구치(甫九峙), 조금 작은 것을 반애(盤厓), 가장 작은 것을 황석어(黃石魚)라고 했다.

이처럼 조기는 민어과에 속하는 어류로, 몸길이는 25㎝ 내외이고, 몸통은 옆으로 누운 긴 타원형이다. 전체적으로 황금색에 가까운 회색을 띤다. 참조기(기름조기, 노랑조기)·보구치(보졸치, 부구치, 흰조기)·수조기(꽃조기, 조구)·황조기(조기)·부세·흑조기 등 다양한 종류로 나뉜다. 이들은 비슷해 보여도 세밀한 차이가 있다.

조기는 갓 산란한 치어(穉魚)에서 성어(成魚)가 될 때까지 비교적 빠른 성장 속도를 보인다. 치어는 첫해에 12㎝ 내외로 자라고, 2년이 지나면 17㎝, 5년이 지나면 24㎝, 6년이 지나면 26㎝가 넘는다. 다 자란 조기의 평균 몸길이는 23-26㎝이고 무게는 280g 정도 된다. 조기는 난류성 어종으로 평균 16℃ 안팎의 수온에서 떼를 지어 다닌다.

조기는 공해(公海)에서 자라서, 산란지로 회유하는 습성을 지닌 어종이다. 조기 떼는 매년 남중국해에서 서해 흑산도를 거쳐서 신의주와 요동 대련 앞바다까지 광범위한 지역으로 회유한다. 드넓은 바다가 모두 조기 어장인 셈이다. 겨우내 제주도 서남방, 상해 동쪽의 난해(暖海)에서 월동하고, 1-2월에 북상하여 흑산도·홍도·영광(안마도 어상) 앞바다를 지나서 3월에는 부안(칠산 어상) 앞바다에 이른다. 수온이 점차 높아지는 가운데 조기 떼는 북상하여, 충남 서천 앞바다(염선 어장)와 태안반도 앞바다의 격렬비열도(방우리 어장)를 거쳐서 5월 중순에는 연평도 근해에 이른다. 이곳 연평 어장에 이르러 산란하고, 6월 말경에는 평안도 철산의 용암포 앞바다에 닿는다. 산란을 마친 조기 떼는 7-8월경에 다시 남쪽 먼바다로 향한다.

약 5개월 동안 북상하는 조기떼를 따라서 서해안 곳곳에 어장이 형성된다. 영광 앞바다의 안마도 어장을 시작으로, 위도를 중심으로 한 칠산어장과 죽도 어장, 격렬비열도 인근의 방우리 어장, 경기도의 연평 어장, 황해도 옹진반도 인근의 대청도 · 백령도 어장, 평북 철산 앞바다의 대화도 어장이 열린다. 알을 밴 조기 떼는 곡우사리(穀雨-) 때에 방우리 어장을 지나, 입하사리(立夏-) 때에는 연평 어장에 이르러 알이 더욱 굵어진다. 산란 직전에 잡은 조기를 최상품으로 쳤고, 이를 '곡우살조기' 또는 '오사리조기'라고 한다.

서해안의 어부들은 조기떼의 이동 경로에 따라서 이른 봄부터 조업을 시작한다. 3월 초엽 칠산 앞바다는 전라도와 충청도 심지어 경기도에서 내려온 고깃배들로 가득했다.

조선업과 항해술의 발달은 서해안 조기잡이의 활황을 예고했다. 조기를 잡는 중대형 어선을 중선이라고 하는데, 평균 7-10명이 승선한다. 먼바다에서 오랜 기간 조업을 해도 무리가 없을 정도로 튼튼하게 제작되었다. 과거에는 돛을 단 풍선(風船)을 타고 조기잡이에 나섰다. 황포 돛을 단 수십 척의 중선이 포구에서 먼바다를 향해 나가는 모습은 장관이었다. 일제강점기를 거치면서 목선(木船)에 내연 기관을 설치한 동력선(動力船)이 등장했다.

3월 말경에 칠산 어장에서 조업이 끝나면, 북상하여 군산 부근의 고군산군도를 지나 비인만으로 진입하는데, 서천의 어부들은 이곳 바다를 '염선'이라고 불렀다. 서천 · 보령 · 태안 등지의 선원들은 염선 어장이 끝나면 오랜만에 고향으로 돌아갈 수 있었다.

사리 때가 돌아오면, 선원들은 만발의 준비를 하고 연평도로 향한다. 선원들은 반드시 물때를 가늠하여 조업 일정을 세운다. 물발이 센 사리 때에 바다에 나가서 일하고, 조금 때에 마을로 되돌아온다. 물발이 점차 빨라지기 시작하는 시점을 '산짐'이라고 하고, 이때 물발이 센 곳에 그물을 쳐놓으면 쉽게 고기가 걸려든다. 반대로 물발이 약해지는 때는 '갯기'라고 한다. 이를 "물이 걷다." 혹은 "물이 걷치다."

						기준 ↓									기준 ↓
날짜	1	2	3	4	5	6	7	8	9	10	11	12	13	14	15보름
물때	일곱매	여덟매	아홉매	열매	열한매	한조금	열두매	열서매	무시	한매	두매	서매	너매	다섯매	여섯매
	사 리(산짐)				조 금							사 리(산짐) ⇨			
날짜	16	17	18	19	20	21	22	23	24	25	26	27	28	29	30그믐
물때	일곱매	여덟매	아홉매	열매	조금	열한매	열두매	한조금	무시	한매	두매	서매	너매	다섯매	여섯매
	사 리(산짐)				조 금							사 리(산짐) ⇨			

<표 2> 물 때

라고도 표현한다. 이처럼 물발이 약할 때는 조업을 중단한다.

물때 못지않게 일기를 보는 일도 중요하다. 그래서 "바람을 보지 못하면 뱃놈이 아니다.", "뱃사람이 사흘 천기를 본다."는 말이 생겨났다. 어부들은 하늘에 해가 뜨고 지는 것만 보아도 날씨를 예측한다. 붉디붉은 해가 뜨고 지면 날이 가물 징조이고, 구름 사이로 해가 보이면 비가 내릴 징조이다. 평소와 달리 청명한 날에도 뭉친 듯 보이는 '물구름'이 보이면 필시 비가 올 징조이다. 바람이 불어오는 방향을 보고도 일기를 예견하고 어획량을 가늠했다. 어장이 풍성하려면 으레 서풍이나 남풍 또는 남동풍이 불어야 한다. 적당한 바람은 어장을 풍성하게 한다. 바람 한 점 없는 날은 오히려 어획량의 감소로 이어진다. 이런 날이면 어부들은 "마파람(남풍)이라도 불었으면 좋겠다." 하고 푸념한다.

충남 천수만 일대에서는 "천수만에 동풍이 불면 사람이 마른다.", "동풍이 불면 사공의 반찬거리가 없다.", "동풍이 불면 바다 속 깊이 물고기가 들어간다.", "육지에 가뭄이 들면, 바다에도 가뭄이 든다."라는 속신이 있다. 안면도를 기준으로 천수만 너머 육지로부터 동풍이 불어오면 고기가 잡히지 않는다는 의미이다. 서해안 어부들은 동풍이 부는 것을 꺼렸다.

배를 타고 나간 선원들은 짧게는 보름, 길게는 한 달 정도 바다 위에서 지낸다. 선주는 뭍에서 어선과 어구, 식량을 조달할 뿐 조업에는 직접 참여하지 않았다. 선주는 자신을 대신하여 뱃일을 감독할 사람을 뽑았는데, 그를 '건배임자'라고 한다. '가짜 배임자'라는 뜻이다.

겨울철 휴어기에는 선원들 모두 선주 집에 모여서 어선과 어구를 손보고 그물도 새로 짠다. 그물은 면사를 꼬아서 만드는데, 이를 서산·태안 지역에서는 "삼동 뜬다."라고 했다. 그물에 구멍이 나거나 삭지 않도록 갈(갈색 물)을 드린다. 가마솥에 땡감이나 황토를 넣고 끓인 물에 그물을 담갔다가 빼면 물이 들면서 튼튼해진다. 어구 중에서 그물이 가장 중요하므로 그물을 새로 짠 날이면 간단히 고사를 지냈다.

조업이 시작되면 선원들은 겨우내 손질한 어구를 배에 싣는다. 조기잡이용 그물은 정사각형에 가까운 자루그물로 입구가 넓고 안쪽으로 들어갈수록 좁아지는 형태이다. 물발이 센 곳에 닻을 내리고 그물을 설치하면 조류에 휩쓸려 자연히 입구가 벌어진다. 입구 상단과 하단에 각각 부력과 침강력을 가진 나무 채(beam)를 부착하여 그물 입구가 벌어지게 만든다. 입구 상단에 부착하는 채를 갈통(수해, upper beam), 입구 하단에 부착하는 채를 질대(암해, lower beam)라고 한다. 질대는 참나무 재질로 무거워서 바닷속으로 가라앉고, 갈통은 소나무나 대나무를 써서 질대 위로 가볍게 뜨게 한다. 나무의 무게 차이를 이용한 그물 설치법이다.

선원들은 연평 어장을 특히 중시했다. 다른 곳보다 만선(滿船)의 확률이 높은 곳이기 때문이다. 바람만 잘 불면 충남 해안에서 연평 바다까지 이틀이면 도착한다. 그러나 동력선을 타면 5-7시간 남짓 소요되는 가까운 거리이다.

대개 늦은 밤부터 이른 새벽녘 사이에 조기 떼가 그물에 걸려든다. 때를 잘 만나면 그물을 내리자마자 수십 동이 잡힌다. 뭇과 동은 조기를 세는 단위로 100뭇(1뭇은 10마리)이 곧 1동이다. 조기가 잘 잡히면 평균 200-300동을 잡고, 만선을 했다면 700동까지도 잡았다. 그러나 모든 배가 항상 조업에 성공하는 것은 아니었다.

이처럼 칠산 · 연평 등 외지에서 잡은 어물은 곧바로 중간 상인들에게 판다. 중개업을 하는 배를 '상구선'이라고 한다. 중간 상인들에게 팔지 못한 조기는 소금을 뿌려서 염장을 하는데, 이를 '간조기'라고 한다.

만선한 배에는 이물 · 고물 · 한판 곳곳에 뱃기를 꽂았다. 돛대 꼭대기에는 오폭기(오색기)를 달았다. 오폭기는 빨강 · 노랑 · 녹색 · 남색 · 흰색의 오색천을 잇대어 만든 뱃기이다. 배 안에는 꽹과리 · 징 · 북 등도 싣는다. 선원들은 만선을 기뻐하며 의기양양하게 쇠를 부수며 마을로 돌아 왔다.

선원들이 조업하며 불렀던 어업요이자 축원의 노래를 '배치기소리'라고 한다. 이는 지역에 따라서 이물량(에밀량) · 붕기타령(봉주타령 · 봉죽타령 · 봉기타령) · 덤닥 · 덕타령 등으로 불린다. 태안군 황도리와 서천군 도둔리에서 전승되어 온 배치기소리의 가사는 각각 다음과 같다.

<황도리 배치기소리>(메: 메기는 소리 받: 받는 소리)

오동 도화 만산춘허니 가지 가지가 봄빛이로구나(메)

에에에 에 에에 / 어 어어어 어 어에 / 어어어 어어어 어어어요(받)

이독 저독 술 빚어 놓고 가운데 동이다 영수만 막어라(메)

에에에 에 에에 / 어 어어어 어 어에 / 어어어 어어어 어어어요(받)

한산세모시 배포장 두르고 황해도 순명 장화만 늘여라(메)

에에에 에 에에 / 어 어어어 어 어에 / 어어어 어어어 어어어요(받)

연평바다 들오는 조기 우리배 망대로 다 잡아 댔구나(메)

에에에 에 에에 / 어 어어어 어 어에 / 어어어 어어어 어어어요(받)

연평바다 다 불어먹고 오얀도 바다에서 농장만 친다네(메)

에에에 에 에에 / 어 어어어 어 어에 / 어어어 어어어 어어어요(받)

골목 골목 들오는 조기 양주만 남기고 다 잡아 댔구나(메)

에에에 에 에에 / 어 어어어 어 어에 / 어어어 어어어 어어어요(받)

배임자에 아지머니 인심이 좋아 술동이 밥동이 다 디집어 이고 살판 머리서 엉덩춤 춘단다(메)

에에에 에 에에 / 어 어어어 어 어에 / 어어어 어어어 어어어요(받)

<황도리 붕기타령>

어야디여차 어시렁댓구나(메)

허허어이 헤에이 어어으어어 / 에헤헤에헤 헤에요(받)

한산 세모시 백포장 치고 / 황해도 손귀경 장화만 드려라(메)

허허어이 헤에이 어어으어어 / 에헤헤에헤 헤에요(받)

암에 수에 발맞추어 놓고 / 50발 그물이 둥덩실 나떠나(메)

허허어이 헤에이 어어으어어 / 에헤헤에헤 헤에요(받)

연평바다 들어오는 조기 / 양주만 남기고 다 잡아 실었다(메)

허허어이 헤에이 어어으어어 / 에헤헤에헤 헤에요(받)

옥동도화 만사춘하니 / 가지가지 봄빛이 왔다(메)

허허어이 헤에이 어어으어어 / 에헤헤에헤 헤에요(받)

이물대 고작에 후기를 하고 / 허미대 고작에 장화발 늘여라(메)

허허어이 헤에이 어어으어어 / 에헤헤에헤 헤에요(받)

연평바다에 들어오는 조기 / 우리 배망자로 다 잡아실었다(메)

허허어이 헤에이 어어으어어 / 에헤헤에헤 헤에요(받)

강경 포구의 조기잡이 중선

붕기(서산 창리)

오폭기를 꽂은 어선

붕기타령 재연(서천)

배 위에서 흥을 돋우는 상쇠

이짝저짝 막걸리장사 / 한 잔을 먹어도 톱톱이 걸기다(메)

허허어이 헤에이 어어으어어 / 에헤헤에헤 헤에요(받)

뱃전에 아주머니 신수가 좋아 / 술통이 밥콩이 뒤집어 이고(메)

허허어이 헤에이 어어으어어 / 에헤헤에헤 헤에요(받)

칠산 연평 다불어먹고 / 어안도바다와 농잔안친단다(메)

허허어이 헤에이 어어으어어 / 에헤헤에헤 헤에요(받)

<도둔리 덕타령>

우리배 선장님 신수가 좋아 새벽 동트기 도장원 했다

뱃집 마누라 신수가 좋아 새벽 동트기 만선을 했다

칠산 바다 들오는 조기 우리배 망자로 다 잡어 낸다

아래울 바다 다잡아 먹고 연평바다루 돈실러 간다

어야 디여차 달마장 쳐라 연평 바다루 돈실러 간다

어야 디여차 배포장 쳐라 새벽 동트기 도장원 했다

선주마누라 기분이 좋아 선원들께 술사 준단다

술집 마누라 술동이 이고 발판 머리서 춤을 춘다

만선은 선원들의 꿈이었다. 마을에서 20척의 배가 출어한다고 하면, 그중 1-2척이 만선을 하고, 다른 배들의 어획량은 만족스럽지 못했다. 심지어 불운한 경우에는 빈 배로 돌아오거나 사고로 영영 돌아오지 못하는 수도 있었다.

조업이 끝나면 선원들은 몫몫이 수익을 나눈다. 대개 선주가 어선과 어구, 선원들의 식량을 조달하므로 수익의 절반을 갖는다. 이를 '반짝 갈림(짝갈림)'이라고 한다. 이처럼 선주 몫을 떼어 놓고, 선장과 선원들의 품삯이 돌아간다. 선원들의 처지를 고려하여 미리 임금을 주기도 하는데 이를 '선용'이라고 한다.

조기 이외에 배에서 잡은 갈치 · 민어 · 숭어 등 잡어는 말리거나 간을 하여 반찬거리로 몫몫이 가져간다. 배가 포구에 닿으면 선원들 집에서는 식구들이 함지박을 가지고 나왔다. 반찬으로 먹을 어물을 받기 위해서이다.

1970년대 중반까지 서해안 어촌에서 조기잡이는 흔한 풍경이었다. 시간이 지나면서 많은 남획으로 어획량이 급감하고, 그 많던 조기도 잡히지 않게 되었다. 자연환경도 이전과 달라져서 조기가 생장하기에 부적합한 조건으로 바뀌었다. 결국 1980년대를 기점으로 서해안에서 조기잡이는 거의 중단되었다.

2) 청어

청어는 조기와 마찬가지로 서해안에서 가장 많이 잡혔던 어종이다. 청어(靑魚)라는 이름처럼 몸통이 전체적으로 푸르고 길고 날렵하게 생겼다.

조선시대에는 우리나라 전 해역에서 청어가 잡혔다. 어획량이 많았던 만큼 청어는 가난한 백성들이 즐겨 먹던 생선이다. 청어를 가리켜 '비유어(肥儒魚)'라고도 했는데, 이는 '가난한 선비들이 즐겨 먹던, 선비들을 살찌게 하는 물고기'라는 뜻이다.

정약전은 『자산어보』(1814)에 청어의 특징을 다음과 같이 자세히 기록했다.

> "청어(靑魚)는 그 이름처럼 빛깔이 푸른 생선이다. 몸통은 좁고 전체 길이는 한 자 남짓 된다. 물에서 오래 떨어져 있으면 대가리가 붉어진다.

맛이 담백하여 국이나 찌개를 끓여 먹기 좋고, 구이 또는 어포를 만들어도 좋다. 청어는 정월이면 알을 낳기 위해 해안을 따라 떼를 지어 회유하여 오는데, 이때의 청어떼는 수억 마리가 대열을 이루어서 오므로 바다를 덮을 지경이다. 석 달 동안 산란을 마치면 청어떼는 곧 물러간다. 그런 다음에는 길이 서너 치 정도의 청어새끼가 잡힌다. 건륭경오(乾隆庚午) 후, 10여 년 동안 풍어를 이루었으나 중도에 뜸해졌다가 그 후 가경임술년(嘉慶壬戌年)에 대풍이었으며, 을축후(乙丑年) 후에는 쇠퇴하는 성쇠를 거듭했다. 이 물고기는 동지 전에 영남 좌도에 나타났다가 해서로 들어간다. 서해에 들어온 청어떼는 북으로 올라가 3월에는 해서에 나타난다. 해서에 나타난 청어는 남해의 청어에 비하면 배나 크다. 영남 · 호남은 회유의 성쇠가 서로 바꾸어진다."

청어는 어획량의 기복이 심한 어종이다. 유성룡의 『징비록』에는 임진왜란 직전에 발생한 기이한 일들을 기록한 대목이 있다. 여기서도 "동해의 물고기가 서해에서 나고 점차 한강까지 이르렀으며, 원래 해주에서 나던 청어가 근 10여 년 동안이나 전혀 나지 않고 요해(遼海)에 이동하여 나니 요동사람이 이를 신어(新魚)라고 일컬었다."라는 내용이 나온다. 청어의 서식지와 어획량의 변동이 심했던 것이다.

청어는 우리나라 전 해역에서 잡혀서 서해청어와 동해청어를 구분했다. 서해청어의 주 산란장은 황해도와 충청도 연해로 알려져 있다. 서해청어가 많이 잡힐 때는 전남 위도에서부터 전북 고군산열도, 충남 안흥반도 일대, 황해도 용호도 등지에 어장이 형성되었다. 특히 서해청어의 주요 산란지는 안흥반도와 용호도 연안이었다.

청어는 산란기가 되면 떼를 지어서 연안으로 몰려든다. 어디든 산란기의 청어 떼가 몰리는 곳은 바다 색깔이 우윳빛(백청색)으로 변한다. 수놈이 방출한 정액 때문이다. 청어의 산란기는 3-4개월 정도로 매우 길다. 이때 연안으로 제일 먼저 몰려온 청어가 가장 기름지고, 맛이 좋다. 청어잡이는 "진달래꽃 피면 청어 배 돛 단다."라는 속담처럼 3-4월경에 시작된다.

충남 태안의 연안 해역은 청어의 주된 산란지였기 때문에, 그 일대의 바다에서는 청어잡이가 더욱 성행했다. 그래서 일부 어촌에서는 청어잡이와 관련된 지명(地名), 어법(漁法) 등이 오늘날까지 전승되고 있다. 태안 안면도 남단의 고남리 앞바다에서는 청어가 얼마나 많이 잡혔는지 파시(波市)가 설 정도였다. 당시에는 천수만 일대까지 청어잡이가 성행했다.

청어는 산란기에 접어들면 연안의 아늑하게 들어간 만(灣)으로 모여드는 습성이 있다. 어민들은 청어를 잡기 위해 어살을 고안했다. 이는 밀물 때에 들어온 고기가 썰물 때에 어망에 갇혀서 빠져나가지 못하게 하는 원리이다.

그밖에 녹도(보령시) 바깥 바다의 완만한 지형에 있는 '살바탕'과 안면도 누동리 인근의 안장곰 섬에 있는 '살막금'에도 청어잡이 어살이 있었다.

청어를 잡기 위한 새로운 어법으로 주목망(柱木網)이 등장하기도 했다. 서산 · 태안 · 보령 등지에서는 이를 '주벅(주먹)'이라고도 한다. 어살과 달리 긴 말장 2개를 세우고 그 사이에 그물을 쳐서 고기를 잡는 방식이다. 물살이 비교적 빠른 곳에 주벅을 설치했다.

청어는 19세기 후반부터 어획량이 감소하기 시작하여, 1910년을 기점으로 서해에서 자취를 감추었다. 그 후 청어는 경상도 동북부 연안에 한정되어 잡혔다. 이처럼 청어가 서해에서 사라진 까닭은 기후 및 수온 변화와 관련이 있는 것으로 보인다.

3) 홍어와 전갱이

태안 안홍항과 신진도에서는 1960년대 초엽만 해도 홍어 · 전갱이(아지)잡이 배를 흔히 볼 수 있었다. 봄부터 가을까지 전갱이 · 민어 등 고기잡이가 성행했고, 겨울철은 홍어철로 불릴 만큼 홍어를 많이 잡았다. 이 지역에서는 신선한 어물을 서울 · 인천 등지의 수도권으로 운반하는 중개업도 크게 발달했다. 충청도와 전라도 앞바다에서 생산된 어물을 수도권 어시장에 중간상인들이 되팔았다.

홍어 · 전갱이잡이가 본격화되기 시작한 것은 일제강점기 때부터였으며, 1960년대 초엽까지 성행했다. 이곳 어민들은 겨울철이면 홍어배를 타고 먼 바다로 나갔다. 배의 크기에 따라서 5-10명까지 승선할 수 있었고, 한 번 나가면 겨우내 집으로는 돌아오지 않았다. 홍어는 보령 앞바다에서 많이 잡혔다.

출항을 앞두고 선원들은 한 달 전부터 선주 집에 모여서 어구를 손질하고, 어선도 물이 새는 곳이 없는지 꼼꼼히 살폈다. 대부분 목선이었으므로 나무에 좀이 슬고 구멍이 나면, 큰 사고로 이어질 수 있어서 보름에 1차례 불질을 했다. 이를 "소 믹는다(먹인다)."라고 한다. 틈이 벌어진 곳은 나무를 끼워 넣어 수선했다.

선장은 조업을 책임지고 선원들을 부리는 사람이다. 항해와 조업 경험이 가장 풍부한 사람이기도 하다. 그 밑으로 갑판장이 있고, 식사 준비를 하는 화장이 있다. 출항하기 전에 배에는 식량과 땔감 등을 가득 싣는다.

선원들에게 연중 가장 힘든 조업 기간이 바로 홍어를 잡는 겨울철이다. 솜을 누빈 누비옷 단벌을 입고, 그 위에 도롱이를 걸친 것이 전부였다. 파도가 센 날은 도롱이도 소용없었다. 추운날은 밤새도록 갑판에 나가서 얼음을 깼다. 겹겹이 얼음이 얼어버리면, 무게를 견디지 못하고 배가 침몰할 수도 있기 때문이다. 배에는 얼음을 깨는 데 쓸 몽둥이를 미리 실어 놓았다.

양력 11월부터 이듬해 3-4월까지 홍어잡이를 한다. 어장에 도착하면, 닻을 내리고, 물때와 시간을 보아서 어망을 설치한다. 대개 물발이 약하고, 해가 질 무렵에 홍어잡이를 시작한다.

홍어는 가오릿과의 어류로 몸길이가 1-1.5m에 달한다. 머리가 작고 주둥이는 돌출했으며, 몸통은 전체적으로 마름모꼴 형태이다. 등의 중앙에는 작은 가시가 나 있다. 등 빛깔이 갈색을 띠어서 홍어(紅魚)라고 하는데, 배 쪽은 백색이나 회색에 가깝다.

홍어는 주낙으로 잡는다. 길게 늘인 본줄에 1-1.5m 간격으로 곁줄을 단다. 곁줄 1개의 길이는 1발(약 1.5m) 정도 되며, 본줄에 곁줄 100-150개를 단다. 본줄 양 끝에는 돌을 달아서 물속으로 가라앉게 하는데 줄이 엉키거나 위치를 확인할 수 있도록 본줄 사이사이에 깃대를 단다. 이것을 '희'라고 하며, 바닷속에 주낙을 늘이면 수면 위로 희만 뜬다. 홍어 잇감[미끼]으로는 노래미를 쓴다. 초저녁에 설치한 주낙은 이튿날 새벽녘에야 끌어올린다. 본줄을 잡고 여럿이 끌어올리면 곁줄에는 홍어가 많이 달려 있다.

홍어 배 갑판 아래는 4-5칸으로 나누고, 잡은 홍어를 한 칸씩 차례대로 채워 넣는다. 1천 마리를 1동이라고 하며, 1동이 넘으면 만선한 것으로 여겼다. 그러나 평균 500-700마리를 잡는 것도 쉬운 일은 아니었다. 홍어 위에는 얼음을 깐다. 그래야만 육지로 나가지 않고 사나흘 동안 신선하게 보관할 수 있다.

신선한 홍어는 법성포나 군산 등지로 나가서 판다. 큰 항구에는 도매상이 있어서 홍어를 비싼 값에 팔 수 있었다. 경기도나 충청도에서는 홍어가 비인기 어물이지만, 전라도에서는 어디서든 좋은 값을 쳐주었다. 이따금 잡히는 민어는 홍어보다 비싼 값에 팔렸다.

겨우내 홍어잡이를 하고, 봄부터 가을까지는 전갱이잡이가 이어진다. 어부들은 전갱이보다는 '아지(あじ)'라는 일본식 이름을 흔히 쓴다. 전갱이는 고등어와 같은 농어목에 속하는 물고기로 등은 암록색, 배는 은백색을 띤다. 꼬리자루는 가늘고 꼬리지느러미는 깊게 두 가닥으로 갈라져 있다. 고등어와 달리 몸통에 모비늘이 달린 것이 특징이며, 몸길이는 40㎝ 내외에 이른다. 전갱이는 우리나라 전 해역에 서식하며, 4-7월에 산란을 위해서 수심이 얕은 곳으로 찾아든다.

전갱이는 고등어보다 비린내도 덜 하고 담백하여 어시장에서 인기가 많았다. 태안 · 서산 일대의 어민들은 봄 · 가을에 가의도와 격렬비열도 사이의 바다로 나가서 전갱이를 잡았다.

소어선에 3-4명의 선원이 타고, 바람이 잠잠한 날을 택하여 조업한다. 바늘 3개를 낚싯줄에 이어 달고, 전갱이 떼가 몰리는 곳에 낚싯대를 드리운다. 전갱이 낚시에는 잇감이 필요 없다. 새우나 플랑크톤 대신 낚싯바늘을 물기 때문이다.

사리만 잘 잡으면 하루에 1천 마리도 잡을 수 있다. 1백 마리를 '1다리'라 하고, 10다리 곧 1천 마리는 1동을 뜻한다. 1동을 잡으면, 작은 배가 발 디딜 틈도 없이 어물로 가득 찬다. 전갱이는 곧바로 선상에서 매매 된다. 서울 마포나 인천 등지를 오가는 상구선(중개선)에 파는 것이다. 상구선의 규모는 매우 컸다.

1960년대에 태안 신진도의 한 거부(巨富)는 아지 떼의 이동 경로를 따라서 '건착' 방식으로 조업을 했다. 이는 오늘날 상끌이 어선과 유사한 어업기술이다. 대형 어선 2척 사이에 엄청난 규모의 그물을 쳐놓고 물고기 떼를 한쪽으로 몰아서 잡는 방식이다. 곁에서 부조선 여러 척이 대기하고 있다가 그물이 찢어지거나 엉킨 곳이 있으면 그때그때 수선했다. 건착 방식으로 조업을 하면 엄청난 양의 어물이 잡혔고, 이것을 그대로 인천항에 내다 팔았다.

4) 새우와 새우젓

새우는 종류에 따라서 대하(大蝦)·중하(中蝦)·세하(細蝦)·백하(白蝦) 등으로 나뉜다. 대하류는 잡아서 데치거나 삶아 먹고, 세하나 백하 등 작은 새우는 젓갈을 담갔다. 새우는 젓갈 문화를 대표하는 중요한 염장식품으로 자리 잡았다. 동해와 남해에서는 멸치, 서해에서는 새우가 많이 잡혀서 각각 멸치젓과 새우젓 문화권을 형성했다.

『신증동국여지승람』에는 충청도에서 대하(大蝦)·홍대하(紅大蝦)·백하(白蝦)·중하(中蝦) 등이 생산된다는 기록이 전한다. 1820년에 서유구(徐有榘)가 저술한 『난호어목지(蘭湖漁牧志)』에는 새우에 대한 다음과 같은 기록이 보인다.

> "동해에는 새우가 없고, 젓갈로 만들어서 전국으로 퍼진 것이 서해의 당하(糖鰕)이며, 이를 속칭 세하(細蝦)라고 한다. 말린 것을 미하(米蝦), 색깔이 흰색인 것을 백하(白蝦)라 불렀다. 홍하(紅蝦)는 길이가 1척 남짓한 큰 새우를 말하며, 일명 대하(大蝦)라고 부른다."

조기잡이 선단은 조기 철이 거의 끝날 무렵에 새우잡이에 나선다. 새우는 젓을 담는 시기에 따라서 부르는 이름이 각각이다. 3-4월 동백꽃이 한창 피었을 때 잡은 새우는 '동백하'라고 했으며, 크기는 작아도 단맛이 나서 잡기만 하면 금세 팔려 나갔다. 5월에는 전라남도와 전라북도 경계 해역에서 새우가 잡혔다. 이때 잡은 새우로 담근 젓이 '오젓'이다. 6월에는 연평도 근해의 용미라는 곳에서 새우를 잡았는데, 이때 담근 젓을 '육젓'이라고 한다. 육젓은 새우가 크고 살이 단단해서 비싼 값에 팔렸다. 가을철에는 격렬비열도와 어청도·흑산도 등지에서 새우를 잡는다. 이때는 5-6월에 산란한 작은 새우를 잡아서 '추젓'을 담근다.

새우잡이 어선에는 새우젓 독이 가득 실렸다. 선원들은 한판 밑에 새우젓 독을 빼곡히 실었다. 그물 가득 새우가 잡히면 독에 넣고 소금을 가득 뿌렸다. 독마다 새우를 꾹꾹 눌러 담아서 뚜껑을 열면 새우가 떡처럼 굳어 있었다.

새우젓은 강경이나 광천에서 거래되었다. 특히 강경에서는 파시(波市)가 열려서 경기도·충청도·전라도 등 각지의 새우젓 장사꾼들의 발길이 이어졌다. 어선마다 가득 실린 새우젓을 내리면 장사꾼들이 이내 받아서 좋은 값을 쳐주었다.

새우젓독(태안 승언리)

강경 새우젓 상회

안면도와 육지를 잇던 장배(태안 승언리)

장배를 타러 나가는 주민들(태안 고남리)

일부 새우젓 배는 금강뿐 아니라 아산만·대호지만 등을 통해서 내륙 깊숙이 들어가기도 했다. 서산의 명천포구는 서해 도서의 어선들이 어물을 팔기 위해서 찾았던 주요 포구 중 한 곳이었다. 이곳 포구에는 덕적도 뱃사람들이 자주 찾아왔다. 옹진군 근해의 덕적군도는 새우잡이로 유명한 고장이다. 뱃사람들은 새우젓을 비롯하여 밴댕이젓,

황석어젓 등 각종 젓갈을 배에 싣고 왔다.

서산 명천포구에서는 특히 추젓의 거래가 많았다. 오뉴월에 나는 오젓과 육젓은 일등품으로 값이 비싸서 마을로 들여와도 사는 사람이 없었다. 추젓은 김장용으로 쓰이고, 겨울철 비상 양식으로도 집집마다 비축해 두었다. 선원들은 새우젓을 식량으로 맞바꾸어갔다.

이처럼 서해에서 잡힌 새우는 음식 문화에 영향을 미친 주요 어물이다. 염장한 새우젓은 내륙 곳곳으로 팔려나갔고, 김장 담그기에 변화를 가져왔다. 오늘날에도 새우는 서해안에서 가장 많이 잡히는 어물 중 하나이다. 그 종류도 매우 다양해서 국내에서 알려진 것만 90여 종에 달한다.

5) 바지락과 굴

안면도 동쪽의 천수만(淺水灣)은 서해안 일대에서 바지락 생산량이 가장 많은 지역으로 손꼽힌다. 천수만은 말뜻 그대로 수심이 10m 이내의 얕은 만을 가리킨다. 조석 간만의 차가 6m 정도로 커서 저조(底潮) 시에는 좁은 수로를 제외한 내만(內灣)의 대부분이 육지화되어 광대한 간석지(갯벌)를 이룬다. 이곳은 풍부한 어족의 서식처이고 또한 회유(回遊)하는 바다이기도 하다.

바지락은 난타원형(卵楕圓形)의 대합과 패류(貝類)로 주변 환경에 따라서 크기와 색깔 등에 차이를 보인다. 예컨대 갯벌에서 난 바지락은 크기가 작고 검은빛을 띠고, 모랫바닥에서 난 것은 좀 더 크고 밝은 빛을 띤다. 바지락과 굴 채취는 대표적인 맨손 어업이다. 바지락 채취에는 조개 호미를 쓰고, 굴을 캘 때는 꼬챙이가 달린 조새를 쓴다.

천수만에 자리한 황도에서는 안강망 어업이 쇠퇴하는 시점과 맞물

봄철 굴 캐기(서산)

굴 캐는 도구, 조새

바구니를 들고 굴을 캐러 나온 노인들
(태안 정죽리)

서산 · 태안 지역의 어리굴젓

바지락 캐기(태안 대야도)

바지락 종패 나르기(태안 고남리)

바지락 종패 뿌리기

바지락 작업 도구

갯벌에 모여서 바지락을 캐는 어민들(천수만 상펄)

거뭇거뭇한 안면도 바지락

려 바지락 양식이 본격화되었다. 부업으로 하던 때와 달리 양식장의 규모도 커졌다. 태안군 소원면과 근흥면 사이의 근소만과 황도 일대에서 생산되는 바지락 생산량은 연간 1천여 톤으로 국내 전체 생산량의 5%를 차지한다. 황도에서만 양식장 관리가 잘 이루어진다면 연간 500t 이상의 바지락이 생산된다.

황도를 비롯한 안면도 일대에서 생산된 바지락은 품질이 매우 우수하여 오래전부터 일본으로 수출되었다. 바지락 채취는 거의 1년 내내 지속되며, 특히 4월부터 11월까지가 성수기이다. 마을에서는 하루에 채취할 수 있는 바지락의 양을 정하여 바지락 종패를 보호한다.

서산 창리를 비롯하여 일부 어촌에서는 어선에 '갈퀴'를 달아서 대량으로 바지락을 채취하기도 했다. 어선에는 선장이 타고, 그물을 내리고 끌어올리는 사람, 바지락을 분류하는 사람, 3인 1조로 공동 작업이 이루어졌다. 배가 전진하면 커다란 갈퀴로 갯바닥을 헤집고, 그 위로 그물을 내려서 바지락을 끌어 올리는 방식이다. 얼마나 바지락이 많은지 갈퀴만 내리면 어디든 '끌방[그물]'이 가득 찼다.

오늘날은 바지락을 채취한 채로 도매상에 팔지만, 과거에는 껍질을 모두 깐 '속바지락'만 팔았다. 여름철에는 바지락이 쉽게 상하므로 아예 바지락젓을 담가서 장에 내다 팔았다. 어느 집이나 바지락젓 독이 여러 개 있었다.

충남 서해안 일대 어민들은 겨우내 굴을 채취한다. 서산 간월도 인근은 알이 작고 신선한 굴이 많이 나기로 유명하다. 서산 부석면 마룡리를 비롯하여 일부 어촌에서는 주민들이 등짐으로 돌을 지어 날라서 인공적으로 굴밭을 조성하기도 했다. 이는 마을에서 공동으로 조성한 굴양식장이다.

이처럼 굴은 바위에 붙어서 서식하기에 '석화(石花)'라고도 부른다.

조개과에 속하며, 한자로는 모려(牡蠣)·여합(蠣蛤)·모합(牡蛤)·여(蠣)·호려(蠔蠣) 등으로 표기한다.

"남자가 굴을 까면 남자 구실을 못한다."라는 속신에서 알 수 있듯이 굴 캐기는 순전히 아낙네들의 소임이었다. 여자들은 늦가을부터 초봄까지 갯벌로 나가서 조새로 굴을 캤다. 바위 사이에 붙은 굴을 요령 있게 조새로 쪼아서 부유물이 섞이지 않도록 바구니에 담는다. 숙련자들은 하루 평균 8-9kg을 채취할 정도로 굴 따는 일에 능숙하다. 바구니 가득 캐온 굴은 상하지 않도록 잘 보관해 두었다가 상인에게 판다.

간월도를 중심으로 서산·태안 등지에서는 굴을 오래 두고 먹기 위해서 '어리굴젓'을 담갔다. 이는 조선시대에 진상품으로 올릴 정도로 유명했다. 신선한 굴을 바닷물로 깨끗이 헹군 후 소금 간을 하여 따뜻한 방안에 일주일 간 놓아두면 삭아서 시큼한 맛과 향을 내고 불그스름한 빛을 띤다. 그 위에 고춧가루를 뿌린 것이 바로 어리굴젓이다. 겨우내 담근 어리굴젓은 늦봄까지 두고 먹을 수 있었다.

6) 김

안면도 일대 천수만은 일제강점기부터 김(해태) 양식이 발달했다. 천수만을 시작으로 남쪽으로 비인만까지 김 양식이 널리 퍼져 나갔다.

천수만에서 제일 먼저 김 양식이 시작된 곳은 안면도에 속한 대야도이다. 일본인들에 의해서 1930년대 초엽부터 김 양식 실험이 본격화되었다. 천수만은 양질의 김을 생산하기에 천혜의 조건을 갖춘 곳이었다. 대야도를 기점으로 김 양식기술이 널리 보급되었다. 1980년

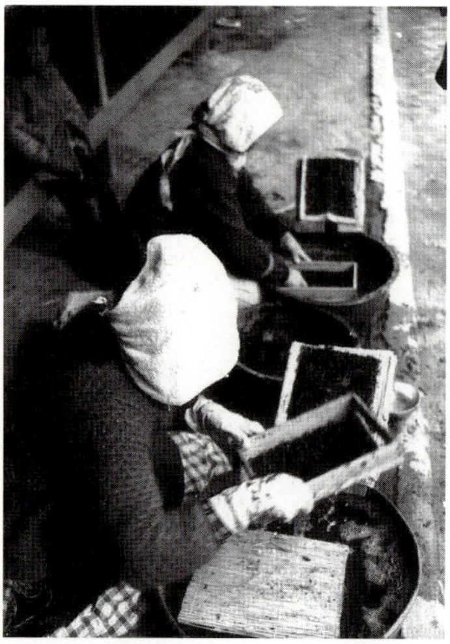

김 뜨기(태안 고남리)

김을 자르던 가위

대까지 김 생산은 천수만 어민들의 주요 생업이었다.

일제는 조선의 해양 자원을 약탈하기 위한 목적으로 1920년에 부산 절영도에 수산시험소를 설립하고, 1933년에는 그 분소를 대야도에 세웠다. 당시 분소에서는 7년간의 연구 끝에 김 양식에 성공했다.

김 양식은 크게 지주식(支柱式)과 부류식[부유식]으로 나뉜다. 일제강점기에 보급된 기술은 큰 자본이 없이도 가능한 '지주식'이었다. 이는 지주(支柱, 말뚝)로 쓸 굵은 나무와 김살(쪽대)로 쓸 대나무만 있으면 충분하다. 부류식은 1980년대 이후에 보급된 신기술로, 지주 없이 부표를 달아서 김 포자가 물 위에 떠서 자라게 하는 방식이다.

지주식은 갯벌에 일렬로 지주를 설치하고, 그 사이에 김 포자가 자랄 수 있도록 '김살(쪽대)'을 맨 방식이다. 김살은 대나무발과 유사하며, 6자 길이의 대나무를 1.5cm 너비로 연이어 엮은 것이다. 대나무를 써야 수면 위로 떠올라서 김 포자가 햇볕을 받고 자랄 수 있다. 반드시

김 말리기(태안 대야도)

집집마다 김을 말리는 풍경

햇볕에 김 포자가 노출돼야 양질의 김이 생산된다.

김살 전체 묶음을 가리켜 '1때(또는 1책)'라고 하는데, 총 길이는 김살을 설치하는 장소에 따라서 차이가 있다. 규모가 작은 것은 30-40m에서 큰 것은 70-80m에 이른다.

가급적 햇볕이 잘 들고, 사리 때에 물발이 센 곳에 김살을 맸다. 좋은 자리를 차지하기 위해서 어민들 사이에 다툼이 일기도 했다. 양력 9-10월이 되면 점차 수온이 낮아지기 시작하고, 대략 16-17도가 될 무렵에 김살을 맸다. 그 전에는 김살을 미리 손질하고, 말장(말뚝)으로 쓸 굵은 소나무를 마련했다.

말장과 말장 사이 간격은 8-10m 남짓 되며, 이를 1칸이라고 한다. 양쪽으로 각각 10여 개씩 말장을 세우기 때문에 10칸이 1때가 되는 셈이다. 말장은 김살이 물살에 휩쓸리지 않도록 고정시키는 역할을 한다. 산에서 굵은 소나무를 베어다가 갯바닥에 박고, 새끼줄로 단단히 고정한다. 김 양식을 많이 하는 집에서는 100-150때를 했지만 대개는 30-40때 정도를 설치했다. 이 시기에는 어느 마을이나 갯벌에 나가면 김살이 빼곡했다.

김발을 설치한 뒤에 1달 정도 지나면 김발에 거뭇거뭇한 점이 찍힌다. 바닷물이 들고나면서 포자가 번식하는 것이다. 포자가 자라서 길게 늘어지면, 그것을 뜯어다가 김을 뜬다. 대략 9-10월에 김살을 매고, 11월이 되면 본격적으로 김을 뜬는다.

대개 11월부터 이듬해 봄(4월)까지 약 5개월 동안 5-6차례 김을 생산할 수 있다. 장소에 따라서 6회 이상 김이 돋는 곳도 있다. 김발에 김이 10㎝ 이상 늘어져 있으면 그것을 맨손으로 뜯거나 가위로 자른다. 가위로 자른 자리에 시간이 지나면 또다시 김이 자라기 시작한다. 보름 간격으로 김을 뜯을 수 있으며, 막 뜯은 김은 지게로 지어서 집까지 실어 날랐다.

김 양식에 있어서 가장 힘든 과정은 자른 김을 집까지 옮기는 일이었다. 바닷물을 머금은 김은 대단히 무겁다. 갯벌 곳곳에 웅덩이를 피해가며 다니는 것도 쉬운 일이 아니다. 남자들은 겨우내 김을 뜯고 그것을 옮겼다.

이렇게 지게로 지어 온 김을 여자들이 떠서 햇볕에 잘 말린다. 민물로는 불순물이 헹궈지지 않기 때문에 바닷물로 한 차례 헹군 뒤에 대바구니에 담아서 우물가로 가져간다. 김을 민물에 2-3차례 깨끗이 헹군 뒤 칼로 좃는다. 이것을 네모반듯한 틀에 얇게 펴서 뜬다. 정성껏 1장씩 뜨는 것도 손이 많이 가는 작업이었다. 100때 이상 김살을 매는 집에서는 일손이 부족하여 남녀 일꾼을 두었다. 틀에서 떼낸 김은 햇볕이 잘 드는 곳에서 말린다. 김 양식을 하는 집 담장에는 싸리나무를 잇대어 만든 발이 기대어 세워져 있었다. 햇볕이 잘 드는 날은 반나절이면 충분히 말랐다. 그러면 또 김을 떠서 넌다. 하루에 2-3차례 김을 뜨는 과정을 반복했다.

김 100장을 묶은 것이 1톳이다. 김 양식이 주업인 가정에서는 하루에 100톳 이상 생산했다. 천수만 일대에 김 양식장이 늘면서 상내적으로 김 값이 하락했다. 1970년대 이후에는 그 값어치가 이전보다 많이 떨어져서 "김은 많이 주고, 쌀은 조금 받는다."는 말이 생겨날 정도였다.

1980년대에 천수만에 서산AB지구 방조제가 건설되면서 김 양식이 중단되었다. 자연환경의 변화로 더 이상 김 포자가 번식할 수 없게 된 것이다. 오늘날 충남 지역에서는 보령 · 대천 · 서천을 중심으로 김 양식업이 유지되고 있다.

이들 지역에서는 1980년대부터 신식 기술인 부루식 김 생산 방식이 도입되었다. 대규모 김양식어장에 강철로 지지대를 만들어 세우고, 김 포자가 붙은 그물이 물 위로 뜰 수 있도록 중간중간에 부력이 강한 스티로폼 부좌를 설치한다.

부루식은 자본이 많이 들기 때문에 기업식으로 운영된다. 9월부터 인공적으로 포자를 번식시켜서 11월 중순부터 김을 생산한다. 김 채취는 이듬해 4월까지 계속된다. 김을 자르고, 틀에 떠서 말리는 일까지 모두 자동화 공정으로 이루어진다.

7) 소금

(1) 자염(煮鹽)

충남 태안 · 서산 일대의 갯벌에서는 이미 조선시대에도 소금이 생산되었다. 이와 관련하여 17세기 서산의 사회 · 경제 등을 기록한 사찬읍지인『호산록(湖山錄)』에는 다음과 같은 기록이 보인다.

> "소금은 경염(耕鹽)이 있고 정염(井鹽)이 있으니, 경염은 몰분처(沒盆處) · 대산관(大山串) · 안면관(安眠串) · 고파지도(古波知島) · 웅도 · 간월도와 화변(禾邊) 등지이고, 정염은 몰분처 · 안면도 심항(深巷) · 대산 · 백사장 등지이다. 아! 경염은 비가 와도 굽지 못하고 눈이 와도 굽지 못하지만 정염은 겨울이고 여름이고 비가 오던지 날이 개임을 가릴 것 없이 모두 굽게 되어 공적 · 사적으로 한없는 이득을 보게 되는데 국가에서 관리하는 정염을 모의한 즉 즐거워하지 않는다."(한여현, 1992,「자염(煮鹽)」,『호산록(湖山錄)』, 서산문화원.)

이 기록에서 경염은 염전에서 생산하는 소금을 말하며, 정염은 바닷물을 끓여서 만드는 소금을 뜻한다. 경염에 비해 정염은 날씨에 큰 영향을 받지 않아서 생산량이 비교적 일정했다. 그래서 조선 정부는 정염으로 과도한 조세를 부과했는데, 이로 인해 소금으로 생계 수단을 삼는 염한(鹽漢)들은 고통을 받았다.

정염은 자염(煮鹽) 또는 화렴(火鹽)이라고도 하는데, 이러한 전통은 일제가 1920-30년대에 대규모 염전을 서해안 곳곳에 설치하면서 점차 쇠퇴해 갔다.

자염은 노동 집약형의 소금 생산 방식이다. 간수를 내는 과정부터 땔감을 해다가 끊임없이 불을 때서 한 줌의 소금을 얻기까지 품이 많이 든다. 바닷물을 졸이기 위해서는 거대한 솥과 부뚜막 시설물이 필요하다. 이러한 시설이 '염벗'이다. 대호지만 · 가로림만 · 천수만 등지에서는 염벗을 흔히 볼 수 있었다. 염벗은 바닷물이 직접 닿지 않는 비교적 평평한 곳에 마련되었다. 그 주변에는 간수를 저장하는 구덩이를 파놓고 바닷물을 가두었다.

염벗 안의 철솥은 구하기도 어렵고 대단히 값이 비쌌다. 이 솥의 주인이 '벗주(벌주)'이다. 솥을 빌리는 값으로 생산된 소금의 일부를 떼어주었다. 예컨대 소금 5가마니가 생산되었다면 그중에서 1가마니는 벗주의 몫이었다.

철솥을 보호하는 시설물이 벗집이다. 마치 원뿔형 움집처럼 가운데에 기둥을 세우고 그 주변을 이엉으로 빙 둘러서 덮은 형태이다. 벗집이 무너지지 않도록 그 위에 거적을 덮고 끈으로 묶었다. 벗집 위로 아궁이의 연기가 빠져나갈 수 있도록 굴뚝을 만들고, 안팎 통풍이 잘되도록 문을 냈다.

철솥은 일반 솥과 달리 3-4평 규모의 직사각형 형태로 매우 크다.

솥의 깊이는 50-60㎝ 남짓 되는데, 간수를 솥의 2/3 부근까지 부었다. 거대한 철솥을 받치려면 부뚜막 시설이 그만큼 튼튼해야 했다. 철솥 구석구석 불길이 미치도록 넓게 구덩이를 파고 둘레에는 주초(柱礎)를 놓고, 아궁이 주변을 진흙으로 마감했다. 부뚜막 시설이 완비되어야만 솥을 걸 수 있다. 솥을 안전하게 지탱하기 위해서 양쪽에 기둥을 세워서 솥 걸이를 만들었다. 기둥은 휘어지거나 썩지 않는 참나무나 참죽나무를 쓴다. 거의 1m 간격으로 기둥을 세우고, 기둥과 기둥을 수평으로 잇는 지지대를 설치한다. 지지대도 참나무로 만든다. 이 지지대에 갈고리를 여러 개 걸고 끈으로 고정하여 솥에 연결한다.

소금 생산은 대개 봄부터 늦가을까지 이루어진다. 간수를 내는 방법은 2가지가 있다. 하나는 '버그시(버굿)'라고 하여 염벗 주위에 간수 웅덩이를 내는 것이고, 또 다른 방법은 바닷물이 들고나는 갯벌에 염밭을 일군 뒤 밭 가운데에 갈통을 박고 간수를 얻는 방법이다. 어민들은 갯벌 환경에 따라서 두 방법을 적절히 이용했다.

먼저 버그시에서 간수를 내는 방법은 다음과 같다. 조금이라도 날이 흐리고 비가 올 조짐이 보이면 버그시를 덮고 일을 파했다. 여름철에 볕이 좋을 때는 3-4일 안에 간수를 낼 수 있었다.

물때에 따라서 간수를 내는 작업이 시작된다. 아침 조금 · 한 조금 · 무시 · 1매까지 3-4일간 간수를 낼 흙을 말린다. 흙의 염분을 높이는 과정을 "갈개 젓는다."고 했다. 나무 써레로 사람이 직접 갯벌 흙을 뒤집기도 하고 축력을 이용하기도 했다. 최대한 써레질을 자주 해야 염도가 빠르게 올라간다. 이렇게 햇볕에 바짝 마른 흙이 '갈개흙'이다. 수분이 완전히 빠져야 가벼워져서 버그시(간수 웅덩이)까지 옮기기 쉬웠다. 한 솥 가득 차게 소금을 내려면 3-4평 정도의 갈개흙이 든다.

일꾼들은 갈개흙을 바지게에 지어서 버그시로 실어나른다. 이 작업도 물때가 1매 또는 2매일 때 한다. 버그시는 2-3평 정도의 직사각형 구덩이이다. 깊이는 1.5m 남짓 정도가 된다. 구덩이 벽면에는 간수가 배지 않도록 황토와 개흙을 다져서 여러 겹 덧발랐다. 버그시를 잘 만들어야 간수를 저장할 수 있다. 한 번 만든 버그시는 반영구적으로 썼다.

버그시 위에는 소나무를 베어다가 걸치고 짚을 깐다. 짚 위에 갈개흙을 펴놓는다. 이어서 바닷물을 길어다가 갈개흙 위에 골고루 붓는다. 자연히 갈개흙-짚-소나무를 통과한 바닷물이 버그시에 차게 된다. 염도가 높은 간수는 색깔이 불그스름하다. 이때 짚과 소나무가 간수의 염도를 높이고 불순물을 거르는 정화 작용을 한다. 일꾼들은 갈개흙을 옮기는 일보다 무지게(물지게)를 지어 나르는 일이 더욱 고되었다.

염도는 송진을 이용하여 측정한다. 송진을 어른 주먹만 하게 뭉쳐서 물 위에 띄어 보는데 송진이 가라앉으면 염도가 낮은 것이고 떠오르면 염도가 높은 것이다. 염도가 높아야 소금을 낼 수 있다.

갯벌에 갈통을 박아서 간수를 내는 방법은 다음과 같다. 갈밭 가운데 묻는 간수통을 '갈통'이라고 한다. 통의 윗부분은 20×30㎝ 내외의 정사각형이고, 밑은 그보다 넓어서 측면에서 보면 사다리꼴 형태이다. 갈통의 깊이는 1m 50㎝ 남짓 된다. 입구가 좁아서 물을 퍼내려면 박의 윗부분에 구멍을 낸 바가지를 썼다.

갈통은 '갈밭(갈)' 한가운데에 묻는다. 갈밭은 간수를 내리기에 적합한 '갯벌 흙' 또는 '갈통을 박아놓은 주변의 갯벌'을 말한다. 하나의 염벗에는 10개 이상의 갈밭이 달려있다. 주변의 갯벌을 고를 때에는 소에 'ㄲ새'를 달아서 골을 만들고 다시 나래로 펴는 작업을 반복한다. 이를 "갈낸다." 또는 "갈들인다."라고 했다. 바짝 마른 고운 흙이 있어야 간수를 낼 수 있다. 갈밭의 전체 지름은 15-20m 정도 된다. 잘 마른 흙을 가운데로 모아서 갈통이 거의 보이지 않을 정도로 묻는다. 사리 때에 갯물이 갈통 주변의 흙을 통과하면서 자연히 염도가 높은 바닷물이 갈통에 찬다.

갈통의 간수는 바가지로 퍼서 항아리에 붓는다. 간수는 곧바로 솥에 붓지 않고, 벗집 바깥에 있는 '바깥구덕'에 잠시 저장한다. 바깥구덕에 간수를 모아둔 상태에서 비가 오면 거적을 덮어서 빗물이 들어가지 않도록 한다.

소금을 내는 마지막 작업은 버그시나 바깥구덕에 모아둔 간수를 철솥에 붓고 끓이는 과정이다. 땔감이 떨어지지 않도록 대는 것이 큰일이었다. 2-3일 동안 잠도 자지 않고 불을 때야만 소금을 얻을 수 있다. 아궁이 앞에 앉아서 철솥 네 귀퉁이에 불길이 미치도록 고르게 불을 땠다. 이때 긴 쇠집게를 이용해서 땔감을 아궁이 안쪽까지 밀어 넣었다.

간수가 증발하여 얻어진 결정체가 바로 소금이다. 소금이 나면 열을 식힌 뒤에 고무래로 모아서 섬에 담는다. 한 솥을 끓이면 평균 6-7섬 정도의 소금이 생산된다. 소금 섬(1섬 50-60kg 기준)은 나락 섬보다 촘촘히 짠다.

자염 방식으로 생산된 소금은 색깔이 눈처럼 희고 단맛이 났다. 천일염으로 생산된 소금보다 염도는 낮지만 해를 묵힐수록 단맛이 난다. 생산된 소금은 벗주가 염상(鹽商)을 불러서 팔아주었다.

(2) 천일염(天日鹽)

천일염은 자염보다 많은 양의 소금을 생산할 수 있는 신기술이었다. 일제강점기 초기부터 일본에서 도입된 천일염은 서남해안 곳곳에 빠른 속도로 보급되었다. 천일제염에 의한 생산량은 1921년에 국내 총 소금 생산량의 42.1%를 차지할 만큼 높았고, 1939년에는 86.4%로 크게 늘었다.

충남 지역에서 천일염이 성행한 곳은 천수만·가로림만·대호지만 등지이다. 특히 안면도에는 1960년대에 대규모 염전이 들어섰다. 화성사(和成社)라는 회사에서 중장리 일대 땅을 인수하여 천일염전을 일구었는데, 규모가 얼마나 컸는지 "중장리에서 빗물이 흘러내리는 곳은 전부 화성사 땅이다."라는 말이 있을 정도였다.

염밭을 조성할 때에 제일 먼저 고려하는 것은 민물이 드는지 여부와 일조량이다. 바다 근처에 물을 가둘 만한 저수 시설도 있어야 한다. 따라서 염밭으로 선정된 곳은 지하수가 나지 않고, 바닷가에 햇볕이 잘 드는 곳이어야 한다. 사리 때에 바닷물이 육지까지 들어오면 염밭 저수지에 물을 받아둔다.

소금 생산은 3월부터 10월 말까지 약 8개월간 이루어진다. 한여름에는 결정지에서 반나절만 제대로 햇볕을 쬐어도 소금이 났다.

바닷물이 소금이 되려면 염도가 최소 27-28°는 되어야 한다. 도수가 1°만 내려가도 소금이 녹아버린다. 바닷물의 염도는 2°에 불과하다. 그것을 15배가량 농축시켜야만 소금이 된다.

간수의 염도를 높이기 위해서 염전을 3개 구역으로 나눈다. 저수지에서 물을 처음으로 끌어들인 곳이 '난치'이고, 그 다음이 '느티(느치)'이며, 마지막으로 소금이 생산되는 곳이 '결정지(結晶地)'이다. 염전은 수많은 칸으로 나뉘어 있는데, 1칸이 평균 60-70평 정도 된다. 난치-느티-결정지로 갈수록 칸수가 줄어든다. 예컨대 난치가 30칸 정도 되면, 느티는 20칸, 결정지는 10칸이 되는 셈이다.

과거에는 저수지에서 난치로 바닷물을 끌어올리기 위해서 수차(水車)를 이용했다. 순전히 인력으로 바닷물을 끌어올렸다. 1970년대 이후에 양수기나 발동기 등의 기계가 나오면서 소금 생산이 이전보다 편리해졌다.

난치에 저장된 간수의 염도가 5-6° 정도가 되면 느티로 보낸다. 이때 염도를 측정하는 기구를 '뽀매'라고 한다. 뽀매가 없던 시절에는 동그랗게 뭉친 송진 덩어리를 물에 띄어보는 것으로 대신했다. 염도가 강할수록 송진 덩어리가 물 위에 뜨고, 약하면 가라앉는다. 난치에서 느티로 옮겨오면서 한 번 더 염도가 오르는데, 보통 16-17°가 된다. 결정지에 이르면 20°가 넘는다.

느티와 결정지 옆으로 구덩이를 파놓는데, 이를 '해주'라고 한다. 비가 올 때를 대비하여 간수를 모아두는 저장구덩이이다. 빗물이 들어가지 않도록 지붕을 씌웠다. 간수에 빗물이 들어가면 농도가 옅어져서 소금이 나지 않는다.

결정지 바닥에는 토판을 깐다. 처음에는 결정지 바닥을 고르게 다져서 소금을 생산하다가 중간에 토판을 깔기 시작하면서 생산량이 늘었다. 토판 소금은 처음에는 하얗지만, 시간이 지날수록 거무스름해진다. 소금을 긁을 때는 조심스럽게 밀대를 앞으로 잡아당겨야 했다. 오랜 기간 토판을 쓰다가 타일이 나왔다. 타일을 깐 후로는 흙빛을 띠는 소금을 생산할 염려가 없어졌다.

소금은 보통 여름날 오후 3시 경부터 긁기 시작한다. 염부들은 고무래와 흡사하게 생긴 '밀대'라는 도구로 결정지 곳곳을 밀고 다닌다. 소금에 물기가 있어서 잘 뒤섞어야 한다. 잘 마른 소금을 모아서 동이 가득 퍼 담는다. 결정지에서 소금 창고까지 목도질로 소금을 지어 나르는 것이 가장 고된 작업이었다. 염부들은 목도질을 많이 하여 어깨가

천일염밭(태안)

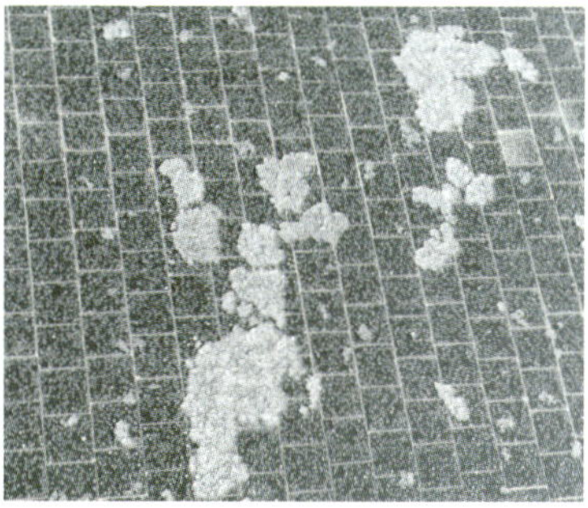

결정지에서 생산된 소금

밀대로 소금 긁기

해주

손수레에 가득 담긴 소금

굽는 직업병에 시달렸다. 다행히 리어카(손수레)가 나온 뒤로는 수고를 덜었다.

나. 어업기술

서해는 조수간만의 차가 큰 전형적인 리아스식 해안이다. 육지로 깊숙이 들어온 만(灣)은 연안 어업에 유리한 지리적 조건을 제공했다. 서해안 어업은 갯벌에서 이루어지는 채취 어업, 어살·독살 등을 활용한 살[箭] 어업, 나무말뚝에 그물을 설치하여 물고기를 잡는 주목망 등이 주종을 이루었다. 조선 후기에는 어업 기술이 점차 발전하면서 중선과 중선망(中船網)이 유행했다. 이는 배를 타고 근해로 나가서 행해지는 조업 방식이다. 이는 중선배의 양옆에 그물을 달아 물속에 잠기도록 하고 조류의 흐름에 따라서 물고기를 잡는 어업 방식이다.

다음에는 어살, 주목망, 중선배의 구체적인 어업 방식에 대하여 설명하도록 한다.

1) 어살[漁箭]·독살

어살은 조수간만의 차이를 이용한 대표적인 어법이다. 조류에 쓸려서 내유(來遊)하는 조기·청어·민어·갈치·숭어·대하·전어 등을 포획하기 위해 설치되었다. 한자로는 어량(魚梁) 또는 어전(漁箭)이라고 한다.

어살은 처음에 강이나 하천에 설치되었다. 하천을 토석이나 대나무·싸리나무 등으로 가로막은 뒤에 물꼬를 터서 흐르게 한 다음, 그곳에 발이나 통발을 설치하여 상류에서 하류로 쓸려 내려온 고기를 잡는 방식이었다. 마치 하천에 교량을 가로질러 놓은 것처럼 보여서 어량이라고 했다. 금강의 중하류 지역인 백마강 연안에서 어량을 설치한 모습을 흔히 볼 수 있었다. 이처럼 하천의 목이 좁고 물살이 빠른 곳에 설치되었던 어량은 점차 바다에서 그대로 활용되었다. 곧 해면 어량 어업으로 발전한 것이다.

곧 조수간만의 차가 심한 해변에 일정한 간격으로 나무 기둥(支柱木)을 세우고 그 기둥 사이를 대나무·싸리나무·갈대 등으로 엮은 발을 쳐서 어살을 설치한다. 이때 어살의 평면 모습(평면도)은 활이나 부채 모양 또는 삼각형처럼 된다. 해변에서 바다 쪽을 향하여 활이나 부채처럼 둥그렇게 하거나, 삼각형 모습으로 설치하는 것이다. 당연히 직각을 낀 2개의 변이 바닷쪽으로 향한다. 이러한 어살에 만조 때 바닷물에 휩쓸려 들어 온 물고기가 간조 때 빠져나가지 못하고, 그대로 어살에 갇히게 되어 손쉽게 물고기를 포획하는 것이다.

어량은 이미 고려시대에도 중요한 어업 기술의 하나였다. 어량의 조업권을 권문세가에서 장악했고, 왕실에서도 왕자들에게만 그 조업권을 허락하는 것이 관례였다. 점차 궁원(宮院)이나 불사(佛舍)의 소유 대상이 되었는데, 이는 어량 어업의 수익이 적지 않았기 때문이다.

조선시대에도 어살 어법은 성행했다. 『세종실록지리지』에는 조선 초기에 어살이 충남 서해안의 여러 고을에 설치되었다는 기록이 있다. 가로림만과 천수만 일대의 태안·홍주·서산을 비롯하여, 비인만 일대의 서천·비인에 어살이 집중적으로 분포했다. 대부분 수심이 얕고 조수간만의 차가 큰 곳에 어살이 설치되었다. 어살을 활용한 수익은 상당히 높은 편이었고 국가에서도 어살을 주요 수입원으로 관리했다.

1752년에 간행된 『균역사목(均役事目)』에는 호서(湖西)의 어살에 대한 다음과 같은 기록이 보인다. 청석어전(靑石漁箭)의 이익이 가장 많고, 진잡어전(眞雜漁箭)은 그보다 이익이 적다고 했다. 여기서 청석어전이란 청어와 석어(조기)를 잡는 살이고, 진잡어전은 진어(준치)를 비롯한 잡어를 잡는 살을 가리킨다. 어전은 어업 이익의 후하고 박함에 따라서 11등급으로 나누어 세금을 부과했다. 수익이 가장 높은 것은 '별1등(別一等)'이라 하여 40량(兩), 수익이 가장 적고 소규모인 것은 '변소전(邊小箭)'이라 하여 3량으로 정했다.

이처럼 서해안에서는 조선 전기까지만 해도 해안가에 어살을 설치하여 조류에 밀려온 고기를 잡는 어법이 성행했다. 조선시대의 어살 중에는 규모가 큰 것도 있었지만, 대부분 소규모였다. 이는 가난한 어민들의 생계 수단이기도 했다. 『경국대전』에 따르면 가난한 백성에게 어살 사용 수익권을 허락하고 3년마다 교체하도록 법령을 마련했다.

태안 안면도에는 1970-80년대까지 이러한 어살이 바닷가에 흔했다. 이처럼 어살이 설치되었던 곳을 지금도 주민들은 '살앞이'·'살굼댕이'·'살바탕'이라고 한다. 어민들은 산에서 굵은 나무를 베어다가 어살을 만들었다. 긴 나무 수십 개를 갯벌에 박고, 그 사이사이에 그물을 달았다. 썰물에 밀려온 고기가 그물에 갇혀서 빠져나가지 못하는 원리이다.

사리 때가 지나서 살바탕에 나가 보면 어떤 때는 그물에 크기가 1발이나 되는 상어가 들기도 했다. 평소에는 조기·민어·숭어 등 다양한 어물이 어살 가득 들었고, 그중 가장 인기 있는 어물은 단연 황조기였다. 살주인은 황조기 뱃속에 소금을 잔뜩 집어넣어 큰 항아리에 채웠다.

충남 해안가에는 어살의 한 종류인 독살이 남아 있다. 이는 '돌로 만든 살'이라는 뜻으로 일반적인 어살과 구분된다. 독살은 바다 쪽을 향해서 반타원형의 돌담을 쌓아 올린 형태이다. 밀물에 쓸려 온 고기들이 돌담에 갇혀서 빠져나가지 못하게 하는 함정어구(陷穽漁具)이다.

20세기 초 조선총독부에서 간행한 『한국수산지(韓國水產誌)』에는 대표적인 전통 어업으로 어전과 어장(漁帳)을 들고, 어전을 방렴(防簾)·건방렴(乾防簾)·전(箭)·석방렴(石防簾)·토방렴(土防簾) 등으로 구분해 놓았다. 여기에서 석방렴은 바로 독살을 가리킨다. 남해안에서는 '돌발', 제주도에서는 '원'이라고 부른다.

민속학자 주강현의 연구성과에 따르면 독살은 태안반도로부터 해안선을 따라서 서천 비인만에 이르기까지 집중적으로 분포한다. 특히 태안반도에서는 의항리 개미목 연안에 백리포독살·독장벌독살·중막독살·태백뿌리독살·신노루독살·가매독살 등 무려 24개의 독살이 있었던 것으로 확인된다. 정죽반도 일대의 신진도와 마도는 서해안에서 가장 많은 독살 흔적이 있었던 지역이다. 안면도를 비롯하여 원산도·효자도·장고도 등지에서도 마찬가지로 여러 기의 독살이 확인되었다. 비인만 일대에서는 장포리·도둔리·마량리 등에 독살이 최근까지 남아 있었다.

독살은 대개 개인에 의해 운영되었다. 마을 사람들은 독살을 쌓는 것을 도와주는 대신 독살에서 잡힌 어물을 얻어 갔다. 대개 독살 어법은 한 집안의 가업으로 이어져 내려왔다. 과서에는 순선히 인력으로 독살을 쌓았기 때문에 그 과정이 무척 고됐으나 자리만 잘 잡으면 어획량이 대단했다. 봄가을에 열치(멸칫과의 바닷물고기) 떼가 몰려들면 열치를 먹이로 하는 조기·갈치·광어·우럭 등도 잡을 수 있었다. 그 밖에 꽃게·주꾸미·오징어 등도 어살 가득 몰려들었다.

이따금 장마가 지면 '물 반, 고기 반'이라는 말처럼 엄청나게 많은 고기 떼가 들었다. 이와 같은 상황을 '벌창'이라고 한다. 이날은 동네 잔칫날이나 다름없었다. 집집마다 쪽대(족대)를 들고 나가서 고기를 잡았다. 살주인도 어차피 그 많은 어물을 처리할 방도가 없어서 마을 사람

어살(서산 가로림만)

어살에서 잡은 고기 말리기

독살(태안 정죽리)

어살에 든 상어를 잡은 기념으로 찍은 사진(태안 고남리)

들에게 후하게 인심을 썼다.

독살을 운영하는 마을이나 가정에서는 매년 정초가 되면 정성껏 제물을 마련하여 용왕을 위했다. 태안 신진도에서는 독살이 있는 곳을 '함정바탕'이라고 했고, 이곳에서 지내는 고사를 '함정고사'라고 했다. 독살의 보존과 풍어를 비는 고사이다.

1970년대 이후 서해안 곳곳에 남아 있던 독살은 급격히 사라졌다. 가장 큰 원인은 자연환경의 변화였다. 특히 천수만·대호지만·아산만 일대에는 방조제가 건설되어 바다 생태계가 급격히 변했다. 조수의 흐름과 유속도 이전과 다르고, 수온에도 이상이 생겨서 독살에 고기 떼가 들지 않게 되었다. 그러면서 점차 독살 어업이 쇠퇴·소멸되어 갔다.

2) 주목망(柱木網)

서해안에서는 주목망을 가리켜 주벅 또는 주박(注朴)이라고 불렀다. 연안으로 몰려드는 청어·조기·숭어·민어 등 각종 어물을 잡는 방식이나.

『균역사목』에는 "호서의 소위 주박은 고색망(藁索網, 새끼줄 그물)으로 조수의 진퇴처(進退處)에 환포(環布)하는 것으로서 그 이익이 최하등의 어전보다는 많으므로 역시 3등으로 나누어 1등 5량, 2등 3량, 3등 1량으로 설정한다."고 했다. 여기서 주박은 주목망을 뜻한다. 당시에는 새끼줄을 엮어서 만든 그물을 기둥 사이에 설치했다.

주목망은 굵고 긴 말장(나무 말뚝)을 지지대처럼 세우고, 그 사이에 그물을 쳐서 고기를 잡는 어구이다. 충남 방언으로는 주목을 '주벅' 또는 '주먹'이라고 한다. 서해안에서 청어가 사라진 뒤에는 조기를 잡기 위해 물발이 센 곳에 주벅을 맸다. 반드시 물살이 빠른 곳이어야 고기 떼가 자주 드나든다. 밀물에 그물이 자루처럼 넓게 펼쳐지면서 고기 떼가 그 안에 갇힌다.

충남 서해안에서 주목망 어법이 가장 발달했던 곳은 보령 앞바다의 녹도였다. 『한국수산지』에 의하면 1910년대 녹도에서는 주목망이 대단히 성행했다. 해안가 곳곳에 무려 150개에 달하는 주목망이 있었다. 집집마다 경쟁적으로 주목망을 설치하자 마을 자치규약으로 1호 1어장을 원칙으로 하고, 2어장 이상의 소유를 금지할 정도였다.

장소에 따라서 주목망의 크기는 제각각이었다. 말장으로 쓸 소나무는 육지에서 풍선으로 실어 왔다. 굵은 나무를 구해야 했기에 목재값으로 비용이 많이 들었다. 섬에 사는 가난한 어민들에게 목재값으로 치를 돈을 구하기란 쉬운 일이 아니었다. 육지에 사는 부자들에게 돈을 빌리는 게 어민들의 큰 고충이었다.

녹도 앞바다는 주벅만 설치하면 엄청난 양의 물고기가 드는 황금어장이었다. 특히 봄철이면 조기가 얼마나 많이 잡혔는지 '물 한 말에 조기가 석 섬'이라는 말이 회자될 정도였다.

3) 중선(中船)

서해의 어민들은 중선을 타고 먼바다로 나아가 조업을 했다. 특히 조기잡이 중선은 상당히 규모가 큰 편이었고, 과거에는 돛을 단 풍선(風船)이었다. 해방 전후를 기점으로 동력선이 보급되면서 점차 중선어업이 쇠퇴 · 소멸하게 되었다.

조선 후기부터 선박의 건조 및 어로 기술이 발전하면서 중선이 등장했다. 중선에 실었던 대형 그물을 가리켜 중선망(中船網)이라고 한다. 조선 후기 『임원경제지』의 기록에는 중선망을 어조망(漁條網)이라고 했다. 당시 중선은 '해선(醢船)'이라 하여 새우를 잡는 작은 배와 청어·조기를 잡는 큰 어선이 있었다. 특히 충남 서해안 일대의 어촌에는 조기잡이 중선이 많았다.

중선배는 어장에 도착하면 닻을 내리고, 양현측(兩舷側)에 딸린 낭장(囊狀)의 어망 2통을 펼친다. 이때 세찬 물살에 의해 어류가 그물 안으로 쓸려 들어간다. 이는 서해안의 조수간만의 차이를 이용한 어법이었다. 특히 조차가 크고 물발이 센 사리 때 조업을 했다.

이처럼 대형 어선과 어구의 등장으로 조업에 참여하는 선원 수도 늘고, 어획량도 이전보다 증가했다. 어민들은 더 이상 해안가에서 이루어지는 어살·주목망과 같은 소극적인 어법만 고집하지 않았다. 근해로 배를 타고 나가는 조업 행위는 어업 기술이 그만큼 질적으로 발전했기에 가능했다. 그로 인해 어획량은 이전보다 훨씬 더 늘었다.

중선을 소유한 선주는 선원을 고용하여 배를 부렸다. 대개 중선은 한 척에 7-10명의 선원이 승선했다. 선원들은 그 역할에 따라서 건배임자·화장(火匠)·이물사공·갑판장·영좌 등으로 불리었다.

중선은 한판을 중심으로 앞뒤로 돛대 2개가 설치되어 있었다. 이물사공과 선장이 이를 조정하여 항해했는데, 바람이 세게 불면 고물 쪽에 있는 돛대를 뉘어 풍속을 조절했다. 또한 갑판에는 항상 오폭기를 꽂아 두었다. 연평도로 조기를 잡으러 갈 때는 위쪽으로 향한다는 뜻에서 위 상(上) 자를 묵서(墨書)한 소당기를 꽂았고, 반대로 봄철에 남쪽 바다로 내려갈 때는 아래 하(下) 자를 쓴 기를 걸었다.

출항한 선원들은 보름 동안 바다 위에서 생활했다. 본격적인 조업이 한 달에 2회 정도 이루어진 셈이다. 조업이 끝나고 귀향해 어물을 판매하면 어구 값과 각종 비용을 제한 뒤에 선주와 선원들이 절반씩

이윤을 나누어 가졌다. 혹여 팔지 못하고 남은 고기가 있다면 같은 방식으로 분배했다. 만선하여 고기를 나누면 '활수'라 했고, 겨우 본전을 남긴 경우는 '식구미'라고 했다. 선원들은 월급처럼 '용'을 받았다. 일을 하기 전에 미리 받는 돈은 '선용'이다.

일제강점기에 접어들어서 조기잡이 대형 선단이 조직되었다. 이는 전통적인 중선 어업의 자생적 발전을 가로막고, 동시에 어장 침입·어로차단·수산자원 남획 등 막대한 피해를 가져왔다. 1900년대에 일본인들은 안강망 어법으로 조선에서 조기잡이를 시작했다. 당시 안강망은 일본식 어구로 널리 사용되기 시작했다. 조선 어민들에게도 안강망은 자연스럽게 수용되었고 이는 조기잡이의 주요 어구로 전파되었다. 안강망의 도입으로 전통적인 어구의 내재적 발전이 저해되고, 수산 자원의 남획이 본격화되었다.

다. 어촌의 공동체 놀이

충남 서해안과 도서 지역의 어촌에서도 다른 지역과 마찬가지로 많은 전통 놀이가 전승되어 온다. 그중에서도 일부 놀이는 민속학상 매우 중요한 가치와 의미를 지닌다. 다음에 소개하는 조개부르기, 등바루, 등불써기가 그러한 대표 사례이다. 곧 조개 채취의 경제 비중이 높은 안면도와 그 인근 지역에서는 조개를 비롯한 해산물이 풍성했으면 하는 바람에서 음력 정월 열나흘에 일종의 마을공동체 뱅이인 '조개부르기'를 해오고 있다. 또한 장고도와 고대도 등을 비롯한 일부 어촌에서는 예전에 해당화가 만발하는 봄철에 여성 성년식의 잔존으로 추측되는 등바루를 놀았고, 역시 그 일대에서는 음력 정월 대보름에 청소년들이 불싸움·오곡밥 얻어먹기·당제·샘고사·조개부르기 등의 요소를 두루 구성시킨 등불써기를 했다.

1) 조개 부르기

바다에 인접한 마을에서는 전통적으로 어업과 더불어 패류 채취가 경제 활동에 있어서 매우 중요했다. 특히 1980-90년대를 거치면서 해양 생태 환경의 변화로 인하여, 어업보다도 패류 채취의 비중은 점차 확대되었다.

순수 어촌이든 반농·반어촌이든 어업과 더불어 패류 채취는 대단한 소득원이었다. 그런데 당제를 통해서는 풍어를 기원했지만, 패류 채취는 그렇지 못했다. 풍성한 패류 채취에 대한 소망을 빌기 위한 어촌 공동체신앙 의례가 없었다. 패류의 번성도 어촌 주민들의 의지와 노력만으로는 되지 않기 때문이다.

이러한 배경 속에서 패류 채취가 중요한 소득원인 마을들에서는 조개와 굴 등의 생산을 높이기 위하여 조개부르기제(-祭) 또는 굴부르기제(-祭)가 자연스럽게 행해진 것이다. 그러나 사실상 이들 호칭은 조어(造語)이다. 아마도 처음에는 "조개 부른다." 또는 "굴 부른다." 정도로 말을 하다가, '조개부르기' 또는 '굴부르기'로 명사화(名詞化)된 낱말을 썼을 것이다. 그리고 원래 마을의 자생적 필요에서 시작되었던 이들 '신앙적 놀이'가 근래에 일종의 지역문화 행사 차원으로 치러지면서, 이들 명칭에 제(祭)가 붙여진 것이다. 곧 조개와 굴을 부르는 부녀자들의 '신앙적 놀이'에 남성 제관의 '유교식 제사(또는 용왕제)'가 결부되면서, '조개부르기제' 또는 '굴부르기제'라는 용어가 새로 생겨났다.

추측컨대, 이들 행사는 원래 부녀자들이 중심이 되어 조개나 굴 등을 부르는 집단 모의(模擬) 놀이에서 비롯되었다. 여기에 일부 마을에서는 부녀자들이 조개나 굴 등을 용왕이 자신의 마을로 몰아달라는 뜻

마을 공터에서 조개를 부르는 주민들(태안 고남리)

선두에 선 상쇠와 풍물패

유교식으로 경건하게 제사를 모시는 제관

해물리기를 하는 아낙네

유교식 제사를 모시는 주민들(태안 누동리)

조개부르기를 마친 후 짚배 띄워 보내기

먼 바다로 떠가는 짚배

에서, 용왕제도 지낸 것이다. 남성 제관이 진수성찬으로 제물을 진설하고 용왕제를 덧붙인 것은 최근의 일이다.

조개부르기 등이 연중 언제 행해졌는지는 시대와 지역에 따라서 다르다. 반드시 정해진 날짜는 없는 듯하다. 또한 당제처럼 정기적으로 해야만 하는 것도 아니다. 패류가 잘 되지 않으면 하고, 패류가 잘 되면 흐지부지하고 만 것 같다. 바지락 등이 잘 되는 마을 주민들이, 흔히 "우리 마을은 조개가 많이 채취되기에, 특별히 조개부르기를 하지 않는다."라고 말하는 것은 그러한 사정을 잘 보여 준다.

이와 관련하여 태안 안면도 일대 어촌을 예로 들면 한 가지 주목되는 점이 있다. 안면도 일대 여러 마을에서도 패류가 나고 또 그것이 중요한 경제 비중이 되는 마을에서만, 조개부르기 풍습이 분포한다는 사실이다. 곧 안면도 동부 해안의 간월도·황도·대야도와 서부 해안의 신야리가 그 대표적 마을이다. 특히 신야리를 기준으로 그 북쪽 해안(안면도 서부 해안)에는 그러한 풍습이 없다.

조개부르기를 하고자 한다면, 아무래도 동민들이 많이 모이고 마을 잔치 분위기가 무르익는 당제 날짜에 행하는 것도 좋은 방편이다. 그래서 과거에 안면도 누동리 같은 경우에는, 당제 날 그 뒤풀이의 한 과

정처럼 행했다. 곧 당제가 끝나고 그 뒤를 이어서 용왕제까지 무사히 마치면, 이때서야 부녀자들이 중심이 되어 조개부르기를 한 것이다. 패류 채취는 기본적으로 부녀자들의 갯일이기 때문이다.

이런 사항을 고려하면, '당제-풍어-남성'과 '조개부르기-패류 번성-여성'을 대비하여 이해할 수 있다. 또한 조개와 여성의 상징적 연계성도 숨어 있는지 모른다.

음력 정초에 모시는 당제에 조개부르기를 해야, 그 해 패류 채취가 잘 될 수 있다는 관념도 주목된다. 음력 정월 열나흗날과 보름에 풍농을 위한 여러 세시(歲時)가 집중되어 있듯이, 패류 번성도 민속상의 원리로는 그러한 시간에 행해져야 하는 것이다.

조개부르기가 언제부터 어떻게 행해져서 지금까지 전승되어 왔는지는 정확하게 모른다. 그러나 이곳 고남면이나 안면도는 물론이고 한국의 서남해안 그리고 더 나아가 남태평양에 이르기까지, 자신의 섬과 마을로 세상의 모든 물고기와 조개가 몰려와 달라고 요청하는 주술적 모의 의례가 광범한 지역에서 분포하는 것을 보면, 그 역사적 연원은 매우 깊다고 할 수 있다.

조개부르기의 초기 모습은 부녀자들이 패류가 번성하기를 바라는 마음에서, '해마다 음력 정초의 당제 전후'나 또는 '패류가 잘 되지 않은 특정 해'에만 비정기적으로, 바닷가 장벌에 나가 행하던 '여성 집단의 모의 의례'였다고 할 수 있다.

예컨대 선창자가 먼저 "조개야! 조개야! 고남면 인근 어장으로 모든 조개와 해산물은 다 모여라! 다 모여라!" 하고 외친다. 이를 곧바로 받아서 후창자들은 큰 목소리로 우렁차게 "우-! 우-!" 하며, 조개를 바다에서 마을 쪽으로 몰 듯이 손에 손을 잡고 뛰어들어온다. 다음에는 바지락이니 홍합이니 해태니 하며, 패류와 해산물의 이름만 바꾸어 가며 한동안을 논다.

다음은 안면도 고남면 누동리와 고남리의 조개부르기제 축원문의 내용이다.

<누동1리 아랫대고지>

조개 부르세(예-)

푸른 바다 천수만에 청정 해역 좋을시고(예-)

댓고리 조개 밭에 조개 불러 좋을시고(우-)

황금어장 좋을시고, 소득 높여 좋을시고(예-)

주민화합 단결하여 부자마을 이룩하세(우-)

갈매기도 까욱까욱 반기면은 좋을시고(예-)

용왕님도 웃으면서 조개풍년 좋을시고(우-)

자손만대 좋은 어장 물려줘서 좋을시고(예-)

조개여(우--)

조개여(우--)

조개여(우--)

풍년 한 번 기약하세(우--)

<고남4리 옷점>

질섬에서 눈풀과 수풀 삼각지에서 섬옷점까지 작은 어장이지만 잘 정리하고 가꾸어 놓았으니 온 바다의 우럭, 꽃게, 낙지 등 모든 해산물과 조개는 이 곳 옷점 마을로 다 모여라.

조개야!(합창)

선조 대대로 내려오고 지켜온 고남면 인근 어장으로 모든 해산물과 조개는 다 모여라.

조개야!(합창)

이러한 '여성 집단의 모의 의례'를 기초로 하여, 나중에는 용왕제가 덧붙여졌다. 바다를 관장하는 최고의 수신(水神)인 용왕에게 우리 마을로 온갖 패류와 해상물을 몰아 달라고 빌기 위함이다. 마을에 따라서 용왕제는 '모의 의례' 전에 하기도 하고 후에 하기도 한다. 그리고 용왕제가 다소의 비중을 갖기 시작하면서, 유교식 용왕제를 위한 남성 제관이 참여하고, 따라서 제물도 진수성찬으로 차려지게 된 것으로 보인다.

그러다가 근래에 조개부르기가 지역의 중요한 음력 대보름 행사로 자리를 잡아가면서, 그 규모도 커지고 마을 사람뿐만 아니라 관광객도 많이 참여하게 된 것이다. 일종의 전통을 기반으로 한 문화의 재창출이라 할 수 있다.

2) 등바루

충남 서해안의 장고도 · 고대도 · 원산도 · 안면도 · 간월도 · 황도 등을 비롯한 여러 도서에서는 봄이 되면 처녀들만 바닷가에 모여서 등바루 놀이를 한다.

등바루란 말의 뜻은 누구도 잘 모른다. 오래전부터 섬마을에서 그렇게 불러 왔을 뿐이다. 일부 고로들은 "등(燈)을 밝힌다." 또는 "등불을 가지고 마중을 나온다."라는 뜻이라고 하지만 분명하지 않다. 다만 장고도에서는 아주 오래전에 놀이 마지막에 처녀들이 배를 타고 섬을 한 바퀴 돈 다음에 마을로 돌아왔는데, 어둑해진 이때 처녀의 식구들이 등불을 밝혀서 바닷가로 따님들을 마중나왔던 사실이 있다. 이로

써 보면, 등바루란 낱말은 이 같은 사실에서 유래됐을 가능성이 있다.

1960년대만 해도 장고도에서는 등바루를 다음과 같이 놀았다. 음력 3월이나 4월에 조금 때를 찾아서 놀이 날짜를 정한다. 갯벌에 나가 처녀들이 굴을 채취하기 위해서이다. 또한 이때는 청장년들이 모두 연평도 등으로 조기잡이를 나가서, 마을에 남정네가 없는 시기이기도 하다. 그래서 처녀들만이 모여서 자유롭게 놀 수 있었다. 이미 바닷가에는 해당화가 만발해 있다. 이 기간에 사나흘 처녀들만이 바닷가에 나가 굴도 캐고 조개도 캐며 서로 내기도 하고, 맛있는 음식도 많이 먹고, 노래와 춤을 즐기며, 살림살이하는 흉내도 내고 한껏 놀았다.

등바루는 처녀들만의 놀이이다. 당연히 초경을 해야 참여할 자격이 있다. 그리고 시집을 안 갔다면 아무리 노처녀라도 반드시 등바루를 놀아야 한다. 시집을 늦게 갈수록 참여 횟수는 많아지게 된다.

초경을 한 처녀의 집에서는 다른 처녀 집보다 더욱 푸짐한 음식을 가지고 놀이터로 나온다. 어린 계집아이가 아닌 엄연한 처녀가 되었음을 자축하는 뜻이다. 다른 처녀 집에서도 형편대로 음식을 차려 나온다. 이렇게 여러 집에서 내온 음식으로 며칠을 먹는다.

놀이터는 장고도와 연륙된 명장섬이라고 부르는 조그만 섬이다. 물이 들어오면 섬이 되고, 물이 나가면 걸어서 다닌다. 이곳에는 갯벌도

돌방 안에 마련한 제단, 조왕(보령 장고도)

장고도 처녀들이 마련한 돌방

등바루놀이를 재연하는 섬마을 여인들

있고 모래사장도 있어서 굴도 캐고 돌방을 쌓고 놀기에 좋다.

처녀들은 하루 전날 명장섬에 모여서 돌을 쌓아 '돌방'을 만들었다. 이는 삼면에 돌담을 쌓아 만든 일종의 방이다. 남자들을 비롯하여 외부인의 눈에 띄지 않도록 돌방의 문을 바닷가 쪽으로 낸다. 처녀들은 이곳에서 화장도 하고 옷도 갈아입는다. 돌방 바닥에는 자갈을 평평하게 깔고 고운 모래를 펴서 정성껏 꾸민다. 또한 돌담 한켠에 낮은 단을 쌓고, 이를 부뚜막 또는 조왕으로 여겼다. 마치 가옥 구조를 그대로 옮겨 놓은 듯하다. 이곳에 물질을 할 때 쓰는 어항을 올려 놓고 해당화를 꺾어다가 꽂아 둔다.

이튿날 새벽녘에 마을 처녀들은 화장품과 한복을 들고 돌방으로 속속 모여든다. 각자 가져온 물품을 이곳에 놓아두고 해당화와 찔레나무를 꺾어다가 돌방 안팎을 꾸민다. 돌방 위에는 대나무를 가지런히 엮어서 지붕을 덮고, 해당화와 찔레나무로 장식한다. 처녀들은 돌방을 꾸민 뒤에 바구니를 끼고 개펄로 나가 굴을 캐는데 누가 더 큰 것을 캐는지 내기를 한다.

다음에는 각자 집으로 돌아가서 정성껏 준비한 밥과 반찬을 가지고 다시 돌방으로 모인다. 그러면 가장 먼저 온 처녀의 밥부터 차례로 나누어 먹는다. 식사를 마친 처녀들은 돌방으로 들어가서 얼굴에 화장을 하고 고운 한복으로 갈아입고 모래사장에 모여서 '까그매', '줄방넘기', '해당화뺏기' 등의 노래를 부르며 신나게 논다. 해질 무렵까지 온종일 놀다가 날이 저물면 돌방을 허물고 각자 집으로 돌아간다.

등바루놀이는 보통 3-4일간 지속됐다. 처음 며칠간은 굴을 캐는 데 시간을 보내고, 마지막 날에는 한껏 치장하고 어울려 놀았다.

요컨대 등바루놀이는 여성 성년식의 흔적으로 보인다. 또한 미혼과 기혼 사이의 과도기에 있는 처녀들에 대한 마을 사람들의 관심을 매년 부각시키고, 평소에는 다소 폐쇄적이고 억제된 일상에 있던 처녀들을 비일상의 시공간에서 실컷 놀리는 역할을 하기도 한다. 초경을 겪어야만 등바루에 참여할 수 있는 자격이 부여되고, 시집을 가는 처녀가 혼례 전날 밤에 몰래 돌방을 부수어야 한다는 원칙 등은 등바루가 지닌 여성 성년식의 속성을 잘 보여 준다.

3) 등불써기

충남 서해 도서에서는 15세를 전후한 소년들이 풍어를 기원하는 뜻에서 해마다 음력 선달 그믐날이나 정월 대보름에 '등불써기' 놀이를 했다. 마을에 따라서 등불싸움 · 등맞이 · 등불놀이라고도 했다.

등불써기는 음력 정월 열나흗의 불싸움, 오곡밥 얻어먹기, 당제, 샘고사, 조개부르기 풍습 등이 충남 서해 도서 지역의 풍어 기원과 합쳐져서 형성된 소년들의 세시풍습이다. 다만 쥐불놀이류의 불싸움이 대나무와 종이로 비교적 정교하게 만든 등으로 대체된 것이다.

그 절차 및 내용은 마을마다 대동소이하다. 보령 원산도와 효자도에서는 매년 음력 선달그믐에 등불써기를 했다. 일제강점기에 청년들이 강제로 징용되면서 등불써기가 중단되었으나, 이는 오랜 세월 동안 이어져 내려온 두 섬의 전통놀이였다. 고대도와 장고도에서도 해마다 음력 정월 보름날과 선달 그믐날이면 등불써기를 했다. 장고도에서는 1991년 전국민속예술경연대회에 등불써기를 다음과 같은 내용으로 출품했다.

선달그믐날이면 집집마다 아이들이 등(燈)을 만든다. 대나무를 가느다랗게 쪼개어서 네 기둥을 만들고 사면(四面)에 창호지를 바른 네모반듯한 등이다. 이때 풀은 생선 부레를 녹인 강력한 부레풀을 썼다.

초저녁이 되면 소년들은 등을 들고 마을 당산으로 향한다. 이때는 등불을 켜지 않은 채 조심히 들고 나간다. 아이들은 당산에 모여서 대장을 뽑고 그의 지시를 따른다. 대장은 10여 명의 아이들을 뽑아서 한 곳에 모이게 한 뒤 등불을 환히 밝힌다. 대장의 신호가 떨어지지 않으면 절대로 등불을 밝힐 수 없다. 대장의 신호에 따라서 준비가 다 되면 가리개를 걷고, "등하! 등하! 아하! 등하!" 하고 우렁차게 외친다. 10여 명의 소년들이 먼저 등불을 밝힌 뒤에 나머지 아이들도 하나 둘씩 등에 불을 밝힌다.

곧이어 아이들은 2패로 나뉘어 한 무리는 당산 왼편으로 돌고, 다른 한 무리는 오른편으로 돌아서 당산 아래의 공동우물로 달려 내려간다. 아이들은 각자 손에 든 등을 대나무채로 내리치면서 '쨍쨍' 소리를 낸다. 마치 풍물을 치는 듯하다. 목청 좋은 아이가 등타령을 하면, 다른 아이들은 가락에 맞추어서 "등하! 등하! 아하! 등하!", "이영! 이영! 아하! 영솔가! 아하! 이영!" 하고 목청껏 소리를 받는다.

대동우물에 다다르면 양편 모두 숨죽인 채 다가간다. 도중에 어느 한 편에서 실수로 불빛을 보이게 되면 상대편에서 "불 보았다!" 하고 일제히 고함을 친다. 그리고 등불을 가렸던 가리개를 걷고 다 같이 "등하! 등하! 아하! 등하!" 하고 외치며 우물가로 모여든다.

마을의 대동우물은 낮에 깨끗이 청소하고 봉해두었다. 아이들은 서둘러 우물가에 둘러선다. 대장이 우물을 들치며 "문여시오! 문여시오! 용왕님은 문여시오!" 하고 외치면 나머지 아이들도 이를 따른다. 이어서 대장은 우물을 완전히 열고 "뚫어라! 뚫어라! 물구멍만 뚫어라!" 하고 고사 소리를 한다. 아이들은 곁에서 이를 지켜보며 똑같이 외친다.

아이들은 "등하! 등하!"를 부르며 집집마다 찾아다니며 걸립한다. 가정에서는 아이들을 기다리고 있다가 준비해 둔 떡을 나누어준다.

떡을 받아든 아이들은 곧장 당산으로 향한다. 마치 어른들이 당제를 지낼 때처럼 납작한 돌을 모아서 단을 쌓고 그 위에 떡을 올린 뒤 비손을 한다. 제를 지낸 뒤 대장이 "연평도 조기떼는 (이곳으로) 다 모여라!" 하고 외치면, 당산 곳곳에 흩어져 있던 아이들이 한곳으로 모인다. 이때 아이들은 몸을 구부리거나 엎드린 채 양손을 옆구리에 대고 조기가 헤엄치는 시늉을 한다. 서해의 모든 조기가 장고도로 몰려들기를 바라는 어촌의 소망을 소년들이 조기를 흉내내는 몸짓으로 기도하는 것이다.

제 4 장

민간신앙

제 4 장 민간신앙

민간신앙은 글자 뜻 그대로 민간(民間)에서 전승되어 온 신앙이다. 그러나 민간이라고 해서, 백성 또는 서민 사이에서만 믿어 온 신앙은 아니다. 역사상의 지배계층에서도 민간신앙은 두루 신봉되었고, 또한 그들이 나중에 만든 종교도 사실은 민간신앙에서 유래한다. 민간신앙은 초기 역사부터 일상생활 속에서 자연스럽게 배태되고 형성되어 온 신앙이다. 다만 민간에서는 다른 세계종교보다는 민간신앙에 주로 마음과 정신을 담아 왔기에, 그렇게 부를 뿐이다.

민간신앙이 다른 역사 현상에 비하여 지속적 측면이 강하다고 해도, 몰역사적 관점에서 이해되어야 할 대상은 아니다. 민간신앙도 역사의 변동에 항상 조응해 왔다.

다소 도식적으로 설명하면, 지배계층의 외면적 신앙에는 세계종교인 유불(儒佛)이 우세했고, 민간신앙은 그 내면에서 보편적으로 신앙되었다. 그리고 민간신앙은 유불에 일정한 영향을 미쳤고 또한 유불 수용의 기반이기도 했기에, 유불에는 민간신앙이 부분적으로 스며들었다. 반면에 피지배계층에서는 민간신앙이 주된 신앙이었다. 그리고 유불도 민간신앙에 영향을 끼쳐서, 역시 민간신앙에 유불이 부분적으로 섞이게 되었다. 유불은 역사상 정치 및 사회사상으로서 중요한 역할을 했지만, 상대적으로 민간신앙은 그렇지 못했다.

유교는 남성 중심의 신앙이라고 할 수 있다. 유교는 민간신앙과 제한적으로 상호 영향을 주고받았지만, 유교는 민간신앙을 음사(陰祀)라고 하여 멀리하기도 했다. 반면에 불교는 민간신앙과 격의 없이 소통하고 융합했다. 특히 무불(巫佛) 습합(習合)이 그 대표 사례이다. 불교는 여성도 주요 신자로 받아들였다. 이러한 유불에 비교한다면, 민간신앙은 부녀자가 주로 의존하는 신앙이었다. 특히 무속에서 그러한 경향이 강하게 보인다.

세계종교인 유불은 역사의 중심 종교이고, 민간신앙은 역사의 주변 신앙이다. 유불은 역사의 변동에 예민하다면, 민간신앙은 그에 비하면 역사의 지속에 익숙하다. 유불이 기록된 종교라면, 민간신앙은 기록되지 않은 신앙이다. 민간신앙은 역사가 없는 듯이 오해되거나 또는 그렇게 잘못 인정되어 왔다. 기록할 수 없었고 기록할 필요가 없었던 신앙이지만, 민간신앙에도 역사가 없었던 것이 아니다. 이는 민간신앙도 당연히 역사의 변동에서 이탈될 수 없다는 의미이다.

민간신앙은 어떤 종교보다도 오랜 역사성을 지닌다. 그 연원은 원시신앙에 있다. 이러한 원시신앙이 고대·중세·근세·근대의 장구한 역사를 거치면서, 백성을 비롯한 피지배계층의 신앙으로 형성·전개되었다. 그러나 원시신앙이 그대로 현재의 민간신앙이 된 것은 아니다. 각 시대의 민간신앙도 당대 역사의 산물이다. 이 사실은 언급할 필요조차 없는 당연한 것이다. 그러나 "원시신앙=민간신앙"이란 등식이 근래의 초등교육에서도 이루어진 바가 있다. 곧 사회과 교과서에 충남 서해안의 현행 풍어제 사진을 제시하고, 이를 원시신앙이라고 설명한 것이다.

민간신앙은 역사의 기층과 주변에서 신봉되었다. 그 전승 주체는 백성 또는 서민이었고, 사제나 신학자는 무당이었다. 가정주부나 마을원로도 가정 및 마을신앙에서 임시 사제 역할을 했다. 민간신앙에는 세계종교에서처럼 경전·교리·사제·조직이 상대적으로 미비하거나 없는 편이다.

한편 이러한 원시 및 고대 신앙이 '축(軸)의 시대를 전후로 한 종교사상'과 '고대 및 중세 국가의 정치 이념' 등을 배경으로 하여, 고도로 체계화되고 발전되어 온 것이 현재의 유불과 같은 세계종교이다. 이는 역사의 상층과 중심에서 일어난 종교이다. 그리고 이들 종교를 형성·발전시킨 주체는 국가 권력의 비호 및 지원을 받는 교회와 사찰 등의 사제와 승려였다. 여기에서는 경전·교리·사제·조직 등이 고도로 정비되고 갖추어졌다. 이렇게 형성된 종교는 지배계층을 비롯하여 점차 피지배계층으로까지 파급되었다.

민간신앙은 인간의 원초적 종교 심성을 간직하고 있고 세계종교의 근원이라고 할 수 있지만, 기본적으로 특정 지역에서만 그 의미를 지닌다. 그러나 세계종교는 인류의 보편적 가치를 지향하기에, 더욱 광범위한 지역에서 또는 전 세계적으로 신봉된다.

세계종교도 그러한 속성이 있지만, 특히 민간신앙은 인간의 가장 기본적이며 절실한 욕구에 초점이 맞추어져 있다. 인간의 생존 본능과 행복한 삶에 더욱 집중되어 있다. 가장 중요한 것은 생존을 위한 경제생산이다. 그리고 나와 우리 가족의 건강과 행복이 무엇보다 우선이다. 조금 더 범위를 넓혀야 마을 사람까지이다. 물론 국태민안(國泰民安)의 차원에서 나라의 태평을 소망하기도 한다.

따라서 민간신앙은 경제적으로는 풍농과 풍어 그리고 이를 이루기 위한 신령의 가호(加護)와 자연(自然)의 협력에 목적을 둔다. 풍년과 우순풍조(雨順風調)가 최고의 기도 내용이 되는 이유이다. 그 밖에 가뭄 및 홍수 등의 각종 자연재해, 돌림병, 병화(兵禍), 난리(亂離) 등을 막아 달라는 소원 역시 민간신앙에 반영된다.

민간신앙의 사람에 대한 기본적 관심은 나와 부모와 자식들에 국한된다. 아울러 공동체적 경제생산 단위가 되는 마을도 중요하다. 가신(家神)은 우리 집안의 안녕만 보살피면 되는 것이고, 산신은 우리 마을만 편안하도록 해주면 되는 것이다. 이웃집이나 이웃 마을에는 별로 관심이 없고, 그러할 능력도 없다. 더욱이 인류나 민족은 거의 개념조차 없어 보인다. 물론 국태민안에 대한 소망은 있지만, 민간신앙의 대상은 대체로 가정과 마을을 벗어나지 않는다. 그래서 민간신앙을 가정신앙과 마을신앙으로 구분하는 것이다.

그러나 이러한 분류와는 관계없이, 민간신앙 이해에서 아주 중요한 주제는 무속이다. 무속은 일체의 민간신앙과 대단한 유기적 관계를 맺고 있다. 개인과 가정 그리고 마을 그리고 더 나아가 고을이나 국가 단위의 종교적 삶에 직간접적으로 관여한다. 무당은 고을이나 국가 단위의 종교행사에도 중요한 역할을 한다. 유교를 숭상한 조선정부에서도 국가 위기에 닥쳐서는 무당들을 동원했다. 사실 민간신앙의 원리나 이치를 생산하고 보급하는 중심에는 무당이 있다. 민간신앙의 여러 의례들을 구성하고 조직하는 것도 무당이다. 그만큼 무속은 민간신앙의 핵심이다.

앞서 언급한대로, 민간신앙은 기본적으로 농업을 근간으로 했던 시대의 산물이다. 그런데 지금은 산업화 · 도시화를 경유하여 정보화 · 세계화 시대를 살고 있다. 이러한 시대의 변화 속에서 민간신앙은 이미 쇠퇴와 변형 그리고 소멸의 과정을 겪어왔다. 전반적으로 보아 민간신앙이 쇠퇴 일로의 모습을 보이는 것은 분명하다. 그러나 사라지는 것만은 아니다. 과거의 모습이 그 잔영처럼 여전히 지속되기도 하고, 현시대에 맞게 새로운 유형과 내용으로 재창출되기도 한다. 또한 외면에 잘 드러나지 않지만, 현재 한국인의 종교적 삶을 떠받들고 있는 기반으로서 민간신앙의 전통이 작용하기도 한다.

다음에는 이러한 민간신앙에 대한 관점에 기초하여 가정신앙, 마을신앙, 무속에 대하여 살펴보도록 한다.

1. 가정신앙

집의 신역화(神域化)와 가신(家神)

한 가정의 안녕을 기원하고 보장하기 위한 하나의 종교적 방편은 집안에 가신들을 좌정 시키고 위하는 일이다.

집터를 장만하여 새 집을 짓고 식구들이 입주를 하면, 곧 이어서 집안 곳곳에는 가신들이 거처할 곳에 스스로 자리를 잡는다. 이와 달리 어떤 가신들은 일정한 의례로써 봉안을 해 드려야 비로소 좌정을 한다. 이는 다른 집으로 이사를 간 경우에도 마찬가지이다. 집을 식구들만 사는 공간이 아니라, 집 자체와 식구를 보살피는 신령들도 함께 사는 곳으로 만드는 것이다. 집은 사람만이 아니라 신령들의 거주 공간도 되기에, 집은 스스로 성화(聖化)되고 신역(神域)이 된다.

신인(神人)이 '인간이 된 신'인 동시에 '신이 된 인간'으로서 인간 그 자체에 신성이 부여되어 그 존엄성이 드러나듯이, 신령들과 함께 사는 가족의 삶에는 기본적으로 평안이 전제된다. 물론 이러한 평안을 항상 유지하기 위해서는 가족과 신령의 관계는 원만해야 한다. 신령들을 식구들의 잘못으로 서운하게 하거나 심지어 화를 내게 하는 국면을

산치성을 드리는 주부(부여 두곡리)

탑에 정성을 드리는 주부(금산 어재리)

만들어서는 안된다. 이들 가신에게 정기적 또는 비정기적으로 각종 제(祭), 고사(告祀), 비손, 굿 등으로 잘 위해 주어야 한다.

"위한다.", "위해준다."는 표현은 신령에 대한 태도나 대우에서 흔히 쓰이는 중요한 개념이다. 민간신앙에서는 신령을 극진히 공경하거나 섬기는 일을 그렇게 말한다. 곧 인간이 신령을 소중하게 여겨 그들에게 최선의 예우와 정성을 바치고 신령을 흡족하게 한다는 뜻이다.

다른 신령들도 대부분 본질적으로 그렇지만, 특히 가신은 식구들이 그들의 존재를 인정하고 위해 주어야, 그 실체가 분명해지며 자신의 역할을 제대로 수행할 수 있다. 식구들이 인정하지 않는 가신은 거의 존재할 수 없다. 가신의 신역이기도 한 집에서 '가신의 보호를 받는 가정'이란 종교적 원리와 신념은 사실상 오랜 역사를 경유하면서, 우리 민족이 자신을 둘러싼 자연 및 인문 환경에 적응하여 만들어낸 상징적 세계이다.

이렇게 '집안'의 신령을 위해 주는 일 이외에도, 가내 평안과 관련있는 '집 바깥'의 신령에게도 정성을 베풀고 제액초복(除厄招福)을 빌어야 한다. 이들 신령은 집안에 있는 가신은 아니지만, 집안의 무탈을 위하여 그리고 적극적으로 제액을 하기 위하여, 매해 음력 성초나 또는 열나흗날에 간단한 치성을 올린다. 거리신 · 요왕(용왕) · 서낭신을 각각 대상으로 치르는 거리제 · 요왕제(용왕제) · 서낭제가 그 대표 의례들이다. 특히 요왕과 서낭에 대해서는 제액의 뜻이 강조된 '요왕치기', '서낭치기'라는 어휘도 함께 쓰인다. '치기'란 낱말 자체에는 제액의 개념이 강하게 내포되어 있다.

개별적 직능으로 가내 평안을 보살피는 가신

충남 지역의 대표 가신으로는 집터의 주인인 터주 · 지신(地神) · 당산(堂山), 가내 최고의 신령인 성주, 불과 음식을 관장하는 조왕(竈王), 임신 · 출산 · 육아를 돌보는 삼신, 자손의 수명장수를 돕는 칠성, 그리고 2월에 하늘에서 내려와 지상을 다녀가는 이월할머니 등이 있다. 또한 변소의 측신(厠神)과 문간의 문신(門神)도 있고, 구렁이 등을 위시한 일종의 재신(財神)인 업도 있다. 그밖에 일반 조상도 있고, 비운의 조상인 왕신(王神) · 대감 · 웃줄할아버지 등도 있다. 그러나 가을떡이나 정월떡을 부엌 · 마루 · 안방 · 장광 · 변소 등에 있는 '유명(有名)의 가신'에게만 떼어다 놓지 않고, 그 밖의 집안 다른 장소에도 갖다 놓는 것을 보면 그곳에도 '무명(無名)의 가신'이 상정되고 있음을 알 수 있다. 무명의 가신은 평소에는 잘 드러나지 않는 존재이다. 유명의 가신보다는 상대적으로 소홀히 취급받는 신령이기도 하다.

터주와 칠성은 장광에, 그리고 조왕은 부엌에 언제나 좌정해 있다. 반면에 성주와 삼신은 어떤 상황에 따라서는 집을 떠날 수 있고, 그들의 부재로 인한 불행을 막기 위해서는 다시 받아서 모신다. 이월할머니는 집안에 항상 있는 신령이 아니다. 해마다 정기적으로 이월 중에 보름 또는 이십일 동안 지상에 내려와 머물다가 이내 승천하는 풍신(風神)이다. 조상은 다른 가신과 달리 그 거처와 신체(神體)가 다소 모호한 측면이 있다. 그러나 명절 차례나 안택에서 조상은 매우 중요하게 부각된다. 비극적 죽음을 겪은 집안 내의 원혼은 더욱 각별한 정성으로 위무(慰撫)를 해 주어 그들이 집안을 불안하게 하지 않도록 한다. 처녀 귀신인 왕신이 그 대표적 예이다.

이들 가신은 상호 간에 별로 관계가 없어 보인다. 가신들은 서로 긴밀히 협조하는 것 같지 않다. 서로가 특별히 상관하지 않고 자신의 직능만 묵묵히 수행할 뿐이다. 그리고 그러한 가신들의 직능이 모두 각각 제대로 발휘되면, 가내 평안은 지속적으로 이룰 수 있다. 각 가신의

조상(천광할배)을 위하는 제단(태안 황도)

조상(보령 원산도)

올바른 직능 수행의 총합이 그대로 가내 평안으로 실현되는 것이다.

한 가정에서 인식하는 가신의 세계는 최고의 가신을 정점으로 체계화된 하나의 단위 집단이 아니다. 집안 이곳저곳에 저마다의 처소에 좌정하여 그곳을 지키며 나름의 역할을 해낼 뿐이다. 그래서 당연하지만 제물을 한 번에 차려 여러 가신들을 한 곳에 초빙하여 위하는 일은 없다. 가을떡을 하든 안택을 하든 동지팥죽을 하든 어느 경우에도 각 가신의 처소에 개별적으로 제물을 차려 모신다.

다만 일부 가신들은 특정 가족 구성원과 개별적으로 특별히 밀접한 관계를 지닌다. 성주와 대주(大主), 조왕과 지주(地主), 삼신과 아기 또는 어린이, 칠성과 자손은 보다 특수한 관계이다. 한 집안의 아버지, 어머니, 어린이 그리고 자손 등은 각각 성주, 조왕, 삼신, 칠성에게서 더욱 각별한 보호를 받는다.

물론 성주는 최고의 가신으로서 집안 전체의 안녕을 주관한다고 믿어진다. 그러나 성주도 다른 가신들의 협조를 구하거나 통제를 하는 일은 없다.

가정의 임시 사제인 주부(主婦)

가정신앙의 주관자인 가정주부(서산 명천리)

가신들을 어떻게 위해 드리는가는 신령에 따라서 다소 다르다. 평소 주부와 가장 밀착되어 있는 신령은 조왕과 터주 그리고 칠성이다. 이른 새벽마다 정화수 한 그릇을 떠다 놓는 정도의 정성이지만, 이는 가정주부가 식구의 무탈을 위하여 행하는 가장 일상적인 신앙 행위이다. 특히 식구 중 누군가 객지 생활을 하고 있으면 정성은 훨씬 고조된다. 삼신은 보통 때보다는 임신 · 출산 · 육아의 기간에 더욱 특별히 모셔지며, 이월할머니는 이월 달에만 위해진다.

그 밖에도 해마다 일정 시간이 되면 연중행사로서 가신들을 크게 위한다. 모든 가신도 모시지만, 특히 성주는 최상의 대우를 받는다. 예컨대 음력 설의 명절차례, 정초의 정월시루와 안택, 정월 열나흗날과 대보름의 오곡밥, 첫 모를 낼 때, 유월 유두, 칠월 칠석, 팔월 추석과 햇밥 천신(薦新), 시월 상달의 가을떡과 안택, 동짓달의 팥죽 고사, 섣달 그믐 등이 그 대표 사례이다. 어촌에서는 이들 세시(歲時) 외에도 첫 어획물이 나오면 성주를 비롯한 여러 가신들을 위한다.

가정신앙의 주관자는 기본적으로 주부이다. 일상에서는 대개 주부가 나서서 각종 의례를 행한다. 매일 새벽 조왕이나 장광에 정화수를 떠다 놓고 간단히 비손을 하는 일부터 각 명절에 다소 격식을 갖추어

가신을 위하는 일, 그리고 정초에 행하는 거리제 · 서낭제 · 용왕제 등에 이르기까지 가정주부는 집안의 평안을 위하여 누구보다도 온갖 마음을 쓴다. 더욱 정성을 드리기 위해, 법사나 무당 등을 부르기도 한다. 가을떡은 가정주부가 하지만, 안택(安宅)은 법사가 한다. 안택은 가신을 위한 별신제(別神祭) 성격을 갖기 때문이다. 곧 안택에는 모든 가신과 그에 대한 의례들이 종합 · 체계적으로 집안의 화평을 위하여 구성되어 있다. 안택은 집안의 별신굿으로서 가정신앙과 그 의례의 절정이라 할 수 있다.

가. 가을떡과 정월떡

1) 가을떡

농가에서 실제로 가을걷이를 끝내는 때는 음력 팔월 추석 즈음이 아니라, 시월 상(上)달에 이르러서이다.

가을떡은 한 해 농사의 성공을 집안의 조상과 가신들에게 고하고, 수확의 기쁨과 감사를 조상 · 가신 · 식구들과 함께 나누고 즐기는 가정의 소박한 종교의례이다. 이를 "가을떡을 해먹는다." 또는 "도신(禱神)한다."고 말한다.

새로 소출한 햇곡식과 그에 대한 고마움은 떡으로 상징화된다. 그래서 가장 먼저 추수한 나락을 잘 보관해 두었다가, 절구에 빻아서 쌀을 얻는다. 팥도 첫 수확물만을 쓴다. 그해에 첫 만물로만 떡을 마련하는 것이다. 떡쌀을 담글 때에도 새벽에 처음 길어 올린 수지물만을 쓴다. 이 떡을 가을떡, 첫무리떡, 도신떡이라고 부른다.

가을걷이를 끝낸 가정주부는 가을떡을 쪄서 도신(禱神)하고자 준비

삶은 팥 말리기(서산 도당리)

절구에 팥 찧기

팥고물

곱게 빻아온 멥쌀·찹쌀가루

시루떡 안치기

시루를 안치고 시룻번 바르기

솥뚜껑 덮기

를 서두른다. 도신은 시월 초순 안으로 집안 형편을 헤아려 적당한 날을 잡아 지내는데 만일 택일한 후에 부정(不淨)이 들면, 날을 물린다. 출산 부정과 진 부정을 가장 큰 부정으로 여긴다.

도신을 하려면 대개 일주일이나 3일 전부터 또는 당일에 집안 구석구석을 깨끗이 청소하고, 대문 앞에 황토를 펴고 금줄을 두른다.

가을떡은 멥쌀가루나 찹쌀가루에 팥고물을 얹어 두둑하게 켜를 안쳐 쪄낸다. 켜는 반드시 홀수가 되게 하는데, 보통은 3채, 5채, 7채로 쪄낸다. 떡은 되도록이면 이웃과 나누어 먹을 만큼 넉넉하게 한다.

떡을 찔 때는 집안 식구 모두 정갈한 몸과 마음을 지니도록 조심을 한다. 특히 주부는 목욕재계를 하고 깨끗한 옷으로 갈아입은 후에 부엌에 든다. 부엌에서도 일체의 부정을 가린다. 깨끗하지 못한 사람은 출입을 금지하므로 부엌문을 닫고 떡을 찐다. 특히 임신부가 부엌을 들여다보는 일은 없어야 한다.

떡을 찌는 동안에 주부는 변소를 출입하지 않는다. 만약 변소에 가서 소변을 보고 오면, 시루가 오줌 누는 흉내를 낸다. 김은 오르지 않고 시룻번이 불어서, 그곳으로 김이 부글부글 샌다고 믿는다. 이런 경우에 떡은 당연히 익지 않는다. 변소 부정이 발생하면, 정화수를 종지에 담아 시루 안에 넣는다. 그런 후 왼쪽 신발을 머리에 뒤집어쓰고 앉아서 불을 땐다. 그래도 떡이 익지 않으면 임신부를 불러서 불을 때게 한다.

집안에 임신부가 있다면, 떡이 그녀의 배를 닮아서 한 복판이 부풀고 익지 않는다고 한다. 맏며느리의 임신에는 더욱 그렇다. 이런 경우에도 임신부로 하여금 아궁이에 먼저 불을 때게 하거나 떡 맨 위에 쌀가루 한 웅큼을 물로 반죽하여 올려놓고 함께 찐다. 이를 꽃떡, 성주떡, 손님떡이라고 부른다.

성주께에 올린 가을떡(부여)

식구들의 건강과 재수를 비는 주부

장광에 가을떡을 올리고 비손하는 주부

수돗가에 놓아둔 시루떡 한 접시

대문 앞에 놓아둔 가을떡

소구유에 놓아둔 가을떡

어떤 경우에는 시루에 불이 붙거나 아예 시루가 쩍 갈라지기도 한다. 이런 일은 아주 불길한 것으로 간주된다.

신령에게 최상의 예우를 표하려면 떡은 원칙적으로 시루째 올린다. 곧 변소신, 대문신, 곳간신 등에는 흰 종이나 짚단 위에 떡덩이를 올리지만, 성주시루나 터주시루를 마련했을 때는 시루째 올린다. 떡시루 안에는 불밝이쌀을 놓고, 그 위에 참기름 종지에 무명 심지를 놓아 불을 밝힌다. 떡시루 양쪽에는 건명태 한 마리씩을 걸쳐 놓거나, 시루 양쪽 손잡이에 건명태를 각각 꿰어 놓기도 한다.

가을떡이 찌어지면 집안 신령들이 있는 각 장소로 옮겨 다니며 간단히 정성을 올린다. 떡시루를 하나 찔 때에는, 제일 먼저 '성주께'에 가져다 놓으며, 조금 후에 이것을 장광의 터주로 옮겨 놓는다. 그런 후 떡을 조금씩 떼어서 우물, 곳간, 변소, 대문 등에 가져다 놓는다. 또한 웃방, 아랫방, 마루, 쌀 뒤주에도 갖다 놓는다.

집안 형편이 괜찮거나 도신에 대한 믿음이 강하면, 성주시루와 터주시루를 각각 따로 마련한다. 성주시루는 안방이나 마루의 성주께에 놓아두고, 터주시루는 장광에 가져다 놓는다. 성주시루는 상에 올려 바치고, 터주시루는 볏짚을 가지런히 깔고 그 위에 올린다. 잠시 후 이들 시루에서 떡을 조금씩 떼어서 집안 곳곳에 놓아 둔다.

근래에는 예전에 비하여 떡을 조금만 하더라도, 공부 잘하라고 아이들 책상에도 놓고, 농사 잘되고 교통사고 나지 말라고 농기구·경운기·오토바이·승용차 등에도 가져다 놓는다. 신령들을 위했던 떡은 김이 나가면 식구들이 나누어 먹는다.

2) 정월떡

음력 정초에는 신년제(新年祭)와 기풍제(祈豊祭)의 뜻으로 정월떡을 하여 집안의 신령들을 위하는 풍습이 있다. 제반 준비 과정이나 절차는 가을떡의 경우와 거의 동일하다.

정월떡을 정성껏 하는 집안에서는 성주시루와 뒤란시루를 마련한다. 성주시루는 팥시루떡으로 하고, 뒤란시루는 흰무리떡으로 한다. 정성을 드린 후에 성주시루는 집안 곳곳에 떼어 두었다가 이웃과 함께 나누어 먹는다. 그러나 뒤란시루는 식구들끼리만 먹는다. 이들 시루는 흔히 농사시루라고도 부른다. 그만큼 정월떡에는 풍년을 바라는 뜻이 강하게 담겨 있다.

가을떡과 정월떡을 떼어서 집안 곳곳을 위하는 방식에는 다소 차이가 있다. 가을떡은 들판에서 가을걷이를 하여 집 안으로 들인다고 하여, 떡을 대문으로부터 안방에 이르는 순서대로 떼어 놓는다. 이와는 반대로 정월떡은 식구들이 밖으로 나가 농사일을 시작하는 때에 하는 것이라 하여, 집안에서 집 바깥쪽으로 떡을 차례대로 떼어 놓는다.

정월떡 안치기(대전)

잘 익은 팥시루떡

성주께에 올린 팥시루떡

가내 평안을 비는 할머니

성주께에 절을 하는 주부

성주시루 가르기

장광에 올린 떡과 정화수

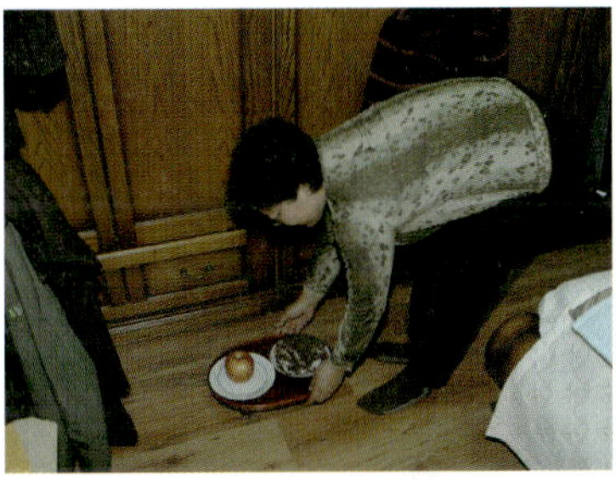

안방에 떼어다 둔 정월떡

싱크대(조왕)에 올린 정월떡

현관(대문)에 떼어다 둔 정월떡

나. 서낭제 · 용왕제 · 거리제

1) 서낭제

서낭당은 오랜 세월 이곳을 지나는 행인들이 돌을 던져서 자연스럽게 쌓아진 돌무더기이다. 지금은 거의 없어졌지만, 1970년대 무렵만 해도 서낭당은 그리 어렵지 않게 볼 수 있었다. 서낭당은 대개 한 마을과 마을 사이의 고개 마루나 길목에 있었다. 간혹 동구(洞口)나 절 입구에도 있었다.

서낭당 옆에는 대체로 노거수(老巨樹)나 숲이 있었다. 이곳을 지나는 행인은 서낭당에 침을 뱉거나, 왼발을 3번 구르거나, 어떤 물건을 헌납하거나, 돌을 주워 던졌다.

음력 정초에는 인근의 부녀자들이 가족들과 함께 가내의 액을 막기 위하여 기도를 드리거나, 경쟁이나 무당과 함께 나와 치성을 드리기도 했다.

정초 액막이 장소인 서낭당

곧 정초에 신수를 보아 삼재팔란(三災八亂) 등의 나쁜 운수가 들었다면, 날을 잡아 간단한 제물을 마련하여 가족이나 경쟁이나 무당과 함께 서낭당에 나와 정성을 드렸다. 이때 서낭당에는 헝겊이나 종이 등을 폐백으로 올리거나, 제웅을 대수대명(代數代命)으로 버리기도 했다. 이처럼 서낭당은 정초에 나쁜 운수를 떨쳐 버리는 액막이 장소였다.

2) 용왕제(요왕제)

음력 정월 열나흗날이나 대보름날 저녁 또는 밤에는 요왕제를 지낸다. 대개는 집안 여자들이 지내지만, 때로는 남자들도 참여한다. 요왕제는 용왕제(龍王祭)를 일컫는 충남의 지역어이다.

요왕제는 가정의 안녕을 물의 요왕님께 빌기 위하여 지낸다. 주로 마을의 공동우물, 길거리 도랑, 강변, 그리고 멀리 떨어진 산 속의 계곡이나 샘 등에 가서 지낸다. 집안의 우물에서도 지내도 되지만 되도록이면 집 바깥으로 멀리 나가 지낸다. 이날은 가족들 모두 깨끗한 몸과 마음으로 정성을 다하고, 각종 금기를 지키고 부정 타지 않도록 조심한다.

요왕제 지낼 장소에 이르면 샘이나 냇물을 향하여 짚을 깔고 제물을 진설한다. 제물로는 시루떡, 미역, 삼색실과, 명태, 촛불 등을 준비한다. 시루떡은 보통 1되 3홉 또는 3되 3홉 정도로 조금 한다. 집안 형편이 어렵다면 그냥 밥 한 사발, 무나물 한 그릇, 생미역 한 가닥 정도로 요왕상을 차린다. 요왕은 물에 있는 신령이기에 청수는 올리지 않는다. 제물이 진설되면 절을 하면서 식구들의 무탈을 빈다. 요왕소지를 비롯하여 식구들의 소지도 대주로부터 차례대로 올린다.

철상(撤床)을 한 후에는 제물은 조금씩 떼어서 주변에 놓아둔다. 이는 주변을 떠도는 헛귀(뜬귀)의 몫이라고 한다. 또한 제물의 일부는 바가지에 담고 촛불도 켜서 물에 띄워 보낸다. 우물에 요왕제를 지낸 경우에도, 우물에 제물을 담은 바가지를 띄어둔다. 예전에는 요왕제 제

용왕밥(홍성 수룡동)

음력 정월 열나흘 용왕제를 지내기 위해
모인 사람들(대전 석봉동)

강을 향해 절을 하는 주부

자손들의 건강과 재수를 비는 보살

물을 담은 바가지가 강이나 내[천(川)] 이곳저곳에 흘러 내려가는 모습을 흔히 보았다. 어떤 가정에서는 요왕상에 깔았던 볏짚으로 조그만 모형 배(舟)를 만든다. 배 안에 기름불을 켠 종지와 미역 등을 넣는다. 이 배를 물에 띄우면, 모든 액을 가지고 멀리 떠나간다고 한다. 이른바 퇴송배인 것이다. 남은 제물은 집으로 가져와 집안 식구들끼리만 나누어 먹는다. 특히 다음날 아침에는 요왕제에 올렸던 미역으로 국을 끓인다.

3) 거리제

음력 정월 열나흗날 가정에서 지내는 거리제는 마을의 하당제(下堂祭)로 치르는 거리제와는 다르다. 동제(洞祭)에서 상당신(上堂神)인 산신을 모신 다음에 모시는 장승제·탑제·둥구나무제·수구맥이제 등의 거리제가 아니다. 이 거리제는 집안 식구들의 액을 가시고, 한 해 동안의 무사안일을 빌기 위한 액막이이다.

정초에 일년 신수를 보아 특히 거리 운이 나쁜 식구가 있다고 하면, 반드시 거리제를 지낸다. 그 대상은 보통 거리의 신으로 여기나, 간혹 길대장군이라 하여 구체적 신령으로 관념하기도 한다.

거리제 시간은 늦은 밤일수록 좋다. 마을 안, 마을 입구, 길거리 등 적당한 장소를 거리제 장소로 삼는다. 특히 세 갈래 길(삼거리)이면 더욱 거리제의 효험을 볼 수 있다.

제장(祭場)에는 열 십(十)자 모양으로 볏짚을 깔아 놓고 그 위에 간단히 제물을 차린다. 백설기나 팥시루떡, 삼색실과, 과일, 명태, 돈, 콩과 팥 등을 준비한다.

거리제도 대개 주부가 주관하지만, 때로는 경쟁이나 신할머니가 주부와 함께 지내주기도 한다. 신할머니는 무당이 아닌 다소 신기가 있으면서, 북이나 쇠를 두들기며 독경도 조금 하고, 간단한 비손이나 푸닥거리 등도 할 수 있는 노파이다.

제물을 진설하고 주부는 절을 하면서 소원을 빈다. 소지는 길대장군 몫으로 먼저 올리고, 식구들마다 차례대로 하나씩 올려준다.

소지를 올리고 나면 부정풀이를 한다. 물·고추·아궁이재를 바가지에 담은 부정물을 가지고 부정을 풀어낸다. 다음에는 식칼을 거리 바깥으로 던져서 잡귀와 액을 몰아낸다. 이때 칼끝이 안으로 향해 있

거리제를 지내는 신할머니(부여 규암리)

차고사를 지낸 후 내던진 칼과 깨진 바가지
(서천 도둔리)

열 십(十)자 모양의 볏짚에 차린 거리제 제물
(홍성 수룡동)

사거리에 모여서 거리제를 지내는 노인들
(대전 용촌1동)

비손하는 부인

가내 평안을 빌며 소지를 올리는 부인

으면 아직 쫓겨 나가지 않은 것이다. 그래서 칼끝이 바깥을 향할 때까지 여러 차례 칼을 던진다. 이윽고 칼끝이 바깥을 향해 떨어져 있으면, 잡귀가 구축된 것으로 간주한다. 칼을 던질 때 콩·팥을 함께 던지기도 한다.

거리제 제물은 거리에 그대로 놓고 온다. 특히 북어는 대가리를 잘라 길에 던진다. 집으로 올 때는, 거리제 지내러 갈 때와는 다른 길로 돌아온다. 갔던 길로 집으로 오면 잡귀나 액이 집으로 쫓아올 수 있기 때문이다.

다. 지신밟기·마짐시루·당맞이고사

1) 지신밟기

음력 시월상달에 모시는 산신제의 제비(祭費)는 가을걷이 때 집집마다 약간의 쌀을 거두어 마련하고, 음력 정월 초에 치르는 산신제와 거리제는 풍물패가 집집마다 돌면서 지신(地神)을 밟아 주고 걸립(乞粒)을 한다.

풍물패들은 대문에 들어서자마자 마당에서 한참 쇠가락을 울리며 한판 놀다가, 가중팔신(家中八神)이 있는 곳을 차례로 돌며, 가내 평안을 빌어준다. 대개 마당-우물-부엌-장광을 차례대로 다니는데 이때 상쇠는 "잡귀잡신은 몰아내고, 명(命)과 복(福)은 들이자!"라든지, "잡귀잡신은 물 아래로, 천행만복(天幸萬福)은 이 집으로!"라고 외치며 축원을 해 준다.

주부는 소반에 시루떡·정화수·불밝이쌀 등을 차려서, 마당 한가운데에 내놓거나 대청마루에 차려 놓는다. 풍물패들은 술과 음식을

정초에 걸립하는 풍물패들(논산 임화리)

장광에서 축원하는 모습

먹으며 신명나게 풍장을 치다가, 집주인에게서 곡식이나 돈을 추렴해서는 다른 집으로 옮겨 간다. 이렇게 음력 정초의 여러 날은 집집마다 돌면서 제비를 마련한다.

설에는 온 마을이 지신을 밟는 우렁찬 풍물소리와 낭랑한 상쇠의 축원 소리 등으로 희망찬 분위기가 된다. 마을의 풍물패들이 동제(洞祭) 때 지신을 밟으면서 각 집안의 신령들을 흥겹게 놀리며 가내 평안을 비는 것이다.

2) 마짐시루(마중시루)

마을 전체의 안녕을 관장하는 산신을 가정에서 맞이하기 위하여 마련한 떡시루를 일컫는다. 산신을 마중하는 시루란 뜻으로 맞시루라고도 부른다.

마짐시루(논산 석서리)

산신의 가호를 비는 주부

음력 정초나 시월 등에 산신제를 지낼 때 제사를 거의 마칠 즈음, 제관은 산신제를 무사히 치렀음을 마을 사람들에게 일정한 표지 · 소리 · 몸짓 등으로 일러준다. 이때 각 가정에서는 산신에게 마중시루를 올려서 집안으로 산신을 모시거나 산신의 가호(加護)를 이끌어 들여서 가내 평안을 보장받고자 한다. 마을의 산신제에 이어서 올리는 각 가정의 산제라고 할 수 있다.

각 가정에서는 미리 마련한 떡시루를 집 마당이나 부엌 또는 터주를 모신 장독대, 안방 그리고 마루 등에 시루째 차리고 조촐한 산제를 지낸다.

우물고사에서도 마중시루와 유사한 풍습이 있다. 음력 정초나 칠월에 지내는 우물고사에서 마지막으로 용왕소지를 올려서 고사가 거의 끝나면, 주부들은 서로 경쟁적으로 우물물을 떠서 집으로 가져간다. 이 우물물을 집안의 우물에 붓기도 하고, 장독대에 놓고 사해용왕(四海龍王)에게 간단히 비손을 하기도 한다. 우물고사를 마친 후의 우물물은 그 이전의 물과는 다른 새로운 물이다. 이른바 용왕이 내려 준 성화(聖化)된 물이다. 곧 용왕 또는 용왕의 가호를 집안으로 모셔 들이는 풍습이다. 이를 요왕치기라고도 한다.

3) 당맞이고사

어촌에서는 농촌의 마짐시루와 유사한 당맞이고사를 지낸다. 당산(堂山)에 모신 신령의 가호를 집안에 불러들이기 위하여, 제관들이 당산에서 메를 짓는 동안이나 또는 당제를 거의 마칠 즈음에, 집집마다 조촐하게 제상을 마련하고 당맞이고사를 지낸다. 당을 맞이하는 고사란 뜻이다. 여기에서 당이란 당산에 모신 여러 신령들이다.

정월 초사흗날 창리 포구(서산)

영신당 바깥마당에 세워둔 뱃기(서산 창리)

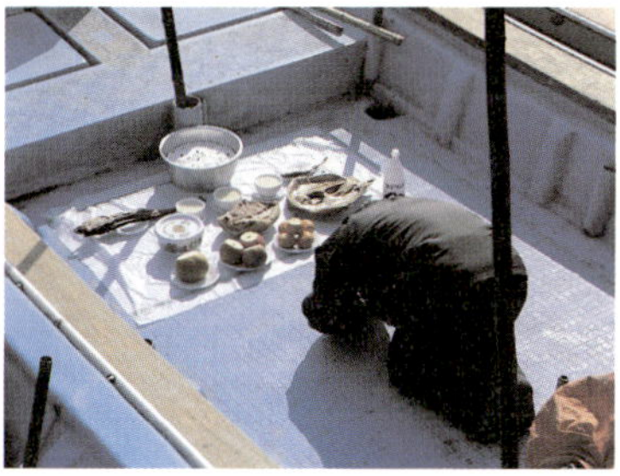

뱃고사(홍성 수룡동)

당에서 받아 온 제숙(소고기)을 올리는 선주
(태안 황도)

배를 부리는 선주(船主)의 경우 당제가 거의 끝나갈 무렵에 당산에서 뱃기를 내리고 길지(吉紙)를 받은 후, 이것을 가지고 각자의 배로 돌아가서 뱃고사를 지낸다. 당산 신령이 내리는 복을 배로 옮기려는 의도에서이다.

충남 서산 창리의 사례를 보면, 음력 정월 초사흗날 당제가 끝날 무렵에 선주들은 영신당(靈神堂)에 꽃반을 올리고 그 앞에 뱃기를 세워둔다. 영신제(靈神祭)가 끝나면 제관은 뱃기마다 길지(吉紙)를 매어 준다. 선원들은 뱃기를 들고 각자 배로 줄달음쳐 달려간다. 다른 선원들은 떡·어물·육고기·포·삼색실과 등을 이물에 푸짐하게 차려놓고, 영신(靈神)을 맞을 준비를 한다. 당에서 내린 뱃기가 포구의 배에 도착하면, 선원들은 갑판에 뱃기를 꽂고 고사를 지낸다.

라. 원인 모를 급환을 치유하는 뱅이

한 식구가 바깥에 나갔다와서, 갑자기 두통·복통·급체를 일으키거나 몸살·감기 증세를 보이면, 혹시 객귀(客鬼)가 붙어서 발병한 것이 아닌가 의심하여, 그 원인을 진단한 후, 객귀의 탓으로 확인이 되면 해물리기와 잔밥먹이기를 한다.

한편 집안에서 흙이나 나무를 다루거나 집 바깥에서 어떤 물건을 집안으로 들인 후, 역시 원인을 모르는 급환이 생기면, 이를 동토가 나서 그런 것이라 여기고 동토잡기를 한다.

1) 해물리기

해물리기는 집안의 주부가 주로 하지만, 때로는 마을에서 해물리기를 잘 하기로 소문이 난 할머니들에게 의뢰하기도 한다. 이들을 대개 신할머니라고 불렀다. 다소의 신기도 있고 독경도 조금 할 줄 아는 일종의 비전문적 무속인이다.

해물리기는 보통 해가 져서 날이 어둑해지면 행한다. 먼저 된장을 풀고 시래기를 넣어 국을 끓인다. 여기에 식은 밥과 소금 그리고 팥 등을 넣어서 다시 푹 끓인다. 된장국밥이 마련되면, 환자를 대문 앞에 쪼

그려 앉히고, 부엌칼로 머리카락을 3번 조금씩 뜯어내어 된장국에 넣는다. 환자에게 된장국밥에 침을 3번 뱉도록 한다. 그런 후 다음과 같은 주문을 왼다.

> "00년 00월 00일, 성주나 조상을 물리는 것이 아니라, 객귀잡신을 물리는데, 앉아서 못 먹었다, 서서 못 먹었다 말고, 진 놈은(진 음식)은 먹고, 마른 놈(마른 음식)은 싸가지고, 산 좋고 물 좋고 경치 좋은데 가서 썩 물러나야지, 아니 물러나면 대칼로 목을 지어 한강에 떨어뜨리면, 국내(국 냄새) 장내(장 냄새)도 못 맡는다!"

주문을 외운 후 신할머니는 부엌칼을 길바닥으로 냅다 집어던진다. 이때 떨어진 칼의 끝이 안쪽을 향하면, 객귀가 아직 쫓겨나가지 않은 것으로 여겨 칼끝이 바깥쪽을 향할 때까지 여러 차례 반복해서 던진다. 칼끝이 밖으로 향해야, 객귀가 나간 것으로 간주하기 때문이다.

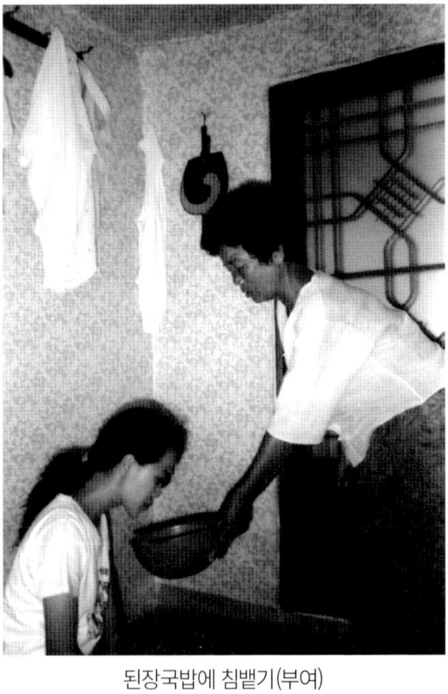
된장국밥에 침뱉기(부여)

칼을 얼마나 여러 번 던졌는가에 따라서 객귀의 기세와 환자의 병세를 가늠할 수 있다. 여러 번 칼을 던졌다면, 객귀가 보통 놈이 아니며 또한 병이 쉽게 낫지 않을 것으로 추측한다. 그러나 처음 한두 번 던졌을 때 칼끝이 곧바로 밖으로 향하면, 병은 쉽게 나을 것이고 객귀도 별로 강한 놈이 아니라고 판단한다.

마침내 칼끝이 밖으로 향하면, 다시 환자에게 된장국밥에 침을 3번 뱉으라고 한 후, 그것을 밖으로 한번에 힘차게 뿌린다. 된장국밥으로 객귀를 풀어먹이는 것이다. 그런 후 땅바닥에 칼로 재빨리 X자를 그은 다음, X자의 한 가운데에 칼을 내리꽂는다. 그리고 칼자루 위에 바가지를 엎어 둔다. 이때 왼발을 3번 구르고 침도 3번 뱉어야 한다. 이때 절대로 뒤를 돌아보아서는 안 된다. 부엌칼과 바가지는 이튿날 새벽이 되어야 회수해 올 수 있다.

해물리기를 집 마당이나 바깥이 아니라, 환자의 방에서 하는 경우도 있다. 이때 방안의 불은 모두 끄고 방문에 부엌칼로 힘차게 X자를 긋는 흉내를 낸다. 또한 방문을 향하여 콩이나 팥을 힘차게 던지면서, "헛파세!" 하고 위협적인 소리를 지른다. "사파세!", "사파하!", "합시다까라!" 등도 흔히 쓰이는 주문이다.

이러한 해물리기는 객귀물림, 물림객바가지, 뜬것물리기라고도 부른다.

2) 잔밥먹이기

특별한 이유없이 집안 식구가 갑자기 아프면, 특히 초상집이나 부정 탈만한 곳에 다녀온 후 복통이나 두통이 있으면, 혹시 객귀가 들린 것이 아닌 가 의심하여 '잔밥먹이기'를 한다. 이 역시 집안의 주부나 동네의 신할머니가 주관한다. 그 절차는 해물리기와 거의 유사하지만, 부분적으로 조금 차이가 있을 뿐이다.

잔밥먹이기를 하려면 우선 생쌀을 소복이 담은 됫박을 준비하고, 그것을 환자의 옷가지로 둘둘 잘 싼다. 이 됫박으로 환자의 아픈 곳을 문지르면서 다음과 같은 주문을 외운다.

> "다름이 아니고 쇠술(쇠로 만든 숫가락)로 밥 먹는 인간이 무엇을 알겠습니까? 우리 인간은 아무것도 모르는데 우연히 어디를 갔다 오다가 넘어져서 이렇게 답답하고 갑갑해서 강남에서 나온 잔밥각시가 영검[영험(靈驗)]하다고 해서 잔밥을 먹이니 00세 먹은 00생 00씨 지주(地主)가 이렇게 아프니 객귀가 덤벼들었거든 옆 귀로 많이 먹고 성주가 넘봤거든 큰 귀로 많이 잡수시고 몸에서 우러나는 병 같으면 쌀 한 되 달싹도 말고 가만히 있어라!"

이 같은 주문을 3번 외우면서, 아픈 곳을 3번 문지른 다음에는 됫박을 싼 옷가지를 벗겨서, 바가지 어느 부분의 쌀이 유난히 움푹 들어갔는지를 살핀다. 곧 쌀이 파여져 있는 부분이 어디인가에 따라서, 급환의 원인이 조상인지 성주인지 아니면 객귀인지를 가려낸다. 만일 됫박의 쌀이 전혀 줄지도 않고 모양도 그대로면, 이는 신령이나 귀신 탓이 아니라, 몸에서 생긴 병이라고 단정한다.

이렇게 잔밥을 먹여서 조상탈이나 성주탈이라고 판명이 나면, 서둘러 조상상이나 성주상을 차려서 조상이나 성주를 위해준다. 객귀가 빌미가 된 것이라면, 바가지에 찬밥 · 된장 · 반찬 등을 대충 담아서, 집 대문 바깥으로 가지고 나가서 멀리 힘차게 내던진다. 이때에 다음과 같은 주문을 외운다.

> "진 놈은 먹고 마른 놈은 싸고 오던 길로 썩 물러가야지, 아니 물러 나

가면 굿 칼로 목을 쳐서 대동강에 던질 터이니 많이 먹고 오던 길로 썩 물러 나가라!"

어떤 집에서는 객귀 풀어먹일 음식을 짚끄랭이에 싸서 동구나 그 부근의 나무에 매달아 놓기도 한다. 또 환자의 신발에 왕겨 · 고추 · 된장 · 소금 · 쌀 등을 조금씩 넣어서, 대문 바깥으로 나가 불에 태운다. 쌀은 잔밥먹이기를 할 때 바가지에 담았던 것이어야 한다. 이 같은 객귀물리기를 짚신이바지라고 한다.

잔밥먹이기에서 잔밥은 생쌀을 뜻한다. 먹고도 남은 밥을 말하는 것이 아니다. 그런데 이 잔밥을 누구에게 먹이는가는 다소 모호하다. 얼핏 이해하면 잔밥은 중국 양자강 이남, 곧 강남에서 온 영험한 잔밥각시에게 먹이는 것으로 보인다. 그러나 실제로 잔밥을 먹는 것은 잔밥각시가 아니라, 조상 · 성주 · 객귀 등이다. 잔밥각시는 다만 그 영험함으로 바가지의 쌀을 조상 · 성주 · 객귀 등이 먹도록 하고, 그 표징으로서 병환의 원인이 무엇인지를 일러줄 뿐이다. 그래서 그 병인이 확인되면 조상과 성주에게는 제물을 상(床)에 바쳐서 잘 위해주고, 객귀는 바가지에 먹다 남은 밥과 반찬을 담아서 풀어먹이는 것이다.

3) 동토(動土)잡기

동토는 집안에서 흙이나 나무 또는 쇠 등을 잘못 다루어서 일어나는 각종 탈을 말한다. 동토란 말뜻에서 보듯이, 땅과 흙을 동요시키거나 어지럽게 했다는 것이다. 그래서 지신(地神)이 노하여 가족에게 갑자기 병을 앓게 하거나 그 밖의 탈을 일으킨 것이다.

나무 둥치에 써 놓은 임금 왕(王) 자

나무를 벤 자리에 박아둔 쇠붙이

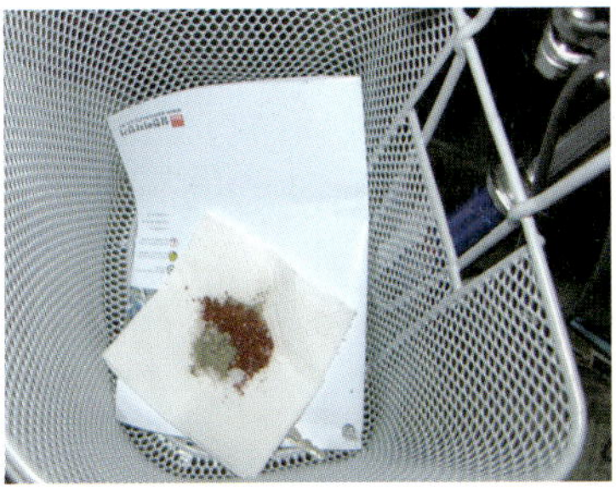

새 물건(자전거)을 집안에 들인 후 고춧가루와 소금을 놓아둔 모습(대전)

"어명이요"라고 쓴 거꾸로 붙인 동토 부적(대전)

현관 위에 붙인 왕황(王黃) 부적

동토를 잡기 위해서 솥 안에 엎어둔 물그릇(대전)

가령 함부로 대문 · 담장 · 부엌 등을 개 · 보수(改 · 補修)하거나, 장롱 · 뒤주 등 살림살이의 위치를 바꾸거나, 집안에 나무를 심고 베거나, 장독을 옮기거나 땅에 묻거나 하면 동토가 날 수 있다.

집 바깥에서 흙이나 나무 또는 물건 등을 조심하지 않고 집안으로 들여도 동토가 난다. 특히 손도 보지 않고 아무 날에나 그런 일을 하면 안 된다. 날 수에 따라서 사방을 돌아다니는 손을 반드시 보아야, 동토를 그나마 예방할 수 있다.

집안에 갑자기 원인을 모르는 환자가 생겼다면, 우선 그 병인(病因)이 동토에 의한 것인지를 확인해야 한다. 아궁이에 고추를 태운 뒤 보통 때처럼 매운 냄새가 나면 동토가 아니고, 아무리 여러 개 태워도 매운 냄새가 나지 않으면 동토가 난 것이다.

동토가 확인되면 동토잡기를 행한다. 동토는 주로 밤에 잡는다. 마을마다 대개 동토를 잘 잡는 사람이 하는데 동토가 매우 심한 경우에는 무당이나 법사 등을 부른다.

다음에 동토를 잡는 대표 사례를 소개한다.

- 해가 떨어져 날이 어두워지면 동토를 잡는 사람은 동도지(東桃枝)를 들고 부엌으로 들어간다. 시래기 국을 끓여 놓고, 동도지로 가마솥 뚜껑을 두드리면 동토가 잡힌다.
- 밤이 되면 도끼와 자귀를 부엌문 앞에 놓고 부엌에서 밥을 짓는다. 밥이 다 되면 솥뚜껑을 열어 놓고 솥 안에 주걱을 꽂는다. 그런 후 부뚜막에 왕겨 · 숯 · 쑥 · 고추를 놓고, 불을 피운다. 매운 냄새가 없으면 동토가 난 것으로 간주한다. 고추대를 태워서 매운 냄새가 나면 동토가 잡히지 않은 것이고, 냄새가 나지 않으면 동토가 잡혔다고 판정한다.
- 아궁이 앞에 자귀를 놓고 그 위를 망치로 두들기면서, "동토를 잡자! 동토를 잡자!"라고 주문을 왼다. 그런 후에 해물리기를 한다.

- 솔가지를 꺾어다가 집안 곳곳을 두들기며 돌아다닌다. 이때에 "동토 잡는다! 동토 잡는다!" 하고 외친다. 동토 난 곳에 소금을 갖다놓고 뜸질만 조금 해도, 금세 개운해진다.
- 돌멩이나 사기그릇 조각을 뜨겁게 달궈서, 부뚜막 앞에 놓고, 그 위에 오줌을 뿌린다. 그러면 오줌이 지글지글 김을 내며 금방 사라진다. 동토 난 장소에 가서도 뜨겁게 달군 돌멩이나 사기 조각 위에 오줌을 뿌린다. 이때에 "동토 잡자!, 동토 잡자!"라고 외친다.
- 집으로 들일 물건이 있다면, 동토날 것을 예방하기 위하여, 먼저 변소에 하루나 이틀 또는 일주일 정도 가져다 둔다. 이렇게 일정 기간을 변소에서 묵히면, 어떤 물건을 들여와도 동토가 나지 않는다.
- 외양간을 지을 때 경명주사(經明朱沙)로 천황봉목(天皇封木)이라고 써서 울타리 사방에 붙인다. 임금 왕(王) 자를 써서 붙여도 동토를 막을 수 있다.

마. 가신(家神)에 대한 신앙과 의례

1) 터주 · 지신(地神) · 당산(堂山) 위하기

식구들이 생활하기 위해서는 건축물로서 집이 필요하다. 집을 지으려면 먼저 건축 부지로서 터가 있어야 한다. 터는 집이 지어지고 마당이 마련될 만큼의 땅이다. 그런데 집터에는 부지(敷地)로 선정되기 이전 또는 집이 지어지기 시작하면서부터 터를 관장하는 신령이 있다고 관념된다. 터주가 바로 그 신령이다. 터의 주(主)란 뜻이다.

터주는 원래 그 집터에 존재하고 그 땅을 관장했던 신령이다. 그러나 집이 지어지고 식구들이 생활을 하기 시작하여 터주를 인정하고 위

터주가리(금산 어재리)

뒤란의 장광

터주가리와 청수그릇(세종시 평기리)

터주단지 안의 벼와 동전(논산 항월리)

해 주어야 비로소 뚜렷하게 하나의 가신(家神)으로서 제 모습과 능력을 갖춘다.

터주는 앞마당이 아니라 집 뒤편, 곧 뒤란의 장광에 모신다. 장광은 집안에서 가장 깨끗한 장소 중 하나이다. 이는 장류(醬類)를 보관·저장하는 장소에 대한 청결 의식과 장류 자체가 지닌 영험에서 비롯된다.

터주의 신체(神体)는 대개 터주단지로 작은 단지에 곡물을 담고, 그 위에 볏짚으로 만든 유두지를 씌운 것이다.

터주단지의 묵은 곡식은 초여름과 늦가을에 각각 햇보리와 햅쌀로 갈아 준다. 집안에 따라서는 가을걷이 후에 쌀만 교환해 주기도 한다. 도정한 곡식이 아니라 나락 자체를 봉안하는 경우도 많다. 시월 상달에는 유두지도 새로 만들어 단지에 씌워 준다.

터주단지에 봉안된 곡물은 터주에게 바치는 제물은 아니다. 곡식 자체가 터주인 것이다. 모든 곡식이 터주가 아니라, 곡식 자체를 신령으로 여기는 것이다. 그래서 성주도 쌀이 신체(神體)이며, 삼신도 쌀이 신체이고, 터주도 그러하다. 곡식 자체가 성주도 되고, 삼신도 되고, 터주도 되는 것이다. 이렇게 곡식 자체를 신령으로 관념하는 것은 한국 민간신앙의 오랜 전통이다.

터주단지에서 털어 낸 묵은 곡식으로는 밥을 지어 식구들끼리만 먹는다. 이는 터주와 가족들의 종교적 유대감을 주기적으로 강화시켜 준다. 가족과 터주를 이어주는 일체감의 향연인 셈이다. 터주 단지의 곡물이 제물이 아니라면, 그것으로 밥을 지어먹는 의례도 음복(飮福)은 아니다. 터주의 신체를 가족들이 함께 먹는 풍습은 터주의 신성(神聖)을 가족들이 공유하는 의례라고 할 수 있다. 식구가 터주를 육신화(incarnation)하는 것이다.

그런데 충남 지역 안에서도 터주 신앙만큼은 비교적 차이가 심하다. 터주 신앙은 천안·연기·대전·금산 등 일원에서 주로 나타나며, 이는 경기도 일원의 터주 신앙과 크게 다르지 않다. 그러나 충남의 다른 지역에서는 터주에 대한 개념이 희박하거나 아예 없기도 하다. 터주에 대한 개념이 있어도 신체 없이 위하는 건궁인 경우도 많다.

한편 당진·서산·태안·홍성 등 내포 지역에서는 지신(地神)과 그에 대한 지신제(地神祭)가 크게 중요시된다. 정초에 안택을 할 때 그 절차 중 하나로 지신제를 지낸다. 안택을 하지 않는 해에는 주부가 뒤란 시루(지신시루)만 마련하여 장광에서 지신제를 지낸다. 부여 · 청양 · 서천 등에서는 당산이란 개념이 우세하다. 당산은 집 인근에 있는 산의 혈맥이 집안으로 이어지는 장소이다. 여기에 산신이 좌정해 있다고 믿는다. 특히 이를 철륭당산이라고 한다.

2) 성주 위하기

집을 새로 짓거나 다른 집으로 이사를 하면, 성주를 좌정시킨다. 다른 가신들은 새 집이 마련되면, 터주나 조왕처럼, 집안 이곳저곳 자신의 거처에 스스로 자리 잡는다. 그러나 성주는 상량식이나 안택의 한 절차로서 정식으로 초빙해 앉힌다.

조왕과 터주는 주부에게 비교적 편하고 친숙한 신령이지만, 성주는 그렇지 못하다. 그는 일상생활에서 언제나 쉽게 만나서 정성을 표할 수 있는 신령이 아니다. 오히려 각종 명절에 격식을 갖추어 모셔야 하는 신령이다. 성주는 집안의 길흉화복을 관장하는 최고의 가신이기 때문이다.

성주 신앙은 충남 전역에 걸쳐 거의 공통되게 나타난다. 터주 · 지신 · 당산 등에 비하면 지역적 편차는 크지 않다.

성주를 "새로 받아 모신다."는 관념은 매우 보편적이다. 이는 집 마당이나 집 바깥의 어느 장소에 있는 성주를 집안으로 초빙하여 모신다는 뜻이다. 성주를 받아 모시는 일은 집안의 대주(大主)나 지주(地主)가 하지 못한다. 종교전문가인 법사만 할 수 있다.

법사는 신축이나 이사 시에 성주를 봉안해 준다. 또한 안택을 할 때

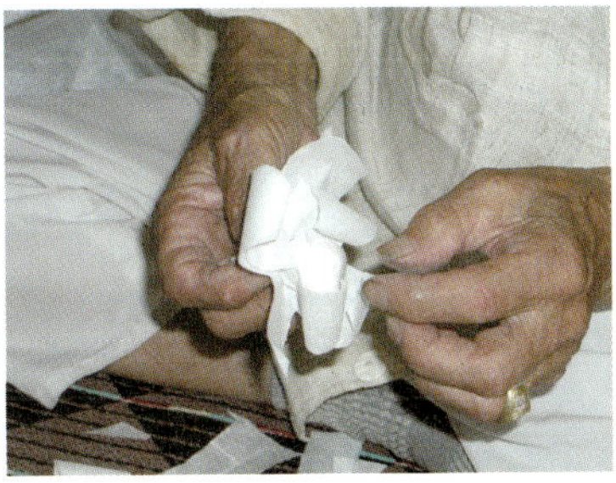

꽃성주 만들기(부여)

꽃성주

성주(세종시 평기리)

물을 묻혀서 대들보에 붙인 성주(태안 황도리)

종이로 네모반듯하게 접은 성주(금산 명암리)

성주바탱이(서천 동산리)

에 "성주가 떴다."는 신의(神意)를 확인하면, 새로 받아 준다. 곧 성주대가 지시하는 대로 나뭇가지를 꺾어서 이것을 쌀과 함께 창호지에 싸 물이나 막걸리에 적시고, 이를 대들보나 그 주변 또는 마루의 기둥 등에 부착시킨다. 이것이 성주의 신체이다.

아산이나 천안 등의 일부 지역에서는 성주대가 지목하는 나무를 법사가 성주대로 3번 두들긴다. 이렇게 하면 성주가 집에 자리를 잡는다고 한다. 신체가 없는 건궁 성주인 셈이다. 서천 지역에서는 성주바탱이라 하여, 단지에 쌀 한말 정도를 넣어서 성주의 신체로 삼기도 한다.

성주는 터주나 조왕처럼 항상 집안에 머물러 있는 신령이 아니다. 집안에 변고가 생기거나 큰 부정이 깃들면, 식구들 모르는 사이에 성주는 떠 버린다. 성주가 슬그머니 가출해 버린 것이다. 법사는 성주가 떠나 버린 사실을 안택을 하면서 성주대 가림을 하여 확인해 준다. 그러나 대주가 사망을 하게 되면, 성주대 가림으로 확인할 필요도 없이 성주는 이미 떠나 버린 것으로 간주한다. 그만큼 대주와 성주의 관계는 밀접하다.

3) 조왕(竈王) 위하기

조왕은 부엌에 스스로 좌정해 있는 신령이다. 신축을 했든 이사를 했든, 식구들이 입주를 하여 부엌에서 불을 다루고 음식을 장만하기 시작하면 조왕도 서서히 자리를 잡는다.

부엌에는 불이 있어서 음식을 장만할 수 있고, 요리는 주부가 하는 일이기에 이곳은 자연스럽게 그녀의 공간이 된다. 부엌은 부녀자의 공간으로 남자 식구들의 접근은 상징적으로도 차단된다. 이러한 부엌과 주부의 친연성은 조왕과도 긴밀히 연계된다. 부엌-주부-조왕이 하

조왕(공주 상신리)

부뚜막 위에 떠 올린 조왕중발(대전)

싱크대 위에 떠 올린 조왕중발
(세종시 평기리)

나의 관계망을 형성하는 것이다. "조왕은 지주를 믿고, 지주는 조왕을 믿는다."는 속담은 그래서 가능하다.

조왕은 불이 지닌 위험성을 통제하며, 음식과 관련한 일체의 일들을 도와준다. 또 삼신과 함께 임신 · 출산 · 육아에 간접적으로 관여하고, 더 나아가 가족의 평안도 보살핀다.

조왕 신앙은 원래 부엌의 불을 숭배하고 관리하는 데서 유래되었다가, 나중에는 점차 가정 전반에 걸친 주부의 소원을 들어주는 신령으로 변화되어 갔다.

성주와 조왕을 비교하여 누가 더 중요한 신령이라고 할 수는 없다. 집안 전체의 가장 큰 어른은 성주가 분명하지만 성주와 조왕은 집안을 이끄는데 그 역할이 서로 다르며 때로는 상호보완적 관계에 있다. 성주와 조왕은 한 집안의 양주(兩主)에 해당한다. 성주는 대주(大主), 조왕은 지주(地主)에 대비할 수 있다.

조왕의 신체는 대체로 따로 마련하지 않는다. 건궁 조왕인 셈이다. 대개 큰 솥이 걸려 있는 부뚜막 뒤편에 조왕이 있다고 믿는다. 이곳에 청수를 담은 조왕중발(竈王中鉢)을 매일 새벽에 올린다. 그러나 간혹 부뚜막 정면에 흙이나 나무로 작은 감실이나 단을 만들어, 이곳에 청수를 올리기도 한다. 이 감실이나 단을 조왕널이라고 부른다.

4) 삼신 위하기

충남 지역 전역에 걸쳐 삼신에 대한 신앙과 그 의례는 거의 동일하다. 삼신은 '없는 아기' 태워주고, '있는 아기' 수명장수 하게 하는 신령이다. 흔히 삼신할머니라고 하여 노파로 여기지만, 일부 지역이나 집안에 따라서는 삼신할아버지 · 삼신할머니 두 분으로 관념하기도 한다. 또 삼신은 한 분이라고도 하고 세 분이라고도 한다. 삼신은 자손을 기다리는 집이나 아기를 키우는 집에서 더욱 정성껏 위한다.

삼신의 신체는 대체로 삼신바가지 · 삼신단지 · 삼신주머니 형태로 나타난다. 이 용기 안에 쌀을 담고, 그 바깥에 흰 실 한 타래를 둘러준다. 터주단지의 사례처럼, 이 봉안된 쌀은 제물이 아니라 신체 자체로 여겨진다. 바가지 · 단지 · 주머니 등은 단지 쌀을 담기 위한 용기이며, 흰 실 한 타래는 수명장수의 상징을 지닌 폐백이다.

청양과 아산 등지에서는 삼신주머니의 내부에 다시 2개의 주머니

삼신주머니(아산 백석포리)

안방 장롱 위에 모셔둔 삼신단지(금산)

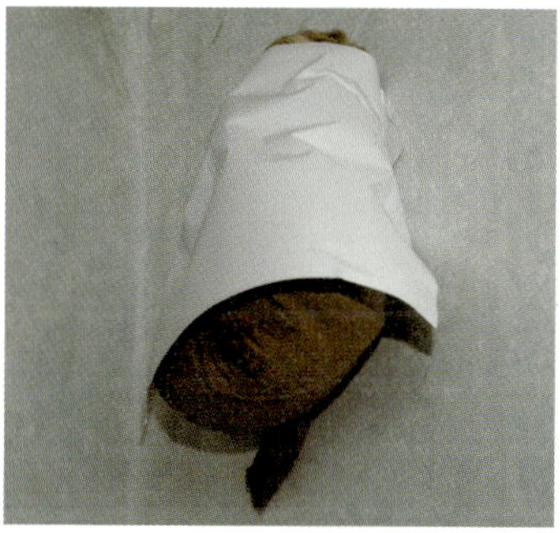
삼신전대(세종시 청람리)

를 받는다. 쌀은 2개 주머니에 모두 넣는다. 그리고 각 주머니에는 호두를 한 알씩 매달아 주는데 이를 아들이라고 칭한다. 이렇게 하면 집안에 아들이 많이 태어난다고 한다. 2개의 주머니와 호두는 고환을 상징한다.

가을에 햅쌀이 나면, 삼신바가지의 묵은 쌀은 햇곡식으로 갈아준다. 털어 낸 쌀로 지은 밥은 산모를 비롯하여 집안 식구들만 먹어야 한다.

삼신을 신체 없이 모시는 지역이나 집안도 매우 많다. 이른바 건궁삼신이다. 대개 안방 윗목을 '삼신께'라 하여, 삼신이 계신 장소로 관념한다.

삼신은 한 집안에 한 분씩만 계시다는 생각은 매우 보편적이다. 곧 삼신은 하나의 부계혈연만 책임지기 때문에, 시어머니와 며느리는 같은 달에 한 지붕 아래에서 출산을 해도 괜찮다. 그러나 며느리와 딸은 같은 달에 한 지붕 아래에서 분만할 수 없다. 며느리와 딸의 삼신이 서로 다르기 때문이다.

5) 칠성 위하기

칠성은 자손의 수명장수와 복록(福祿)을 관장하는 신령이다. 이에 대한 신앙은 평소에는 뚜렷하게 보이지 않는다. 다만 장광에 칠성이 계시다는 관념은 매우 보편적이다.

삼신은 주로 아기와 어린아이를 위한 것이라면, 칠성은 어느 정도

칠석에 칠성 위하기(부여)

칠성단(대전 이현동)

성장한 자녀들과 집안의 자손들을 위하여 모신다.

칠성은 대개 장광에 건궁으로 모신다. 신체는 없지만, 장광에 칠성이 있다고 관념하는 것이다. 때로는 장광 한 편에 조그만 돌단을 쌓고 그 위에 정화수를 떠 놓는다. 칠성단지를 봉안하기도 한다. 단지에는 3되 남짓 분량의 쌀을 넣고, 터주단지처럼 유두지를 씌워 놓는다. 외관상으로 터주단지와 구별되지 않는다.

칠성은 해마다 음력 칠월 칠석에 격식을 갖추어 정성껏 모신다. 또한 추수 후에는 벼나 쌀을 조그만 단지나 항아리에 넣어 안방 시렁 위나 장광 또는 헛간 한구석에 모셔 둔다. 부유한 가정에서는 칠석벼라 하여, 큰 항아리에 곡식 한 섬 정도를 넣기도 한다. 칠석벼는 대개 솥뚜껑으로 덮어 놓는다. 칠석이 되면 묵은 곡식을 내려서 밥도 짓고 떡도 쪄서 칠성을 위한다. 형편이 어려운 집에서도 이날만큼은 칠석단지를 털어서 쌀밥을 먹었다. 그래서 이 날을 '여름명절'이라고 했다.

칠석날 아침에는 삼신주머니의 쌀도 헐어서 밥을 짓는다. 이렇게 지은 밥은 미역국과 함께 먹는다. 이날은 칠성할머니가 농사의 소출량을 알아보기 위하여 하늘에서 지상으로 내려온다. 그래서 농부들은 칠석날이 오기 전에 논두렁·밭두렁을 깨끗이 청소해 놓는다. 또한 칠성할머니에게 방해되지 않도록, 이른 아침에는 논밭에 나가지 않는데 어떤 마을에서는 아예 이날 하루 논밭에 나가지 않기도 한다. 다만 떡은 해서, 논밭에 갖다 놓는다. 이날 바람이 불면 곡식이 잘 안된다고 한다. 바람이 곡식을 천석·만석 덜어낸다는 것이다. 이날 여자가 아침 일찍 논밭에 나가면 곡식이 안 된다고 하여, 각별히 조심시켰다. "게으른 놈은 칠석날에도 밭에 간다."는 말이 있다. 칠석 이전에 농사일을 일단 마무리해야 하는데, 이날도 나간다면 게으른 사람이 되는 셈이다. 이날이 지나면 까치 머리가 하얗게 된다고 한다.

6) 이월할머니와 업 위하기

이월할머니는 매년 이월 초하루에 내려와서 보름날 또는 스무날에 올라간다고 하는 풍신(風神)으로 영동할머니라고도 부른다. 이 노파신은 이월 초하룻날의 날씨가 좋으면 딸과 함께 내려오고, 날씨가 궂으면 며느리를 데리고 하강한다고 한다. 가정의 고부 갈등과 모녀의 사랑이 반영된 설화이다.

이월할머니 신앙은 대전 및 금산 일원에서 우세하게 나타난다. 천안・연기・논산 지역에서는 이월할머니에 대한 인식은 있지만, 이월메를 지어 정성을 드리는 일은 별로 나타나지 않는다. 그 밖의 지역에서는 이월 초하룻날에 바람이 세거나 장닭의 꼬리만 흔들려도 그 해는 봄바람이 많겠다는 정도의 속언만 전승된다. 이들 지역에서 이월할머니 신앙은 희박해 보인다.

이월할머니를 위하는 지역에서는 이 풍신이 내려오고 올라가는 날에 이월밥을 마련하여 정성껏 위해 준다. 그리고 이 기간 동안에 주부와 식구들은 내내 근신하며 매사에 조심한다. 이월에는 동토가 잘 나기 때문에 초순 안에는 특히 근신한다. 만일 동토가 나면 부엌의 살강에 사흘간 청수를 떠다 놓고 빈다. 이월할머니를 잘 모셔야 집안이 무탈하고 화평하다.

이월메를 지을 쌀은 가을걷이 때에 따로 마련하여 깨끗한 단지에 소중히 보관해 둔다. 또한 단지에는 금줄을 둘러서 일체의 부정을 가린다. 이월메 지을 나락을 햇볕에 말리다가 참새가 먹고 죽었다는 이야기는 충남 전역에 널리 퍼져 있다. 이처럼 욕심이 그득하여 자신이 먹을 곡식을 참새가 조금이라도 탐하는 것을 보지 못한다. 그만큼 이월할머니는 까다롭고 무서운 신령이다. 그래서 이월 달에는 매사에

장광에 정성껏 차린 이월밥(옥천)

이월할머니께 식구들의 건강과
재수를 비는 할머니

이월대 위에 떠놓은 정화수(금산)

뒤란의 업가리(左)과 터주가리(右)(천안 죽계리)

더욱 조심해야 한다. 집안에 상청(喪廳)을 모셨어도, 이월 달에는 상식(上食)조차 올리지 않는다. 이웃에 양식을 꾸어 주지도 않고, 거지가 동냥을 와도 주지 않는다.

이월할머니가 하늘에서 내려온다는 이월 초하룻날 아침에는 살강에 메를 지어 올린다. 이월메는 큰 그릇이나 양푼에 푸짐하게 담고 숟가락도 여러 개 꽂아 놓는다. 미역국을 끓이고 나물 반찬에 생선도 올린다. 청수와 함께 바가지에 쌀도 가득 담아 올린다. 이월할머니는 욕심이 많기 때문에 음식이 남더라도 넉넉하게 차린다.

부엌 뒤편에는 3개의 가지가 있는 소나무 줄기를 잘라서 껍질을 벗긴 후 세워 놓거나 부엌 살강에 꽂아 놓는다. 여기에 소지종이 한 장을 걸어 놓고, 큰 바가지에 물도 담아 올린다. 그런 후에 메와 반찬을 차린다. 이월할머니가 지상에 있는 기간에는 매일 아침 청수를 떠다 놓고, 승천하는 날에는 청수를 비워내고 잔을 엎어 놓는다.

대전에서는 이월 달에 하루를 택일하여 왕콩을 섞은 떡 한 시루와 백시루 하나를 쪄 가지고, 보리밭에 가서 정성을 드린다. 이월할머니에게 소원을 비는 사람의 나이 숫자만큼, 보리밭 안으로 걸음을 세며 들어가 그 자리에 창호지를 펼치고 그 위에 떡시루를 올린다. 이렇게 하면 이월할머니의 덕을 확실히 보아서 소원을 이룬다고 한다.

이월할머니를 모시고 난 후에는 친지나 이웃을 불러서 함께 식사한다. 그러나 이날 이월할머니를 함께 위하지 않은 사람은 함부로 음식을 먹을 수 없다. 자칫 잘못하면 입이 갑자기 부르틀 수 있다. 이월할머니가 내린 음식을 아무나 음복할 수 없으며 이월할머니를 모신 사람들만 같이 식사할 수 있다.

업은 가택을 지키고 재산을 관장하는 동물신이다. 구렁이 업이 보편적이다. 업은 어느 집이나 있지만 평소에는 눈에 잘 보이지 않는다. 그러나 집안이 불안하거나 그럴 조짐을 보이면 밖으로 나와 식구들 눈에 뜨인다.

구렁이 업이 밖으로 나오면 흰죽을 쑤어다가 그 장소에 차려 준다. 그리고 "어찌 이리 귀하신 몸이 인간의 눈에 띄십니까? 얼른 이것 잡수시고 자중하고 들어가십시오!"라고 공손히 말해 준다. 이때 구렁이가 흰죽을 받아먹고 사라지면, 집안에 큰일이 생기지 않지만 죽을 먹지 않은 채 사라지면, 집안에 변고가 있을 것으로 예견한다. 당분간은 마음을 조리며 매사에 조심한다.

만일 구렁이 업이 흰죽을 먹고 남겼다면, 남은 죽을 사람이 다 먹어야 구렁이 업이 집 바깥으로 나가는 것을 막을 수 있다. 구렁이 업이 집을 나가면 불길한 것이다. 구렁이를 집안으로 되돌려 보내기 위하여, 구렁이가 나가는 길목에 연기를 피워 놓기도 한다.

업은 대개 신체가 없다. 그러나 간혹 쌀 단지나 엄나무 더미를 신체로 삼기도 한다.

2. 마을신앙

가. 마을의 신역(神域)

마을은 기본적으로 지속적인 경제 생산이 가능한 자연환경에 터전을 잡는다. 집들이 들어서고 농사나 어업을 위한 각종 생산 수단이 갖추어지면 마을은 비로소 탄생된다.

그러나 이러한 물적 토대만 마련되었다고 하여, 마을에서 온전한 생활을 할 수 있는 것은 아니다. 아직은 대단히 불완전한 삶의 조건에 놓여 있다. 경제적 기초 외에도 종교적 신념과 그에 따른 희망과 위안이 절실하다. 화평한 삶을 추구하고 확보하기 위해서는 사람들의 의지와 노력 저편에 있는 초자연적 영역과 그 안에 있는 신령들의 도움이 절대적으로 필요하다.

사람들이 가꾸어 만든 마을에 신령들의 가호를 적극적으로 유치하려면, 마을에 신령들을 모셔서 함께 살도록 하는 일이 중요하다. 그래서 마을의 성립과 마을신(-神)의 탄생은 거의 동시에 이루어진다.

마을에 신령을 좌정시키는 장소는 대체로 산과 마을 입구이다. 이 공간들은 마을의 신역(神域)이다. 신역은 글자 뜻 그대로 마을신이 존재하는 신성한 공간이다. 또한 마을 사람과 마을 신을 소통할 수 있는 공식적 장소이기도 하다.

신역은 마을 바깥에 있는 공간이 아니다. 마을이란 공간 자체가 신역이다. 사람이 사는 마을에 신의 처소가 있다. 마을에는 사람과 신이 함께 살고 있다. 그러나 마을에 사람과 신령이 잡거하는 것은 아니다. 신령의 처소는 마을 안에서도 산과 마을 입구에 별도로 마련되어 있다. 이 중에서 산은 대단히 폐쇄적인 신역이다. 반면에 마을 입구는 비교적 개방적인 신역이다. 산신을 모신 산의 일정 구역은 사람들이 평소에는 접근해서는 안 되는 금역(禁域)이고, 마을 입구는 사람과 신령이 그 사용을 공유하는 공간이다.

사람의 마을에 신령의 처소가 있다면, 이는 반대로 신령의 마을에 사람의 처소가 있는 것이기도 하다. 신령의 영역은 질서와 조화 그리고 화평이 전제된다. 이곳에 사람이 거주지를 확보한다면, 다시 말하여 사람이 신역에서 산다면 그들의 안녕은 보장받을 수 있다.

사람은 이미 존재하는 신령의 세계에서 사는 것이 아니다. 오히려 인간이 개척하여 만든 마을에 신을 좌정(坐定) 또는 초치(招致)시켜서, 인간의 세계에 신을 살도록 하는 것이다. 그래서 설촌(設村)이 먼저이고 마을 신은 곧이어 탄생한다. 이들 관념은 인간의 상상계(想像界) 안에서 존재한다.

산은 상징적으로 하늘과 지상을 연결하는 통로이고, 하늘의 신령과 지상의 사람을 위한 만남의 장소이기도 하다. 이러한 산의 종교적 의미는 '산제당으로' 구체화되고 '산제당에서' 실현된다.

산과 산제당은 마치 단군신화의 태백산(太白山)과 신단수(神檀樹)의 관계와 같다. 산신은 본질적으로 천신 계열의 신격이다. 굳이 구별하자면 천신은 세계를 관장하는 대우주(macro-cosmos)의 천신이고, 산신은 마을이란 소우주(micro-cosmos)를 보살피는 천신이다.

마을 입구는 눈에 보이지 않는 마을의 문이다. 문은 안과 밖을 구별한다. 또한 문은 안팎을 차단하는 동시에 연결한다. 마을 입구도 그러하다. 문이나 마을 입구나 모두 한 장소와 다른 장소 사이에 있는 경계 지점인 것이다. 옛날부터 전 세계적으로 경계 지점은 거룩한 종교 공간으로 인식된다.

마을 입구는 마을 사람뿐만 아니라 외부 사람들도 출입을 하고, 온갖 물건도 나가고 들어오며, 소나 개 등의 가축도 드나드는 통로이다. 그뿐만 아니라 마을 바깥으로부터 마을에 해로운 온갖 부정(不淨) · 재액(災厄) · 악역(惡疫) · 잡귀(雜鬼) 등도 이곳을 통하여 들어올 수 있다. 그래서 마을 사람들은 동구(洞口)에 여러 마을신을 좌정시키고, 이들 신령으로 하여금 외부의 위험한 비가시적 존재들을 막아내고자 했다.

충남 지역의 마을 신도 기본적으로는 이러한 산과 마을 입구에 모셔져 있다. 그런데 산신을 좌정시킨 마을의 뒷산이나 그 부근의 산은 일반적으로 상당(上堂)이라 하고, 이에 반하여 장승 · 짐대(솟대) · 거리제 잡숫는 돌(수구맥이) · 돌탑 · 둥구나무 등을 모신 마을 입구나 그 부근은 하당(下堂)이라고 부른다. 한국의 각 지역마다 '다소의' 때로는 '많은' 편차가 있지만, 마을신앙은 대개 상당과 하당으로 구성된다. 그래서 이들 신령도 각각 '상당신(上堂神) · 하당신(下堂神)'으로, 그에 대한 제사도 '상당제(上堂祭) · 하당제(下堂祭)'로 분류할 수 있다.

물론 이러한 상 · 하당 구성이 충남 지역의 모든 마을에서 그대로 나타나는 것은 아니다. 다소 변형된 모습의 동제 구조를 지닌 마을도 적지 않다. 가령 상당에 속하는 산신을 하당의 영역에서 모시는 경우도 간혹 있다. 그렇다고 해서 하당신을 상당에 좌정시키는 경우는 없다. 다만 상·하당의 이중 구성은 충남 지역의 마을신앙에서 하나의 기초 원리를 이룬다고 할 수 있다.

1) 산[상당(上堂)·산제당(山祭堂)·상당신(上堂神)·상당제(上堂祭)]

산신당이 있는 마을의 산은 본질적으로 천산(天山) 또는 백산(白山)의 뜻을 지닌다. 비록 산세가 높지도 크지도 않은 산이지만, 여기에는 우주산(宇宙山)이란 원초적 상징성이 깃들어 있다. 마을이 하나의 소우주(小宇宙)이기 때문이다. 마을의 산은 우주의 중심으로서 신이 지상으로 하강하는 교통로이자, 인간과 신이 소통하는 장소이기도 하다.

하늘로부터 마을의 산으로 하강하여 좌정한 신은 산신(山神)이다. 산이 그 본질에 있어서 천산이듯이, 산신의 속성은 천신(天神)이다.

'천신인 산신'이 '천산인 마을의 산'으로 내려올 때에는 '천산의 정상에 있는 우주목(宇宙木)'을 교통로로 이용하기 마련이다. 단군신화에서 환웅이 태백산정(太白山頂)·신단수(神壇樹)로 하강하는 모습과 동일하다. 이때 신단수는 우주목이고, 그것이 마을신앙에서는 산제당(산신당)으로 나타난다. 산제당의 원형은 아마도 산에 있는 나무이었을 것이다. 이 나무는 신수(神樹)인 동시에 단수(壇樹)이자 신의 나무이면서 제단(祭壇) 구실을 하는 나무이다. 그래서 신단수(神檀樹)인 것이다.

신단수는 하늘과 지상을 연결하는 우주축(宇宙軸)이며 교통로이다. 인간과 신이 만나고 상호 의사를 소통시키는 성소(聖所)가 된다. 특히 인간이 신에게 자신의 소망을 전달하는 장소이다. 그래서 신단수는 곧 제단이기도 하다.

마을신앙의 산제당도 그러하다. 이곳은 산신이 하강하는 실질적 장소이기에, 여기에서 산신에게 마을 사람의 소원을 전달한다. 이를 위하여 정성껏 마련한 제물을 산제당에 바친다.

오늘날도 사실상 산제당에서 가장 중요한 핵심은 나무이다. 이른바 '산제 잡숫는 나무' 또는 '산제당 나무'이다. 산제당의 나무는 결코 함부로 해서는 안 된다. 심지어 이곳에서는 낙엽 한 잎, 떨어진 나뭇가지 하나 줍지 않는다.

산제당(山祭堂) 또는 산신당(山神堂)이란 낱말에 집 당(堂) 자가 있다 하여, 그것이 반드시 건축물로서 '산제를 모시는 집'이나 '산신의 집'만을 의미하는 것은 아니다. 여기에서 당이란 산신이나 산제(山祭)를 위한 '높고 큰 집' 또는 '거처'를 뜻하는 상징어이다. 마을 신을 모신 거룩한 집 또는 장소이기에, 관념상 그렇게 부르는 것이다.

산제당에는 자연 제당과 당집 제당이라는 2개의 유형이 있다. 자연 제당은 집이란 건축물 없이 나무 · 바위 · 샘 등으로 이루어진 신당을 말하며, 당집 제당이란 집이나 그 밖의 건축물 형태를 지닌 신당을 뜻한다. 이 경우에도 나무와 샘 등은 반드시 있어야 한다. 그리고 당연히 자연 제당이 당집 제당보다는 시간적으로 앞선 초기의 형태이다. 오늘날에도 한국의 마을신앙에서 자연 제당이 더욱 기본적이며 보편적이다. 이곳 충남 지역에서도 자연 제당이 당집 제당보다는 압도적으로 많다.

신화나 종교상의 논리로 보면, 산제당은 산의 정상에 위치하는 것이 맞다. 그러나 현실적으로 자연 제당이든 당집 제당이든 산의 꼭대

산제당(금산 성당리)

산제당에 놓인 제기(예산 방산리)

바위에 써 붙인 '산신지위(山神之位)'(예산 운산리)

고목으로 둘러싸인 산제당(예산 대리)

기에 신당을 설정하는 것은 곤란하다. 제사를 지내기에 공간이 협소할 수 있고, 샘을 구하기가 쉽지 않으며, 오르내리기도 힘겹다. 그래서 대개는 산 중턱 즈음에 적당한 숲과 공간 그리고 샘이 있는 장소를 산제당으로 고른다. 이때 가장 중요한 것은 '산제 잡숫는 나무'를 찾는 일이다. 대체로 소나무가 가장 많이 선택되고 그 밖에 참나무도 비교적

산제당에 모신 쇠마(금산 산단리)

산제당 아래의 쇠마(예산 광천리)

쇠마

적지 않다. 때로는 거암(巨巖) · 기암(奇巖) 등도 산제당 선정에 매우 중요한 요소가 된다.

일반적으로 하나의 자연마을은 상당에서 한 분의 산신을 모신다. 그러나 때로는 상당에 천신 계통의 신령 두 분을 위하기도 한다. 이 경우에는 한 분은 천신으로, 다른 한 분은 산신이란 이름으로 모신다. 그리고 천신을 모신 제당이 산신을 모신 제당보다는 대체로 높은 곳에 위치하고 제사도 먼저 치러진다.

마을신앙에서 산신은 호랑이로 인식되는 경향이 강하다. 산제를 지

기와를 얹은 산제당(아산 세교리)

오래된 당집(금산 동곡리)

덕봉산 산제당(예산 간양리)

산제당에서 내려다 본 전경(예산 간양리)

산신도(공주 상신리)

산신과 호랑이(태안 황도)

새로 그린 산신도(예산 간양리)

낼 때 정성이 부족하거나 부정을 타면, 호랑이가 흙을 뿌려서 경고를 주거나 크게 진노하여 짐승을 잡아가고, 심지어 사람을 물어가는 일이 생긴다고 믿는다. 그래서 산신제를 지극정성으로 잘 모셔야 호환(虎患)을 방지할 수 있다고 한다. 산신은 종종 호랑이로 변신하기에, 산신은 호랑이라고 여긴다. 비가시적 산신이 몸을 지녀 현신(現身)하고자 할 때에는 호랑이가 되는 것이다.

산신은 마을 전체의 안녕과 질서를 관장하는 최고의 신이다. 사람들은 그를 존경하지만 두려워한다. 곧 외경의 대상이다. 그래서 아주 조용한 가운데 정중하고 엄숙하게 제사를 모신다. 울창한 숲속에 항상 적당한 어둠과 조용함이 깔려 있는 장소를 산신당으로 선정하고, 닭 소리와 개 소리조차 들리지 않는 자정에 산제를 모신다.

산신제에는 제관·축관·유사 등 남자들로만 구성된 산신제 임원이나 제관 부부만 참여할 수 있다. 다른 사람은 일체 금지되며 특히 여성들은 엄격히 통제된다.

산신제가 치러지는 동안에 마을 사람들은 각자의 집에서 경건한 마음으로 불을 환히 밝히고, 제관들이 산에서 내려올 때까지 기다린다. 마음을 졸이면서 아무쪼록 무사히 산신제가 잘 치러지기를 기원하는 것이다.

2) 마을 입구[하당(下堂)·하당신(下堂神)·하당제(下堂祭)]

마을 입구는 신령의 보호를 받는 '마을 안'과 그렇지 않은 '마을 밖'을 연결하는 동시에 차단하는 장소이다. 이는 마치 하나의 가옥에서 대문이 지니는 의미와 기능과 동일하다. 대문이 열리면 집안과 집밖의 세계가 연결되고 대문이 닫히면 두 세계가 단절되듯이, 마을 입구도 그러하다. 마을 입구에는 대문을 설치하지 않지만, 마을신앙 차원에서 관념하는 마을의 대문이 분명히 존재한다.

이러한 문은 가시적 존재만이 아니라 비가시적 존재도 출입하는 통로이다. 사람이나 짐승뿐만 아니라 잡귀잡신(雜鬼雜神)·재액(災厄)·돌림병 등도 드나드는 곳이다.

대문이나 마을 입구는 두 개의 다른 세계, 곧 내부 세계와 외부 세계를 전제로 한다. 이들 두 개의 다른 세계를 연결하고 차단하는 경계 지역은 대체로 종교적 의미를 강하게 띤다. 그리고 이곳에는 흔히 경계 표시가 세워지고, 이는 종교 숭배와 의례의 대상이 된다. 많은 민족지 자료들은 경계표가 하나의 원시 제단(祭壇)이라는 사실을 일러 준다.

이런 측면에서도 마을 입구가 신역이 되고 여기에 여러 신앙대상물이 설치되는 것은 자연스럽다. 충남 지역에서도 마을 입구에 돌탑[조산]·신목(神木)·수구맥이·장승·솟대(짐대) 등을 모셔서, 이곳을 하당의 신령들이 좌정한 신역으로 변환시키는 동시에, 이로써 마을 밖의 부정과 재액을 막는 것이다.

마을 입구의 돌탑[조산]·신목(神木) 등 하당신에 대한 제사는 하당제(下堂祭)라고 할 수 있다. 그러나 하당·하당신·하당제라는 낱말은 민속 현장에서는 실제로 잘 쓰지 않는다. 이는 마을신앙의 구조를 설명하기 위한 학문상의 개념이다.

충남 서해안의 일부 지역에서는 하당과 하당신을 서낭이라고 하고, 하당제는 서낭제라고 부른다. 마을 입구의 둥구나무나 돌탑 그리고 장승이나 수구맥이도 모두 한데 묶어서 서낭이라고도 하고, 또 개별적으로 하당신 각각을 서낭이라고도 한다. 그러나 충남 내륙 지역에서는 일반적으로 이를 거리제라고 부른다. 여기서는 하당을 서낭이라고 부르는 경우는 별로 없다.

하당에 하나의 하당신만 모시는 마을도 있지만, 2-3분의 하당신을 위하는 마을도 있다. 여러 하당신을 함께 모실 경우에 그중 대표 신령을 누구로 할지는 마을마다 다소 다르다.

하당제의 실질적 명칭에서 하나의 하당신이 있는 경우에는 문제가 없다. 탑만 있다면 탑제이고, 장승만 있다면 장승제라고 부른다. 그러나 여러 하당신을 모신 마을에서는 그 대표성을 어느 신령에게 부여하는가에 따라서 하당제의 명칭이 달라진다. 탑과 장승이 있어도 탑을 중시한다면 탑제이다. 이때는 탑제라는 제사 명칭 안에 장승의 존재가 드러나지 않는다. 둥구나무와 그 옆의 수구맥이 선돌을 하당신으로 함께 모신다고 해도, 둥구나무를 우선한다면 제사 명칭은 둥구나무제 또는 신목제(神木祭)로 명명된다.

하당신은 산신과 달리 외경의 대상은 아니다. 이들은 산신보다 상대적으로 낮은 신령이다. 마을 사람들은 이들 하당신을 마음속으로 친근하게 여긴다. 일상생활에서도 쉽고 편안하게 만날 수 있는 신령이다.

산신제는 제관 부부나 그 일행만이 참여하여 조용하고 정중하게 모신다. 그러나 하당제에는 특별히 부정하지만 않다면 남녀노소 누구나 참여할 수 있다. 하당제는 새해에 대한 희망과 흥분 속에서 동네 잔치처럼 치러진다.

산신과 마을 입구의 여러 신령은 그 신격(神格)이나 제사 성격 등에서 서로 대비된다. 그러나 이러한 차이는 오히려 상·하당 신령으로 하여금 그 역할을 서로 보완하게 하여, 동제의 종교적 완성도를 높인다. '존경은 하지만 두려운 산신'과 '쉽고 편안하게 다가갈 수 있는 하당신'은 서로 그 위상이 다르지만, 마을 사람들은 산신과 하당신 모두가 필요하다. 또한 제관들만이 산에 올라 치르는 정숙한 산신제와 마을 사람 누구든지 참석하고 즐길 수 있는 하당제는 서로 교묘하게 조화를 이룬다.

(1) 둥구나무(당수나무)

둥구나무는 마을 입구의 나무, 곧 동구(洞口)나무에서 나온 말이다. 그러나 이를 종교적 측면에서 부르면, 당수나무(堂樹-)라 한다. 한자로는 신목(神木)이라고도 표현한다.

둥구나무는 대체로 마을 한복판이나 마을 입구 또는 마을 안에 있다. 둥구나무는 오래되고 거대한 느티나무가 대부분이지만 버드나무, 은행나무, 팽나무, 느릅나무 등도 흔히 있다.

둥구나무는 보통 때에는 그것이 마을에서 위하는 나무인지를 잘 모른다. 돌탑이나 장승 등은 누구라도 그것이 마을 사람들의 신상(神像)이라는 것을 알지만, 둥구나무는 전혀 그렇지 않다. 여름에는 무성한 잎이 만들어내는 그늘 속에 동민(洞民)이 휴식을 하고, 봄과 가을에도 둥구나무 아래에 수시로 모여서 놀기도 하고 회의도 한다.

그러나 매년 음력 정초 금줄을 둥구나무에 둘러주면, 갑자기 당수나무인 신목(神木)으로 바뀌게 된다. 물론 둥구나무는 그 안에 신성(神聖)을 늘 간직하고 있지만, 정초 곧 설을 기점으로 해마다 성(聖)과 속(俗)을 주기적으로 반복한다고 볼 수 있다. 금줄을 두른 설과 금줄을 푼 나머지 시간이 각각 성과 속에 대응하는 것이다.

둥구나무는 하당신 중에서 유일하게 생명을 지닌 신앙대상물이다. 그래서 다른 신앙대상물과 달리, 자연 그대로의 모습과 의미 그리고 기능을 지닌다. 둥구나무에는 우주의 리듬이 그대로 재현된다. 시간의 흐름과 계절의 변화에 따라서, 싹이 트고 잎이 돋아나며 나무 전체가 무성하게 자라다가, 나뭇잎이 한두 잎 떨어지기 시작하면 이윽고 앙상한 가지만 남긴 채 점차 죽어간다. 그러나 새봄이 돌아오면 다시 생명의 기지개를 활짝 편다.

마을 사람들은 둥구나무가 매우 영험하다고 믿는다. 신비한 힘이 있고, 그래서 사람들의 소원도 성취해 줄 수 있다고 여긴다.

둥구나무는 자신을 함부로 다루거나 해치는 사람들을 용서하지 않는다. 둥구나무에서 떨어진 나뭇가지 하나라도 소홀히 취급한다면 지벌[神罰]을 맞을 수 있다. 일제강점기에 마을 사람들의 반대를 억누르고, 둥구나무를 마구 벤 일본 순사들이 갑자기 심한 병을 앓거나 죽었다는 이야기는 어디서나 흔히 들을 수 있다.

둥구나무는 나라의 운명과 관련하여 나쁜 조짐을 보인다. 둥구나무

둥구나무 아래의 아이들(부여)

한여름 둥구나무 그늘에 모인 주민들

금줄에 짚신을 매단 둥구나무(금산 성곡리)

국운을 알리는 신목(세종시 관정리)

비바람이 심하게 불 때마다 우는 소리를 내는 고목

둥구나무에 정성을 드리는 주민들(세종시 용암리)

금줄과 무색천을 두른 서낭나무(세종시 운당리)

가 밤새 울면 나라에 불행한 일이 일어난다고 한다. 고목인 둥구나무에는 나무가 썩어서 큰 구멍이 나는 경우가 있다. 비바람이나 눈보라가 심한 날에 여기로 강한 바람이 지나가면, 크게 붕붕거리며 괴이한 소리를 내기도 한다. 둥구나무의 썩은 구멍에서 나는 소리는 단순한 물리적 소리에 불과하다. 그러나 이 소리는 일반 고목에서 나는 소리가 아니다. 신목인 둥구나무에서 나는 소리이다. 그래서 과학적 소리는 종교적 소리로 변환된다. 이 종교적 소리는 다시 무엇인가 불안을 야기하는 한밤의 고목 소리와 연계되면서, 결국 미래의 불운을 예언하는 울음소리로 인식된다.

마을 노인들은 이른 봄에 둥구나무의 싹과 잎이 피어나는 모양새를 유심히 살핀다. 둥구나무의 잎사귀가 나무의 위아래 할 것 없이 한 번에 돋아나는지, 아니면 위층·중간층·아래층 가운데 어느 쪽에서 먼저 피는지 또는 어느 방향에서 먼저 피는지를 관찰한다. 한 번에 피면 좋은 것이다. 봄에 비가 충분히 왔기 때문이다. 윗부분부터 잎이 피어나면 풍년이 들 가능성이 높다. 역시 물이 풍부해서이다. 아랫부분이 먼저 피어나면 언제나 물이 있는 고래실논에 먼저 모를 심고, 윗부분 잎들도 피어나면 물이 귀한 천수답에도 모를 심는다. 이렇게 둥구

둥구나무에 제사를 모시는 주민들(논산 오산리)

마을로 드는 액을 막으려고 돼지 피를 뿌리는 유사(논산 오산리)

풍흉을 점치는 나무(천안 대평리)

나무의 잎이 어떻게 피어나는가를 살펴서 그 해 농사의 성공도 예측해 보고 또한 어느 논에 먼저 모를 내야 하는지도 알아보는 것이다.

(2) 돌탑

돌탑은 서낭당과 달리 마을 입구에 막돌을 써서 원뿔대 모양으로 쌓아 만든다. 대개 할아버지탑·할머니탑이라 하여 2개를 건립하는데, 서로 일정한 거리에서 마주보도록 한다. 그밖에도 마을과 들판, 들과 산이 만나는 경계에도 세운다. 이들 돌탑은 경계 표시의 역할도 하지만, 바깥으로부터 침입할지 모르는 나쁜 액운이나 잡귀를 막아내기도 한다.

돌탑을 쌓는 이유는 대체로 마을의 어떤 불행한 사건과 관련된다. 마을에 뜻밖의 사고·질병·죽음 등이 생기면, 마을 사람들은 매우 불안해한다. 그리고 그 원인을 알아내어 더 이상 재앙이 일어나지 않도록 노력한다. 이때 흔히 스님이나 무당 또는 지관을 찾아가 그 이유를 묻는다. 이들 종교전문가는 대개 풍수지리와 관계된 근거를 들어서, 마을 입구를 비롯한 특정 장소에 돌탑을 쌓고 제사를 지내면 불행이 소멸될 것이라고 조언한다.

풍수지리에서 허(虛)한 방위라는 것이 있다. 마을 앞이 탁 트여 있으면 먼 바깥으로부터 침입하는 온갖 나쁜 기운들을 전혀 막아내지 못할 것 같은 허전하고 불안한 느낌을 준다. 이런 경우에 돌탑을 마을 입구에 쌓고 탑제를 지내서, 허한 방위를 막고 마을을 편안하게 한다.

풍수지리상의 갈등을 돌탑으로 완화하거나 제어하기도 한다. 가령 마을의 지형은 제비를 닮았는데, 마을 앞 하천에 건설된 다리는 마치 지네처럼 보인다. 절지동물 지네는 항상 제비를 공격하여 해를 끼친다. 그래서 제비 형국의 마을은 지네 모습의 다리로 인하여 피해를 입을 수밖에 없다. 그리하여 무당은 돌탑을 쌓고 그 안에 지네를 잡아먹는 두꺼비를 넣으라고 충고한다. 그 말을 따라 두꺼비를 넣은 돌탑을 쌓고 제사를 모시니 마을이 다시 편안해 진 것이다.

돌탑은 남녀노소를 가리지 않고 마을 사람 모두가 힘을 합하여 쌓는다. 청장년들은 멀리서 큰 돌을 날라 오며 부녀자와 노인들은 가까운 곳에서 작은 돌을 주워 온다. 돌탑을 쌓는 과정에는 마을을 평화롭게 하려는 마을 사람들의 단합된 마음이 잘 나타나 있다.

돌탑을 쌓기 위해서 먼저 터를 단단하게 다진다. 그리고 큰 돌은 바깥쪽에 둘러쌓고 작은 돌과 흙은 안쪽으로 넣고 다지면서 한 켜 한 켜 쌓아 올라간다. 이렇게 탑의 몸체가 모두 완성되면 마지막으로 맨 꼭대기에는 탑윗돌을 얹는다.

할아버지탑 머릿돌(금산 어재리)

탑윗돌은 절의 불탑에서 보는 상륜부에 해당한다. 탑윗돌은 돌탑의 머리라고 하여 중요시되지만, 한편 외형을 아름답게 장식하는 역할도 한다. 탑윗돌로는 대개 조그만 선돌을 쓴다. 길고 뾰족한 선돌은 할아버지탑 위에 세우고, 다소 평퍼짐하고 둥근 모습의 선돌은 할머니탑 위에 얹는다. 물론 크기도 할아버지탑의 선돌이 할머니 것보다 크다.

돌탑 안쪽에는 마을 사람들

탑에 옷 입히기(금산 두두리)

마을 어귀의 할아버지탑(부여 장재리)

할아버지탑 주위를 도는 풍물패(세종시 금호리)

할머니탑 앞에 정성껏 차린 제물(세종시 금호리)

탑과 돌장승(대전 용호동)

오방기를 꽂은 탑(대전 삼정동)

만이 아는 비밀스러운 어떤 물건을 넣는다. 마을 사람이 아니면 그 안에 무엇이 있는지 말해 주지 않는다. 가령 풍년을 기원하기 위하여 오곡·쇠스랑·밥주걱 등을 넣는다. 오곡은 온갖 곡식이 풍성하게 잘 되기를 비는 것이며, 쇠스랑이나 밥주걱은 그것처럼 두엄을 건져 올리고 밥을 많이 푸라는 것이다. 화재 예방을 하려고 숯이나 솥을 넣기도 한다. 이것들은 우리 풍습에서 불을 조절하는 수단들이다. 또 돈이나 금 그리고 부적을 봉안하기도 한다.

마을 사람들의 소망을 담아 정성을 기울여 만든 2개의 돌탑은 각각 마을을 지켜주는 할아버지와 할머니라고 믿어진다. 그래서 마을 사람들은 이들 돌탑을 각각 할아버지탑과 할머니탑이라고 부른다. 이렇게 부름으로써, 무생명체인 돌탑에 생명을 부여하고, 마을을 보호하는 신령으로 변환시킨다.

매해 음력 정초가 되면 마을 사람들은 탑제를 지낸다. 정성껏 마련한 제물을 돌탑 앞에 차리고 제관은 유교식으로 제사를 올린다. 돌탑 주변에는 마을 사람들이 모여 한마음 한뜻으로 마을의 안녕을 위하여 제사에 참여한다. 할아버지탑을 먼저 위하고 할머니탑으로 가서 제사를 모신다.

어떤 마을에서는 불교 사찰에서 탑돌이를 하듯이 주로 부녀자들이 촛불을 들고 돌탑 주변을 돌면서 가정과 마을의 평안을 간절히 빈다. 특히 아들을 위한 기도에는 효험이 있다고 하여 돌탑 곳곳에 촛불을 밝히고 정성을 들이기도 한다.

한국의 민간신앙에는 돌을 쌓는 행위 자체를 신불(神佛)에게 정성 드리는 수단으로 여기고, 그렇게 쌓인 돌무더기를 신앙의 대상으로 하는 오랜 전통이 있어 왔다. 이는 역사적으로 북아시아의 돌무더기 신앙과 그 맥락을 같이 한다. 돌탑은 바로 이러한 전통에서 유래한 대표적

신앙대상물이다.

(3) 장승

충남에서는 장승만을 홀로 세우는 경우가 많다. 그러나 장승과 솟대를 함께 조성하는 사례도 적지 않다. 그러나 솟대만 세우는 마을은 거의 없다.

장승은 마을을 침입하는 잡귀잡신과 액운을 막기 위하여, 나무나 돌에 무서운 표정의 사람 얼굴 모습을 깎거나 새기고 그려서, 마을 입구에 세운 하당신이다. 장승의 기본 임무는 잡귀와 재액으로부터 마을을 방어하는 것이다. 그래서 장승의 겉모습을 되도록이면 무사(武士), 장군(將軍), 역사(力士), 문수(門守) 등을 흉내내어 무섭게 만들려고 한다.

그러나 장승의 표정은 실제로 그다지 무섭게 느껴지지 않는다. 장승을 깎는 마을 사람들의 마음이 그렇게 사납고 독하지 못하지만, 장승이 쫓아야 할 잡귀잡신 등도 대부분 그 본질은 악귀나 악마가 아니기 때문이다. 더욱이 사막의 종교에서 비롯된 하느님과 대적하는 사탄(Satan)의 개념도 아니다. 잡귀잡신은 비극적 죽음을 겪고 저승에 가지 못한 사람의 혼백에 불과하다.

장승에는 짐짓 화난 듯한 표정만 어설프게 표현되어 있을 뿐이다. 때로는 무심하기도 하고, 바보스럽기도 하고, 심지어 우스꽝스럽기조차 하다.

마을 사람들은 장승의 무섭지 않은 표정이 마음속으로는 걸렸는지, 장승에게 당당한 위엄을 부여하고 잡귀 구축의 역할도 보강하기 위하여 각종 명문을 몸통에 묵서하거나 새겨 넣는다. 천하대장군(天下大將

세종시 관정리 느릿골 장승과 솟대(1986)

오늘날 느릿골 마을 어귀의 장승과 솟대

세종시 관정리 대사동 남장승과 솟대(1986)

오늘날 대사동 마을 어귀의 남장승과 솟대

지하대장군(논산 주곡리)

이정표 역할도 했던 장승(논산 주곡리)

주곡리 장승제

軍)과 지하여장군(地下女將軍)은 그 대표적 명문이다. 장군이란 신격을 부여하여 그 무력으로 능히 잡귀잡신을 제압하고, 각각 천하와 지하를 다스리는 권능이 있음을 선포하는 것이다.

일부 마을 장승은 이정표 역할도 겸한다. 장승 몸통에 부근의 주요 고을까지 가는 데 소요되는 거리를 묵서한다. 논산 주곡리 장승 하단에는 "동방 신도내 20리, 서방 논산 30리, 북방 공주 40리, 남방 연산

마을 어귀 길가의 장승(서천 마량리)

남녀 돌장승(대전 읍내동)

돌장승에 매단 짚주머니(대전 비룡동 여장승)

20리"라고 쓰여 있다. 장승으로도 방위를 가늠할 수 있다. 대체로 남장승은 동쪽에, 여장승은 서쪽에 모시기 때문에, 해가 없는 흐린 날에도 길손은 방향을 알 수 있다. 부여 은산리는 사방에 장승을 세운다. 이들 장승은 각각 동방청제대장군(東方青帝大將軍), 서방백제대장군(西方百帝大將軍), 남방적제대장군(南方赤帝大將軍), 북방흑제대장군(北方黑帝大將軍)이라고 부른다.

장승은 마을 입구나 사방 그리고 중요한 길가에만 세우는 것이 아니다. 불교 사찰의 입구나 사방에 세워서, 사찰을 외부의 재액으로부터 수호도 하고 동시에 사찰의 영역을 경계지우는 역할도 한다. 장승 안쪽의 영역에서는 어로, 사냥, 채집 등이 금지된다.

마을 사람들은 대체로 음력 정초에 장승제를 지낸다. 먼저 깨끗한 사람들을 손 없는 방위의 산으로 보내, 장승 만들 나무를 벤다. 이때 산신에게 간단한 제를 올려서, 나무를 벨 것이라고 고한다. 나무를 베어 마을로 돌아오면, 동민들은 풍장을 울리면서 마중을 나온다. 이어서 눈썰미와 손재간을 가진 사람들이 주동이 되어, 까뀌 · 자귀 · 톱 · 낫 등으로 깎고 다듬고 붓으로 먹을 묻혀서 눈 · 코 · 수염 등을 그려낸다. 몸통에는 천하대장군 · 지하대장군 등의 명문을 정성껏 쓴다. 이렇게 해서 올 한 해 마을을 지켜 줄 장승이 태어나는 것이다.

(4) 솟대(짐대)

솟대(짐대)란 나무로 만든 새를 나무 장대에 앉힌 마을의 신앙대상물을 일컫는다. 일반적으로 솟대라고 알려져 있지만, 충남 지역에서는 흔히 짐대라고 부른다.

예전에는 솟대를 해마다 음력 정초에 동제를 지내면서 마을 입구에 건립했다. 충남에서는 대체로 솟대를 장승 옆에 함께 세운다. 솟대를 홀로 세우는 경우는 거의 없다. 돌로 만든 솟대도 없고, 모두 나무 솟대이다. 어떤 마을에서는 솟대의 장대에 왼새끼줄이나 묵선(墨線)으로 용틀임을 장식하여, 우순풍조(雨順風調)를 기원한다.

솟대는 장대와 그 위에 앉힌 새로 구성된다. 지금은 그것들이 지닌 원래의 의미가 거의 퇴색되었지만, 먼 옛날 고대로 올라갈수록 아주 중요한 종교적 상징이 담겨 있었다.

곧 장대는 우주목(cosmic tree)이며, 새는 하늘새(sky bird)였다. 우주목은 인간이 사는 땅과 그 위의 하늘 그리고 그 아래의 지하를 이어주는 나무이다. 단군 신화에 나오는 신단수(神壇樹)가 바로 우주목이다. 천신(天神)인 환웅은 태백산 꼭대기에 있는 신단수로 내려왔다. 이처럼 천상과 지상을 오갈 수 있는 교통로 역할을 하는 나무가 우주목이다. 이를 통하여 신령들은 천상과 지상과 지하를 넘나들 수 있고, 사람들은 자신들의 소망을 하늘과 지하의 신령들에게 전달할 수 있다.

솟대의 원래 모습은 우주목의 의미를 지닌 '자연 그대로의 살아 있는 나무'였다. 그러다가 고대 국가를 이룩하면서부터는 살아 있는 나무에서 잎과 가지를 베어내고 뿌리를 잘라 낸 '인위적인 죽은 나무'를 장대나 기둥으로 하여 솟대로 삼았다. 높은 산의 '살아 있는 나무 솟대'가 인간이 만든 도시 안에 '장대 솟대'로 변화된 것이다. 단군신화의 '태백산정 신단수(太伯山頂 神壇樹)'와 삼한 소도(蘇塗)의 '입대목 현령고(立大木 懸鈴鼓)'가 바로 그러한 정황을 말해 준다.

시간이 흘러 역사가 발전하면서 사람들은 솟대의 뜻을 더욱 강조하기 위하여, 장대 위에 새를 얹어 놓았다. 이 새가 고대 신화에서 말하는 이른바 하늘새이다. 하늘새는 천상과 지상 그리고 지하 세계를 언제나 쉽게 드나들 수 있다.

솟대와 금줄(아산 종곡리)

마을 어귀에 세워둔 솟대(공주 송학리)

마을 어귀의 장승과 솟대(논산 주곡리)

오리 깎기(논산 주곡리)

붓으로 오리 눈 그려 넣기

오리 머리

매년 정월이면 새로 만드는 솟대

하늘새는 대체로 오리이다. 오리가 하늘새로 선택된 구체적 배경이 있다. 오리는 철새이자 물새이기 때문이다. 오리는 하늘을 날기도 하고 땅 위를 걷기도 하지만 물 위를 떠서 다니기도 하고 심지어 물속으로 들어갈 수도 있다. 특히 물속으로 잠수하는 것을 지하 세계로 내려가는 것으로 여겼다. 이렇게 오리는 하늘과 땅과 물 그리고 땅속을 자유롭게 다니며, 사람과 신령 사이에 말과 뜻을 전하는 역할을 한다고 믿었다. 이는 북아시아 샤머니즘에서 오리가 중요한 상징을 갖는 이유이다.

솟대 꼭대기의 오리가 지닌 상징성은 마을에 따라서 다양하게 응용된다. 곧 화재도 막아주고, 홍수도 막아준다. 화재가 빈번한 마을에서는, 오리가 물을 가져다가 불을 꺼주기 바라는 뜻에서 오리 솟대를 세운다. 홍수 피해를 수시로 보는 마을은, 물새인 오리는 물에 빠져 죽지 않기 때문에, 오리 솟대를 세워 수해(水害)를 피해 보고자 한다.

(5) 서낭당

서낭당은 막돌로 일정한 모양 없이 자연스럽게 쌓아 올린 신앙대상물을 일컫는다. 길을 지나는 사람마다 돌을 조금씩 던져 쌓은 것이다. 대개 마을과 마을 사이에 있는 고개 마루나 마을 입구에 있다. 이곳에는 큰 나무가 한두 그루라도 있거나 조그만 숲이 우거져 있다.

고개 마루의 서낭당은 하나의 마을과 다른 마을을 지리적으로 구분해 주는 가장 기본적인 경계 표시이다. 또한 마을 입구에 있는 서낭당은 마을의 안과 밖을 가르는 경계 표시가 된다. 『삼국사기』「백제본기」 개로왕 조에 보이는 '적석위표(積石爲表)'란 표현은 돌무더기를 경계표로 하는 전통이 매우 오래됐음을 일러 준다.

이러한 경계 표시는 종교적 숭배와 제사 대상이 되기도 한다. 경계표가 최초의 원시제단(原始祭壇)이라는 종교인류학의 고전적 견해도 있다.

서낭당을 지나는 사람들은 왼발로 3번을 구르고, 침을 뱉으며, 돌을 던져 얹는 신앙 행위를 한다. 서낭당을 그냥 지나가면 무엇인가 해를 입는다고 한다. 그래서 길손은 무슨 물건이라도 바치고 일정한 종교적 행위를 해야만 한다고 믿는다. 발을 구르는 것은 서낭신의 위해를 막으려는 몸짓이라는 견해가 있다. 침을 뱉는 것은 서낭신을 능멸하는 것이 아니라, 길손의 영혼을 바치는 종교적 행위로 여겨진다. 고대사회에서 침은 신들에게 바치는 제물로도 여겼다.

서낭당(대전 비래동)

적군의 침입 또는 현감 행차 시에 망을 보았던
망복동 서낭당(논산 은진현 옛길)

서낭목 아래에 길손이 던져 놓은 돌멩이

섬마을 어귀의 서낭당(태안 신진도)

수려하게 자란 서낭목(태안 신진도)

몽골의 오보(obo)

서낭당에는 매년 음력 정초에 가정주부가 가내 평안을 빌기 위하여 치성을 드린다. 집안에 우환이나 재난 등 예기치 못한 불운을 만나도 서낭제를 지낸다. 이때는 무당이나 법사가 함께 하기도 한다. 또한 신랑의 초행 길이나 신부의 신행 길에 서낭당을 만나면, 미리 준비한 무색 헝겊이나 소금 주머니 등을 서낭당의 나무에 걸어 준다.

그런데 이 돌무더기 서낭당은 만주 · 몽골 · 시베리아 일대에서도 어렵지 않게 찾아볼 수 있다. 몽골에도 서낭당과 유사한 오보(obo)가 있다. 오보 역시 경계 표시인 동시에 신역이다. 어떠한 경우에도 이곳을 넘어 함부로 침입할 수 없고, 이 부근에서는 어로와 수렵 등이 금지된다. 길손은 이곳에 돌을 던져서 얹고, 헝겊이나 가죽 조각 그리고 돈 등을 폐백으로 바치고, 우유를 뿌려서 공양을 한다.

나. 마을신앙의 제사 과정과 절차

1) 제일(祭日)

충남 지역 안에서도 다소의 지역적 편차는 있지만, 동제(洞祭)는 대체로 음력 정초와 시월에 모신다. 정초에는 마을의 상당제와 하당제를 모두 모시거나, 하당제만 지내는 경우가 많다. 그러나 시월 상달에는 산신제를 지낼 뿐, 하당제는 거의 없는 편이다.

음력 정초의 동제는 신년제(新年祭)의 의미가 강하다. 정초란 정월 초하룻날부터 열나흗날까지를 말한다. 순우리말로는 설이라 한다.

근래에는 동제를 정월 열나흗날에 가장 많이 지낸다. 정월 열나흗날은 설의 마지막 시간이고 대보름과 경계에 있는 시간이다. 열나흗날에서도 그날 자정이 동제의 시각이다. 설이 끝나고 진정한 새해의 첫 자락에 있는 시간이기 때문이다.

과거에는 다른 정초의 시간들, 곧 섣달 그믐날 · 정월 초하룻날 · 초이튿날 · 초사흗날 등에도 동제를 많이 지냈다. 섣달그믐은 사실상 정월 초하루를 뜻한다. 섣달그믐이라 해도 그날 자정에 산제를 지내는 것이기에 그렇다. 섣달그믐은 정월 초하룻날에 맞닿아 있는 경계 시간이다. 초이튿날이나 초사흗날 등은 마을 사람의 현실적 편의에 따른 섣달그믐 또는 초하룻날의 변형에 불과하다. 산신을 호랑이라고 여기는 마을이 상인일(上寅日)에 산제를 모시는 것도 다양한 변형 중 하나이다.

섣달그믐은 설의 첫 시간이고, 열나흗날은 설의 마지막 시간이다. 그래서 정초에는 이들 시간에 동제를 모신다. 그러나 어느 경우이든 이들 시간은 한 해가 끝나고 새로운 한 해가 시작되는 시간상의 경계이다. 공간상의 경계도 그러하듯이, 정초도 상징적으로는 혼돈과 창조의 중첩된 시간이다. 모든 일상이 중지되는 시간이고, 인간이 아닌 신령의 시간이기도 하다.

또 하나의 중요한 제일은 음력 시월상달이다. 한 해 농사가 마무리되고 햇곡식으로 풍요의 기쁨을 누리는 시간이다. 가장 좋은 달이란 뜻으로 상달(上-)이라 한다. 풍년을 가져다 준 하늘과 조상에게 존경과 감사를 표하지 않을 수 없다. 마을에서는 산신제로 하늘에 감사를 드리고, 가정에서는 가을떡으로 조상에게 감사를 드린다.

2) 제관 신출 · 재계(齋戒) · 금기(禁忌)

제관은 제일에 앞서 마을회의에서 선출한다. 과거보다는 제관을 선출하는 날짜가 제일과 많이 가까워졌다. 제관의 재계 및 금기 등을 편하게 해 주려는 배려 때문이다. 일부 마을은 동제를 위한 계(契)를 운영한다. 산제계(山祭契)가 그 대표 사례이다.

제관의 선출 조건에서 가장 중요한 사항은 '깨끗함'이다. 이는 일체의 부정이 없는 상태를 뜻한다. 특히 산 부정(출산 부정)과 죽은 부정(초상 부정)을 가린다. 식구 중에 달거리[月經]를 하는 부녀자가 있는 집안도 되도록 피한다. 그래서 노부부를 뽑는 경우가 많다. 여기에 추가하여 생기복덕(生氣福德)을 본다. 심지어 부부의 운이 모두 닿는지도 살핀다.

제관으로 뽑히면 이를 거부할 수 없다. 만약 제관직을 수락하지 않으면 개인과 집안에 좋지 않다. 그러나 지성으로 제사를 잘 모시면 복을 받을 수 있다고도 한다. 그래서 운만 닿는다면, 드물기는 하지만, 제관이 되겠다고 자청하기도 한다.

마을회의에서 제관 선정이 끝나면, "올해는 아무개가 산제를 잡숴야겠다." 하고, 곧바로 지목된 사람에게 통보를 해 준다.

이제부터 제관은 제일 전까지 재계를 한다. 재계(齋戒)는 몸과 마음을 깨끗하게 닦고 그러한 상태를 유지하는 것이다. 각종 금기를 지켜야 함은 물론이다. 어떤 나쁜 생각도 일체 끊고 고요하고 맑은 마음을 지니도록 한다. 아무 음식이나 함부로 먹지 않고 특히 비린 음식은 삼간다. 부부합방은 당연히 금지된다. 담배도 그렇다.

목욕재계(沐浴齋戒)는 필수적 계율이다. 제관과 그의 부인은 바깥출입을 삼가고 일정 기간 매일 목욕재계를 한다. 집안에서 해도 되지만, 더욱 정성을 들이려면 '인(人)이 끊긴'(사람들이 거리를 다니지 않는) 시간에 마을 인근의 샘에 나가 몸을 씻는다.

이러한 제관직 수행은 마을 사람으로서 보람 있는 것이고, 마을 신령으로부터 복을 받는 일이기도 하다. 마을에 따라서는 약간의 수고

제관 선출하기(공주 송학리)

제관 집 대문 앞에 펴놓은 황토(예산 운산리)

제관 집 대문 앞에 친 금줄과 지게에 담은 황토

제관 집 대문 앞의 금줄과 황토(부여 지티리)

료를 받기도 한다. 그러나 제관직은 여간 대간한 것이 아니었다. 일정 기간 재계하고 금기를 지키는 것도 쉽지 않지만, 우선 설을 제대로 쇠지 못하는 것도 대단한 불편이다. 세배도 못가고 세배도 오지 못한다. 담배를 못 피는 것은 그렇다고 해도, 제사를 무사히 마쳤어도, 일부 마을에서는 그 다음 해 제관이 새로 나기 전까지는 각종 부정을 가려야

제관 집 마당에 세운 농기(부여 지티리)

제물을 함지박에 담는 제관

산제당으로 향하는 제관 일행

했다. 심지어 초상집 문상도 통제된다. 혹여 마을에 좋지 않을 일이 생기면, 제관이 산제를 잘 모시지 못해서 그런 것은 아닌지 의심하는 것도 부담스럽다. 동민의 원망이 심히 곤혹스러운 것이다. 본인도 모르는 사이에 저지른 부정으로 지벌[神罰]을 맞을지 모른다는 두려움도 있어 웬만하면 제관직을 서로 맡지 않으려고 한다.

제사를 정성껏 잘 모시는 책임은 제관에게 있다. 그러나 마을 사람들도 동제 기간, 특히 제사를 올리는 날 만큼은 더욱 매사에 조심을 하고 경건한 마음을 지니고자 한다. 일부 마을은 각 집의 대문이나 삽짝 앞에도 자기 정성이라 하여 금줄을 치고 황토를 뿌려 놓기도 한다. 되도록 비린 음식도 삼가고, 당연히 도살(屠殺) 같은 피 부정은 엄두조차 내지 않는다. 심지어 빨래도 하지 않고, 널어놓았던 빨래조차 거둔다.

산제를 지내는 동안에 동민들도 바깥출입을 하지 않고 조용히 집안에만 있는다. 나다니는 사람이 없기에 마을 골목길은 고요만 하다. 대부분의 마을에서는 집집마다 환히 불을 밝히고 산제가 무사히 끝나기를 기다린다. 그러나 어떤 마을은 모든 불을 끄고 칠흑같은 어둠을 만들기도 한다.

3) 마을의 정화(淨化): 대청소 그리고 금줄과 황토

동제 모시는 날이 다가오면 그 무렵이나 당일 아침에 먼저 마을 안팎을 깨끗이 대청소 한다. 산신당 · 장승 · 탑 · 둥구나무 등의 제사 장소 주변은 물론이고, 특히 대동샘은 깨끗이 품어낸다. 각 가정도 집안 구석구석을 깨끗이 청소한다.

마을 입구와 제관 집, 산신당 등에 금줄을 곳곳에 드리우고, 여기에 황토까지 뿌려서 일체의 부정과 재액을 가린다.

금줄은 볏짚을 왼쪽으로 꼬아서 만든 새끼줄이다. 보통 새끼줄은 오른쪽으로 꼬는데, 금줄은 왼쪽으로 꼰다. 전 세계적으로 오른쪽은 일상과 세속의 방향이고, 왼쪽은 비일상과 성(聖)의 방향이다. 종교적 상징을 지니는 금줄은 당연히 왼쪽으로 꼬아야 한다.

금줄은 흔히 '금(禁)줄' 알려져 있지만, 사실은 신승(神繩)이란 뜻을 지닌 우리말 검줄에서 유래된 것으로 추정된다.

금줄의 양쪽 끝은 매듭을 짓지 않고 또한 칼로 잘라서 단정하게 마무리하지 않는다. 금줄에는 적당한 간격마다 짚을 한 가닥씩 내어 마치 가시가 돋아 있는 것처럼 꼰다. 잡귀가 마을로 침입하다가 그 목이 가시에 걸리라는 것이다. 금줄 사이사이에는 길지(吉紙)를 끼운다.

황토는 이른 아침에 마을 주변에서 파 온다. 마을마다 붉은 흙이 잘 나는 장소는 대개 알려져 있어 이곳에 가서 삼태기에 담아 온다. 금줄을 치는 곳이면 황토도 빠지지 않고 뿌려 놓는다. 횡렬로 3·5·7무더기를 뿌리거나, 종렬로 2무더기씩 서로 일정한 거리를 격하여 마주보게 하여 펴놓기도 한다. 황토의 붉은색은 각종 부정과 잡귀를 막는 역할을 한다.

마을 입구에 금줄과 황토를 해 놓으면, 어느 누구도 마을에 출입하지 못한다. 마을에 들어와 있던 타지인도 동제가 끝날 때까지 나가지 않는다. 지금은 그러한 원칙이 거의 무너졌지만, 원래는 그래야 했다. 그래서 금줄을 동구에 드리우기 전에, 미리 알아서 출입했다.

우리 집에 귀한 손님이 오신다면, 집안 곳곳마다 그리고 동구에서 집에 이르는 골목길까지 깨끗이 청소해 놓는 것은 빈접객(賓接客)의 기본 태도이다. 하물며 마을 신을 모시는 동제에 있어서는 언급할 필요조차 없다. 대청소는 가시적 더러움을 가셔내었고, 금줄·황토는 비가시적 더러움을 가셔내었던 것이다. 이렇게 깨끗해진 마을에 마을 신

잡귀의 목이 걸리라고 볏짚 한 가닥씩을 빼서 만든 금줄(금산)

마을 어귀에 금줄 치기

금줄에 매단 짚신

소 머리뼈와 소 아래턱뼈를 매단 금줄(대전 금동)

제장에 펴놓은 황토(논산 임화리)

은 밝은 마음으로 오실 수 있고, 마을 신을 초대한 마을 사람들도 조금 은 당당하게 마을 신을 모실 수 있다.

4) 제비(祭費) 마련과 장보기

예전에는 음력 정초에 풍장패들이 집집마다 다니면서 걸립(乞粒)을 했다. 지신밟기를 해 주면, 주부가 꽃반이라 하여, 곡식이나 돈 그리고 음식을 놓은 상(床)을 가지고 나왔다. 이렇게 추렴한 곡식이나 돈으로 제비를 충당했다. 마을에 따라서는 정액제(定額制)로 하기도 했고, 아니면 각 집마다 형편대로 성의껏 내도록 했다. 그러나 부정한 집안의 곡식이나 돈은 받지 않았다.

그밖에도 동답(洞畓)에서 나오는 소출이나 도지(賭地)로도 제비를 마련하거나, 추렴에 동답의 수익을 보태서 쓰기도 한다.

근래에 들어서는 어느 마을이고 마을 기금에서 제비를 마련하는 경우가 많다. 이렇게 마련한 제비를 가지고 제관과 그의 일행은 제수 준비를 위하여 장을 본다. 예전에는 대부분 오일장을 보았지만 지금은 재래상설시장이나 대형마트에서 장을 본다.

과거에는 장을 볼 때 몇 가지 원칙을 지켰다. 이런 수칙은 전국 어디서나 비슷하다. 예컨대 장을 볼 때 사람이 북적거리지 않는 시간 이용하기, 장길에서 아는 사람을 보아도 모르는 척을 하거나 말을 걸어도 응대하지 않기, 고개를 숙이고 걷기, 부정을 타면 곧바로 마을로 되돌아와서 다른 사람 보내기, 흥정하지 않기, 가장 좋은 제수(祭需) 고르기 등이다. 또한 제수를 땅바닥에 내려놓지 않는 것도 잊지 말아야 할 사항이다.

5) 제물(祭物)과 제기(祭器)

산신에게 올리든 하당신에게 올리든 제물은 대체로 간소한 편이다. 떡, 메, 삼색실과, 포(脯), 술 정도이다. 여기에 육고기가 추가되기도 한다. 마을 형편에 따라서 쇠고기 또는 돼지고기 1-3근 정도, 돼지머리가 추가된다.

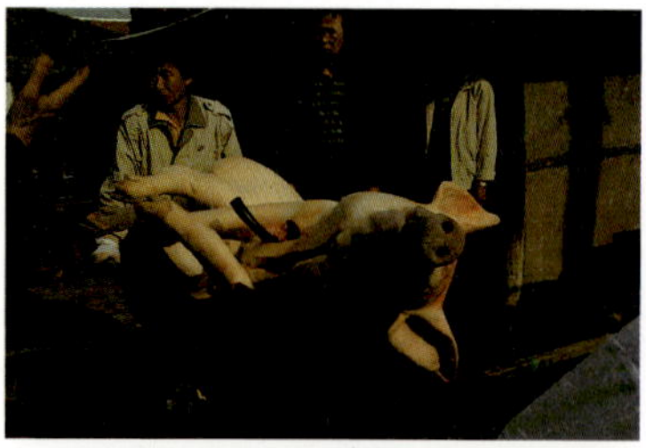
제물로 올리는 돼지(부여 은산리)

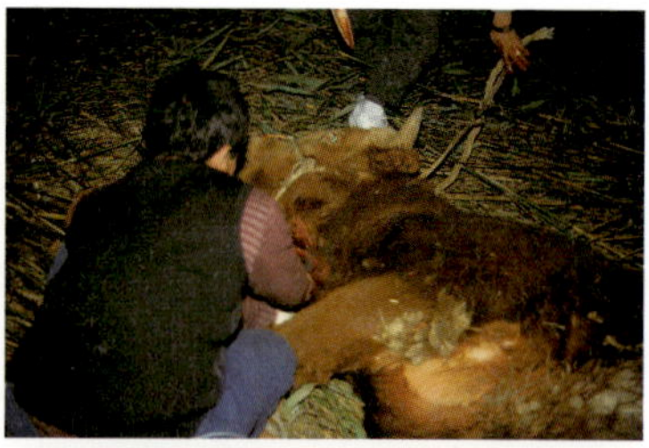
제물로 올릴 소 분육(보령 외연도)

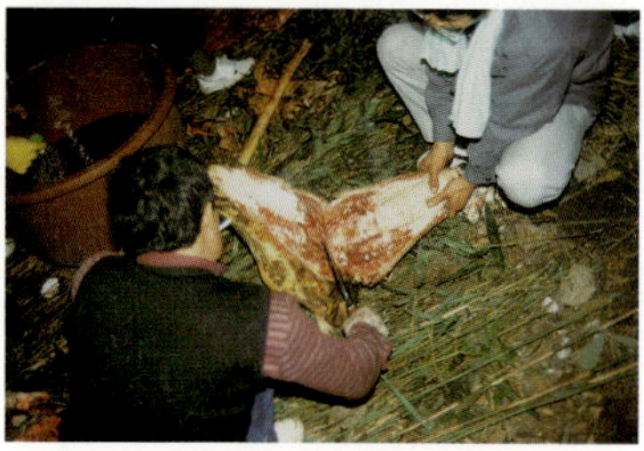
소머리를 해체하는 제관

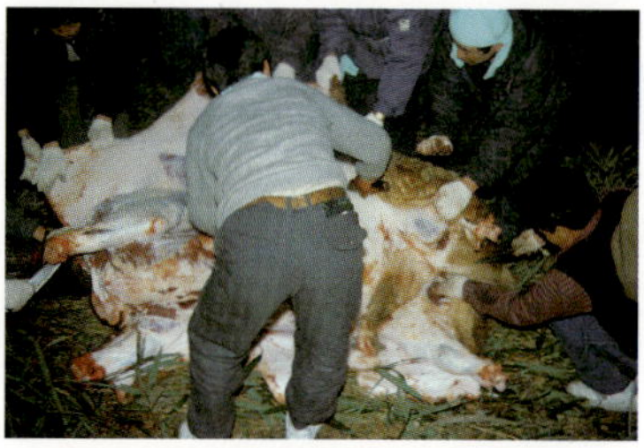
소 내장과 가죽

과거에는 일부 마을에서 통돼지나 통소를 잡기도 했다. 일 년 내내 고기 맛을 보기 어려웠던 시절에 동제는 누구나 몹시 기다리던 날이었다. 물론 한 마을에서도 경제 형편이 좋으면 통소나 통돼지를 잡지만, 그렇지 않은 해에는 소머리나 돼지머리로 대체하는 경우도 많다. 육고기를 올리고 싶으나 형편이 어려울 때는 닭을 잡았다. 6·25 전쟁 중에 그러했다고 전해진다.

그러나 상인이 물주 역할을 하는 시장(市場)의 별신제(別神祭)나 일부 어촌의 당제(堂祭)에서는 웬만하면 통소나 통돼지를 썼다.

제물은 대개 제관 부인이 조리한다. 그래서 제관을 선정할 때 부인의 운도 보는 경우가 많다.

제물 종류에 따라서 그것을 준비하는 장소는 다르다. 메는 산제당

메 짓기(보령 외연도)

떡메 치기

떡 안치기

제물을 제기에 담는 제관

김서방 바위에 떼어놓은 제물

깨끗이 보관된 제기(예산 운산리)

에서 직접 지어 올리고, 다른 제물은 제관 집에서 장만해서 산제당으로 운반한다. 메는 금방 지었을 때가 가장 맛이 있기 때문에, 산제당에서 직접 지어 올린다. 또한 메를 주발에 떠서 올리는 것이 아니라, 대개는 솥째 그대로 진설한다.

제주(예산 운산리)

메 짓기

메 짓기

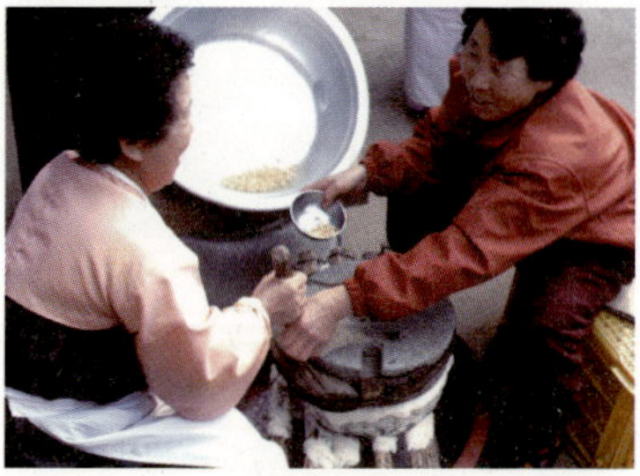

두부 만들기

그래서 산제당 옆에는 대체로 샘이 있기 마련이다. 이를 보통 산제당샘이라 부른다. 만일 샘이 없다면 메 지을 물을 산제당까지 가져와야 한다.

떡은 산제당에서 찌는 것이 여러모로 불편하여 제관 집에서 해 가지고 온다. 예전에는 쌀은 직접 도구통에 방아질을 하여 장만했다. 그만큼 공력이 많이 들었다. 산신을 위해서는 백설기를 찌었고, 하당신을 위해서는 팥시루떡을 안쳤다. 산신은 '맑은 신'이라 간을 하지 않은 흰무리떡을 마련하고, 마을 입구를 지키는 하당신들에게는 잡귀 구축을 위하여 붉은 팥을 넣은 팥시루떡을 올린다.

떡을 찔 때는 많은 금기가 따른다. 조금이라도 부정을 타면 떡이 익지 않고 선다고 한다. 떡을 찌다가 변소에 다녀오면 안 된다는 금기는 매우 보편적이다.

제물을 조리할 때에는 일체의 양념을 쓰지 않는다. 특히 고춧가루는 금기시 된다. 고춧가루를 쓰면 신령들이 강신(降神)하지 않기 때문이다. 또한 음식에 머리카락과 침이 들어가지 않도록 머리에 수건을 쓰고 입도 수건으로 가리는 등 매우 조심한다.

과거에는 술은 산제당 부근에 직접 담가 놓았다가 제일에 걸러서 썼다. 이를 흔히 조라술이라고 부른다. 일부 마을에서는 술 대신 식혜[단술]를 올린다. 단술은 대개 여성 산신에게 올린다.

산신을 호랑이로 여기는 마을에서는 대체로 육고기를 익히지 않고 날 것으로 올린다.

제물을 깨끗한 상태로 바치려면 역시 깨끗한 제기에 담아야 한다. 제기가 항상 깨끗함을 유지하려면 두 가지의 방법이 있다. 하나는 사람들 손이 타지 않도록 은밀한 곳에 감추어 두고, 해마다 깨끗하게 닦아서 다시 쓰는 방법이다. 흔히 산제당이나 그 부근, 특히 바위 그늘에 보관한다. 마을 신령만의 전용 제기인 셈이다. 또 하나의 방법은 항상 새 제기를 구매하여 사용하는 것이다. 또는 한 번 사용한 제기를 마을 사람에게 팔고, 그 비용으로 다음 해에 쓸 제기를 새로 장만한다. 결국 마을 신은 매년 새 제기에 담아진 깨끗한 제물을 흠향할 수 있다.

6) 제사 절차

마을신을 모시기에 합당한 깨끗한 종교적 환경이 마련되었다면, 이제 산제나 하당제를 모실 수 있다.

산제를 모시러 산에 오를 때는 하당제를 지내러 갈 때보다 훨씬 조심스럽다. 심지어 제관이 산에 오를 때 마침 동네 개들이 시끄럽게 짖는다면, 부정하다 하여 일단 하산한 후에 다시 올라가기도 한다. 산에 오르다가 제물을 땅바닥에 잠시라도 내려놓지 않는다.

한 마을에서 상당과 하당을 모두 모시는 경우, 산제를 먼저 모신 후에 곧이어 하당제를 지내는 것이 일반적이다. 하당에서도 할아버지 신격이 우선이다. 그래서 할아버지탑을 모신 후에 할머니탑을 위한다. 장승도 천하대장군을 먼저 모신다. 돌탑, 당수나무, 장승 등 여러 하당신을 모신 경우에도, 마을에 따라서 제사를 모시는 순서에 일정한 원칙이 있다.

이렇게 보통은 같은 날 상당과 하당을 연이어서 모시지만, 일부 마을에서는 날짜를 달리하여 모시기도 한다. 곧 정초에 산제를 모시고, 열나흗날에 하당제를 모신다. 그러나 대보름을 지나서 동제를 지내는 경우는 없다.

제사 절차 자체는 비교적 간단하다. 동제라고 해도 한 집안의 기제(忌祭) 절차와 거의 유사하거나, 아니면 그보다도 간략하다. 다만 여기에 약간의 민속적 변형이나 가감만 이루어진다.

조상 제례의 절차는 강신(降神), 참신(參神), 초헌(初獻), 독축(讀祝), 아헌(亞獻), 종헌(終獻), 삽시(揷匙), 합문(闔門), 계문(啓門), 헌다(獻茶), 철시(撤匙), 사신(辭神), 철찬(撤饌), 음복(飮福)으로 구성된다. 마을신 제사도 그 기본 구성은 이에 준하나 삽시, 합문, 계문, 헌다, 철시 등은 행하지 않는다. 동신(洞神)은 죽은 조상이 아니거니와, 제장(祭場)도 기본적으로 집안이 아니기 때문이다. 그래서 마을신앙에서는 숟가락・젓가락을 놓거나, 신령이 오시도록 문을 여닫는 절차가 필요없다. 그러나 기제사에 없는 소지(燒紙), 헌물(獻物)・폐백(幣帛), 해물리기 등은 중요한 절차로 삽입되어 있다. 따라서 동제는 대개 강신-참신-헌작-독축-소지-해물리기-음복 등의 순서로 간략하게 지낸다.

한학(漢學)하시는 분이 없는 마을에서는 그나마 축문도 없기에 독축도 생략된다. 그러나 가능하다면 축문은 구비하려고 노력한다. 인근 마을에 글을 하는 사람을 수소문해서라도 축문을 받아 온다.

축문은 마을 사람들의 염원을 담은 공식적 기도문이다. 이에 비하여 소지는 각 개인과 가정의 소원을 담은 기도문이다. 축문의 공공성과 소지의 사적 소망이 동제에 조화롭게 반영되어 있는 것이다.

축문은 대개 제관이 일독(一讀)을 한다. 독축을 위하여 축관(祝官)을 따로 두는 마을은 거의 없다. 마을에 따라서는 독축은 많이 할수록 좋다고 하여, 일정한 횟수를 정해 놓기도 한다. 심지어 21번을 읽는 마을도 있다. 이런 경우 그 횟수를 잊을까 돌멩이나 밤 등을 그 횟수만큼 준비해 두고, 한 번 읽을 때마다 옆으로 치운다.

독축이 끝나면 가가호호 소지를 1장씩 올려준다. 대개 산신소지와 대동소지 또는 대동소지와 가가호호 소지 정도를 올리지만, 일부 마을에서는 산신소지-대동소지-제관소지-이장소지-가가호호 호주소지-가축소지 등의 순서로 올리기도 한다. 소지올리기는 동제에서 시간이 가장 많이 소요되는 절차이다.

해물리기는 초대받지 못한 잡귀잡신을 풀어먹이는 절차이다. 제물 중 일부를 떼어서 제당 부근에 놓거나, 바가지에 제물을 조금씩 담아서 그 인근에 뿌린다.

유교식으로 경건하게 산신제를 모시는 제관 일행(예산 예림리)

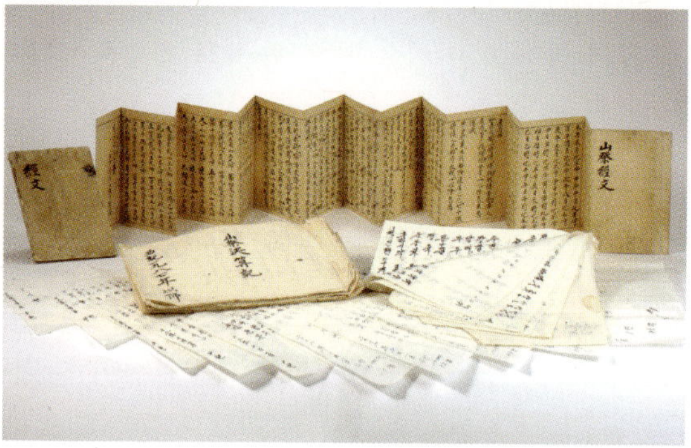

산신제 경문집

당집 금줄에 간과 천엽을 매다는 유사(태안 누동리)

유교식으로 정성을 드리는 제관

소지 올리기

하당제(부여 가회리 장군제)

당제를 지낸 후에 뱃기를 들고 경쟁하듯 배로 향하는 선주들(당진 안섬)

당산 신령의 가호가 깃든 뱃기 꽂기

당제를 모신 후에 뱃고사를 지내는 선주

띠배(당진 안섬)

먼 바다로 띄워 보낸 띠배

제액을 막는 의미에서 만든 짚말(부여 지티리)

마을 밖으로 나가서 짚말을 태우는 아이들

이러한 절차로 제사를 모두 마치면, 제당에는 약간의 제물을 놓아 헌물로 드리거나 창호지나 북어포 등으로 폐백을 올린다. 제당에 밝혀 놓은 촛불은 끄지 않는다. 밤새 타면서 제당을 은은히 밝히게 한다. 이 촛불이 아침까지 꺼지지 않으면 길한 것으로 여긴다.

동제 후의 제물은 흔히 복 있는 음식이라 하여, 예전에는 제사가 끝나면 서로 먼저 가져가려고 다툼을 벌였다. 특히 아이나 청년들이 그랬다. 떡이나 삼색실과 등의 제물뿐만 아니라 폐백으로 올렸던 창호지 등도 인기였다. 이 종이로 연을 만들어 날리려고 아이들은 다음날 새벽 서둘러 산제당에 올랐다. 이 종이에 글씨를 쓰고 공부를 하면 머리에 잘 남는다고도 했다. 어떤 지역에서는 이 종이를 태워서 그 재를 물에 타서 아이들에게 먹였다. 이렇게 하면 공부를 잘한다고 여겼기 때문이다.

음복은 마을 신령으로부터 복을 받는 신앙 행위의 하나이다. 그러나 아무나 음복을 해서는 안 되며 깨끗한 사람이어야 음복을 할 수 있다. 만일 부정한 상태에서 음복을 하면 필시 큰 변고를 당한다. 각 마을마다 음복을 잘못하여 지벌을 맞았다는 여러 체험담들이 전승된다. 어떤 사람은 부인이 임신했는지도 모르고, 산제 음식을 먹고 즉사했다고 한다. 충남 지역의 산제는 기본적으로 유교식 정숙형 제사이다. 하당제도 유교식 제사 절차를 기초로 하지만, 그 분위기는 산신제와는 달리 잔칫집과 비슷하다. 특별히 부정하지만 않다면 남녀노소 누구나 나와 볼 수 있고, 하다못해 동네 개들도 뛰어다닌다. 그만큼 시끌벅적하고 흥겹다.

이러한 기본적인 동제의 절차에 마을에 따라서는 여러 부수적 절차가 덧붙는다. 가령 마짐시루, 마을신의 흠향(歆饗) 여부를 가늠하는 방식, 마을의 재액을 주기적으로 추방하는 의례 등이 편성되기도 한다.

특히 어촌에서는 띠배에 마을의 나쁜 액운을 제물과 함께 담아 먼 바다로 내모는 퇴송배 띄우기가 일반적이다. 또한 당산 신령이 내린 길지(吉紙)를 배를 부리는 선주(船主)들이 서로 다투어, 자신의 뱃기나 배서낭 등에 헌납하는 의례들이 부수적으로 삽입된다.

다. 재난 방어와 풍년 기원을 위한 의례들

1) 기우제(祈雨祭)

대체로 기우제는 하지(夏至) 때까지 비가 오지 않으면 지낸다. 마을 단위로 지내는 것이 보통이다. 그러나 영험이 있다고 소문이 난 산이나 바위, 도랑, 샘 등에서 몇 개의 마을이 공동으로 지내기도 한다.

기우제는 여성의 무속식(巫俗式) 놀이형 의례와 남성의 유교식 정숙형(靜肅形) 제사로 구분해 볼 수 있다. 여성 기우제는 흔히 날궂이라고 부른다. 대개 날궂이를 몇 차례 해도 비가 오지 않으면, 후속 조치로서 남자들이 산에 올라 유교식으로 기우제를 지낸다.

부녀자들은 마을 부근의 도랑이나 내에 나가서 음식을 푸짐하게 차려 놓고 하루를 즐겁게 논다. 날궂이 장소로 행렬을 지어 갈 때에 여자들은 머리에 솥뚜껑을 쓴다. 솥에 물을 끓이면 솥뚜껑 안쪽 우묵 파인 곳으로부터 수증기가 물방울이 되어 떨어진다. 비도 그렇게 오라는 뜻으로 머리에 솥뚜껑을 이는 것이다. 부녀자들은 냇물에 들어가 키로 물을 까부르며 서로 물을 끼얹고 옷을 적시며 한바탕 논다. 이는 비가 오는 장면과 비에 옷이 젖은 모습을 흉내내는 것이다. 특히 장난기 있는 아주머니나 할머니들은 아예 옷을 벗은 채 키질을 하며 익살을 떨기도 한다. 이때에 “비가 오지 않아 속옷을 빨아 입지 못하니, 제발 비 좀 내려 주십시오."라고 외치기도 한다.

남자들은 산에 올라가서 간단한 제물을 차려 놓고 축문을 읽으며 유교식으로 기우제를 지낸다. 떡은 고물을 넣지 않은 백설기를 시루째 올리고, 마을에서 가장 연세가 많은 노인이 잔을 올린다. 남자들이 기우제를 지내는 동안, 여자들을 절대 집밖으로 나오지 못하게 하는 마을도 있다. 예전에는 심한 가뭄의 원인이 명산이나 진산(鎭山)에 남몰래 쓴 무덤 때문이라고 하여, 심지어 이런 묘를 찾아서 파내기도 했었다.

용(龍)을 화나게 하는 방법도 많이 쓰인다. 예컨대 용바위라 부르는 바위를 밧줄로 묶어 흔드는 시늉을 내거나, 용이 승천했다는 장소를 곡괭이로 파헤치고 생솔가지로 불을 놓는 등 하면 비가 온다는 것이다.

충남 금산군 부리면 어재리 마을에서는 인근에 있는 농바위를 끌어 당겨서 비를 빈다. 이 곳에는 장수가 갑옷을 숨겨 둔 농바우를 끌어 내리면, 천지개벽하여 새로운 시대가 도래한다는 설화가 전한다. 이러한 농바우를 부녀자들이 끌어당김으로써 비를 유도하는 것이다. 농바우는 한 차례만 당기는 것이 아니다. 온종일 여기에서 놀면서 서너 차례 행한다. 다음에는 금강에 나가 날궂이를 한다. 이때에 보(洑)를 막아 물을 모이게 하는 흉내도 낸다. 이렇게 느재 마을에서 농바우를 끌었다는 소문이 나면, 금강 유역의 인근 마을들은 각기 날을 정하여 다시 농바우를 당기고, 또한 이에 이어서 각 마을 앞 강변으로 가서 날궂이를 벌인다.

마을 사람들이 인근의 무당 집에 몰려가 무당의 어린 자식을 잡아다가 바짝 마른 논밭이나 햇볕이 쨍쨍 내리쬐는 강변에 세워 놓는 경우도 있다. 겁에 질린 어린 아이는 도망갈 생각조차 하지 못한다. 어린

농바우 끄시기(금산 어재리)

농바우에 연결된 줄을 잡아 당기는 부녀자들

바가지와 키로 물을 뿌리며 날궂이 하는 모습

대문 앞에 거꾸로 매달아 둔 솔가지를 꽂은 물병

아이 주변을 빙 둘러싼 사람들은 소리를 지르고 때리는 시늉을 한다. 무당의 자식을 집단적으로 해코지하면, 하늘이 많은 사람들의 소원을 들어주어 비를 내려준다는 것이다. 무당은 하늘과 땅을 연결하는 중개자이기 때문이다. 이는 마치 조선시대의 폭무기우(曝巫祈雨), 곧 무당을 햇빛에 노출시켜서 비를 비는 기우 풍습을 연상시킨다.

기우제는 농사를 자연에만 의존하던 시대의 유습이다. 그러나 이를 미신 차원의 주술적 의례라고 폄하할 수만은 없다. 기우제의 준비 및 의례 절차 그리고 뒷풀이 놀이 속에서, 개인이나 가정은 물론이고 마을 전체도 심리적인 긴장과 불안을 해소시킬 수 있다. 또한 가뭄이라는 곤경을 헤쳐 나가려는 집단적인 의지를 강화해 주기도 한다. 이 같은 정신적 측면 외에도 가뭄 극복을 위한 구체적이며 실질적인 대안을 강구하는 마을회의의 역할도 한다. 어차피 올해 농사는 결단이 날 수 있으니, 대체 작물로 무엇을 어떻게 심을 것인지, 어느 마을 누구로부터 어떻게 장려쌀(長利-)을 낼 것인지 등을 논의하고 실천하는 것이다.

2) 디딜방아 뱅이

천연두나 홍역 같은 돌림병이 돌면, 부녀자들을 중심으로 이를 막기 위한 대책이 강구된다. 그 대표적인 풍습이 디딜방아 훔치기이다. 1950년대까지는 충남은 물론 전국적으로 행해졌다.

먼저 부녀자들은 어느 마을에서 디딜방아를 훔쳐 올 것인지를 논의한다. 어느 마을에 크고 좋은 디딜방아가 있는지 또는 어느 마을의 것을 비교적 쉽게 훔칠 수 있는지 등을 고려한다. 간혹 무당이 "언제 어느 방위의 마을에서 훔쳐 와야 효험이 있다."고 일러주기도 한다. 다음에는 누가 훔치러 갈 것인지를 결정한다. 대개는 기운이 세고 성격이 강한 부녀자들을 중심으로 선정한다. 때로는 남자들이 일부 포함되기도 한다.

디딜방아를 훔치러 떠날 때 부녀자들은 하얀 소복을 갖추어 입고 숨을 죽이며 조용히 간다. 일부 아낙네는 머리에 솥뚜껑을 이기도 한다. 어떤 마을은 상여(喪輿)를 메고 가기도 한다. 디딜방아는 한밤중에 몰래 훔쳐 내 온다. 어떤 때는 그 마을 사람들에게 들켜서 싸우거나 미

속곳을 씌운 디딜방아 뱅이(금산)

수에 그치는 경우도 있다. 하지만 돌림병 뱅이에 쓴다는 것을 잘 알기 때문에, 순순히 내수는 경우도 많다. 여하튼 마을 입구를 무사히 빠져 나오면, 그곳 사람들도 더 이상 반환을 요구하지 않는다.

훔친 디딜방아는 상여 위에 놓고 그 위에 흰 광목천을 덮는다. 마치 시신을 모시듯 한다. 마을로 돌아올 때는 소복을 입은 여인네들이 상여 소리와 함께 "아이고! 아이고!" 하고 곡소리를 낸다. 또는 "어훙! 어훙!" 하고 호랑이 소리를 내거나 "홍역 물리자! 홍역 물리자!"고 외치기도 한다.

디딜방아는 마을 입구나 마을 앞 삼거리 등에 금줄을 둘러서 거꾸로 세워 놓는다. 그 앞에는 제상을 차리고 부녀자들이 제사를 모신다.

요란한 풍장 소리 속에서 돌림병을 물려달라고 비손을 한다. 아낙네들은 준비해 온 속곳이나 방금 전에 벗은 속곳을 디딜방아의 Y자형으로 벌어진 곳에 걸기도 하고 금줄 사이사이에 끼우기도 한다. 특히 달거리 피가 묻은 속곳을 걸어야 효험이 있다고 한다. 일부 아낙네들은 자신의 속곳을 가지고 온 마을을 다니면서 다른 집 흙을 속곳에다 문질러서 디딜방아에 걸기도 한다. 이런 속곳은 매우 효험이 있다고 한다. 그러고 나서 팥죽을 쑤어서 속곳과 디딜방아에 뿌렸다. 이렇게 하면 돌림병이 마을로 들어오다가도 "이 마을은 더러워서 못 쓰겠다." 하고 도망간다는 것이다. 디딜방아가 더러우면 돌림병이 물러나고, 깨끗하면 더 덤빈다는 말도 있다.

훔쳐 온 디딜방아는 뱅이를 끝낸 후에 돌려주기도 한다. 그러나 디딜방아를 도둑맞은 마을에서는, 금방 다시 되돌려 받으면, 훔쳐 간 마을의 돌림병도 함께 받는 것이라 하여, 조속한 반환을 꺼렸다. 그래서 몇 달 후나 해를 걸러서 가져다 주었다. 또한 훔쳐 온 디딜방아는 자칫 잘못하면 부정 탄다고 하여 함부로 건드리지 않기도 했다. 이런 마을에서는 디딜방아가 그 자리에서 그냥 썩어 없어지도록 내버려 두었다.

훔쳐낸 디딜방아는 2가지의 상징성을 지닌다. 디딜방아를 훔치러 가거나 훔쳐내 올 때 소복을 입고 곡소리를 내는 것은 그것을 시신으로 간주하는 행위이다. 어쩌면 장례를 치름으로써 더 이상의 죽음이 없기를 바라는 뜻이 담겨 있을지 모른다. 또한 디딜방아에 더러운 속곳을 씌우고 팥죽을 뿌리는 것은 디딜방아를 생리 중인 여성으로 여기는 행위이다. Y자형의 디딜방아는 여성의 샅과 동일시된다. 더욱이 하늘을 향해 가랑이를 벌린 모습이다. 그 모습 자체가 흉하기 그지없다. 여성의 샅 그리고 이로부터 나오는 월경 피가 돌림병을 막는 것이다. 여성의 피 부정(不淨)으로 돌림병의 부정을 막아내려는 민속적 대응으로 보인다.

우리 마을에 디딜방아가 있음에도 불구하고 다른 마을에서 훔쳐낸 디딜방아가 효험이 있다는 관념은 주목된다. 미꾸라지 뱅이를 할 때에도 다른 마을의 미꾸라지가 효험이 있듯이, 늘상 접하는 자기 것이 아닌 다른 마을의 것에 한층 특별한 의미가 부여된다. 더구나 '훔쳐낸 것'이기에 더욱 영험하다는 생각도 전제되어 있다.

디딜방아 훔치기로 인한 마을 간의 다툼은 별로 일어나지 않는다. 이는 이미 '허락된 도둑질'로 여겨지기 때문이다.

이러한 디딜방아 뱅이는 마을 사람의 불안정한 심리를 완화시키는 역할을 한다. 디딜방아를 훔쳐 와서 그것을 마을 입구에 거꾸로 세워놓고 풍장을 치며 제사를 올리는 일련의 과정에서, 돌림병의 재앙을 재인식하고 또한 이를 극복해 내려는 집단 의지를 강화하는 것이다. 그 본질은 기우제의 경우와 마찬가지이다.

3) 소금단지 묻기

충남 일원에서도 다른 지역과 마찬가지로 간혹 화재를 막기 위하여 마을 단위로 소금단지를 묻는 풍습이 전승된다. 특히 논산시 양촌면 양촌리 · 임화리 · 신기리 등을 비롯한 대둔산(878m) 일대 마을이 그렇다. 대둔산은 충남 논산시 양촌면, 금산군 진산면, 전북 완주군 운주면에 걸쳐 있다. 전국적으로 특정 지역에 이 같은 풍습이 집중적으로 분포하고 있는 경우는 드문 일이다. 산간 지역이기에 화재가 빈번했고, 이를 예방하기 위한 소금단지 화재맥이 전통이 이 일대에 유행한 것으로 보인다.

지금은 농촌에서도 각 가정마다 기름이나 가스 또는 전기 등을 취사나 난방에 사용한다. 이제는 재래식 가옥도 많이 없어지고 개량되어 불을 다루는 부엌 아궁이나 온돌도 보기 어렵다. 더욱이 불씨가 남아 있던 잿간도 거의 사라졌다. 부엌을 비롯한 집안 이곳저곳에 있던 볏짚이나 장작도 보기 쉽지 않고, 지붕도 초가에서 기와나 슬레이트로 바뀐 지 이미 오래되었다. 밤을 밝히기 위해서 호롱불도 쓰지 않는다. 과거에 비하면 상대적으로 화재 요인이 훨씬 감소된 셈이다.

예전 초가집에서 살던 시절에는 마을에 화재가 간혹 또는 자주 일어났다. 수년에 한 번씩 아니면 한 해에도 여러 차례 예기치 않은 크고 작은 불이 났다. 특히 땔감을 많이 쓰는 겨울철이나 매우 건조하고 바람이 강한 봄철에 그랬다. 또 산골 마을은 바람이 매우 심하여 부엌 아궁이나 잿간 속의 불씨라도 쉽게 다시 살려내어 무서운 화재로 번지는 경우가 많았다. 부엌에는 늘 짚단이 있었고, 지붕에는 볏짚으로 엮은 이엉을 얹은 터이라, 조그만 불씨라도 큰 불로 번지기 일쑤였다. 더욱이 집들이 다닥다닥 붙어 있어 한 집의 화재는 그 집의 참화로만 그치지 않고 한순간에 이웃으로 또는 마을 전체로도 확산된다. 한 집의 화재는 이웃이나 심지어 마을 전체의 재앙이 될 수도 있다. 순식간에 한 가정이나 이웃들의 보금자리인 집을 삼켜 버리기도 한다. 이는 집이란 건축물만 파괴하는 것이 아니라, 삶 자체를 치명적으로 손상시키는 엄청난 재난이다. 오죽하면 화재를 일으키는 불을 마귀에 비유하여 화마(火魔)라 표현했겠는가. 참으로 두려운 일이 아닐 수 없다. 이렇게 불은 위험하고 무서운 존재이다.

그렇다고 해서 우리네 생활에서 불을 쓰지 않을 수 없다. 오히려 불은 음식을 조리해 주고 쇠죽도 끓이며 구들을 뜨겁게 덥혀서 추운 겨울을 잘 나도록 한다. 한 겨울에는 아침에 쓸 물도 따뜻하게 마련해야 하고, 부모의 병환에 탕약도 지어 올려야 한다. 칠흑 같은 어두움은 호롱불이 밝힌다. 불 없는 생활 자체가 가능하지 않다. 그만큼 불은 말할 필요 없는 고마운 필수적인 존재이기도 하다. 불의 이로움과 위험이 지닌 양면성이 그토록 심하다. 그래서 불과 관련한 우리네 생활에서는 그 이로움은 극대화하고 그 위험은 최소화시키고자 노력한다.

그런데 불의 위험은 아무리 노력을 해도 방지하기 쉽지 않고 때로는 전혀 제어할 수가 없다. 불은 인간의 의지 안에서도 존재하지만, 인간의 의지 밖에서도 존재한다.

소금단지 화재막이는 바로 이 같은 '인간의 의지 저편에 있는 불'을 예방하고 통제하려는 마을공동체의 뱅이이다. 뱅이란 인간을 항상 위협하고 있는 불의의 사고 및 질병을 예방하거나, 어쩔 수 없이 일어난 재액을 되도록 빨리 없애버리는 일종의 주술적 대응이다.

도깨비불은 원인 모르는 불을 뜻한다. 화재가 일어난 실제 원인이야 당연히 있는 것이지만, 사람이 전혀 알지 못하며 또한 예기치도 못한 시간과 상황에서 야기된 불은 모두 고약한 도깨비의 장난[作亂]으로 여겨진다. 곧 '인간이 원인을 모르는 불'을 설명하는 개념이 도깨비불인 셈이다. 일반적으로 문화가 원래 그러한 것이지만, 민속상에서도 인간의 이성 및 지식이 미치지 못하는 현실 영역은 결코 그대로 내버려두지 않는다. 쉽게 말하면 잘 모르며 이해가 안 가는 현상이라 하여 미지의 영역으로 방치하지는 않는다. 모르면 답답하고, 답답하면 혼란스럽고, 혼란스러우면 앞날을 예측하고 계획할 수 없다. 곧 동민(洞民)이 과거와 현재의 마을 화재 원인을 정확히 그리고 잘 알 수 없다면, 언제 어떠한 상황에서 다시 화마가 마을을 덮치게 될지 두려울 뿐이다. 화인(火因)을 모르니 대책을 강구할 수도 없다.

이런 불안한 상황에서는 마을에서 안정된 지속적 삶을 이어가기 어

화산(논산 양촌리 탑안이)

화재를 막기 위해서 간수를 묻은 간수봉(논산 신기리)

화산에 묻은 소금단지(논산 탑안이)

렵기 때문에 마을 화재의 원인은 반드시 규명되고 설명되어야 한다. 그래야 화재를 막을 방책을 세울 수 있고, 방책이 실행되어야 안심하고 다시 마을에서 살아갈 수 있다.

마을 사람들이 답답해하고 불안해 할 때 마침 도승이나 술사가 나타나서, 그 원인을 밝혀 주고 더욱이 그 방안도 제시해 준다. 어떤 경우에는 마을 사람들이 외부의 스님이나 풍수 그리고 무당을 찾아서 자문도 구한다.

이곳 논산 양촌면 일원의 마을들은 대개 그 원인을 마을을 '가까이서 또는 멀리서' 또렷하게 쳐다보는 화산(火山)의 매서운 눈매에 돌렸다. 마침내 화인(火因)을 찾은 것이다. 화산은 글자 뜻 그대로 화기(火氣)를 잔뜩 머금은 산이다. 마을에서 보이는 인근 및 원방(遠方)의 산들 중에서 비교적 뾰족하여 날카로움을 보이는 산이나 바위가 많은 산은 특히 화산으로 지목된다. 화산으로 명명되면, 그 이후로는 그 산은 특히 마을을 빤히 쳐다보며 호시탐탐 화기를 쏘아내는 한층 더 불길한 산으로 여겨진다. 사실 동민들이 화재의 원인을 어디에 두든지 그것은 중요하지 않다. 화산은 미지의 현상을 이해하고 설명하려는 마을 공동체의 노력 중에서 나타난 하나의 대상일 뿐이다. 다시 말하면 마을 사람들이 자신의 정주 공간을 물리적·정신적 측면에서 모두 온전하게 하려는 시도일 뿐이다. 그리고 그러한 노력이나 시도에서 우리네의 전통적인 풍수 형국론이 동원된 것이다.

마침내 마을의 화재에 대한 인과관계가 찾아졌다. 정확히 언급하면 사실 자체를 규명한 것이 아니라, 마을의 풍수 형국에 기초하여 화산을 선정하고 지목하여 그것에 화인을 부여한 것이다. 동민들의 상상계(想像界)에서 임의로 지어낸 인과론이다.

원인이 밝혀졌으면 그에 상응하여 대책이 마련될 수 있다. 논산시

산꼭대기에서 화재맥이를 하는 주민들(논산 임화리)

소금을 묻은 자리에 불 놓기

물 수(水) 자가 적힌 백지를 덮은 소금단지(통도사)

단오에 사찰의 화재를 막기 위해서 소금단지를 처마 밑에 올리는 스님

양촌면 인근, 특히 전북 완주군 운주면·화산면의 일부 마을들에서는 화산의 화기를 막기 위하여 마을 입구에 숲거리를 조성하여 마을을 외부의 시선으로부터 차폐시키거나 화재를 일으키는 불바위나 촛대바위 등을 나뭇단이나 검불로 덮어주고는 했다.

그러나 논산시 양촌면의 마을들에서는 대체로 음력 정초에 동제(洞祭) 모실 때에 그 일환으로 마을 앞산이나 뒷산 또는 인근의 산에 소금단지를 묻음으로써 화재맥이를 했다.

음력 정초의 동제는 신년제(新年祭)의 성격이 짙다. 마을에 따라서 제일(祭日)은 조금씩 다르지만, 여기서는 대개 음력 정월 초사흘이나 열나흘에 지낸다. 신년제는 묵은해를 보내고 새해를 맞이하는 마을 제사로서, 그 기본 목적의 하나는 제액초복(除厄招福)에 있다. 그래서 소금단지 묻기를 동제와 별도로 하기보다는 동제 모실 때에 액막이 차원에서 함께 행하게 된다. 다만 동제가 원칙적으로 자정이나 밤 또는 저녁에 치르는 것에 비하여, 소금단지 묻기는 낮에 행한다. 소금단지를 묻는 산(소금무지산)은 화산을 제어할 수 있는 방향과 위치에 있는 마을 근처의 산 중에서 선택한다.

구체적 사례를 들면 양촌리 탑안이에서는 음력 정월 조사흘에 산신제 모실 준비를 하면서 먼저 승재골에 올라 소금단지를 묻었다. 양촌리 원양촌에서는 음력 정월 초이레에 노루목을 화산으로 여겨서 노루의 코에 해당하는 장소에 말뚝을 박고 그 옆에 소금을 묻는다. 그리고 간단히 산신제를 올린다. 임화리 고산임화에서는 음력 정월 열나흘 자시(子時)에 산신제와 천룡제를 지내는데, 낮에는 소금단지를 소금무지산에 묻는다. 신기리 늘마루에서는 예전에 음력 정월 초사흘에 산신제를 모셨고, 정월 열나흗날에는 마을 앞 간수봉에 간수를 묻었다.

이러한 소금단지 화재맥이의 가장 본질적 요소는 소금이다. 소금은 바다 또는 바닷물을 상징한다. 간수도 마찬가지이다. 논산 양촌면의 경우는 아니지만, 전북 함평군 대전리의 사례는 소금이 바닷물 자체임을 잘 보여 준다. 이곳에서는 아예 인근 바다로 나가 바닷물을 떠와서 항아리에 담은 다음, 음력 이월 초하루에 봉안한다. 이를 불막이제라 한다.

소금무지산에 묻은 소금단지는 단순한 소금을 담은 항아리가 아니다. 외형은 소금단지이지만, 그것이 지닌 내면적 상징은 바다 그 자체이다. 이는 온 세계의 물을 뜻하기도 한다. 화산을 제어하기 위한 마을의 소금무지산은 곧 바다인 것이다. 어떠한 화마도 바다와 바닷물 안에서는 발동할 수 없다. 따라서 소금은 화산의 불기운을 잠재우는 최강의 상징적 수단이다. 여기에서 소금이 지닌 짠맛이나 부패 방지의 속성은 화재맥이와 별로 상관없어 보인다.

소금단지 화재맥이는 마을공동체가 자신의 정주 공간을 '재난이 없는 화평한 세계'로, '예측이 가능한 질서와 조화의 세계'로 가꾸어 나가려는 노력의 일환에서 형성된 전통적 풍습이다. 마을 사람들은 이미 마을에 상·하당신(上·下堂神)을 산과 마을 입구에 각각 모심으로써, 마을을 동신(洞神)의 축복과 보호를 받는 세계로 만들었다. 그럼에도 불구하고 마을의 삶을 수시로 위협했던 화재라는 특정 재난을 적극적이며 능동적으로 막기 위하여 소금단지 화재맥이를 그 방책으로 마련했다.

4) 볏가릿대 세우기

볏가릿대를 세우는 풍습은 충남·호남·영남 지방의 벼농사 지대에서 주로 전승되어 온 민속이다. 한강 이북에서는 거의 보이지 않는다.

볏가릿대는 볏가리+대로 이루어진 말이고, 볏가리는 벼+가리로 구성된 말이다. 곧 벼, 가리, 대가 합쳐진 말이 볏가릿대이다. 벼는 우리의 주식인 쌀을 내는 볏과의 한해살이풀이고, 가리는 단으로 묶은 곡식을 차곡차곡 쌓은 더미를 말한다. 그래서 볏가리는 벼를 베어서 볏단을 차곡차곡 쌓은 더미를 뜻한다. 벼 베기가 끝난 논에 여기저기 쌓여 있는 볏가리는 그 자체가 한 해 농사의 상징이다.

대는 장대(長-)를 말한다. 따라서 볏가릿대란 볏가리의 장대란 뜻이 된다. 그러나 이 말의 뜻은 잘 통하지 않는다. 현실적으로 서로가 어울릴 수 없는 '볏가리'와 '대'라는 낱말이 합성되었기 때문이다.

이렇게 축자적(逐字的)으로 보면 말이 안 되는 낱말이지만, 볏가릿대의 본질과 그를 둘러싼 여러 문화요소들의 복합적 차원에서 바라보면, 그것이 하나의 상징적 의미를 지닌 편의성 낱말임을 금세 깨닫게 된다. 곧 볏가릿대는 상징적으로 '볏가리를 얹은 장대', '볏가리를 쌓아놓은 장대', '볏가리인 장대' 등의 의미로 읽힌다.

충남 내포 지역에서는 대부분의 마을이 음력 정월 대보름에 볏가릿대를 세운다. 극히 일부 마을만이 열나흗날에 할 뿐이다.

볏가릿대를 세우는 장소는 대개 마을의 대동샘이나 부잣집 옆이다. 대동샘은 볏가릿대를 세우는 목적을 강화하기 위한 상징성과 관련되고, 부잣집은 볏가릿대를 세우고 내리는 날의 잔치 음식의 협찬을 받기 위해서이다. 물론 대동샘 바로 인근에 부잣집이 있으면, 볏가릿대는 대동샘과 부잣집에 함께 세우는 셈이 된다.

풍년을 현실화하는 가장 중요한 요체는 물이다. 우순풍조(雨順風調)야 말로 농사 성패의 관건이다. 날이 가물면 우물도 마르고 비가 많아야 우물도 마르지 않는다. 마을의 생명인 물은 다름 아닌 우물이다. 이

서산 야당리 볏가릿대(1985년 전국민속예술경연대회 출전)

마을회관 마당에 세운 볏가릿대(서산 온석동)

볏가릿대 내리기(서산 온석동)

벗가릿대를 세우고 정성을 드리는 주민들
(서산 연화리)

정월 보름 볏가릿대 세우기(서산 연화리)

고사상에 떠놓은 옥수(서산 환성리)

2월 초하룻날 볏가릿대 고사(서산 환성리)

볏가릿대를 내리기 전에 고사를 지내는 주민들(서산 환성리)

우물가에 볏가릿대를 세움으로써, 풍농을 가능하게 하는 물을 상징적으로 풍족히 확보하려는 것이다. 그래서 일부 마을에서는 마을의 대동샘마다 풍장을 치고 다니며 볏가릿대를 세운다. 대보름 이전에는 당연히 우물을 깨끗이 품어 놓는다.

볏가릿대 세우는 날 간단한 고사상이라도 차린다면, 여기에는 반드시 청수(淸水) 동이를 올린다. 그릇이 아닌 동이에 청수를 담은 것은 그만큼 "농사에 물이 풍부하라."는 의미이다.

볏가릿대의 본질은 오곡(五穀)주머니와 장대이다. 종이나 헝겊에 싼 오곡은 볏가리를 상징한다. 또 볏가리는 단순히 볏단을 쌓아 놓은 가리만 뜻하는 것이 아니라, 벼를 비롯한 여러 곡식의 가리도 의미한다. 곧 볏가리는 풍년의 표상이다. 서산 사람들이 흔히 "볏가리를 세운다."고 말하는 것은, 볏가릿대 세우기의 본질이 볏가리에 있음을 무의식적으로도 알고 있기 때문이다. 굳이 볏가릿대라고 말하지 않아도 괜찮은 것이다. 물론 볏가릿대의 목적은 그 명칭에서와 같이 벼농사에 초점이 맞추어져 있다.

이러한 볏가리를 하늘 높이 솟아오르게 하여 풍년의 소망을 하늘에 전달하고 아울러 풍년의 의지를 세상에 선포하기 위한 하나의 수단이 바로 장대이다. 얼핏 보면 볏가릿대의 장대는 단순한 기다란 대에 불과하지만, 여기에는 고대로부터 전 세계적으로 보편성을 지니며 전승되고 있는 우주축 또는 우주목의 희미한 모습이 서려 있다.

지금도 볏가릿대의 신성성은 어느 정도 인정되고 있다. 당연하지만 어느 누구도 함부로 해서는 안 되고 더욱이 쓰러지지 않도록 주의한다. 볏가릿대가 세워져 있는 기간에 상여(喪輿)는 마을에 들어 올 수 없었지만, 불가피한 경우에는 반드시 볏가릿대가 보이지 않도록 우회시켰다.

농점(農占)을 친 오곡주머니(서산 온석동)

오곡주머니는 오곡을 각각 5개의 주머니에 넣어 그것을 다시 하나로 묶어서 만들기도 하지만, 때로는 하나의 주머니에 함께 넣어서 마련하기도 한다. 어떤 곡식을 오곡으로 여기는지는 마을마다 다소 다르다. 쌀을 오곡의 하나로 간주하는 마을도 있고, 그렇지 않은 마을도 있다. 대체로 벼 · 보리 · 콩 · 조 · 팥 · 기장 등이 오곡의 범주에 든다. 여기에서 중요한 것은 곡식을 찧지 않은 상태로, 곧 겉곡으로 넣어야 한다는 원칙이다. 특히 아껴 두었던 씨나락을 오곡주머니에 담기도 한다. 이 모두는 곡식이 지닌 생명을 그대로 유지시키기 위함이다.

장대는 소나무나 대나무로 대개 4-5미터나 5-6미터 정도 되게 만든다. 이때 소나무의 윗가지나 대나무의 상순은 자르지 않는다. 비록 산 나무를 잘라, 죽은 나무로 장대를 마련했지만, 장대를 '살아 있는 나무'로 여기고 싶은 것이다. 이러한 관행은 볏가릿대가 외관상 종교적 분위기를 자아내는 데 도움이 된다.

장대의 꼭대기는 꿩장목으로 장식하기도 하고, 여기에 '농자천하지

대본(農者天下之大本)'이라고 쓴 농기(農旗) 등을 매달기도 한다. 또 장대에는 "옷을 입힌다."고 하여, 장대를 볏짚으로 온통 둘둘 말아 놓기도 한다. 이는 일종의 폐백이다.

장대는 다음과 같이 설치한다. 먼저 땅에 조그만 깊은 구덩이를 판다. 여기에 장대를 세워 놓고, 그 주변의 땅을 발로 밟아 다진다. 장대 둘레로는 세 곳을 일정한 간격으로 벌려 말뚝을 박는다. 장대를 중심축으로 보면, 말뚝은 약 120도 간격으로 떨어져 있다. 그리고 미리 꼬아 둔 동아줄을 가지고, 장대의 상단과 말뚝을 단단히 연결해 놓는다. 그렇게 하면 웬만한 비바람에도 볏가릿대는 꿈적하지 않을 것이다.

동아줄 사이사이에는 금줄과 마찬가지로 볏짚을 간간이 서너 가닥씩 빼놓아 너풀거리게 한다. 이것을 서산의 모든 마을에서는 '벼이삭'이라 부른다. 그만큼 볏가릿대의 부수적 요소에도 풍년의 상징을 부과한 것이다.

볏가릿대는 본격적인 농사가 시작되는 음력 이월 초하루에 내린다. 장대를 쓰러트리는 일이건만, 이를 두고 "내린다."라고 말한다. 이는 장대에 매달아서 하늘에 올렸던 볏가리를 땅으로 내린다는 뜻이다.

이 날은 흔히 '농군의 날', '머슴의 날'이라고도 부른다. 한 해 농사를 시작하면서 마지막으로 하루를 놀며 쉬는 것이다. 이렇게 볏가릿대를 내리는 날은 농군의 날과 교묘히 맞물려 있다.

볏가릿대를 내릴 때에는 어느 방향으로 쓰러트릴지를 판단한다. 대개는 삼살방(三煞方)이 없는 쪽으로 쓰러트린다. 일부 마을에서는 볏가릿대가 쓰러지는 방향의 마을에 풍년이 든다고도 여겼다.

이날 대개의 마을에서는 풍장패들이 한판 쇠를 부수면서 마을을 한 바퀴 돌고, 상쇠가 볏가릿대 앞에 간단한 고사상을 차리고 헌작(獻爵)·재배(再拜)를 한 후에, 볏가릿대를 내렸다. 예전에는 이때 가가호호 지신밟기도 했다.

볏가리가 내려지면, 먼저 오곡의 상태를 주의 깊게 살핀다. 물기에 곁곡이 불은 정도를 보아서, 그해의 풍흉을 점쳐 보는 것이다. 곁곡이 충분히 불어 있으면 대풍(大豊)으로, 적당히 불어 있으면 평작(平作)으로, 불지 않고 오히려 말라 있으면 흉년(凶年)으로 여긴다. 오곡 전체가 불은 정도가 비슷하게 보일 때도 있지만, 오곡마다 다소 다를 때도 있다. 후자의 경우에는 보리는 좋지만 콩은 좋지 않다든가 하여, 오곡마다 그 예후를 다르게 짐작한다. 그러나 아무리 곁곡이 잘 불었어도 싹이 트인 것만 같지 못하다. 싹이 나있으면 그야말로 대길이다.

이는 볏가릿대가 세워져 있는 보름 동안, 얼마만큼 비나 눈이 와서 충분한 습기를 머금었느냐 하는 여부와 관계가 된다. 그러나 마을에서는 이렇게 강우량과의 상관성을 따지기보다는, 볏가릿대가 영험하기에 오곡주머니로 보는 농점(農占)은 믿을 만하다고 생각한다.

볏가릿대를 고정시켰던 동아줄도 함부로 버리지 않고 부잣집의 곳간으로 가져간다. 볏가릿대를 내린 이후에, 이 동아줄은 볏섬이라고 부른다. 동아줄은 섬에 담기도 하지만, 작두로 잘게 썰어서 담기도 한다. 이는 줄다리기를 끝낸 후, 줄을 토막 내어 지붕 위에도 던져 놓고, 논과 밭에 뿌려 놓고, 아기 못 낳는 며느리에게도 삶아 먹이는 등 여러 뱅이 용도로 쓰는 것과 유사하다.

이렇게 볏가릿대는 장대와 오곡주머니 말고도 그 일체의 것이 풍농을 가져다 주는 농가의 신간(神竿)이다.

5) 기고사

농기는 깃대와 그 윗부분에 매달은 깃발, 그리고 꿩장목으로 구성된다. 지금은 농기의 깃대에 담겼던 우주축의 의미가 전혀 감지되지 않지만, 아주 먼 과거로 소급할수록 그러한 잔영은 분명히 서려있다. 하늘과 땅을 잇는 신단수(神檀樹)나 소도(蘇塗)가 오랜 역사 속에서 어느 시점에 이르러 농경 마을의 깃대인 농기로 재창출된 것이다. 이러한 신간은 천지를 단순히 이어주는 수단에 불과한 것이 아니라, 신과 인간의 의사소통에도 널리 쓰여 왔다. 솟대를 비롯하여 서낭대, 볏가리대, 영등대, 물대 등도 그러한 의미와 기능을 지닌 신간들이다. 집안의 액막이로 지붕에 세우는 조그만 깃대도 마찬가지이다.

또한 농기는 자신의 마을을 상징하는 동시에 풍농을 보장하는 기(旗)이기도 하다. 뱃기(-旗)도 배의 소유주를 분명히 하지만, 아울러 풍어도 확신시킨다. 역사상의 수많은 군기(軍旗)도 그러하다. 단순히 각 단위 부대만을 상징하는 것이 아니라 승리에 대한 소망과 확신이기도 하다.

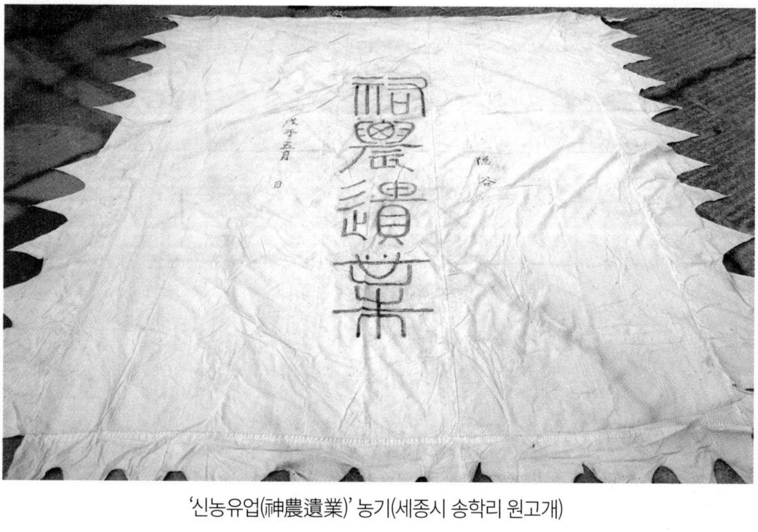

'신농유업(神農遺業)' 농기(세종시 송학리 원고개)

정월 보름날 마을 가운데에 세운 농기
(세종시 하봉1리 황골)

마을회관 앞에 세워 놓은 농기(세종시 대교1리)

우물가에 농기를 옮겨 세우고 정성을
드리는 주민들

깃발은 기(旗)가 선포하려는 메시지를 각종 표지나 상징으로 나타낸다. 농기에 묵서된 '농자천하지대본(農者天下之大本)'이나 '신농유업(神農遺業)'이란 글귀 그리고 용(龍) 그림 등이 대표 사례이다. 꿩장목은 깃대 끝을 장식한 꿩의 깃털이다. 새가 날 수 있는 것, 그리고 새가 새일 수 있는 것은 날개와 깃 때문이다. 새의 깃은 하늘과 지상을 연결하는 상징 그 자체이다. 그래서 꿩장목은 농기에 우주축의 의미와 기능을 한층 보강시킨다. '솟대 위의 오리'와 '농기의 꿩장목'은 그 시원적 의미가 다른 것이 아니다. 고구려의 조우삽관(鳥羽插冠)도 시간을 초월하여 비슷한 사례의 하나로 이해된다. 기싸움(旗-)에서 상대방 마을 농기의 꿩장목을 먼저 빼앗으려는 것도 그러한 상징성과 관련된다.

두레가 크게 나는 너른 들판의 마을들은 농기를 더욱 소중히 여겼다. 그래서 두레 날 때나 또는 정초의 기세배(旗歲拜) 때, 마을과 마을 사이에서 기싸움이 벌어졌다. 공주와 세종시 장군면, 금남면 일대는 제법 넓은 평야를 지닌 논농사 지역이다. 이 지역은 가히 '기고사 문화영역'으로 설정될 만큼, 기고사가 집중적으로 분포해 있다. 당연히 두레가 크게 났고, 따라서 농기를 더욱 소중히 여겼다. 기고사는 이처럼 농기를 신체(神體)로 하여, 진정한 새해인 음력 대보름에 한 해 농사의 개시를 알리고 그와 더불어 풍농의 소망을 비는 고사이다.

기고사의 절차와 방법은 산신제나 장승제 등의 동제와 크게 다르지 않다. 기고사의 제관도 마을에서 깨끗한 사람 중에서 뽑는다. 예전에는 당연히 생기복덕(生氣福德)도 보았다. 제관 집에는 금줄을 드리우고 황토도 뿌려서, 일체의 부정을 가린다. 일정 기간 재계(齋戒)를 한 제관은 정성껏 마련한 제물을 가지고, 대보름 새벽 먼동이 떠오를 즈음에, 제관 집 앞이나 마을의 공터 또는 대동 우물터 등에 제상을 차리고, 비교적 간단하게 유교식으로 제사를 지낸다. 진설(陳設)-헌작(獻爵)-재배

기고사 축문을 읽는 제관(세종시 하봉리 하산)

마을의 안과태평을 빌며 소지를 올리는 제관

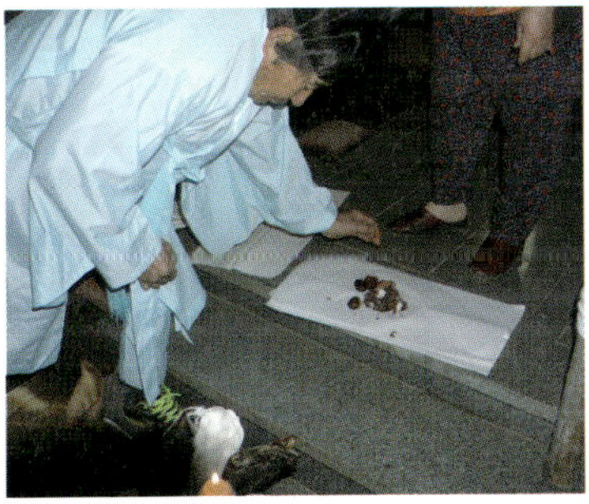
백지에 떡과 밤 · 대추 등 싸기(세종시 산학리)

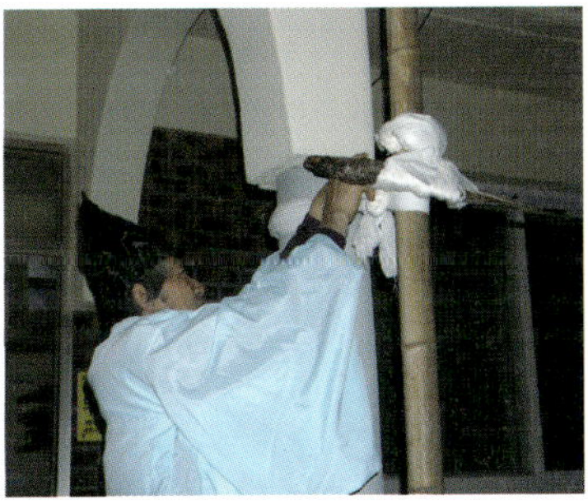
깃대에 헌물을 다는 제관

(再拜)-독축(讀祝)에 이어서 소지(燒紙)를 올린다. 농기 소지는 다른 소지보다 가장 먼저 올린다. 다음에는 철상(撤床)하면서, 통북어와 백설기 등을 창호지에 싸서 깃대에 묶어 준다. 이는 농기에 올리는 폐백이다.

사실 두레가 나지 않는 지금은 기고사의 종교적 또는 대동적 의미는 많이 퇴색됐지만 과거에는 그렇지 않았다. 농기는 한 마을의 상징인 동시에 그 마을 농사의 상징이기도 했다. 마을의 경제가 오로지 농업의 성패에 달렸기 때문이다. 이러한 농기에 매년 음력 대보름마다 농군들은 한 농사의 시작을 고하고, 풍농을 이룰 수 있도록 빌었다. 형식상으로는 농기에 풍년을 비는 것이지만, 실제로는 올해도 열심히 농사를 짓겠다는 농군 스스로의 다짐이기도 했다.

더욱이 농기에는 농군들의 풍년에 대한 염원이 담겨 있기에 이제 한 해 동안 농군들과 함께 하며, 농사를 돕고 농군을 위로하고 격려할 것이다. 두레 날 때 농기를 앞세우고 나아가거나, 두레 논을 맬 때 논둑에 농기를 세워 놓는 것 등 모두 그러한 상징성 때문이다.

제일은 거의 대부분 음력 정월 대보름 새벽이다. 극히 일부 마을에서는 하루 전인 열나흘 저녁에 지낸다. 그러나 이는 마을의 편의를 고려한 대보름에서 변형된 제일이다.

농기는 제일에 앞서서 마을회관 앞에다 먼저 세운다. 예전에는 음력 정월 초사흘에 세우기도 했다. 근래에는 기고사 하루 전이나 삼일 전에 세우고, 그 앞에 황토를 뿌려 둔다. 황토는 보통 좌우 양쪽으로 3무더기씩 편다.

제물은 백시루나 팥시루떡, 돼지머리, 삼색실과, 북어포 등으로 비교적 간단히 차린다. 그러나 반드시 올려야 할 것은 옥수(玉水)이다. 조왕이나 터주에 일상적으로 올리는 청수는 보통 정화수라고 부른다. 그러나 우물고사 등 특별한 날에 올리는 청수는 옥수라고 높여서 말한다. 기고사에 바치는 청수도 당연히 옥수라고 칭한다. 옥수는 중발이 아니라 대접이나 양푼에 가득 담는다. 특히 옥수는 굿상에 올리거나, 천신 계열의 신령에게 바치는 청수를 뜻한다. 지신밟기를 하거나 두레 날 때에도 농기에 올리는 청수는 옥수라고 한다.

농기에 고사 지내는 것 자체가 농기를 이미 신격(神格)으로 여긴다는 민간사고를 나타낸다. 세종시 금남면 금천2리 기고사의 축문에서는 '천하대장군과 지하여장군을 거느리신 농기신명님'이라고 호칭하고 있다. 세종시 장군면 하봉리에서는 '신농사명기신(神農司命旗神)'이라고 부르고 있다. 그래서 무생명체인 농기는 떡을 먹고 술도 마시며 때로는 돼지머리도 즐기며 흠향할 수 있다. 또한 해마다 반복되는 기고사를 통하여 농기는 더욱 신성(神性)을 주기적으로 강화하게 된다. 이렇게 신성이 충만해진 농기는 한 해 동안 농군들의 농사일을 잘 도와줄 것이다.

이렇게 고사를 받은 농기는 음력 이월 초하루에 내린다. 근래에는 기고사를 지낸지 삼일만에 내리는 마을이 많지만 옛법을 따른다면 이월 초하루에 내리는 것이 맞다. 이월 초하루는 바야흐로 농사일을 본격적으로 시작하는 시점이다. 이 날을 '농군의 날', '머슴의 날'이라 부르는 것은 그 때문이다. 한 해 농사를 시작하면서 마지막으로 하루를 놀며 쉬는 것이다. 이월 초하룻날이면 농군들은 지게다리를 붙잡고 울고, 부녀자들은 문설주를 붙들고 운다는 말들은 그래서 생겨났다.

음력 정월 대보름 새벽에 기고사를 잡수신 농기는 이월 초하루까지 마을 한복판에서 깃발을 휘날리며 우뚝 서 있나. 농사의 시작을 선포하고 풍농을 열망하는 농군들의 상징이다. 이월 초하루에 농기는 내려지고, 이날부터 한 해의 고된 농사일이 시작된다.

3. 무속(巫俗)

한국 종교문화의 기반인 무속

무속은 무당이 굿을 통하여 인간과 자연 또는 인간과 신령 사이에 발생한 문제를 해결하여, 인간의 평안을 성취하고 유지하려는 전통적 종교이다. 이러한 종교현상을 흔히 무속이라고 부르지만, 실제로 무당이나 그의 단골(신도)들은 그런 말을 쓰지 않았다. 그들은 자신들이 믿는 종교를 그냥 "굿 한다.", "무꾸리 한다." 등으로 말할 뿐이었다. 심지어 종교나 신앙이라는 낱말조차 없었다. 이는 근대에 들어서 새로 만들어진 개념어이다. 정성드리고 비손하고 굿하고 점사를 보는 일이 일상의 한 부분이었을 뿐, 이를 딱히 어떤 개념으로 범주화하지는 않았다.

역사 문헌에서는 무(巫) 또는 무풍(巫風)이라고 했다. 유교·불교와 같이 가르칠 교(敎) 자를 써서 무교(巫敎)라고 하지도 않았다. 무당의 굿은 유학자들이 그 가치를 깎아내려 음사(淫祀)라고도 했다. 거짓되고 잘못된 제사라는 뜻이다. 고려 및 조선시대에는 무속(巫俗)이란 어휘는 없었다. 이 낱말은 아마도 1920년대 무렵부터 한국인·일본인 민속학자들이 널리 쓰기 시작한 것으로 보인다. 무풍과 무속은 다소의 의미 차이는 있지만, 모두 무당의 풍속이란 뜻을 지닌다. 지금은 무속이란 낱말의 적합성 여부를 떠나서, 무당을 중심으로 한 종교 현상을 뜻하는 일반적 용어가 되었다.

무속은 한국의 유구한 역사 속에서 항상 종교 문화의 기반을 이루어 왔다. 한국 종교 문화의 역사적 층위에서 가장 아래에 위치하며, 다른 외래의 종교를 수용하고 또한 정착·발전시키는 데도 그 토대로서 중요한 역할을 했다. 외래종교의 토착화는 일정 부분 무속화(巫俗化)라고 명명해도 무방하다. 외래종교도 부분적으로 무속화되는 현상을 보였지만, 반면에 무속도 외래 종교를 부분적으로 수용하면서 자신을 풍부히 발전시켜 왔다. 그런데 이렇게 무속이 여러 종교와 공존하고 융합할 수 있었던 배경에는 한국의 종교 전통이 지니는 다원성이나 혼합성이 깔려 있다. 9세기 신라의 최치원이 난랑비서(鸞郎碑序)에서 언급한, 유(儒)·도(道)·불(佛) 삼교(三敎)를 포용하고 조화시키는 풍류(風流) 이래의 전통이다. 그는 풍류를 현묘지도(玄妙之道)라 했다.

무속과 한국문화는 불가분의 관계에 있고, 양자는 유기적 관련성을 갖는다. 다른 종교를 신봉하는 사람들도 삶의 위기에 직면해서는 무속에 의존했다. 이는 개인만이 아니라, 사회나 국가 차원에서도 마찬가지였다. 한국인의 종교적 삶 자체가 무속적 속성을 지녔기 때문이다.

하나의 사례를 들면, 우리가 무심코 쓰는 표현법이나 속담 등에도 무의식적으로 무속 전통이 얼마나 많이 배어있는지 모른다. "신 난다.", '귀신 씨나락 까먹는 소리.', '터주대감', '단골손님', '업둥이', "떡 본 김에 굿한다.", "귀신 듣는데 떡 소리 못한다.", "떡 해 먹을 집안이다.", "콩가루 집안이다", "굿 해먹고 난 집 같다.", "선무당이 사람 잡는다." 등은 극히 일부의 예시에 불과할 뿐이다.

또한 무당의 신명나는 굿판이 한국인에게는 익숙했고, 오랜 종교적 심성과도 잘 어울렸다. 개인 및 가정의 안녕 외에도 농촌과 어촌의 평안을 빌기 위해서도 다른 종교보다는 무속이 제격이었다. 안택굿, 당굿, 별신굿 등이 대표 사례이다.

이러한 무속이 지닌 속성들 때문에, 무속은 오랜 역사 속에서 갖은 멸시와 탄압을 받아 왔지만 여전히 쇠퇴·소멸하지 않고, 지금까지도 살아 있는 종교로서 기능하고 있다.

한편 무속은 한국인에게 사람이 자연 및 신령과 어떠한 관계를 맺고 있는지, 사람이 어떻게 해야 제액초복을 하여 평온한 삶에 이를 수 있는지 등에 대한 지침을 주어왔다.

곧 세계는 어떻게 형성되었고 어떠한 모습을 지니는가? 여러 신령들은 자연과 우주를 어떻게 지배하며 관리하는가? 이들 신령들과 인간의 관계는 어떠한가? 인간은 어떻게 태어났으며, 인간사의 불행과 그에 따른 고통의 근원은 무엇인가? 인간 존재는 무엇이며, 그것은 어떻게 구성되어 있는가? 인간은 죽은 후에 어떻게 되며 어디로 가는가? 저승에서의 삶은 어떻게 전개되는가? 도대체 인간은 어떻게 살아야 하는가? 등에 대한 문제와 그 설명을 무당은 그의 단골들에게 가르치는 것이다. 이는 무당과 단골의 관계를 통하여, 그리고 굿을 통하여 자연스럽게 직간접적으로 교수되고 학습되는 내용들이다. 이런 측면에서 보면, 무속은 한국인을 둘러싸고 있는 우주와 자연을 해석하는 하나의 상징 체계라고도 할 수 있다.

전통문화의 보고(寶庫) 및 전승자로서의 무당

무속의 종교사상이나 그에 기초하여 형성된 각종 굿들은 무당이 독창적으로 성립시킨 것이 아니다. 무당은 오히려 고대 무속을 비롯하여 여러 전통적 신앙과 외래 종교들 그리고 그 밖의 다양한 문화들을, 무속을 중심으로 그것들을 종합하고 체계화하여 발전시켜 온 것이다. 즉 무속에는 한국의

철망을 파고 있는 김익제 법사(서산)

김익제 법사의 설경

김익제 법사의 굿당

전통문화가 여러 형태와 내용으로 용해되어 있다.

이를 체득하고 또한 전승시키는 중심축에는 무당이 있다. 이들은 가히 한국 전통문화의 보고(寶庫)나 전달자라고 할 수 있다. 그래서 무당을 세상의 편견으로 미신의 주역이라고 아무리 비난하더라도 그들이 전통문화의 한 중요한 전수자들임을 묵과해서는 안 된다.

"영검은 신령이 주고 재주는 배우라."는 한국 무속의 고전적 속담은 되새겨 볼 만하다. 여기에서 재주란 전통문화의 여러 분야를 포함한다. 무당이 학습해야 할 재주는 춤, 노래, 악기, 의상, 음식, 조화(造花) 및 전지(剪紙), 부적, 점복 등에 두루 걸쳐 있다. 그러나 무당의 능력과 슬기는 이들 재주의 범주에만 국한되지 않는다. 이는 더 나아가 한국의 종교, 사상, 예술, 문학, 음악, 무용, 연극, 공예, 복식, 음식 그리고 심지어 한의학에 이르기까지 그에 대한 지식과 기술을 보유하고 있다. 하나의 굿판 속에는 전통문화의 거의 모든 내용이 포함되어 있는 것이다.

역사상의 무속에 대한 이중 정책: 외형적 탄압과 내면적 묵과

고려 및 조선시대를 거치면서 무속은 항상 정부와 지배계층에 의하여 그들의 이념에 위배된다 하여 미움과 타도의 대상이 되었다. 그들은 무속을 혹세무민(惑世誣民)하는 무당과 그들을 따르는 사람들이 요망한 귀신에게 인간의 길흉화복을 비는 것으로만 이해했다.

13세기 말 고려의 무속에 대한 이규보의 기록은 그 대표 사례이다. 그는 무당들이 왕명(王命)에 의하여 송악에서 쫓겨 난 것을 기뻐하면서, 무당에 대한 온갖 비난과 저주를 퍼붓고 있다. 세상에서 무당의 씨를 말리겠다는 말까지 서슴지 않고 있다. 공양왕 때의 현신(賢臣) 김자수(金子粹)도 그의 상소문에서, 나라 안에 황탄(荒誕)한 무당을 세운 것을 비판하고 무당의 궁중 출입을 금지시키자고 간언(諫言)하고 있다.

그러나 조선왕조에 들어서 무속에 대한 외형적 탄압과 내면적 묵과가 한층 교묘히 진행되었다. 정부는 건국 초기에 제반 제도를 정비하는 과정에서 사전(祀典)의 정비에도 유념하여, 종교를 국가적인 차원에서 왕토신앙(王土信仰)으로 수렴하여 재편성하고자 했다. 불교·도교 및 민간신앙과 그 전례는 음사(淫祀)로 규정하여 과감히 정리하고자 했다.

그렇지만 조선 초기에는 국가에서 행하는 각종 제사에 무당을 채용하여 굿을 벌이고, 동서활인원(東西活人院)에도 소속시켜 질병 치료를 맡게 했다. 이들 나라무당 곧 국무(國巫)는 고려 초기에도 있었지만, 조선 초기에 다시 부활되었다. 유학자들은 이를 음사로 간주하여 반대했으나, 왕실과 일부 유신들은 이를 은근히 비호하여, 일면 억제하면서도 또 다른 한편 음성적으로 허용 또는 장려까지 했다.

이 같은 모순된 행위는 기본적으로 유교만으로는 조선의 종교적 욕구를 충족시킬 수 없다는 한계성에서 기인한다. 여기에 오랜 전통을 가진 무격(巫覡)을 갑자기 혁파할 때에 발생할 수 있는 사회적 역기능도 고려했다. 실제로 유자(儒者) 중 일부는 무속이 비록 음사라 하더라도, 그것이 지닌 심리적 실효성에 깊은 믿음이 있었다. 예컨대 의무(醫巫)의 질병 치료 등에는 비상한 관심을 가졌던 것이다.

가. 앉은굿의 지속과 변화

1) 무당의 선굿보다 법사의 앉은굿 전통이 우세한 충남의 무속

무당이라 하면 격렬한 엑스터시를 수반하는 춤과 노래로서, 신령을 초빙하고 또한 놀려서 인간과 신령 사이의 문제를 풀어버리는 선굿을 연상한다. 선굿이란 독경 위주의 앉은굿에 대비되는 낱말이다. 무당이 일어선 채로 굿을 한다고 해서, 그렇게 부른다. 독경은 법사가 앉아서 하기에, 앉은굿이라 한다. 물론 무속의 근원과 중심은 무당의 선굿에 있는 것은 분명한 사실이다.

앉은굿의 역사적 유래와 그 전개는 정확하게 알려져 있지 않다. 그러나 이미 고려 말부터 한 갈래의 무속은 불교와 도교 등의 경문(經文)과 독송(讀誦)을 차용하면서, 조선시대에는 앉은굿[坐經] 문화를 형성하고 발전시켰다. 무속 역사에서 선굿만이 아니라 앉은굿의 전통도 매우 중요한 의미가 있는 것이다.

조선시대에는 판수가 앉은굿의 주역이었다. 이들은 한말 · 일제강점기를 거치는 동안에도 여전히 막중한 종교적 역할을 수행했다. 이들은 앞을 보지 못하는 소경이었기에, 맹무(盲巫) 또는 맹격(盲覡)이라고도 불렀다. 특히 점복(占卜)과 안택(安宅)에 능했다. 그 밖에도 이들 판수와 거의 동일한 역할을 하는 경객(經客)도 있었다. 이들은 소경은 아니었다. 그러나 앉은굿의 주류는 아니었던 것으로 보인다. 현재의 법사(경쟁이)는 판수와 경객으로부터 유래된 것이다.

법사가 앉은굿을 하기 위해서는 북 · 꽹과리 · 산통(算筒) · 신장대 등의 간단한 무구(巫具)를 갖추고, 바지 · 저고리 · 도포 · 관모(冠帽) 등으로 의관정제(衣冠整齊)를 한다. 그리고 불경 · 도경 · 무경 등에서 따 온 경문들을 구송함으로써, 한 집안의 제액초복을 축원(祝願)하거나 귀신을 구축(驅逐)한다. 곧 사중팔신(舍中八神)에게 축원하거나, 옥황상제(玉皇上帝) · 칠원성군(七元星君) · 산령(山靈) 등에게 신장(神將)을 부려서 귀신을 물리쳐 달라고 요청한다. 이들의 앉은굿은 가무(歌舞) 없이 이루어진다. 고장(鼓杖)의 반주에 맞추어서 독경을 한다. 그래서 이들을 송경(誦經)이라고도 한다.

이러한 앉은굿은 전국적으로 분포한다. 그러나 상대적으로 충남 지역은 앉은굿의 전통이 더욱 우세하고 보편화되어 있다. 현재로서는 그에 대한 역사적 배경을 정확하게 파악하기는 어렵다. 분명하지는 않지만, 이곳은 판수가 아니라 근래까지 일반 경객의 전통이 강하게 전승되어 왔던 것으로 보인다.

이들은 1970-80년대 무렵만 해도 보통 정쟁이라고 불렸다. 경쟁이(經-)를 이곳 사투리로 그렇게 부른 것이다. 그러나 이들을 폄하하는 뜻으로 써왔던 경쟁이란 호칭은 그 이후 점차 법사란 낱말로 대체되어 갔다. 지금은 법사란 말이 일반적으로 쓰인다. 법사란 원래 불교에서 부처의 가르침에 정통한 스승 격의 승려를 일컫는 말이다. 사실 논리적으로 보면 법사는 경쟁이에 정확히 대응되지 않는다. 독경하는 분들이 자신의 종교적 신분을 불경을 외는 스님과 다소 동일시하고 싶은 심적 배경에서 그렇게 된 것이다. 이러한 발상에는 오랜 무불(巫佛) 교류의 전통이 내재되어 있다.

한편 충남에서는 여성들이 입무(入巫)를 해도 기본적으로는 독경 위주의 앉은굿을 한다. 이들은 대개 보살이라고 부른다. 과거에는 영신이라는 여성 무속인도 있었다. 이들도 주로 독경을 하지만, 일반적으로 기·예능의 수준은 미흡한 편이다.

그런데 앉은굿이란 말도 사실은 일부 법사와 학자 등이 주로 쓰는 용어이다. 많은 법사와 그의 단골들은 단지 "경(정) 읽는다."고 할 뿐이었다. 한학에 조예가 있는 법사들은 이를 좌경(坐經)이니 설위설경(設位設經)이니 하는 말 정도를 썼다.

이렇게 충남에서는 무당의 선굿보다 법사의 앉은굿 전통이 우세하고 보편적이었다. 물론 지금도 충남 무속의 특질과 그 기반은 법사의 앉은굿이라고 할 수 있다. 그러나 경쟁이가 법사로 그 호칭이 바뀌고 "경(정) 읽는다."는 표현이 앉은굿이란 명칭으로 일반화되기 시작한

1970-80년대 이후 지금에 이르기까지, 법사와 앉은굿 자체도 그 전반에 걸쳐서 급격한 변화를 경험하고 있고 빠른 속도로 쇠퇴하고 있다.

2) 충남 앉은굿의 변화 양상

충남 지역에도 법사·점쟁이·만신·박수 등의 여러 무속인이 있으나, 대부분은 만신(萬神) 또는 보살(菩薩)이라 부르는 여성 무당이다. 그리고 법사가 일부 활동하고 있다. 현재 법사는 이른바 서울·경기 지방의 강신무 계열인 만신에 비하여 수적으로 열세에 있다.

그러나 반세기 전인 1950-60년대에는 춤과 노래를 주로 하는 강신무(降神巫)는 별로 많지 않았던 듯하다. 여기서는 신(神)이 오면 가무 위주의 박수나 무당으로 성무(成巫)하는 것이 아니라, 독경을 배워 법사가 되는 경향이 있다. 이곳 사람들도 선굿은 싫어하고 앉은굿을 더욱

귀신착수를 위하여 검무신장을 부르는 법사(서산)

산신제 축원(서산, 김연희 보살)

신곡맞이 신당굿(서산, 조부원 법사)

선호한다.

서울·경기 지방 류(類)의 선굿은 이곳에서는 별로 인기가 없어서 "물위의 기름 방울이며, 개밥에 도토리격이다."라고 비유된다. 사람들은 선굿이 깨끗하지 않고 요란스럽다고 해서 싫어한다. 또한 앉은굿에 비하면 여러 무당들이 동원되고 굿상도 푸짐하여 굿 비용도 부담이 된다. 선굿 비용의 1/3 남짓이면 앉은굿을 치른다. 이곳 사람들은 선굿에 대하여, "무당과 박수들끼리 춤추고 노는 것이지, 우리 집 축원하러 온 것은 아니다."라고 비난하기도 한다. 굿은 모름지기 독경자가 의관(衣冠)을 갖추어 입고, 몸짓·고개짓 한번 하지 않고 정숙하게 정성을 다하여 축원해야 하는 것으로 알고 있다. 곧 옥추경(玉樞經)이 가르치는대로, "범(凡) 독경자(誦經者)는 절수재계(切須齋戒)하고 엄정의관(嚴整衣冠)하고 징심정기(澄心定氣)하고 고치연음(叩齒演音) 연후(然後) 낭송(朗誦)호대 신물경만(愼勿輕慢)하야 교담접어(交談接語)하고 무재단숙(務在端肅)하야 염염무위(念念無違)하고 수원도축(隨願禱祝)하면 자연감응(自然感應)하리라." 하는 구절(句節)에 충실하고자 노력한다.

앉은굿에서 가장 절정을 이루는 절차인 신장대 가림도 만신이나 보살 등 전문적인 무당이 했던 것이 아니고, 마을에서 이름난 대잡이가 했다. 법사도 애초부터 의관정제하고 정성으로 독경하여 축원만 했을 뿐이지 대는 잡지 않았다.

그래서 앉은굿을 다른 말로 양반굿 또는 점잖은 굿이라고 했다. 서울·경기 지방의 무당은 이곳에 자리를 잡기가 매우 곤란했다. 어떤 이들은 발을 못 붙이고 다시 서울로 되돌아가기도 했다. 혹시 자리를 잡는다 하더라도, 서울 지역의 무속이 이곳 앉은굿과 일정하게 혼합되는 현상을 보였다. 가령 복색(服色)도 별로 없이 장삼(長衫)이나 전복(戰服) 하나만 가지고 다니는 무당도 있었다. 조상 천도(薦度)시에 노자 돈으로 내는 별비(別費)도 없다. 만일 별비를 요구하면, 돈만 밝히는 나쁜 무당으로 의심했다.

이렇게 앉은굿의 전통이 대단했던 충남지역에도 8.15 해방 나고 또한 6.25 전쟁을 거치면서, 다른 지역 무속으로부터 많은 영향을 받았다. 특히 서울·경기 지방의 선굿 영향을 많이 받았다. 본디 만신이나 공수 등의 용어 자체가 이곳에서는 생소한 것이었다. 여기에 사회 전반에 걸쳐 일어난 급속한 문화변동은 앉은굿의 전승 환경에 지대한 영향을 미쳤다. 그중에서도 인구이동과 도시화·산업화는 가장 주요한 변화 요인이었다.

그 결과 충남 지역에서 종래의 앉은굿 모습에 많은 변화가 일어났다. 1970년대 초반 즈음만 해도 많은 가정에서 봄·가을로 안택을 했고, 대주의 운수에 따라서 성주 받는 일도 흔했다. 또한 혼례나 장례를 비롯하여 일상생활의 여러 측면에 걸쳐서 법사는 일반 가정과 대단히 긴밀한 관계를 유지했다. 병점(病占)과 미친굿(도깨비굿) 등도 흔히 행했다.

그러나 기주(祈主)의 종교적 욕구 변화, 집 굿의 쇠퇴, 유능한 법사의 감소, 만신의 비중 확대 등 여러 복합적 원인으로 다음과 같은 변화가 초래되었다.

선굿의 영향과 법사의 감소로 집안의 주부인 기주(祈主)들은 여성 무당인 만신(또는 보살)에게 굿을 요청하게 되었다. 또한 마을에 대잡이가 점차 없어짐에 따라서, 앉은굿에 만신의 공수가 삽입되고 만신이 대잡이 역할까지 맡게 되었다.

곧 어떤 집안에 굿할 일이 생기면, 기주는 만신에게 굿을 의뢰한다. 그렇지만 기주는 선굿을 원하는 것이 아니라 앉은굿을 요청하는 것이다. 만신은 법사에게 연락을 취하고, 법사는 독경으로 가신(家神)과 조상들을 초빙하고, 그들에 대하여 칭송·해원·위로·퇴송 등을 함으로써 굿을 진행한다. 여기서 만신은 다만 대를 잡고 조상의 강신(降神)을 받아 기주에게 공수를 주는 굿의 한 거리를 책임을 맡는다. 마지막으로 다시 법사의 독경으로 굿을 마무리한다. 그러나 아주 오래전 해방 나던 무렵만 해도, 기주들이 일단 법사에게 굿을 요청했고, 법사는 만신 없이 혼자 독경을 하고, 대만은 그 마을 대잡이에게 잡혀서 하나의 굿을 구성했다.

일부 법사는, 이러한 변화에 부응하기 위한 자구책으로 앉은굿에 선굿을 적당히 혼합하거나 아예 선굿 무당으로 변신하는 경우도 있었다. 앉은굿을 고수하는 법사들은 이처럼 선굿을 흉내낸 앉은굿을 화초경(花草經)이라고 비난했다.

근래의 충남 안택굿은 그 내면적 속성까지 변화된 것은 아니라고 해도, 선굿의 영향과 사회 환경의 변화 등에 의하여 많이 변질되었다. 우선 경문(經文)을 제대로 배우려는 사람이 많지 않고, 실제 배울 수 있는 소양을 가진 사람도 거의 없는 편이다. 전통적 굿법을 지켜왔던 각 지역의 법사들이 이제는 많이 별세했다. 그나마 일부 생존해 있는 법사들도 예전의 제대로 된 굿 전통을 고수하려 해도, 신도들의 반응에 신경을 안 쓸 수도 없는 형편이다. 문서에 기초해서 제대로 독경을 해주면, 알아들을 수 없는 것을 외운다고 핀잔을 듣기도 하며, 오히려 경문에 없는 덕담이나 늘어놓으면 훌륭한 법사라 하여 잘 불려 다닌다. 법사들도 그러한 시류에 맞게 변화를 한 것이다.

또 하나 중요한 변화로서 집 굿이 거의 또는 완전히 없어지고 대부분이 굿당에서 치러진다. 시골에서조차 북·징·꽹과리 소리를 수반하는 독경 소리가 소음 공해로 대두되고 곧바로 경찰 단속을 받게 된 지는 이미 오래이다. 굿당으로 내몰린 앉은굿은 집 굿과는 다른 장소와 분위기 속에서, 예전과는 다소 또는 전혀 다른 방식으로 진행될 수 밖에 없다. 집 굿이 아니므로 조왕경·당산경 등이 형식적으로 구송되거나 축소되어 버렸다. 굿상도 형편에 맞게 집에서 정성들여 마련하는 대신에, 일정 비용만 굿당 관리인에게 주면 떡·돼지머리 등 모든 제물을 배달 음식처럼 즉석에서 쉽게 마련할 수 있다. 굿하는 시간도 변경되었다. 저녁에서 새벽까지 주로 신령내리기에 적당한 밤에 굿을 했지만, 이제는 낮 시간을 이용하는 경우가 많아졌다. 심지어 남편의 출퇴근 시간 사이에 아내가 몰래 굿을 하고 굿했던 흔적을 남기지 않으려고 굿상 음식 하나 집으로 가져가지 않는 경우도 있다. 심지어 기주가 바쁘다고 하면 굿을 서둘러 끝내주기도 한다. 이렇게 기주의 형편에 따라서 법사와 만신도 굿을 융통성 있게 운영하는 것이다.

나. 안택굿

앉은굿은 충남의 기본적인 굿의 방식이다. 어떤 종류의 굿이라도 대체로 앉은굿을 전제로 한다. 안택굿, 미친굿, 병굿, 재수굿, 신굿, 단굿, 살풀이굿, 길닦이굿, 사혼굿(死婚-) 등이 모두 앉은굿으로 치러신다. 물론 무당과 박수 등의 선굿도 많지만, 이들 굿은 충남의 전통을 간직한 굿은 아니다.

앉은굿에서 가장 기본이 되며 또한 일반적인 굿은 안택굿(안택)이다. 여러 종류의 앉은굿도 안택굿의 구성을 기본으로 하면서, 여기에 굿의 목적에 따라서 경문과 절차가 부분적으로 가감될 뿐이다. 곧 경문(經文), 설경(設經), 위목(位目), 제수(祭需), 무구(巫具), 고장(鼓杖) 등이 첨삭된다. 따라서 앉은굿의 이해에서 안택굿의 구조와 성격을 파악하는 일은 중요하다.

안택(安宅)은 낱말 뜻 그대로 가내 안정과 화평을 비는 굿이다. 집안의 평안을 위한 제일의 조건은 가족의 안녕, 자손의 번창, 농사의 성공 등이다. 안택은 바로 이러한 기초 조건들을 충족시켜야 한다. 여기에서 기도와 청원(請願)의 대상은 집안의 여덟 신령 즉 사중팔신(舍中八神)과 부계 혈연의 조상이다. 특히 성주와 조상은 가장 중요한 역할을 하는 가신(家神)이다. 이들 식구들이 신령을 잘 위하고 받들면 안택이 되는 것이다.

그런데 본질적으로 안택은 집안의 별신제 또는 별신굿이라고 할 만하다. 어떤 마을에서 매년 깨끗한 제관을 뽑아서 산제를 모시다가, 2-3년에 한 번씩 정기적으로 또는 마을이 불안해졌을 때 비정기적으로 전문 사제인 무당을 불러서 치르는 별신제와 견주어 볼 수 있다.

안택은 해마다 봄과 가을에 거르지 않고 하기도 한다. 그러나 아주 부유하거나 정성이 지극한 가정이 아니라면 2-3년 마다 비정기적으로 하기도 한다. 또는 집안이 불안해졌을 때, 새 집을 지어 입주했거나 다른 집으로 이사했을 때, 그리고 대주(大主)에게 성주 운이 닿았을 때 등에 안택을 한다.

그러나 안택을 하지 않는 경우에 때로는 안택 여부와는 관계없이, 주부를 비롯한 집안 식구들은 추수 후에 가을떡을 쪄서 한 해 수확에 대한 감사함을 조상과 가신들에게 표하고, 정초에는 정월떡을 마련하여 한 해 농사의 성공을 조상과 가신들에게 기도한다. 이것이 가을떡과 정월떡이다. 이들 치성의 과정에는 한 가정이 어떻게 신령과의 유대를 공고히 하는지 잘 나타나 있다.

그런데 집안의 화평을 더욱 강화하고 유지하기 위해서는 전문 사제인 법사를 초빙하여 안택굿을 한다. 주부의 비전문적 종교의례, 곧 비손 수준의 가을떡이나 정월떡이 법사의 전문적 종교의례인 안택굿으로 집안의 평안을 한층 확실하게 다지는 것이다.

따라서 안택은 기주(祈主)를 비롯한 가족과 사중팔신 · 조상 사이에 법사가 매개가 되어 치르는 굿이라고 할 수 있다. 이때 법사는 여러 경문을 구송하고 여러 굿 절차를 진행함으로써, 사중팔신과 조상을 송축하고 받들며, 가족의 소망을 그들에게 기도하고 청원한다. 아울러 혹여 서운하거나 불편한 관계가 있으면 정상화시켜서 집안을 안정시킨다.

이런 측면에서 안택굿은 가신들과 밀접한 관계를 지닐 수밖에 없다. 특히 성주를 새로 받아 모시는 일은 안택의 절정을 구성한다. 안택은 충남의 가정신앙을 이해하는 요체라고도 할 수 있다.

다음은 안택굿의 구체적 진행을 그 절차에 따라서 서술한다. 그 내용은 신석봉 법사[대전광역시 무형문화재 제2호 앉은굿(안택굿 · 미친굿) 예능보유자, 1994년 지정 및 인정]의 앉은굿 과정을 중심으로 한다.

1) 안택의 준비

안택은 시월상달에만 하는 것은 아니고, 음력 정초에도 많이 한다. 법사들은 이를 각각 시월 안택, 정월 안택이라고 부른다.

안택을 하기로 하면, 기주는 먼저 법사나 만신을 찾아가서 집안의 축원을 부탁한다. 이들은 택일과 함께 안택과 관련한 제반 준비 및 금기 사항에 대하여 상세히 일러준다.

안택 날짜는 기주의 집안 사정을 고려하여 잡는다. 이때 대주(大主)는 생기(生氣)를 가리고, 지주(地主)는 복덕(福德)을 가려서 날을 잡는다. 만일 아들이 직성(直星)이 있다면 천의(天意)를 본다. 어떤 경우에는 지주의 생기만 가려서 택일하기도 한다. 그만큼 안택과 주부의 관계는

성주경(대전, 신석봉 법사)

신석봉 법사

조상경(대전, 신석봉 법사)

밀접하다. 성주를 받을 때 대주의 운대를 보는 일과 대조적이다.

법사는 기주의 가운(家運)과 식구들의 운대를 따져서, 그에 적합한 여러 준비 사항도 일러 준다. 집안에 우환이 있을 경우에는 제물에 콩나물이나 숙주나물은 하지 말라든지, 터가 세다면 메밀묵을 준비하라든지, 천도시킬 조상이 있다면 길을 닦기 위하여 삼베 · 소창 · 옷을 준비시키고, 자손 중에 살(煞)이 있다면 이를 풀기 위하여 수수팥떡을 따로 갖추도록 한다. 안택을 할 때 집안에 며느리가 있다면 법사는 그녀에게 삼신을 받아 주기도 한다. 이때 삼신메는 반드시 며느리가 먹도록 한다.

안택을 하면서 단순히 가내평안을 축원하는 데 그치지 않고, 집안의 운수를 두루 살펴서 모든 현안을 풀고자 하는 것이다. 이렇게 안택을 해야 굿 덕을 크게 본다. 그러나 미숙한 법사는 가내 평안만 빌 뿐, 가내의 여러 문제를 파악하지도 못하고 그에 따른 적절한 조치도 취하지 못한다. 이런 경우에는 안택을 했어도 별로 굿 덕을 보지 못한다.

법사는 기주네 온 가족이 안택을 전후하여 매사에 근신하도록 신신당부한다. 굿이란 모름지기 3정성이라 하여 법사 정성 · 제물 정성 · 기주 성성이 모두 충족되어야 굿 덕을 볼 수 있기 때문이다.

기주는 법사의 지시에 따라서 여러 준비를 시작한다. 기주는 대부분 가정주부를 말한다. 안택의 과정에서는 대주도 일정 부분 참여하며, 특히 성주를 받을 때는 그의 역할이 중심이지만, 주부는 안택의 전 과정에 걸쳐 적극적으로 참여한다.

안택 일주일이나 삼일 전 또는 하루 전이나 당일 아침에, 대문 앞에 황토를 펴고 금줄을 매단다. 당일 날 아침은 다시 한 번 집안 구석구석을 대청소하고, 식구들 모두 깨끗한 몸과 마음을 지니도록 한다. 특히 안주인은 반드시 목욕재계하고 새 옷으로 깨끗이 갈아입는다.

2) 안택의 절차

앉은굿은 독경으로 구성되기 때문에, 굿의 절차도 경문의 명칭을 따서 태을보신경(太乙保身經)·부정경(不淨經)·조왕경(竈王經)·지신경(地神經)·성주경(城主經)·조상경(祖上經) 등이라고 부른다. 서울·경기 지방의 열두거리에서처럼 부정거리·조상거리·대감거리·제석거리·뒷전거리 등으로 나뉘어져 있지 않다.

(1) 부엌의 조왕경(竈王經)

안택은 부엌에서부터 시작된다. 가신 중에서 가장 먼저 부엌의 조왕(竈王)을 위한다. 흔히 "지주(地主)는 조왕을 믿고, 조왕은 지주를 믿는다."라는 말이 있을 정도로, 조왕은 지주의 직성(直星)으로 관념된다. 원래 직성이란 사람의 나이에 따라 그의 운명을 맡아 본다는 9개의 별을 의미하지만, 여기서는 단순히 지주를 지켜주는 몸주 정도로 생각한다.

모든 제물은 부뚜막 위에 한 가득 벌려 놓는다. 제물은 상에 차리지 않고 그릇째 혹은 시루째 부뚜막 위에 올린다.

이렇게 진설을 한 다음에는 부정을 가셔낸다. 물을 담은 바가지나 사발에 거멍(炱) 3개·고추 3개·소금 3숟가락을 넣고, 솔가지를 꺾어다가 솔잎에 그 물을 묻혀서 부엌 사방에 뿌린다. 다음에는 부정경(不淨經)을 구송한다. 이 경문은 일체의 부정을 가시게 하여, 축원하는 내용이 곧바로 신령들에게 전달하도록 한다. 부정경을 읽기 전에는 모든 제물은 덮어 놓아야 한다. 부정경을 모두 외운 다음에는, 부정물 바가지를 제물 위로 왼쪽으로 3번씩 돌려 부정을 가셔 낸다. 그리고 이

조왕굿(대전)

부정물은 대문 밖에다가 내다 버린다.

이렇게 부정을 물린 다음에야 제물의 뚜껑을 열어 놓을 수 있다. 부정물이 나가기 전에 솥뚜껑을 열면 그 제물은 쓰지 못한다. 밥솥 안에는 식구 수대로 숟기락을 꽂는다. 일년 열두달 식구들 배곯지 말라는 뜻이다. 솥뚜껑은 구수한 밥 냄새에 조왕이 운감하도록 열어 놓는다.

이어서 법사는 태을보신경(太乙保身經), 가택축원경(家宅祝願經), 조왕경(竈王經), 명당경(明堂經)을 차례로 구송한다. 태을보신경은 법사나 기주 등 굿당에 있는 모든 사람들을 잡귀의 범접(犯接)으로부터 보호하기 위한 경문이다. 굿당에는 항상 많은 잡귀가 모여들기 때문에 몸을 보호하지 않으면 탈이 난다. 가택축원경은 모든 안택의 과정이 신령에게 전달되어 초복축사(招福逐邪)를 이루도록 하는 경문이다. 조왕경은 조왕에 굿을 하게 되었음을 알리고, 조왕이 강림하여 액살(厄煞)을 막아주고 초복(招福)하여 달라는 내용을 담고 있다. 명당경은 초빙된 신령들을 안정시키기 위한 경문이다. 따라서 각 석(席)마다 태을보신경, 가택축원경, 명당경은 항상 읽는다. 특히 태을보신경은 시작할 때에, 그리고 명당경은 마지막에 반드시 구송한다.

다음에는 소지(燒紙)를 올린다. 소지는 기주가 올리며, 식구마다 각기 한 장씩 올려준다. 이때 소지가 타는 모양새를 보고 그 사람의 운수를 점친다. 소지를 올릴 때 잘 타고 올라서 그 재가 천장에 쩍 하고 붙으면 운수대통한다고 여기고, 반대로 소지가 잘 오르지 않으면 불운하다고 여긴다.

(2) 장광의 당산경(堂山經)

부엌의 조왕경이 끝나면, 장광으로 제물 일체를 그대로 옮겨서 터주와 칠성을 위한다. 다만 부엌 부뚜막에 올렸던 성주시루나 조상시루 등의 제물은 안방으로 가져간다.

장광에는 터주시루와 칠성시루를 시루째 진설한다. 터주에게는 팥시루떡, 청수, 술을 올린다. 터가 세다면 메밀묵을 추가로 올린다. 칠성에는 백무리를 청수와 함께 올린다. 칠성에는 술은 올리지 않는다.

여기서도 태을보신경을 구송하고, 이어서 당산경, 지신경(地神經), 칠성경(七星經), 축원경(祝願經), 명당경을 읽는다.

경문 구송이 끝나면, 터주시루는 안방으로 옮기고, 칠성시루는 촛불을 밝힌 채 장광(당산)에 그대로 둔다.

당산경, 지신경(또는 터주경)은 터주를 송축(頌祝)함으로써 가내평안을 기원하는 경문이다. 특히 집안의 동토(動土)를 예방하는 데 도움이 된다.

터주단지 안에 있던 묵은 나락은 가을이나 봄에 새 나락이 나면 교체해 준다. 칠석에는 터주단지의 나락을 털어 메를 지어 칠성을 위한다. 새 나락으로 갈려고 터주단지를 열었을 때 나락이 위로 솟아 있으면 풍년이고 길하며, 움푹 파여져 있으면 흉년이 되고 불길하다고 여긴다.

(3) 우물의 용왕경(龍王經)과 외양간의 우마경(牛馬經)

일 년 내내 맑은 물이 항상 샘솟고 자손들 잘 되라고, 우물 앞에 백시루 · 삼색실과 · 술 그리고 미역 등을 간단히 차려서 용왕을 위한다. 역시 태을보신경, 용왕경, 명당경의 순서로 읽는다. 이어서 소를 먹이는 가정이라면 육축(六畜)의 무병(無病)과 번창(繁昌)을 위하여 우마경을 읽는다. 외양간 앞에 팥시루, 삼색실과, 술 등을 차린다.

(4) 안방의 성주경(城主經) · 조상경(祖上經) · 삼신경(三神經)

안방 출입문이 있는 곳을 기준으로 가장 가까운 장소에 조상상을 차리고, 그 옆에 성주상, 그리고 그 옆에 제석이나 삼신상을 차린다. 도시에서는 대체로 한 상 위에 조상상과 성수상을 함께 차리지만, 농촌에서는 성주상을 따로 독상으로 차린다. 집안에 따라서는 성주상을 안방에 차리지 않고, 성주께(성주를 모신 장소) 아래에 차리기도 한다.

안택의 경우에는 방 안에 12대왕의 위목(位目)이나 12 등(燈)만 설치하고, 잡귀잡신 구축 및 체포를 위한 상징물인 설경은 걸지 않는다.

조상상에는 팥시루떡(조상시루), 메, 탕, 삼색실과, 3가지 나물, 산자, 찐 조기, 술 등을 올린다. 다른 시루에도 그렇지만, 떡 위에는 항상 불밝이쌀을 놓고 촛불을 밝힌다.

메는 기주네가 모시는 조상의 대수(代數) 만큼 차린다. 4대를 봉사한

12 사자대(대전)

넋대(대전)

다면 각 내외분 몫으로 8그릇을 놓고, 부모와 조부모만 모시면 4그릇이면 된다.

신장대를 만드는 김요천 법사(부여)

신장대(대전)

성주상에는 팥시루떡(성주시루), 성주메, 삼색실과, 3가지 나물, 술 등을 차린다. 성주상 옆에는 쌀을 넣은 메꾸리에 성주대를 꽂아 놓는다. 집안에 따라서는 메꾸리에 보리나 콩을 넣기도 한다. 성주대는 반드시 대나무나 소나무로 만들고 성주대의 하단부에는 창호지를 오려서 치마를 입혀 놓는다.

삼신상은 깨끗한 볏짚을 펴고 그 위에 제물을 차린다. 상(床)에 차리는 것이 아니다. 메 3그릇, 미역국 3그릇, 청수 3그릇, 간장 1종지를 올린다. 술은 놓지 않는다. 그리고 종이 고깔 3개를 접어 놓는다. 삼신메는 반드시 아기 엄마가 먹어야 한다.

제석(帝釋)을 모신다면, 상 위에 백지를 깔고 그 위에 쌀을 수북이 쌓아 놓는다. 그리고 그 위에는 실타래로 감아 놓은 종이 고깔을 꽂는다.

제석은 삼신을 밝혀주는 신령이다.

이렇게 안방에 조상상 · 성주상 · 삼신상 등을 진설하고 신령들의 위목과 12등 그리고 조상꽃 등을 설치하면, 법사는 의관을 정제하고 굿상을 향해 앉아서 북과 꽹과리를 두들기면서, 성주경 · 조상경 · 삼신경을 차례로 구송한다. 각 경문을 읽을 때 처음에는 태을보신경을 그리고 마지막에는 명당경을 외운다.

법사는 성주경을 읽음으로써 최고의 가신인 성주에게 집안의 모든 소원을 성취하도록 축원한다. 여기에서는 집을 짓는 과정, 세간 장만, 농사의 과정, 자손을 낳아 과거급제를 하고 입신양명하는 내용 등이 주로 구송된다.

성주경 다음에는 조상경을 읽는다. 선망조상(先亡祖上)과 후망부모(後亡父母)를 송축(頌祝)하여 조상신을 천도(薦度)시키고, 극락왕생(極樂往生)한 조상들이 후손들의 액(厄)을 걷어주고 복(福)을 주기를 바라는 경문이다. 집안의 사정에 따라서 조상해원경(祖上解怨經), 육갑해원경(六甲解怨經), 청춘해원경(青春解冤經)을 읽는다.

이어서 삼신경(三神經), 제석경(帝釋經), 칠성경(七星經)을 읽는다. 삼신과 제석, 칠성은 인간의 수명과 복을 관장하는 신령이다. 특히 삼신은 아기 출생의 점지를 맡은 신이며, 제석은 인간이 태어날 때 복을 주는 신이며, 칠성은 수명을 담당한다. 집안에 임신부나 어린아이가 아파도 이들 경문을 읽는다.

(5) 성주받기

만약 안택을 하면서 성주를 받는다면, 성주경 · 조상경 · 삼신경을 모두 구송한 다음에, 모셔서 앉힌다. 성주는 안택을 하더라도 항상 받을 수 있는 것은 아니고, 성주 운(運)이 든 해에만 받을 수 있다. 성주는 대주의 나이가 1, 3, 5, 7, 9수에 해당할 때 새로 받아 모신다.

대주가 아직 20세 미만이라면 성주를 받아 모시지 않는다. 미혼의 대주도 마찬가지다. 혼인한 남자만이 성주를 받을 수 있으며 한번 성주를 모시면 대주가 사망할 때까지 모셔야 한다.

가운(家運)이 나쁠 때 성주를 받으면 액을 피하고 운수대통할 수 있으나, 운세가 좋아도 성주를 받지 않으면 운이 비켜 간다. 그만큼 성주는 대주를 밝혀주는 신령이다. "대주는 성주 믿고 성주는 대주 믿는다."라는 속담은 양자의 긴밀한 관계를 잘 보여 준다. 그러나 성주 운에 들어도 '날 삼재(三災)'에는 하지 않는다.

한편 성주를 받지 않는 해에 모시는 안택에서 법사가 대잡이와 문답(問答)으로 집안 일을 가려나가다가, "성주가 떴다."고 판정이 나면, 이때에도 새로 받아 모신다. 그래서 성주 운이 닿아서 받은 것은 '대(大)성주', 운이 닿지 않아도 받은 것은 '소(小)성주'로 구별하여 부른다. 물론 대성주가 소성주보다 좋다고 여긴다.

성주는 집안이 불안해지기 시작하거나 그러한 조짐을 보이면 스스로 떠나간다고 믿는다. 부정을 심하게 타도 성수는 떠나간다. 이를 보통 "성주가 떴다."고 말한다. 집을 떠난 지 얼마 안 되는 성주는 아직 집안이나 그 부근에 있기 때문에, 시간이 흘러 더 먼 곳으로 가기 전에 다시 모셔 앉혀야 한다.

법사가 대잡이를 앞에 앉히고 축원을 하면, 어느 정도 시간이 흐르면서 마침내 성주가 대에 내리기 시작한다. 성주대를 잡은 대잡이는 자기도 모르게 부들부들 떨다가 갑자기 무엇에 이끌리듯이 황급하게 방 밖으로 뛰어 나간다. 이때 대주는 준비하여 둔 술 주전자와 포(脯)를 들고 대잡이의 뒤를 재빨리 따른다. 이곳저곳을 제정신이 아닌 상

성주받기(태안, 김종일 법사)

성주받기(서산, 김연희 보살 · 조부원 법사)

태에서 뛰어다니던 대잡이는 이윽고 성주대로 성주가 내린 나무를 가리킨다. 성주 내리는 나무는 대개 소나무 · 대추나무 · 감나무 등이다. 성주가 앉으면 나뭇가지 끝은 격렬하게 흔들리는데 신기하게도 성주

내린 나뭇가지는 반드시 죽어 있다.

대주는 성주내린 나무 밑에 술을 올리고 재배한다. 이렇게 예(禮)를 행한 후에야 성주 내린 나뭇가지, 곧 성주목을 꺾는다. 대주는 성주대를 뒤쫓아 성주목을 모시고 집으로 되돌아온다. 집 안에 들어서면 곧바로 성주목을 성주시루 안의 불밝이쌀 옆에 잠시 봉안해 둔다.

법사는 이때에 성주대를 잡은 대잡이에게 "우가(牛家)도 성주요, 초가(草家)도 성주요, 와가(瓦家)도 성주인데, 우가 초가 다 버리고 와가 성주를 분명히 모셔왔느냐?" 하고 문답으로 사실 여부를 가린다.

만약 성주를 잘못 모신 것으로 판명이 나면, 다시 처음부터 성주대를 가리고 축원을 하여 집 바깥으로 나가 성주를 새로 받아온다. 성주를 틀림없이 잘 받아왔다면, 이번에는 성주 모실 장소에 대하여 역시 성주대를 가지고 문답식으로 가려 나간다.

"가리다."라는 말은 둘 이상 중에 하나를 구별하여 고른다는 뜻이다. 가령 성주를 안방에 모시는 것이 좋겠느냐 하고 법사가 물으면, 성주대가 예·아니오를 그 흔들림 여부로 판정한다. 전혀 흔들림이 없으면 불가하다는 의미이다. 그러면 다시 법사가 마루에 모시는 것이 좋겠느냐고 묻는다. 성주대가 격렬하게 흔들리면 좋다는 뜻이다. 대체로 성주대는 성주 앉을 자리로서 대청 윗목 또는 안방 윗목을 지정한다.

대주가 젊었을 때는 꽃성주를 받고, 50대가 되면 무성주를 받는다. 그러나 회갑을 넘기면 "남의 나이를 먹는다."고 하여 성주를 받지 않는다.

꽃성주는 꽃처럼 종이를 접어서 만들며, 무성주는 네 군데가 모두 막힌 직사각형 모습의 종이 봉지처럼 제작한다. 어떤 성주이든 집 바깥에서 모셔 온 나뭇가지와 동전 그리고 쌀을 그 안에 넣는다. 쌀을 넣을 때에는 "천석이요! 이천석이요! 삼천석이요!"라고 외친다.

꽃성주는 대나무나 싸리나무로 만든 나무못으로 박아서 고정시켜

준다. 무성주는 막걸리에 푹 담근 후에 붙인다. 그리고 성주시루에 놓았던 불밝이쌀 한 줌을 집어서 무성주에 힘차게 뿌려준다. 쌀이 무성주에 많이 붙으면 풍년이고, 그렇지 않으면 흉년이라고 한다.

성주를 봉안한 다음에는 성주소지 · 대주소지 · 지주소지를 차례대로 올린다. 대주는 성주에게 다시 술을 올리고 재배한다. 절을 마치면 성주시루를 헐어서 먹어도 된다.

이제 법사는 성주에게 신령들이 안택 정성을 잘 받고 안정되었는지를 문답식으로 가려 나간다. 곧 성주, 조왕, 터주, 요왕, 삼신, 제석, 외양간신, 대문신 등이 오늘 이 정성을 잘 받고 두루 안위안정(安慰安靜) 했는지를 마지막으로 확인하는 것이다.

다음에는 역시 성주대 가림을 하여 대주와 지주 그리고 다른 식구들의 일년 신수(身數)를 보아준다. 곧 식구들의 운수풀이를 하는 것이다. 이때에 불운에 대비하는 여러 방비책도 일러 준다.

분가를 하면, 대주의 운을 보아 운이 닿는 해에 성주를 받아 모신다. 만일 성주를 모시던 대주가 사망하면, 헌 성주를 떼어 출상할 때에 저승에 가져가라고 불에 태워 준다. 또는 망자가 위하던 성주를 떼어서 집 안이나 집 밖의 살아 있는 나무에 매날아 준나.

지역이나 집안에 따라서는 성주 아래에 성주단지를 함께 모시기도 한다. 성주단지에는 새나락이나 햅쌀을 넣어둔다. 특히 이듬해 농사지을 씨나락을 넣어 두기도 한다. 성주단지의 나락이나 쌀은 봄철에 곡식이 부족하게 되면 조금씩 꺼내어 쓴다. 그러나 어떤 일이 있어도 성주단지의 곡식은 집 밖으로는 내지 않는다. 밥을 해서도 식구끼리만 먹어야 한다.

성주는 가내 최고의 신령이기에, 명절 차례를 지낼 때에 성주를 따로 위하는 풍습도 있다. 곧 주부는 설날 차례에 앞서서 떡국 한 그릇을

사자상

성주에게 올리기도 하고, 아예 차례상에 조상 몫의 떡국 이외에도 성주 몫을 따로 차리기도 한다. 집안의 조상과 성주는 가내의 화평을 위한 가장 중요한 신령이기 때문이다.

(6) 내전(內奠)

안택굿에 초대는 받지 않았지만, 잔치 집 식객(食客)이나 거지들처럼 기주네 집에 잡귀잡신들도 들끓었다. 이들도 이제는 모두 돌아가고, 다시는 얼씬거리지 말라고 내쫓는 절차가 내전이다.

이 대목에서 안위안정경(安慰安靜經)과 퇴송경(退送經)을 구송한다. 곧 "천상천하 신령님네 자리찾아 좌정하시고 선망조상 후망부모님도 왕생극락 하옵시고 사중팔신 가내영신 성조대신 조왕대신님도 안위안

조왕위목과 조왕상(서산, 재수굿)

조왕경을 읽고 있는 김연희 보살

당산 제물과 부정물

당산제

바다에서 올리는 용왕제(서산)

안택상(태안)

안택상(태안)

성주대(서산)

삼신상(서산)

칠성단(서산)

조상상(서산)

안택경을 구송하는 조부원 법사

정 하시고, 구걸하러 왔던 잡신잡귀들은 대접을 후히 받았으니 속거타방(速去他方) 하라."는 내용이다.

이때 쌀을 까부르는 키에다 밥 3그릇, 소금 3주먹, 된장 3수저, 짚신 3켤레를 놓는다. 그리고 내전상에는 팥시루떡, 숟가락을 많이 꽂아 놓은 양푼밥, 오곡밥, 탕, 나물, 삼색실과, 명태, 김, 큰 함지박에 담은 막걸리, 메밀묵 등을 차린다. 집안에 미혼으로 죽은 이가 있으면, 조상상 옆에 청춘혼신상(靑春魂神床)도 별도로 마련한다.

퇴송경을 외우면서, 막걸리에 메밀묵을 섞어서 집 앞뒤 마당에 뿌린다. 또한 바가지에 밥 3숟가락, 나물 한 주먹, 과일 한 조각, 명태 대가리 등 제물을 골고루 담아서, 대문 밖에 멀리 힘차게 뿌린다. 이렇게 하여 모든 잡귀잡신을 풀어먹이고, 다시는 그 집안에 잡귀들이 범접하지 못하도록 하는 것이다.

마지막으로 안택굿에 사용한 성주대, 조상꽃, 12사자, 등(燈), 조상옷 등 여러 물품을 모두 타 태워버린다. 남은 음식은 안택굿 구경 온 사람들과 나누어 먹고, 법사에게도 싸 준다.

1960년대나 1970년대 초엽에는 법사의 수고료로 쌀 한 말, 아주 많으면 누서너 말을 주었는데 이 정도면 법사들도 만족했다. 안택을 보러 온 동네 사람들은 먼동이 틀 때까지 남은 음식을 먹고 함께 놀았다.

다. 미친굿

안택굿과 더불어 미친굿은 앉은굿 이해를 위한 가장 중요한 굿이다. 안택굿은 축원 위주의 독경으로 조상과 가신들을 위해 드리고, 그럼으로써 집안의 평안을 이루려는 굿이다. 법사가 기주네 집안이 무탈하고 잘 되라고 조상과 가신들에게 축원하는 것이다. 그러나 미친굿은 잡귀잡신이나 사귀(邪鬼)에게 씌워서 발생한 정신질환자를 치유하는 굿이기 때문에, 여러 측면에서 안택굿과 다른 특징이 나타난다. 물론 미친굿의 기본은 안택굿이다. 다만 이에 덧붙여 축귀(逐鬼)와 관련한 여러 의례들이 부가된다. 이를 위하여 신장편(神將篇), 옥추경(玉樞經), 축귀경(逐鬼經), 박살경(搏殺經), 철망경(鐵網經), 옥갑경(玉匣經) 등이 구송된다. 신도신명(神都神明) 곧 옥황상제(玉皇上帝)와 칠원성군(七元星君) 등을 부르고 신장(神將)과 신병(神兵)에게 부탁하여 귀신을 물리쳐 달라고 축원을 한다. 따라서 비교적 조용하고 평범하게 진행되는 안택굿과 달리, 귀신을 병에 가두고 화전을 치는 등 격렬하고 무섭고 위험하기까지 하다.

미친굿은 일명 '도깨비경' 또는 '깨비경'이라고도 부른다. 과거에 충남 법사들은 미친굿을 잘 하는 것으로 유명했다. 근래에는 미친굿은 거의 하지 않는다. 정신병 환자는 병원이나 요양소 등에서 치료를 받기 때문이다. 아주 간혹 미친굿을 해달라는 요청이 있어도 힘이 들고 위험하여 잘 응하지 않는다. 또한 법사의 경제 소득에도 큰 도움이 되지 않는다. 잘못하면 현행 의료법에도 저촉되어 법적 구속을 받을 수 있고 더욱이 젊은 법사들은 미친굿을 제대로 수행할 능력도 별로 없다.

그러나 1970-80년대 무렵만 해도 미친굿은 종종 행해졌다. 예전에는 이 지역의 법사들의 미친굿은 효험이 있다 하여 전국적으로 명성을 떨쳤다. 근래에도 간혹 미친굿을 하지만, 이는 전통적 앉은굿을 보여주기 위한 문화 행사 차원의 공연에 불과하다.

안택굿과 마찬가지로, 예전의 미친굿을 대전광역시 무형문화재 제2호 앉은굿 보유자 신석봉 법사의 사례를 들어 소개하면 다음과 같다.

어떤 집안에 정신병 환자가 발생하여 백방으로 노력하다가 안되면,

신명굿의 검무(태안)

마침내 법사에게 "정신병을 낚아달라."고 요청한다. 특히 뚜렷한 원인 없이 갑자기 발병한 환자인 경우에는 미친굿에 대부분 의존하게 된다.

법사는 먼저 환자의 상태와 원인을 면담과 점복으로 알아보고, 어떻게 굿을 진행할 것인가를 판단한다. 환자의 외모에서 직감적으로 정말 미쳤는지, 그렇지 않은지를 가린다. 환자의 눈빛이 매우 빨갛고 불안해하며, 얼굴빛이 창백하다가 붉게 변하든지 붉다가 다시 창백하게 되는지 등의 변화를 보이면 미친 상태로 여긴다. 만일 '양도깨비'가 씌우면 환자는 닥치는 대로 물건 등을 던지거나 고함을 지르며 욕지거리를 하는 등, 적대적이며 공격적인 행동을 보인다. 한편 '음치(음도깨비)'가 씌우면 누구와도 대면하기를 꺼리고 대단히 소극적인 자세를 보인다. 음치는 '각시도깨비'라고도 부르며 양도깨비는 음치보다 내치기가 오히려 수월하다.

이렇게 외모를 통하여 미친 증세를 판단할 수 있지만, 점복을 통해서도 알 수 있다. 사주를 풀어서 점을 치기도 하고, 신명을 받아서 원인을 알기도 한다. 법사들에 의하면 사람이 어떤 일에 너무 골몰하여 두뇌에 자극을 주거나 마음에 심각한 상처를 입어도 미친 현상이 나타나는데, 이런 경우는 미친굿으로는 낫기 어렵고, 심신 수련이나 요양 그리고 약물 치료를 해야 한다고 믿는다. 따라서 미친굿은 귀신에 의한 병세에만 효험이 있다는 것이다.

법사가 보아서 환자의 미친 증세가 오행(五行) 동토나 허령허신(虛靈虛神) 등의 초인간적인 원인에 의하여 발생한 것이라면, 미친굿을 해야겠다고 여기고, 드디어 당주(기주)와 의논하여 미친굿을 준비한다. 다른 굿과는 달리 택일할 필요는 없고 여건이 되는 대로 어느 날짜라도 굿을 거행한다. 미친굿을 어느 기간만큼 행할 것인가는 환자의 질환 상태나 원인에 따라서 결정한다. 중증이거나 독한 사귀(邪鬼)가 침입한 경우일수록 오래 걸린다. 예전에는 경문을 보통 한 책경 · 두 책경 · 세 책경이라 하여, 한 이레 · 두 이레 · 세 이레를 읽었다. 한 책경이란 한 이레를 읽을 분량의 문서를 말한다.

미친굿을 하려면 법사 바로 옆에 환자를 앉힌다. 환자의 상태에 따라서 다르기는 하지만, 양도깨비가 씌워서 거칠게 굴면 끈이나 소창으로 팔다리를 묶기도 하고, 아주 사나울 정도로 공격적이면 방바닥과 벽면이 연결되는 부분을 부수어서 방의 건축 부재인 도리에 환자를 꼼짝 못하게 끈으로 묶는다. 환자는 법사를 쳐다보게 하고, 법사의 독경을 경청하도록 한다. 법사는 한시도 방심하지 않고 환자의 돌발적 행동에 주의하고, 눈빛과 안면의 변화를 예리하게 관찰한다. 환자는 언제 법사나 그 주변 사람들을 해칠지 모르므로, 법사는 조금도 긴장을 풀어서는 안 된다. 그래서 방안에는 필요한 물건 외에는 모두 깨끗이 치워 버린다. 마당이나 헛간에 있는 낫이나 작두, 칼, 쇠스랑 등도 전부 감춘다. 더욱이 미친 환자는 허령허신이 들려서 보통 사람 보다 기운이 대단히 세고 몸 동작도 매우 잽싸기 때문에, 법사나 그 주변 사람들은 잠시도 한눈을 팔 수가 없다. 아차하는 순간에 환자는 집을 빠져나가 무서운 속도로 달려서 아무데나 가기 때문이다.

환자의 미친 기세를 꺾기 위해, 법사는 환자를 반드시 무릎을 꿇도록 한다. 가족들의 양해하에 법사는 환자에게 고함을 지르기도 하고, 동도지(東桃枝)로 때리기도 한다. 그리고 환자에게는 식사량을 대폭 줄여서 허기가 들도록 하고 기운도 없게 만든다. 잠도 되도록이면 재우지 않는데 환자는 잠시만 졸아도 정상인이 하룻밤을 잘 자는 수면량과 비슷하기 때문이다.

미친굿의 첫째 날은 안택굿과 같은 순서로 진행한다. 가중팔신(家中八神)과 조상들에게 왜 굿을 하는지 고하며, 이들 신을 먼저 안정을 시키고 그들의 가호를 빈다. 태을보신경 · 부정경 · 축원문을 읽고, 조왕경 · 당산경 · 칠성경 · 용왕경 · 성주경 · 성주해살경 · 성주풀이, 그리고 조상경 · 제석경 등을 읽는다. 내전은 하지 않는다. 그리고 성주대를 대잡이에게 잡혀서, 병의 원인을 찾고 처방을 내린다. 곧 독경을 며

귀신잡기(서산)

칠간 계속할 것인지, 어떤 약을 먹일 것인지 아니면 어디로 피접(避接)을 보낼 것인지 등을 결정한다.

둘째 날부터는 사대경문(四大經文)을 며칠간 계속 읽는다. 사대경문이란 옥추경(玉樞經), 천지팔양경(天地八陽經), 기문경(奇門經), 옥갑경(玉匣經)을 말한다. 그리고 계문축사(繫文逐辭)와 천수경(千手經)을 덧붙여 읽는다. 여기서는 일반 덕담은 일체 하지 않는다. 옥추경은 축사중에서도 대축사인데, 귀신을 옥에 가두는 경(經)이며, 팔양경은 귀신을 협박하고 달래고 하여 귀신을 쫓는 경문이다. 팔양경은 특히 터가 센 곳을 누르는 데도 좋고, 새집으로 이사해서 터를 다지는 데도 좋으며, 동토를 잡는 데도 효험이 있다. 신장편(神將篇)은 귀신을 부리는 신장(神將)을 불러서 사귀(邪鬼)를 잡는 데 쓰는 경문이다. 이 경문을 독송함에 따라서, 신장의 권세는 커지고 귀신의 힘은 약해진다. 귀신에는 선귀와 악귀가 있는데, 선귀는 단순히 원과 한이 있어서 이승에서 방황하는 귀신이며, 악귀는 죽을 각오로 남의 집의 운기를 망치는 사악한 귀신이다. 이때 천존(天尊)으로부터 선귀는 잘 달래고 타일러 보내고, 악귀는 신장의 처분을 받아 착고엄수(着庫嚴囚)하든지 지옥으로 보내라는 명령이 떨어진다. 계문축사도 역시 신장의 힘을 키우고 귀신을 약화시키는 경문이다. 동서남북 오방신장과 사십사만 12신장을 모두 불러 모아, 귀신을 꼼짝 못하게 포위하는 데 쓰인다. 천수경은 귀신을 쫓고 집안을 안정시키는 데 매우 효험이 있다.

"귀신은 경문에 막히면 발병(發病) 못한다."는 말이 있듯이, 독경을 할수록, 환자는 점차 차도를 보인다. 복숭아 회초리로 맞아도 아프다 하지 않고 맞은 자국도 별로 나타나지 않다가, 독경을 하루 이틀만 해도 점차 통증을 심하게 느끼고 맞은 자국도 생긴다. 이런 증상은 미친 기운이 다소 완화되었다는 증거이다. 환자에게서 귀신이 떨어지면, 하루이틀은 세상모르고 푹 곯아떨어진다.

독경으로도 귀신을 잘 쫓아 내지 못하면 마지막 수단을 쓴다. 곧 신장대와 사귀대로 귀신을 유인하여, 단지나 병속에 집어넣고 땅속에 묻어 버린다. 신장대로 귀신을 잡아, 사귀대(邪鬼-)에 옮긴다. 사귀대란 복숭아 나무와 청·홍·백색 헝겊으로 만든 인형으로 크기는 엄지손가락만 하다.

법사는 사귀대에 옮겨진 귀신을 협박하고 달래어 단지나 병에다 넣는다. 병은 보통 4홉짜리 소주병을 쓰는데 이 병 속에 귀신을 넣는 것이다. 가령 "너 귀신아 지옥으로 갈래, 좋은 곳으로 갈래.", "좋은 곳으

화전치기(서산)

화전치기(태안)

태세치기(태안)

로 간다면 내가 가르쳐 주마. 내가 어디를 가보니 곡식 많고 돈 많고 물 좋고 산 좋고, 물새 좋고 정자 좋고 한 데가 있는데, 네가 한번 가 보겠느냐?" 하고 꾄다.

귀신이 병 안으로 들어가면 곧바로 재빨리 뚜껑으로 막아 버린다. 뚜껑은 매운 고춧가루와 밀가루, 재를 반죽하여 만든 것이다. 그리고 왼새끼 3발로 병을 묶고, 한지로 오려 만든 철망(鐵網)을 둘러서 귀신을 옴짝달싹 못하게 한다. 귀신이 병 안으로 잘 들어갔는지 확인하기 위하여, 병 안을 향하여, "네가 정말 그 안에 있으면 움직여 보라."고 청한다. 이때 귀신이 안에 있으면 병이 이리저리 뒹군다. 귀신을 잡은 것이 확인되면, 그 날의 일진을 따져서 손 없는 방위의 삼거리에 갖다가 파묻는다. 삼거리에서 사람들 오가는 것이나 구경하라는 뜻이다.

또한 '화전치기'를 하기도 한다. 환자를 이엉으로 만든 조그만 막(幕) 속에 집어넣고, 불을 지른 후, 환자만 화상을 입지 않게 재빨리 빼낸다. 이런 방법을 몇 차례 반복한다. 따라서 막(幕)은 미리 서너 개 정도 만들어 놓는다. 확 타오르는 불길에 사귀가 놀래서 달아난다는 것이다. 또한 환자에게 직접 불을 뿜어서 위협하는 방법도 쓴다. 법사가 석유를 적신 솜방망이에 불을 붙이고, 이 횃불을 환자 쪽으로 대고, 여기에 참나무 껍질을 볶은 것이나 쌀 등겨를 볶은 것 등을 힘차게 뿌린다. 그러면 불꽃이 환자에게 팍 튀어 나간다. 귀신이 겁을 먹고 도망가라는 것이다. 환자에게 직접 뿌리면 화상을 입을 염려가 있으므로, 환자는 물에 적신 이불을 뒤집어쓴다.

화전치기가 끝나면, 환자를 방으로 들이지 않고 곧바로 피접(避接)을 보낸다. 피접 장소는 대개 인근 마을에 있는 환자의 친척집이 된다. 환자는 여기서 삼일 내지 칠일 정도 지낸다. 환자는 거의 탈진한 듯 세상 모른 채 잠만 자게 된다.

| 참고문헌 |

강성복, 『금산의 탑신앙』, 금산문화원, 1999.

강성복, 『충청민속문화론』, 민속원, 2005.

강성복, 『청양 정산 동화제』, 충청남도 무형문화재 제9호, 민속원, 2010.

강성복 · 박종익 · 이걸재, 『세도 두레풍장 · 공주 선학리 지게놀이』, 충청남도 무형문화재 제28호 · 제37호, 민속원, 2011.

강성복, 『금산 농바우 끄시기』, 충청남도 무형문화재 제32호, 민속원, 2011.

강신표, 「공주군 하신 마을의 종교생활」, 『문리대학보』 7, 영남대학교 문리대, 1976.

국립문화재연구소, 『세시풍속(충청남도 편)』, 2002.

국립문화재연구소, 『한국의 가정신앙(충청남도 편)』, 2006.

국립문화재연구소, 『한국인의 일생의례(충청남도 편)』, 2009.

국립민속박물관, 『충남의 상승 · 솟내』, 국립민속박물관, 1991.

국립민속박물관 · 충청남도 · 충청남도역사문화연구원, 『충청남도 사람들은 어떻게 살아왔나 ① 일생의례(정승모 외)』, 2011.

국립민속박물관 · 충청남도 · 충청남도역사문화연구원, 『충청남도 사람들은 어떻게 살아왔나 ② 세시풍속(오석민 외)』, 2011.

국립민속박물관 · 충청남도 · 충청남도역사문화연구원, 『충청남도 사람들은 어떻게 살아왔나 ③ 생업과 마을조직(이해준 외)』, 2011.

국립민속박물관 · 충청남도 · 충청남도역사문화연구원, 『충청남도 사람들은 어떻게 살아왔나 ④ 민간신앙(이필영 외)』, 2011.

국립민속박물관 · 충청남도 · 충청남도역사문화연구원, 『충청남도 사람들은 어떻게 살아왔나 ⑤ 민요 · 설화 · 구비전승(황인덕 외)』, 2011.

김명자, 『한국 세시풍속 1: 1980년대 서산 · 태안 지역 조사자료』, 민속원, 2005.

김명자, 『한국 세시풍속 2: 1980년대 서산 · 태안 지역 조사자료』, 민속원, 2007.

김일훈, 『충남 지역 용왕제 연구-가정신앙을 중심으로』, 한남대 대학원 석사학위논문, 2010.

김진영, 「청양 지방의 혼속에 나타나는 옥녀각시 속신에 관한 연구」, 『민속학연구』 18, 국립민속박물관, 2006.

김혜정 · 이윤정, 『부여 용정리 상여소리 · 공주 봉현리 상여소리』, 충청남도 무형문화재 제22호 · 제23호, 민속원, 2011.

김효경, 『한국 마을신앙의 인물신 연구』, 충남대 대학원 국사학과 석사학위논문, 1998.

김효경, 「충남 서천의 마량리 당제」, 『고고와 민속』 4, 한남대 중앙박물관, 2001.

김효경, 「음력 정월의 세시의례와 가정주부」, 『샤머니즘 연구』 5, 한국샤머니즘학회, 2003.

김효경, 『조선시대의 기양의례 연구』, 고려대 대학원 문화재협동과정 박사학위논문, 2008.

김효경, 「부여 임천군 성황사와 유금필」, 『역사민속학』 26, 한국역사민속학회, 2008.

김효경, 『공주 탄천 장승제』, 충청남도 무형문화재 제8호, 민속원, 2010.

김효경 · 이수자, 2011. 『서천 저산팔읍 길쌈놀이 · 연산 백중놀이』, 충청남도 무형문화재 제13호 · 제14호, 민속원, 2011.

남향, 『영등할머니 신앙 연구』, 한남대 대학원 문화재학과 석사학위논문, 2009.

남향, 『등곡리 동제-탑제 · 낙화내리기 · 똥수깐태우기』, 세종특별자치시 · 충청남도역사문화연구원, 세종시 무형문화유산 학술총서 Ⅲ, 2017.
대전광역시사편찬위원회, 『대전민속지』 상 · 하, 1998.
문화재관리국, 『한국민속종합조사보고서(충청남도편)』, 1976.
박계홍, 「충남 서해 도서의 민속 연구」, 『백제연구』 4, 충남대 백제문화연구소, 1973.
박계홍, 「대전시 주변 부락의 민속신앙 연구」, 『문화인류학』 6, 한국문화인류학회, 1973.
박혜정, 『충남의 앉은굿 음악-안택을 중심으로』, 한국학중앙연구원 박사학위논문, 2008.
배영동, 「기술과 공동체 의식의 변화에 따른 수도재배관행의 변화: 온양 지역의 모심기와 논매기를 중심으로」, 『충청문화연구』 1, 한남대 충청문화연구소, 1989.
서종원, 『서해안 임경업 신앙 연구』, 중앙대 박사학위논문, 2009.
송봉화, 『당진의 재발견』, 당진문화원, 1996.
송봉화, 『기지시 줄다리기』, 당진문화원, 1998.
송봉화, 『충청의 마을 지킴이』, 당진문화원, 1999.
송봉화, 『당진 풍어굿』, 당진문화원, 2003.
신상구, 『태안 지역의 무속 문화 연구』, 국제뇌교육종합대학원대학교 박사학위논문, 2011.
신영순, 『조왕신앙연구』, 영남대 대학원 문화인류학과 석사학위논문, 1993.
안상경, 「충청도 사혼굿의 제의 환경과 극적 효과」, 『구비문학연구』 16, 한국구비문학회, 2003.
안상경, 「충청도 병굿의 공연예술성 연구: 귀신착수의 연극적 속성을 중심으로」, 『국어국문학』 143, 국어국문학회, 2006.

안용산 · 김용운, 『금산 물페기 농요 · 결성 농요』, 충청남도 무형문화재 제16호 · 20호, 민속원.
양유진, 『충청도 앉은굿 설위의 제작과정과 도상학적 분석』, 한양대 대학원 석사학위논문, 2009.
양인식, 『놀뫼의 민속』, 논산문화원, 1987.
오문선, 『충청도 앉은굿 연구-충남 부여지방을 중심으로』, 한양대 대학원 석사학위논문, 1993.
오문선, 「부여 지역의 앉은굿」, 『역사민속학』 6, 한국역사민속학회, 1997.
오문선, 『부여 내지리 단잡기』, 충청남도 무형문화재 제29호, 민속원, 2011.
오석민, 『반도의 역사, 소금 마을』, 태안문화원, 2004.
오석민 · 민정희 · 유병덕 · 임승범, 『기지시 줄다리기』, 중요무형문화재 제75호, 국립문화재연구소, 민속원, 2006.
오석민 · 최진아, 『당진 안섬 당제』, 충청남도 무형문화재 제35호, 민속원, 2010.
오선영, 『처녀 · 총각의 죽음과 그 상례 연구』, 한남대 대학원 문화재학과 석사학위논문, 2007.
오선영, 「앉은굿 법사들의 신풀이-서산 · 태안을 중심으로」, 『한국무속학』 36, 한국무속학회, 2018.
오선영, 『앉은굿 신풀이 연구』, 연세대 대학원 한국학과 박사학위논문, 2018.
유병덕, 「논산 주곡리 장승제의 지속과 변화」, 『역사민속학』 22, 한국역사민속학회, 2006.
유승광, 『서천의 민속(동제편)』, 서천문화원, 1992.
유승광, 『서천의 민속(세시풍속편)』, 서천문화원, 1993.
이걸재, 『공주의 두레』, 공주문화원, 2012.
이경엽, 「충남 녹도의 조기잡이와 어로신앙」, 『도서문화』 30, 목포대 도서문화연구소, 2007.
이관호, 『충남 서해안의 마을공동체 신앙 연구-홍성 지역을 중심으로』, 한양대 대학원 문화인류학과 석사학위논문, 1992.
이관호, 「수룡동 당제 조사연구」, 『한국무속학』 4, 한국무속학회, 2001.
이관호, 『내포지역 마을신앙의 전승과 변이』, 연세대 대학원 한국학과 박사학위논문, 2008.
이관호, 『홍성 수룡동 당제』, 충청남도 무형문화재 제36호, 민속원, 2010.
이은창, 「금강 유역의 부락제 연구」, 『장암 지헌영선생 화갑기념논총』, 제일문화사, 1971.
이인화, 『당진의 민간신앙』, 당진문화원, 1996.
이인화, 『안섬 당제』, 신화, 2003.
이인화, 『충남 내포 마을 제당의 민속지리』, 민속원, 2006.
이필영, 「남창 손진태의 역사민속학의 성격」, 『한국학보』, 41, 일지사, 1985.
이필영, 「충남 금산의 탑 신앙 연구」, 『백제연구』 19, 충남대학교 백제연구소, 1988.
이필영 외, 『금산의 마을공동체 신앙』, 한남대 역사교육과 마을문화연구회 · 금산문화원, 1989.
이필영 외, 『대덕구 민속지』, 대전직할시 대덕구청, 1989.
이필영, 「마을공동체와 솟대신앙」, 『손보기 박사 정년기념 고고인류학논총(인류학편)』, 1988.
이필영, 『솟대』, 대원사, 1990.
이필영 외, 『외연도의 삶과 문화』, 한남대 충청문화연구소, 프린트본, 1992.
이필영 외, 『장동 산디 마을의 삶과 문화』, 한남대 충청문화연구소, 프린트본, 1992.
이필영 외, 『공주 상신리 마을의 삶과 문화』, 한남대 충청문화연구소, 프린트본, 1992.
이필영 외,『고대도의 삶과 문화』, 한남대 충청문화연구소, 프린트본, 1993.
이필영 외,『장고도의 삶과 문화』, 한남대 충청문화연구소, 프린트본, 1993.
이필영,『마을신앙의 사회사』, 웅진출판사, 1994.
이필영 외,『삽시도의 삶과 문화』, 한남대 충청문화연구소, 프린트본, 1995.
이필영,「역사의 변화 발전과 민속」,『한국민속사연구』, 지식산업사, 1995.
이필영 · 김효경 · 민정희 · 신은희,「민속조사」,『대전-당진 고속도로 건설예정지역 내 고고유적 지표조사 · 민속조사보고서』, 충남대학교박물관 · 한국도로공사, 1995.
이필영,「삽시도의 민속」,『충청문화연구』 4, 한남대학교 충청문화연구소, 1996.
이필영,「도둑잡이 뱅이」,『민속학연구』 4, 국립민속박물관, 1997.
이필영 · 김효경,「민속조사」,『봉명 · 장대 지구 고고 민속 지표조사보고』, 충남대학교박물관 · 대전광역시청, 1997.
이필영 · 김효경,「민속조사」『경부고속철도 대전 사토장 · 영동보수기지 예정부지 고고 · 민속 조사보고』, 충남대학교박물관 · 한국고속철도공단, 1997.
이필영,「충남 서해 도서 지방의 당제 연구-외연도를 중심으로」,『국사관논총』 82, 국사편찬위원회, 1998.
이필영 · 심우성 · 김효경,『소라실 장승제』, 공주문화원, 1998.
이필영,「천안 역세권의 민속」,『고고와 민속』 1, 한남대학교 박물관, 1998.
이필영,「충청 지방의 미친굿」,『샤머니즘 연구』 1, 한국샤마니즘학회, 1999.
이필영,「민속과 신앙-마을신앙을 중심으로」,『한국사론-한국사연구의 회고와 전망, 민속편』, 국사편찬위원회, 1999.
이필영 · 김효경,「민속조사」『대전종합유통단지 개발사업지역내 고고 · 민속조사보고』, 충남대학교박물관 · 대전광역시 도시개발공사, 1999.
이필영 · 김효경, 「민속조사」, 『경부고속철도 대전 북 · 남 연결선 문화유적지표조사보고서』, 한남대학교박물관 · 한국고속철도건설공단, 1999.
이필영 · 김효경, 「민속조사」, 『대전 석봉정수장 건설사업 부지내 고고민속조사보고서』, 한남대학교박물관, 1999.
이필영, 「충남 부여 지역의 진혼제」, 『삼천궁녀제 연구』, 한국샤머니즘학회편, 문덕사, 2000.
이필영, 「개인의 피부병에 대한 마을공동체의 치병 의례 부여 내지리를 중심으로」, 『민속학연구』 7, 국립민속박물관, 2000.
이필영 · 김효경, 「민속조사」, 『천안 유통단지 부지내 문화유적 지표조사 보고서』, 충청매장문화재연구원 · 한국토지공사, 2000.
이필영 · 김효경, 「민속조사」, 『서산-당진간 국도 32호선 확장 및 포장 공사구간 내 문화유적 지표조사 보고서』, 충청매장문화연구원 · 대전지방국토관리청, 2000.
이필영 · 김효경, 「민속조사」, 『덕산-예산 간 도로확장 및 포장공사 구간 내 문화유적 지표조사 보고서』, 충청매장문화연구원 · LG건설주식회사, 2000.
이필영 외, 「민속조사」, 『신풍-우성간 국 32호선 확포장공사 구간 내 문화유적 지표조사 보고서』, 충청매장문화연구원, 2000.
이필영 외, 「민속조사」, 『국도 34호선 둔포-성환간 확포장공사 구간 내 문화유적 지표조사 보고서』, 충청매장문화연구원, 2000.
이필영 외, 「민속조사」, 『서산-당진간 확장 및 포장공사 구간내 문화유적 지표조사 보고서』, 충청매장문화연구원, 2000.
이필영, 「충남지역 가정신앙의 제 유형과 성격」, 『샤머니즘연구』 3, 한국샤머니즘학회, 2001.

이필영, 「가을떡과 안택」, 『한국문화연구』 1, 이화여대 한국문화연구원, 2001.
이필영 외, 『부여의 민간신앙』, 부여문화원, 2001.
이필영 · 김효경, 「민속조사」, 『장항선 노반개량공사 구간 내 문화유적 지표조사 보고서』, 충청매장문화연구원, 2001.
이필영, 「민속의 지속과 변동: 출산의례 중의 安胎를 중심으로」, 『역사민속학』 13, 2001.
이필영, 『은산별신제』, 국립문화재연구소, 2002.
이필영, 「민속학에서 본 종교」, 『종교문화비평』 2002, 한국종교문화연구소, 청년사, 2002.
이필영 · 김효경, 「민속조사」, 『경부선 대전-옥천간 선로개량 노반공사구간 지표조사 보고서』, 한남대학교 박물관, 2002.
이필영 · 김효경, 「민속조사」, 『천안 병천 매성리 골프장부지 문화유적 지표조사 보고서』, 한남대학교 박물관, 2002.
이필영 · 김효경, 「민속조사」, 『탄천IC-탄천간 지방도 4차로 확포장공사 실시 지역내 고고민속조사보고서』, 한남대학교 박물관, 2003.
이필영 · 김효경 · 민정희, 『서천의 당제』, 서천문화원, 2004.
이필영 · 김효경, 「민속조사」, 『옥천 삼청 건널목 접속도로 개설공사 구간 문화유적 지표조사 보고서』, 한남대학교 박물관 · 옥천군, 2004.
이필영 · 김효경, 「민속조사」, 『옥천 월외 지구 소규모 농촌용수개발사업 구간 문화유적 지표조사 보고서』, 한남대학교 박물관 · 옥천군, 2004.
이필영, 「해물리기와 잔밥먹이기」, 『한국의 가정신앙(하)』, 민속원, 2005.
이필영 · 김효경 · 오선영, 「원산도의 민속」, 『고고와 민속』 8, 한남대 중앙박물관, 2005.
이필영 · 김효경, 「민속조사」, 『군장국가산업단지 장항지구 문화유적 지표조사 보고서』, 충청매장문화재연구원 · 한국토지공사, 2005.

이필영 · 김효경, 「민속조사」, 『아산배방 택지개발사업부지내 문화유적지표조사보고서』, 충청문화재연구원, 2005.
이필영 · 이재은, 「서천읍 남산과 그 주변 마을의 민속」, 『고고와 민속』 9, 한남대중앙박물관, 2006.
이필영, 「X와 十의 상징성-민속학 자료를 중심으로」, 『박물관학보』 10 · 11, 한국박물관학회, 2006.
이필영 · 김효경, 「민속 및 지명 조사」, 『행정중심복합도시 연계 대전-천안간 광역도로 민간투자사업 문화유적 지표조사보고서』, 충청매장문화재연구원, 2006.
이필영 · 김효경, 「민속조사」, 『장항선(천안-장항-군산간) 노반 개량공사 구간내 문화유적』, 한국철도시설공단 · 충남역사문화연구원, 2006.
이필영 · 김효경, 「민속조사」, 『계룡대실지구 도시개발사업 문화유적 지표조사 보고서』, 충청매장문화재연구원 · 한국토지공사, 2006.
이필영, 「가정신앙과 제물」, 『역사민속학』 24, 2007.
이필영 외, 『동자북 마을지: 서천 동자북 문화 · 역사 마을 가꾸기』, 서천문화원, 2007.
이필영 · 김효경 · 성내신 · 남향, 「충남 연기군 금남면 달전리 민속조사연구」, 『고고와 민속』 10, 한남대 중앙박물관, 2007.
이필영, 「우물신앙의 본질과 전개양상-민속학 자료를 중심으로」, 『역사민속학』 26, 2008.
이필영 · 김효경, 「민속조사」, 『석문국가산업단지 조성 부지내 문화유적 지표조사 보고서』, 충청문화재연구원, 2008.
이필영, 「대덕의 민속」, 『덕을 품은 곳 대덕구 이야기』, 대전광역시 대덕문화원, 2009.
이필영, 「충남의 앉은굿」,『충남의 민속문화』, 충청남도 · 국립민속박물관,

2010.
이필영,『황도붕기풍어제』, 민속원, 2010.
이필영,「충남 지역 성주신앙의 존재양상」,『역사민속학』34, 2010.
이필영 · 남향,『창리 영신제』, 서산문화원, 2011.
이필영,「별신제의 역사성과 제사 특성」,『역사민속학』38, 한국역사민속학회, 2012.
이필영,「대전 지역 돌장승의 전승 실태와 보존 방안」,『대전문화』21, 대전광역시사편찬위원회, 2012.
이필영 · 정래진 · 남향,『황금산 치성과 제향』, 서산문화원, 2012.
이필영,「무형문화유산과 민속학」,『무형문화유산의 이해』, 전북대학교, 2012.
이필영,「난산 극복을 위한 민속적 대응」,『역사민속학』41. 2013.
이필영 · 정래진 · 남향 · 김혜리,『서천 도둔리 덕타령 연구』, 서천문화원, 2013.
이필영 · 남향,『논산의 소금단지 화재맥이』, 논산문화원, 2013.
이필영 · 임승범 · 오선영,『서산의 법사와 앉은굿』, 서산문화원, 2013.
이필영 · 남향,『서산 명천포구 창말의 역사와 당제』, 서산문화원, 2013.
이필영,「아기의 첫 외갓집 나들이」,『역사민속학』46, 한국역사민속학회, 2014.
이필영 · 남향,『논산의 옛길과 그 문화』Ⅰ, 논산문화원, 2014.
이필영 · 남향,『논산의 옛길과 그 문화』Ⅱ, 논산문화원, 2015.
이필영,「역사민속학의 민간신앙 연구관점」,『역사민속학』47, 한국역사민속학회, 2015.
이필영 · 남향,『서산의 볏가릿대』, 서산문화원, 2015.
이필영 · 오선영,『서산의 넋건지기』, 서산문화원, 2015.
이필영 · 남향,『태안 안흥(정죽)반도의 역사와 민속』, 태안문화원, 2015.
이필영 · 남향,『태안 안면도 고남 지역의 당제와 조개부르기』, 태안문화원,

2015.
이필영 · 임승범 · 오선영, 『구술생애담에 담긴 태안 법사의 삶과 무속』, 태안문화원, 2016.
이필영, 「세종시의 마을신앙」, 『세종시의 민속문화』, 세종특별자치시 · 국립민속박물관, 2016.
이필영, 「내포 지역의 안태 풍습」,『내포의 민속문화』, 내포문화총서 7, 충남역사문화연구원, 2016.
이필영, 「내포 지역의 돌미륵신앙」,『내포의 민속문화』, 내포문화총서 7, 충남역사문화연구원, 2016.
이필영 · 남향, 『태안 안면도 안면읍 지역의 마을신앙과 경제생활』, 태안문화원, 2017.
이필영, 『세종시 기고사』, 세종특별자치시 · 충청남도역사문화연구원, 세종시무형문화유산학술총서 Ⅱ, 2017.
이필영 · 오선영 · 남향, 『서산의 가정신앙』, 서산문화원, 2017.
이필영 · 남향, 『논산의 무주고혼 제사』, 논산문화원, 2018.
이필영, 「거북놀이의 성격과 의의」, 『역사민속학』 55, 한국역사민속학회, 2018.
이필영 · 남향, 『태안 남면 지역의 마을신앙과 경제생활』, 태안문화원, 2018.
임승범, 『충남 내포 지역의 앉은굿 연구』, 한남대 대학원 문화재학과 석사학위논문, 2005.
임승범, 「충남 태안 지역의 안택과 병경」, 『한국의 가정신앙(하)』, 민속원, 2005.
임승범, 「충청 지역의 종이 무구」, 『한국무속학』 13, 한국무속학회, 2006.
임승범, 「충청굿의 설경 연구-부여 지역 김요천 법사를 중심으로」, 『한국무속학』 18, 한국무속학회, 2009.
임승범, 「성주 신앙의 지역별 양상과 그 의미」, 『지방사와 지방문화』 12, 역사

문화학회, 2009.
임승범, 『태안 설위설경』, 충청남도 · 충남역사문화연구원, 2011.
임승범, 「안택의 상과 병경의 단」, 『고고와 민속』 14, 한남대 중앙박물관, 2011.
임승범, 『충남 태안 앉은굿의 황천해원경 연구』, 연세대 대학원 한국학과 박사학위논문, 2018.
장인성, 「대전 · 충남 지역의 앉은굿과 옥추경」, 『대전문화』 12, 대전시사편찬위원회, 2003.
정래진, 『삼신받기 연구』, 한남대 대학원 문화재학과 석사학위논문, 2007.
정래진, 「삼신받기의 제 유형과 의미」, 『역사민속학』 28, 한국역사민속학회, 2008.
정영호, 「서천 남산장의 공간적 기능 변화 고찰」, 『민속학연구』 3, 국립민속박물관, 1996.
조경만, 『두레의 일과 놀이에 관한 연구-1940년대 충남 부여군 추양리의 사례』, 서울대 인류학과 석사학위논문, 1986.
주강현, 「서해안 대동굿지」, 『민족과 굿』, 학민사, 1987.
주강현, 「서해안 조기잡이와 어업생산풍습」, 『역사민속학』 1, 한국역사민속학회, 1991.
주강현, 「대전지역 두레공동노동 연구」, 『충청문화연구』 3, 한남대 충청문화연구소, 1992.
주강현, 「하나의 실험, 실험된 두레: 실험민속학의 한 가지 시론-논산군 상월면 대명리에서의 실험」, 『역사민속학』 4, 한국역사민속학회, 1994.
주강현, 「부여 지역 두레계선이동과 생산풍습」, 『역사민속학』 6, 한국역사민속학회, 1997.
주강현, 「충남 서해안 독살 분포와 특징」, 『고고와 민속』 1, 한남대 중앙박물관, 1998.

주강현, 『조기에 관한 명상』, 한겨레신문사, 1998.

주강현, 『서산 박첨지놀이』, 충청남도 무형문화재 제26호, 민속원, 2011.

주강현, 『신이 내린 황금 그물, 돌살』, 들녘, 2006.

주강현, 『농민의 역사, 두레』, 들녘, 2006.

최운식, 「충남 홍성지역 보살과 법사의 성격과 실상」, 『한국무속학』 4, 한국무속학회, 2002.

충청남도 · 충남역사문화연구원, 『충남민속사진집』 1 · 2 · 3권, 2012.

한남대 충청문화연구소 · 충청남도, 『금강지』 상 · 하, 1993.

한남대 충청문화연구소 · 충청남도, 『도서지』 상 · 중 · 하, 1997.

황의호, 「보령 지방 마을신앙의 실태」, 『고고와 민속』 2, 한남대 중앙박물관, 1999.

황의호, 「가라티 마을 동제」, 『고고와 민속』 3 , 한남대 중앙박물관, 2000.

황인덕, 「논산 지역의 합두레먹이」, 『충청문화연구』 3, 한남대 충청문화연구소, 1992.

아산재단연구총서

001 전환기의 중국경제
김윤환 외 | 단국대 경제학과

002 폴란드 경제의 변천 개혁과 그 전망
김광수 | 숭실대 경제학과

003 재소한인
이광규 외 | 서울대 인류학과

004 소련산림과 임업
홍성천 외 | 경북대 임학과

005 아세안의 정치경제
김국진 외 | 외교안보연구원

006 태국의 사회변동과 경제발전
최석만 외 | 전남대 사회학과

007 중국의 사회경제 통계분석
신한풍 외 | 고려대 통계학과

008 중국의 정치와 경제
박두복 외 | 외교안보연구원

009 동유럽의 개혁과 시장경제의 도입
허만 외 | 부산대 사범대학

010 동유럽의 개혁운동
박영신 | 연세대 사회학과

011 현대 러시아 연구
기연수 외 | 한국외대 노어과

012 전략적 선택과 기업의 국제경쟁력
이장호 | 서강대 경영대학

013 협동사회의 정착과 정부의 역할
이종범 외 | 고려대 행정학과

014 한국 제조기업 생산성의 동적 분석
노부호 외 | 중앙대 경영대학

015 분배의 정의
변형윤 외 | 서울대 경제학과

016 도덕적 행동의 강화
이훈구 외 | 연세대 심리학과

017 관료부패와 통제
김해동 외 | 서울대 행정대학원

018 한국경제의 내실 있는 성장
정창영 외 | 연세대 경제학과

019 한국국민정신운동의 역사와 발전방향
박수명 외 | 부산대 사범대학

020 한국대학생의 가치성향과 상담효과
이영희 외 | 숙명여대 교육학과

021 가출청소년과 학교관리체제
안창규 외 | 부산대 교육학과

022 동북아 정세변화와 한 · 일관계
한승조 외 | 고려대 정치외교학과

023 언론과 부정부패
정대철 외 | 한양대 신문방송학과

024 한국의 고등학교 교육
이원호 외 | 부산대 교육학과

025 가족과 방송
김학수 외 | 서강대 신문방송학과

026 재정개혁의 전망과 재산세제의 개편과제
오연천 | 서울대 행정대학원

027 청소년을 위한 전자게임 프로그램의 규제 및 평가체계 개발
박혜원 외 | 울산대 가정관리학과

028 정신장애자 가족의 사회심리적 특성
이근후 외 | 이화여대 의과대학

029 가족의 관계역동성과 문제인식
이광규 외 | 서울대 인류학과

030 현대인과 한국전통음식
승정자 | 숙명여대 식품영양학과

031 기업의 초고속정보통신망활용
안중호 | 서울대 경영학과

032 지역발전을 위한 교육자치제의 개선방안
김남순 | 조선대 사범대학

033 전환기의 공무원 가치관
조경호 | 울산대 행정학과

034 지방자치와 사회복지의 과제
김영모 | 중앙대 사회복지학과

035 WTO체제하의 지방중소기업 지원정책
최명주 외 | 계명대 통상학부

036 현대한국의 시민운동
이효선 | 중앙대 사회학과

037 기업 세계화의 단계 및 정도의 측정
허영도 외 | 울산대 경영학과

038 가족복지를 위한 가족주치의 시범사업의 효과
이혜리 외 | 연세대 가정의학교실

039 한국대학생의 삶의 만족도
김재은 외 | 이화여대 교육심리학과

040 지역경제와 지역산업구조의 개편방향
정기화 외 | 전남대 경제학부

041 중국기업의 소유형태별 경영특성
노철화 외 | 부산대 무역학과

042 남북한의 인성 · 사상교육
한승조 외 | 고려대 정치외교학과

043 선세석 뇌기능 조인을 위한 의료용 멀티미디어 시스템의 설계
유선국 | 연세대 의용공학교실

044 다민족국가의 민족문제와 한인사회
최협 외 | 전남대 인류학과

045 저소득층지역 청소년 여가문화와 소집단 활성화
박문수 외 | 서강대 사회학과

046 삶의 질의 국제비교와 지역간 비교분석
이재기 외 | 울산대 경제학과

047 21세기 지역주민의 삶의 질
양종회 외 | 성균관대 사회학과

048 삶의 질에 대한 국가간 비교
조명한 외 | 서울대 심리학과

049 외국인 노동자의 노사관계와 사회적 적응
석현호 외 | 성균관대 사회학과

050 한국의 사법제도와 발전 모델
정종섭 | 건국대 법학과

051 고령화사회와 중상층 노인의 사회활동
조성남 외 | 이화여대 사회학과

052 한국의 서비스 시장 개방정책
한홍렬 | 한양대 경제학부

053 한국과 AFTA간의 교역증진 및 경제 협력방안
손일태 외 | 경희대 경제통상학부

054 물류비 절감을 위한 무역업체의 정보화전략
이영수 외 | 경북대 경제통상학부

055 사회주의 체제전환과 사회정책
오정수 외 | 충남대 사회복지학과

056 남북통일 이후 농업생산체계 개편
홍성규 외 | 건국대 농업경제학과

057 국제화와 세계화
하영선 외 | 서울대 외교학과

058 IMF 개혁정책의 평가와 한국경제의 신(新) 패러다임
조동근 | 명지대 경제학과

059 구조개혁과 실업대책
박동운 | 단국대 경제무역학부

060 21세기 신노사관계
심윤종 외 | 성균관대 사회학과

061 학교에서의 집단 따돌림
이춘재 외 | 가톨릭대 심리학과

062 한국노인의 정신건강실태와 건강증진
조맹제 외 | 서울대 의과대학

063 혁명과 개혁 속의 중국 농민
김광억 | 서울대 인류학과

064 중국의 경제환경과 한국기업의 진출 전략
지용희 외 | 서강대 경영학과

065 김대중 대통령의 시스템 사고
김동환 | 중앙대 공공정책학부

066 실업과 가족해체
최일섭 외 | 서울대 사회복지학과

067 합리적 부채비율 조정방안
오상근 | 동아대 경제학과

068 한국 중산층의 생활문화
문숙재 외 | 이화여대 소비자 · 인간발달학과

069 계층간 갈등상태에서 최적소득세
김진욱 | 건국대 경상학부

070 글로벌 경쟁력 제고를 위한 기업전략과 조직구축
이만우 외 | 고려대 경영학과

071 의료보험과 국민연금의 관리효율화를 위한 통합방안
사공진 외 | 한양대 경제학부

072 정부개혁의 과제와 전략
박우서 외 | 연세대 행정학과

073 책임운영기관 제도에 관한 비교분석
김근세 | 가톨릭대 행정학과

074 새로운 패러다임하에서의 한국기업의 바람직한 지배구조
최운열 외 | 서강대 경영학과

075 현대 한국사회의 계층구조
양춘 외 | 고려대 사회학과

076 한국의 산업정책과 산업구조조정
강인수 | 숙명여대 경제학부

077 기업구조조정
김석진 | 경북대 경영학부

078 지식경영을 위한 인적자원 개발 및 관리체계
장영철 | 경희대 경영학부

079 뉴 비즈니스 모델
전성현 | 국민대 정보관리학부

080 중산층의 정체성과 소비문화
함인희 외 | 이화여대 사회학과

081 외국관광객 유치를 위한 마케팅 전략
박상규 | 강원대 경영학과

082 한국인의 세대별 문학의식
이동순 | 영남대 국문과

083 공공부문의 효율성 평가와 측정
김재홍 외 | 울산대 사회과학부

084 한국 청소년의 정치의식과 형성요인
김광웅 외 | 숙명여대 아동복지학과

085 한국 대학생의 정치의식
배한동 | 경북대 윤리교육과

086 산업의 정보화와 산업발전
이기동 | 계명대 통상학부

087 한국 제조업의 고용조정 분석
이종원 외 | 성균관대 경제학부

088 지식자산에 대한 경영전략적 평가모형 개발
배재학 외 | 울산대 컴퓨터 · 정보통신공학부

089 관광사업을 위한 한국적 이미지의 휴식복 개발
채금석 | 숙명여대 의류학과

090 한국 정치제도의 개혁
신정현 | 경희대 사회과학부

091 e비즈니스와 아웃소싱 전략
정승화 외 | 연세대 경영학과

092 집단 따돌림의 진단 및 치료방안
홍준표 | 중앙대 인간생활환경학과

093 16대 총선과 낙선운동
조기숙 | 이화여대 국제대학원

094 부동층 유권자 행태 분석
진영재 | 연세대 정치외교학과

095 사이버 공동체의 성공요인
이재관 | 숭실대 경영학부

096 온라인 소비자 행동의 이론과 실증
윤성준 | 경기대 경영학부

097 글로벌 시대 정약용 세계관의 가능성과 한계
차성환 | 한일장신대 역사사회학과

098 러시아의 체제전환 과정에서 나타난 국가의 역할과 그 전망
이상민 외 | 부산대 정치외교학과

099 남북한의 경제발전 수준과 산업구조 비교, 그리고 경제교류 협력방향
주성환 | 건국대 경제학과

100 집단따돌림과 교육해체
한준상 | 연세대 교육학과

101 공적연금제도의 효율성과 개선방안
유금록 | 군산대 행정복지학부

102 벤처기업-대기업의 성공적인 협력 모델
나중덕 | 경산대 경영학과

103 북한의 재외동포정책
조정남 외 | 고려대 정치외교학과

104 사이버 공동체 형성의 역동적 모형
장용호 | 서강대 신문방송학과

105 기업이론과 기업의 소유지배구조
김일태 외 | 전남대 경제학부

106 가축분뇨 자원화를 위한 공동이용 조직에 대한 농가선호도 분석
유덕기 | 동국대 생명자원경제학과

107 개혁정책과 전문가 집단
이경원 외 | 제주대 행정학과

108 현대 한국사회의 이중가치체계
신수진 외 | 이화여대 가정관리학과

109 한국의 산업구조 변화와 기업집단 다각화 전략
김용학 외 | 연세대 사회학과

110 지식정보사회의 경제적 모형 설정 및 사례 연구
김범환 | 배제대 경영정보학부

111 변호사징계제도
오종근 | 한림대 법학부

112 인터넷 특허법
김순석 | 광주대 법학과

113 e-비즈니스 시대의 금융 및 재정정책의 새로운 패러다임
이종욱 | 서울여대 경제학과

114 청소년의 하위문화와 정체성
조성남 | 이화여대 사회학과

115 디지털금융시대의 금융구조변화와 정부규제 및 정책
이충열 | 고려대 경제학부

116 지식경영을 위한 기업의 조직설계방안
김경수 외 | 전남대 경영학과

117 전자금융의 발달과 경제정책의 새로운 패러다임
이명훈 | 명지대 경제학과

118 동아시아의 안보와 유엔체제
강성학 편저 | 고려대 정치외교학과

119 유료 치매노인 그룹홈의 개발과 관련 정책
최정신 외 | 가톨릭대 소비자 · 주거학과

120 소비자 지향적 문화산업 정책
홍영준 | 호남대 광고홍보학과

121 국제 · 국가 · 지방 환경규제의 연계
정준금 외 | 울산대 행정학과

122 현행 회사 합병 · 분할제도의 평가와 개선방안
옥무석 외 | 이화여대 법학과

123 배려지향적 도덕성과 정의지향적 도덕성
정옥분 외 | 고려대 사범대학

124 기업구조조정에 대한 채권금융기관 및 금융감독기관의 역할과 책임
이중기 | 한림대 법학과

125 실업대책으로서 한국의 법정기준근로 시간 단축
박영범 | 한성대 경제학과

126 프랑스어의 비분리성 소유개념 표현
노윤채 | 연세대 언어정보연구원

127 지방채의 효율적 관리방안
강태구 | 호원대 법행정학부

128 21세기 산업구조 변화와 과학기술정책
임채성 외 | 그리스도신학대 경영정보학부

129 인터넷 쇼핑몰 이용자의 불평행동
예종석 | 한양대 경영학부

130 한국기업의 성과급제도 현황, 효과 및 개선방안
김성수 | 서울대 경영학과

131 전자상거래와 소비자보호
서민교 외 | 경일대 인터넷국제통상학과

132 평생학습 사회에서의 인적자원개발을 위한 사회적 파트너십 구축
김영화 | 홍익대 교육학과

133 한국 공교육의 새로운 구상과 전략
권대봉 외 | 고려대 교육학과

134 한국의 정부개혁
김태룡 | 상지대 행정학과

135 지방정부 생산성 측정의 이론과 실제
이은국 외 | 연세대 행정학과

136 불가 시문학론
배규범 | 경희대 학술연구 교수

137 남북경제교류의 법적 문제
제성호 | 중앙대 법학과

138 경제위기와 청소년 발달
구인회 | 서울대 사회복지학과

139 생명과학기술의 응용과 기본권보호적 한계
정상기 외 | 한남대 법학과

140 경제발전과 정치환경의 한 · 일 비교분석
정갑영 외 | 연세대 동서문제연구원

141 한국 공교육의 진단
윤정일 외 | 서울대 교육학과

142 우리나라 지방자치 발전을 위한 자치단체장의 역할
정성호 외 | 경기대 사회과학부

143 의료보험제도의 개혁방안
권순원 | 덕성여대 경제학과

144 중등 도덕교육의 현실과 문제
손동현 외 | 성균관대 철학과

145 사이버공동체 발전론
이명식 | 상명대 경영학과

146 남북경협 확대에 대비한 북한 담보제도의 정비방안
박훤일 | 경희대 법과대학

147 한국 공무원 인사제도 개혁
김판석 | 연세대 행정학과

148 교사화법 교육
임칠성 외 | 전남대 국어교육과

149 세계화의 문화정치학
임혁백 외 | 고려대 정치외교학과

150 효과적인 e-SCM을 위한 의사결정조정 시스템 모형
이원준 | 성균관대 경영학부

151 환경거버넌스
김종순 외 | 건국대 행정학과

152 자동차산업의 인적자원관리
이덕로 | 서원대 경영학부

153 한국과 영국 간 지식기반산업 비교
이명호 | 한국외대 경영학과

154 한국 벤처기업의 기술네트워킹 및 기술마케팅 전략
장영일 | 인제대 경영학부

155 회사변호사의 윤리
오승종 | 성균관대 법과대학

156 미디어교육론
이정춘 | 중앙대 신문방송학과

157 조선시대 서원과 양반
윤희면 | 전남대 역사교육과

158 환경문제와 철학
박찬국 | 서울대 철학과

159 노인보건복지 이론과 실제
김명 외 | 이화여대 보건교육학과

160 북한의 법체계
권재열 외 | 숭실대 법학과

161 생명공학기술의 안전성 확보에 관한 법적 고찰
이재협 | 경희대 법학부

162 청소년복지학
김성이 외 | 이화여대 사회복지학과

163 변화하는 세계, 변화하는 복지국가
조영훈 | 동의대 사회복지학과

164 의리의 윤리와 한국의 유교문화
김낙진 | 진주교대 도덕교육과

165 미국의 통상정책과 통상법
윤충원 | 전북대 무역학과

166 사회복지 프로그램 평가
김학주 | 경상대 사회복지학과

167 환경주의와 지속가능한 발전
정대연 | 제주대 사회학과

168 무역과 환경
김기흥 외 | 경기대 경제학부

169 산업계 유해폐기물의 위험과 관리
김금수 | 호서대 경상학부

170 백범 김구의 지적 계발과정 탐색
문용린 | 서울대 교육학과

171 태평양전쟁 발발 이후 일제의 인적 지배와 그리스도교계의 대응
윤선자 | 전남대 사학과

172 거버넌스 상황에서 갈등관리를 위한 대체적 분쟁해결제도
서순복 | 광주대 법정학부

173 시장경제의 유형과 민주주의
최배근 | 건국대 경상학부

174 일본고전소설 총론
김현정 | 국립한국전통문화학교

175 국어 교육을 위한 국어 문법론
이관규 | 홍익대 국어교육과

176 율곡의 군주론
전세영 | 부산교대 윤리교육과

177 동북아시아 환경협력
정서용 | 명지대 법학과

178 기후변화협약과 기후정책
신의순 외 | 연세대 경제학과

179 인터넷과 국제 학술정보 네트워크-하이퍼링크 분석
박한우 | 영남대 언론정보학과

180 국내 기업복지의 활성화 방안
최수찬 | 연세대 사회복지대학원

181 세계화와 인간안보
김우상 외 | 연세대 정치외교학과

182 세계문화유산 종묘 이야기
지두환 | 국민대 국사학과

183 한국 평생교육의 사회철학적 과제
곽삼근 | 이화여대 교육학과

184 강점모델
정순둘 | 이화여대 사회복지학과

185 글로벌시대의 계약법
박영복 | 한국외대 법과대학

186 배심제와 시민의 사법참여
안경환 | 서울대 법학과

187 동북아공동체
김재한 | 한림대 정치외교학과

188 정치 참여와 탈물질주의
김욱 | 배재대 정치외교학과

189 퍼지전문가회로망을 이용한 금융기관의 사이버 기업여신결정 지원시스템의 개발
권혁대 | 목원대 경영학과

190 환경정책과 환경법
송인성 | 전남대 지역개발학과

191 포스트모던 시대의 평생교육학
한숭희 | 서울대 교육학과

192 현대 한국인의 세대경험과 문화
박길성 외 | 고려대 사회학과

193 서구의 근로연계복지
김종일 | 건국대 사회복지학과

194 사회복지운동론
현외성 | 경남대 사회복지학과

195 외국의 역모기지 사례
유선종 | 건국대 부동산학과

196 옛이야기와 어린이문학
이지호 | 진주교대 국어교육학과

197 노인사회복지관광의 정책과제와 방안
김창수 | 경기대 관광학부

198 복지서비스의 민간위탁 시스템 분석
김순양 | 영남대 행정학부

199 새로운 빈곤층의 대두와 정부의 정책과제
김진욱 | 건국대 경제학과

200 문화행정론
김정수 | 한양대 행정학과

201 스칸디나비아 노인용 코하우징의 계획과 적용
최정신 외 | 가톨릭대 생활과학부

202 북한의 자연생태계
공우석 | 경희대 지리학과

203 통계로 이해하는 러시아
전홍찬 | 부산대 정치외교학과

204 사회복지법인의 경영과 회계
이동규 | 충남대 회계학과

205 의약분업 정책과정
차흥봉 | 한림대 사회복지학과

206 지역공동체와 평생교육
오혁진 | 동의대 평생교육학부

207 아동보호서비스의 실제
한미현 | 백석대 사회복지학부

208 그린마케팅
박재기 | 충남대 경영학부

209 아동권리와 아동복지
이혜원 | 성공회대 사회복지학과

210 국제 이주와 인도인 디아스포라
김경학 | 전남대 인류학과

211 질병과 의료의 사회학
조병희 | 서울대 보건대학원

212 북한이탈주민의 사회통합을 위한 지역복지실천의 모색
이기영 | 부산대 사회복지학과

213 치매노인케어론
조유향 | 초당대 간호학과

214 노인상담입문
서혜경 외 | 한림대 대학원 사회복지학과

215 '통일 이후 통일과정'으로서의 독일 통일영화
이준서 | 이화여대 독어독문학과

216 중국의 사회보장
오정수 | 충남대 사회복지학과

217 환경자원의 경제적 가치와 환경오염의 사회적 비용
김재홍 | 울산대 사회과학부

218 사회복지프로그램의 경제적 평가방법
박창제 외 | 상주대 사회복지학과

219 자유의지와 결정론
안건훈 | 강원대 철학과

220 심리학자들이 쓴 행복한 결혼의 심리학
채규만 외 | 성신여대 심리학과

221 현대 해석학 강의
양해림 | 충남대 철학과

222 한국인의 주거 빈곤과 공공주택
하성규 | 중앙대 도시및지역계획학과

223 IMF 경제위기와 한국 출산력의 변화
김두섭 | 한양대 사회학과

224 동아시아의 영토분쟁과 국제법
이석우 | 인하대 법학부

225 독일 복지국가와 사회복지서비스
정재훈 | 서울여대 사회사업학과

226 사회복지사를 위한 실용 비모수통계
엄명용 | 성균관대 사회복지학과

227 피해자학 연구
이윤호 | 동국대 경찰행정학과

228 광고언어창작론
박영준 외 | 부경대 국어국문학과

229 환경규제 패러다임의 전환
한철 | 한남대 법학과

230 고령사회의 노동환경변화와 고용 시스템의 문제점 및 법적 대응
고준기 | 국립군산대 법학과

231 세계화와 소득불평등
이선균 외 | 울산대 사회과학부

232 유비쿼터스 사회의 이해
안중호 외 | 서울대 경영학과

233 국제환경책임법론
박병도 | 건국대 법학과

234 한국의 선거와 민주주의
윤종빈 | 명지대 정치외교학과

235 한국 시민운동의 구조와 동학
조대엽 외 | 고려대 사회학과

236 또래관계
송영혜 | 대구대 재활심리학과

237 해외 한국기업과 현지인 노동자
석현호 외 | 에스콰이아학술문화재단

238 독일 국가복지에서 민간복지단체의 역할과 의미
차성환 외 | 한일장신대 사회복지학부

239 청정공학
조정호 | 동양대 생명화학공학과

240 한국전통연희론
심상교 | 부산교육대 국어교육학과

241 정신장애와 가족
서미경 | 경상대 사회복지학부

242 빈곤통계의 작성과 활용
김주환 | 동국대 정보통계학과

243 인터넷과 한국정치
강원택 | 숭실대 정치외교학과

244 북한의 시장경제이행
정영화 외 | 서경대 법학과

245 시스템사고로 본 지속가능한 도시
문태훈 | 중앙대 도시및지역계획학과

246 실버산업과 유비쿼터스 컴퓨팅
고일상 | 전남대 경영학부

247 재활상담과 사례관리
나운환 | 대구대 직업재활학과

248 영유아교육기관에서의 장애 이해 교육
유수옥 | 우석대 유아특수교육과

249 장애의 사회적 의미와 사회통합
박수경 | 대진대 사회복지학과

250 경제분석의 수리적 기초
조인성 | 공주대 경제통상학부

251 비영리부문의 비교연구
김승현 | 서울산업대 행정학과

252 고등교육경제학
반상진 | 전북대 교육학과

253 과학윤리교육의 이론과 방법
조희형 | 강원대 과학교육학부

254 결혼이민자가족의 이해
김오남 | 대불대 사회복지학과

255 동아시아 국가의 공공부조
신동면 | 경희대 사회과학부

256 특수아동 진단 및 평가
이나미 | 대불대 특수교육과

257 계약형 사회복지와 권리옹호시스템
이명현 | 경북대 상주캠퍼스 사회복지학과

258 실내공기질 및 위해성 관리
양원호 | 대구가톨릭대 산업보건학과

259 충남 방언 문법
한영목 | 충남대 국어국문학과

260 교육권론
노기호 | 군산대 법학과

261 도시경관계획론
임승빈 | 서울대 조경 · 지역시스템공학부

262 교통의 새로운 패러다임
김형철 | 경원대 도시계획 · 조경학부

263 노인의 삶의 질 향상을 위한 주거환경 디자인
천진희 | 상명대 디자인대학 실내디자인전공

264 사회복지와 문화
박병현 | 부산대 사회복지학과

265 장애인복지의 이론과 실제
이선우 | 인제대 사회복지학과

266 창의성 개발을 위한 디자인교육 콘텐츠
김선영 | 인천가톨릭대 조형예술대학 환경디자인학과

267 구성주의 사회복지 실천 기술론
고미영 | 서울신학대 사회복지학과

268 장애아교육학
김기흥 | 부산교육대 유아교육과

269 지역사회복지와 자원부문
한상진 외 | 울산대 사회학과

270 환경관리회계
육근효 | 부산외국어대 회계학부

271 인권 관점에서 보는 장애인복지
유동철 | 동의대 사회복지학과

272 정신증상
송지영 | 경희대 의과대학병원 신경정신과

273 사이버공간의 사회심리학
이성식 외 | 숭실대 정보사회학과

274 노인에 대한 사회적 돌봄과 돌봄서비스의 질 보장
최희경 | 신라대 가족노인복지학과

275 아동 심리치료의 실제
신현균 | 전남대 심리학과

276 사회복지와 위험관리
노충래 | 이화여대 사회복지전문대학원

277 국제 탄소시장의 이해
양승룡 | 고려대 식품자원경제학과

278 타자의 초상
신문수 | 서울대 영어교육과

279 한국정치와 환경정치
나정원 | 강원대 정치외교학과

280 북한이주민
윤인진 | 고려대 사회학과

281 음주의 사회경제적 비용
정우진 외 | 연세대 보건대학원

282 지방정치와 동북아 도시거버넌스
박재욱 | 신라대 행정학과

283 노숙인 복지론
남기철 | 동덕여대 사회복지학과

284 유럽통합과정과 지역협력
이규영 | 서강대 국제대학원

285 사회복지재정 연구
지은구 | 계명대 사회과학대학 사회복지학과

286 지역사회 교육개혁을 위한 시민사회 조직의 참여
김영화 | 홍익대 교육학과

287 복지사회를 대비한 국민연금의 구조개혁
박영석 외 | 서강대 경영학부

288 한미 FTA 지재권 협상에 따른 의약품 분야 사회후생 변화
오근엽 | 충남대 무역학과

289 산업입지, 환경 그리고 지역경제
이기동 외 | 계명대 국제통상학과

290 감성지능 개발을 통한 삶의 질 향상
김경수 외 | 전남대 경영학부

291 교육복지론
이용교 외 | 광주대 사회복지학부

292 인간과 행복에 대한 철학적 성찰
박찬국 | 서울대 철학과

293 유럽연합의 사회통합 사례와 교훈
이무성 | 명지대 정치외교학과

294 민영화와 사회후생
이상호 | 전남대 경제학부

295 북한의 교육학 체계 연구
최영표 외 | 동신대 교육대학원

296 한국 지속가능발전의 구조와 변동
정대연 | 제주대 사회학과

297 우리나라의 공익 연계 마케팅에 관한 연구
임승희 | 전주대 경영학부

298 시각장애인복지론
김영일 | 조선대 특수교육과

299 그린에너지와 환경촉매
정석진 | 경희대 화학공학과

300 취약학교 초등학생을 위한 온라인 보건교육 프로그램
박경옥 | 이화여대 보건관리학과

301 신탁제도를 통한 고령자의 보호와 지원
최수정 | 서강대 법학전문대학원

302 사회적 약자계층에 대한 실태분석 및 정책방안
이은우 외 | 울산대 경제학과

303 한류 문화와 동북아 공동체
최혜실 | 경희대 국어국문학과

304 노동유연화와 해고보호법
권혁 | 부산대 법학전문대학원

305 사회복지 위험관리의 이해
박미은 | 한남대 사회복지학과

306 의료기관의 회계와 세무
노준화 | 충남대 경영학부

307 여성인적자원의 전문성 확보를 위한 경력개발
백지연 | 이화여대 국제사무학과

308 정신병리
강선경 | 서강대 신학대학원

309 바다의 반란 적조
윤양호 | 전남대 해양기술학부

310 한국 장애인 복지 발달사
이성규 | 서울시립대 사회복지학과

311 서양예술 속의 동양 탐색
진상범 | 전북대 독어독문학과

312 한국인의 도덕성 발달 진단
문용린 | 서울대 교육학과

313 영국정치와 국가복지
고세훈 | 고려대 공공행정학부

314 인간학적 사유를 여는 중도 · 중복장애 교육학
이숙정 | 단국대 특수교육과

315 개별화 교육과정
이소현 | 이화여대 특수교육과

316 인간의 긍정적 성품
권석만 | 서울대 심리학과

317 지방자치와 지역여성의 전망
이혜숙 | 경상대 사회학과

318 한국 현대 노년소설 연구
전흥남 | 한려대 교양학부

319 정보격차 해소를 위한 창의적 정보교육 프로그램
이영준 외 | 한국교원대 컴퓨터교육과

320 한국 가족과 젠더
손승영 | 동덕여대 교양학부

321 한국의 복지혼합
김진욱 | 서강대 신학대학원

322 사회자본과 자원봉사
김태룡 외 | 상지대 행정학과

323 농촌교육복지연구
박삼철 | 단국대 교양학부

324 사회정체성 평가 차원에 대한 국제비교조사
이명진 | 고려대 사회학과

325 캐나다 복지국가 연구
조영훈 | 동의대 사회복지학과

326 한국의 소수자운동과 인권정책
전영평 외 | 서울대 행정대학원

327 한국과 미국의 보육서비스 전달체계와 품질 비교분석
김근세 외 | 성균관대 국정관리대학원

328 한국사회의 소득불평등과 국민 의료이용
이용재 | 호서대 사회복지학과

329 정보시대의 인간안보
조화순 | 연세대 정치외교학과

330 가족의 사회경제적 특성과 아동발달
김광혁 | 전주대 사회복지학과

331 초 · 중 · 고등학생의 학업소진 진행과정 및 경로분석
이상민 | 고려대 교육학과

332 다문화사회의 사법통역
이지은 | 이화여대 통역번역대학원

333 동아시아 지역주의
유현석 | 경희대 정치외교학과

334 환경친화적 공공시설관리와 지역공동체의 삶의 질
이소영 | 중앙대 실내디자인 · 주거환경학과

335 의료보험의 법정책
김나경 | 성신여대 법과대학

336 양극화 시대 가족해체와 청소년의 적응에 관한 한국과 미국의 비교 연구
오승환 외 | 울산대 사회복지학과

337 기업의 사회적 책임과 지역경제사회 발전 연구
허영도 외 | 울산대 경영학부

338 노인의 삶의 질 향상을 위한 온라인 소셜 네트워크 구축 방안
김진우 | 연세대 경영학과

339 청소년 생활역량
윤명희 외 | 동의대 평생교육학과

340 외국인 배우자의 다양성과 국제결혼의 안정성
김두섭 | 한양대 사회학과

341 정보인권의 규범구체화
이민영 | 가톨릭대 법학과

342 한국 사회복지실천의 고유성
최성재 외 | 서울대 사회복지학과

343 스웨덴의 환경책임 실천모형
최희경 | 경북대 행정학부

344 자율운동과 주거공동체
윤수종 | 전남대 사회학과

345 한국인의 공공봉사동기
김상묵 | 서울과학기술대 행정학과

346 한국 이혼가정 아동의 성장
김혜숙 | 경인교육대 교육학과

347 동양 사상과 노인 복지
홍승표 외 | 계명대 사회학과

348 노동과 사회보장의 연계
오문완 | 울산대 법학과

349 학습장애 위험군 아동의 조기선별을 위한 읽기검사 표준화 연구
김애화 외 | 단국대 특수교육학과

350 신 · 재생에너지에 기초한 녹색성장과 사회통합
김인호 | 이화여대 법학전문대학원

351 문화교류역량과 다문화 경영이 기업 경영성과에 미치는 영향
임병학 외 | 부산외대 경영학부

352 빈곤영유아의 발달과 적응
정익중 외 | 이화여대 사회복지학과

353 민사법질서와 인권
양천수 | 영남대 법학전문대학원

354 성년후견제도와 사회복지제도의 연계
신권철 | 서울시립대 법학전문대학원

355 한국 다문화사회의 이방인
김순양 | 영남대 행정학과

356 현대 시민사회와 소비자계약법
이병준 | 한국외대 법학전문대학원

357 개인의 사회적 정보보호를 위한 공공 정보서비스 개선 연구
장항배 | 상명대 경영학과

358 여성교육투자에 대한 교육경제학적 탐색
백일우 외 | 연세대 교육학부

359 사회적 기업과 지속가능한 지역발전
임업 외 | 연세대 도시공학과

360 다문화가정 구성원에 대한 투트랙 한국어 교육방안 연구
박시균 | 군산대 국어국문학과

361 아시아의 빈곤과 한국기업의 역할
한인수 | 충남대 경영학부

362 유치원 · 초등학교 연계 환경교육
박희숙 | 공주대 유아교육학과

363 비정규 고용과 사회정책
구인회 외 | 서울대 사회복지학과

364 사생활의 자유에 관한 비교법적 연구
이창현 | 서강대 법학전문대학원

365 다중융합 환경 기반의 미디어스킨을 활용한 문화콘텐츠 디자인 적용방안에 관한 연구
오문석 외 | 광운대 미디어영상학부

366 북한이탈주민 여성의 성인식 관련 기초 조사
한인영 외 | 이화여대 사회복지학과

367 노인주택 파노라마
유선종 | 건국대 부동산학과

368 시설보호 청년의 적응
정선욱 | 덕성여대 사회복지학과

369 다수 집단과 소수 집단의 심리
김혜숙 | 아주대 심리학과

370 바이오 휴머니티
권택영 | 경희대 영어학부

371 프랑스 다문화교육의 이해
이경수 | 상명대 불어교육과

372 한 · 중 서비스산업의 비교분석과 교역 확대 방안
김상호 | 리츠메이칸 아시아태평양대 국제경영학부

373 현대의학에 있어서 생명의 시간과 인간의 존엄
김학태 | 한국외대 법학전문대학원

374 0~3세 영유아의 영상물 과몰입 실태조사 및 정신건강증진 프로그램 개발과 적용
이경숙 | 한신대 재활학과

375 복지국가의 조세와 정치
양재진 외 | 연세대 행정학과

376 청소년기 자살행위 실태와 관련 요인
박선희 | 경희대 간호과학대학

377 기술혁신에 따른 지역 간 정보격차
최정혜 외 | 연세대 경영대학

378 한국 사회의 이중구조와 생애주기적 불평등
안상훈 편 | 서울대 사회복지학과

379 소비자의 친환경행동에 영향을 미치는 사회적 · 경제적 가치에 대한 고찰
송재기 | 텍사스테크대 경영학과

380 어머니 양육행동 관련 변인들과 유아 사회정서행동 간의 구조모형 분석
심숙영 | 숙명여대 원격대학원

381 조선족 여성, 동남아시아 여성 그리고 새터민의 적응 유형 분석 및 삶의 질 향상 방안 모색
정태연 | 중앙대 심리학과

382 세계의 연금, 한국의 연금
허만형 | 중앙대 공공인재학부

383 노인요양원과 문화 변화
최재성 | 연세대 사회복지학과

384 시민사회와 국제개발협력
손혁상 | 경희대 공공대학원

385 복지국가의 변화와 빈곤정책
김윤태 | 고려대 사회학과

386 다문화가정의 미디어 이용과 사회적 자본의 관계
진창현 | 경기대 경영학과

387 사회진출 대졸 초년생의 탄력성 변화 양상
이상민 | 고려대 교육학과

388 사회자본과 경제발전 그리고 정부의 질
도수관 | 대구가톨릭대 행정학과

389 망명과 귀환이주
서장원 | 고려대 독일문화학과

390 근거기반실천과 사회복지
김유진 | 경북대 사회복지학부

391 인터넷상 정보 유통에 대한 새로운 저작권 규율 방향 모색
박준석 | 서울대 법학전문대학원

392 한국 사회의 인종차별적 담화구조
이창수 | 한국외대 통역번역대학원

393 사회복지사의 사회복지 가치 지향
김용석 | 가톨릭대 사회복지학과

394 개인정보의 국제적 유통에 따른 법적 문제와 대책
박훤일 | 경희대 법학전문대학원

395 정신장애인의 인권
서미경 | 경상대 사회복지학과

396 취약계층 비만청소년들의 체중관리를 위한 건강증진 프로그램의 효과
김영호 | 서울과학기술대 스포츠과학과

397 한국 전통의 돈의 문학사, 나눔의 문화사
서신혜 | 한양대 창의 · 융합교육원

398 와이파이 공간과 모바일 정보 격차
이건학 | 서울대 사회과학대학

399 도시정비사업의 법적 쟁점과 해설
성중탁 | 경북대 법학전문대학원

400 사회서비스 제공기관의 조직요인과 성과
신창환 | 경북대 사회복지학부

401 도시 사운드스케이프 디자인
전진용 외 | 한양대 건축공학부

402 지방의회 의원윤리연구
김택 | 중원대 경찰행정학과

403 발달장애인 자립생활 증진을 위한 역량탐색 및 주거로서의 해결과제
김라경 | 광주교육대 교육학과

404 외국인고용제도개선과 인권
김상호 외 | 경상대 법과대학

405 사회복지연구에서 질적방법과 분석
김인숙 | 가톨릭대 사회복지학과

406 현대미술에서의 예술적 성장과 창의적 인재양성
백경미 | 울산과학기술원 기초과정부

407 현대인의 삶과 문화예술교육
곽삼근 | 이화여대 교육학과

408 문화적 배경과 체화된 인지
민동원 | 단국대 경영학부

409 아동 섭식행동평가 척도 표준화 및 섭식문제 현황 조사
정경미 | 연세대 심리학과

410 잊혀질 권리: 이상과 실현
문재완 | 한국외대 법학전문대학원

411 인권의 지역화: 일상생활의 인권 증진을 위하여
김중섭 | 경상대 사회학과

412 다문화 시대 이주민의 한국어 의사소통
민병곤 외 | 서울대 국어교육과

413 다문화 시대의 문화교육 커리큘럼
윤여탁 외 | 서울대 국어교육과

414 다문화 시대의 통일교육
박성춘 외 | 서울대 윤리교육과

415 다문화 시대 사회 통합을 위한 시민 교육
이진석 외 | 부산대 일반사회교육과

416 다문화 관련 법률 및 제도
박성혁 외 | 서울대 사회교육과

417 생태복원의 인문학적 상상력
김성도 외 | 고려대 언어학과

418 다국내 출생 다문화가정 청소년의 아픔과 분투: 사회적 차별로부터의 회복과 성장
서영석 | 연세대 교육학과

419 종교심리학의 이해: 죽음인식의 논의를 중심으로
김재영 | 서강대 종교학과

420 글로벌 시대의 사회통합: 세계적 추세와 한국의 위상
장용석 외 | 연세대 행정학과

421 소규모 사회적기업과 소셜미디어 마케팅
박철 | 고려대 글로벌비즈니스대학

422 동아시아 가면극의 역사와 전승양상
전경욱 | 고려대 국어교육과

423 무엇이 우리를 행복하게 하는가?
구교준 외 | 고려대 행정학과

424 디지털 중독의 이해와 대응 방안
오원석 외 | KAIST 경영대학

아산재단연구보고서

001 한국인의 도덕성 연구
배해수 | 고려대 국문학과

002 산업화와 청소년 진로
이원호 | 울산대 교육학과

003 공동체의식과 시민운동
김영섭 | 한양대 행정학과

004 한국청년의 삶의 의미 충족도와 만족적 태도
안정수 | 경희대 철학과

005 중국조선족의 사회발전과 한 · 중관계의 위상
손장권 | 고려대 사회학과

006 해송림 "솔껍질깍지벌레"의 천적 및 주요 종의 생태
김규진 | 전남대 농생물학과

007 사회정의와 실천윤리
박종대 | 서강대 철학과

008 동구개혁의 영향
김달중 | 연세대 정치외교학과

009 한국청소년의 의식세계
김문조 | 고려대 사회학과

010 고강도 철근 콘크리트 구조의 실용화
정헌수 | 중앙대 건축학과

011 신기술의 연관형태 및 출현예측의 구조모형
권철신 | 성균관대 산업공학과

012 민간기업의 연구개발을 위한 조세정책
권영훈 | 한양대 경제학부

013 기술개발 활성화방안
송승구 | 울산대 화학공학부

014 부패의 현상과 진단
이문조 | 영남대 정치외교학부

015 연구투자의 지역적 편중화와 부산지역의 기초과학연구 활성화방안
윤웅찬 | 부산대 화학과

016 GATT의 신구 덤핑방지협정과 그 대응 방안
전창원 | 동국대 무역학과

017 한국사회의 도덕성 제고를 위한 진단과 처방
황경식 | 서울대 철학과

018 새로운 노사관계 방향
이진규 외 | 고려대 경영학과

019 21세기 동북아 정세예측과 한국의 전략적 대응방안
최평길 외 | 연세대 행정학과

020 소련의 한국에 대한 정책목표분석
신승권 | 한양대 정치외교학과

021 메모리 커패시터용 $Pb(Zr_xTi_{1-x})O_3$ 강유전체 박막의 제작과 특성
장지근 외 | 단국대 전자공학과

022 러시아 국제법학의 전통
김용구 | 서울대 외교학과

023 유럽연합의 현황과 전망
김동현 외 | 성균관대 행정학과

024 중국의 정치동원
송영우 외 | 건국대 정치외교학과

025 산업적 활용을 위한 이동로보트 시스템의 개발
박민용 외 | 연세대 전자공학과

026 중국조선족의 정치사회화과정과 동화적 국민통합의 방향
전인영 외 | 이화여대 사회생활학과

027 공적부조의 이론과 실제
최일섭 외 | 서울대 사회복지학과

028 대외통상환경의 변화와 법제개편
서헌제 | 중앙대 법학과

029 기업금융의 국제화
최생림 | 한양대 경영학부

030 자동차부품공업의 노사관계
김호진 외 | 고려대 행정학과

031 산업화 과정에서의 한국가족의 실태와 전망
정창수 외 | 성균관대 사회학과

032 공무원 가치관 실태와 정립방안
배병룡 외 | 경상대 행정학과

033 해외귀국청소년의 국내적응연구
이장영 | 국민대 사회학과

034 초고속정보통신망에서 LAN서비스 제공방안
이재용 | 연세대 전자공학과

035 WTO체제의 정책적 대응
김병진 외 | 경희대 행정학과

036 유럽의 통합정치
최수경 외 | 충남대 정치외교학과

037 유기질폐기물을 이용한 고단백사료원인 조류의 생산공정
최정우 외 | 서강대 화학공학과

038 초고속정보통신망의 수용성과 정책방향
박영상 외 | 한양대 신문방송학과

039 중국의 강남사회와 한중교섭
조영록 외 | 동국대 사학과

040 세계화시대의 사회 · 문화의식
신행철 외 | 제주대 사회학과

041 국내 외국인 노동자의 문제와 대책
성규탁 외 | 연세대 사회복지학과

042 노인인력 활용정책과 프로그램
김정후 외 | 강원대 법과대학

043 한일간 학술교류 현황과 활성화방안
정홍익 외 | 서울대 행정대학원

044 계량모형에 의한 한일 경제관계의 이해
김명직 외 | 한양대 경제학부

045 직장인의 음주행태와 삶의 질
진기남 외 | 연세대 보건행정학과

046 유통정보 시스템의 구조와 설계
정용길 | 충남대 경영학과

047 남북통일 이후 사회통합을 위한 교육의 역할
안기성 외 | 고려대 교육학과

048 대중음악에 심취한 청소년들의 심리적 특성
김인경 외 | 연세대 인간행동연구소

049 멀티미디어 시스템을 활용한 교육환경의 개선방안
김한일 | 제주대 컴퓨터교육학과

050 탈냉전기 한일관계의 쟁점
최상룡 | 고려대 정치외교학과

051 자치시대 새로운 '삶의 질' 지표의 모색
김형기 외 | 경북대 경제통상학부

052 유럽통합의 역내외 협력과 갈등
이호재 외 | 고려대 정치외교학과

053 21세기를 대비한 신노사관계
김재원 | 한양대 경제학부

054 대학의 시간제학생 등록제
안규철 외 | 전남대 교육학과

055 21세기에 대비한 방송통신정책
한진만 외 | 강원대 신문방송학과

056 주민참여를 통한 혐오시설 관리운영방안
박균성 외 | 경희대 법학부

057 여성의 정치적 권리인식과 정치참여
전경옥 외 | 숙명여대 정치외교학과

058 한국인 위장질환과 식생활 · 환경요인 및 *H. pylori* 감염과의 관계
이양자 외 | 연세대 식품영양학과

059 학생과 시민의 자원봉사활동
윤정일 외 | 서울대 교육학과

060 동북아 환경문제와 지역환경협력의 모색
신연재 외 | 울산대 정치외교학과

061 노인 자원봉사활동을 통한 사회통합 프로그램 개발
김동배 | 연세대 사회복지학과

062 물류정보 시스템
김태현 | 연세대 경영학과

063 전자식 문서교환을 이용한 항공화물 운송체계
민재형 | 서강대 경영학과

064 청소년과 성
이근후 | 이화여대 의과대학

065 민족통합과 무궁화호 위성의 남북한 공동활용방안
방정배 | 성균관대 신문방송학과

066 채식주의가 20대 여성의 영양상태와 에스트로겐 대사에 미치는 영향
성미경 | 숙명여대 식품영양학과

067 가상정보공간을 통한 지역개발 활성화 전략
유재천 외 | 한림대 언론정보학부

068 조산아 관리현황 및 정책수립 방안
박상기 외 | 조선대 의과대학

069 남북한관의 의식조사와 통일교육 개선 방안
김동규 외 | 고려대 북한학과

070 동양 전통 자연사상 탐구
장동순 | 충남대 환경공학과

071 초고속정보망의 시뮬레이터 구현
한기준 | 경북대 컴퓨터공학과

072 유통원가 시스템의 유효성
정다미 | 명지대 경영학과

073 국악과 문화관광의 만남
정익준 외 | 동아대 국제관광통상학부

074 기업의 지식경영 활용사례
김창은 | 명지대 산업공학과

075 선진국과 한국의 직업교육 · 훈련제도의 특성과 한계
정주연 | 고려대 경제학과

076 제주지역 성인 여성의 자원봉사활동
이상철 외 | 제주대 사회학과

077 M&A와 문화충돌 관리
박원우 | 서울대 경영학과

078 폐금속광산 인근 주민들의 중금속 오염실태
정종학 외 | 영남대 의학과

079 북한 농촌 · 농업실태와 인력자원개발 시스템을 통한 북한 농민의 구호방안
박성열 | 건국대 교육공학과

080 중소 소매점의 경쟁력과 소매성과
채명수 외 | 한국외대 무역학과

081 고령자를 위한 쾌적한 실내온도와 착의량의 설정
정운선 | 안동대 의류학과

082 지역문화 이벤트 PR
박종민 | 경희대 언론정보학부

083 인터넷 지역정보화의 실태와 전략
유평준 외 | 연세대 행정학과

084 여성 삶의 질 향상을 위한 사회교육 활성화 방안
김양희 | 중앙대 가족복지학과

085 벤처기업과 벤처금융
강대석 외 | 충남대 무역학과

086 구조조정기에 있어서 실업대책과 사회 안전망 구축
박천익 | 대구대 경제학과

087 한국 유아의 조기교육
이명조 외 | 한국외대 교육대학원

088 남북한 경제공동체 형성전략
이상만 | 중앙대 경제학과

089 지방자치회계의 투명성과 주민의 알 권리
권찬태 외 | 경북대 경영학부

090 정치지도자의 정책리더십
이해영 | 경일대 행정학과

091 경제위기와 한국인의 복지의식
신광영 외 | 중앙대 사회학과

092 북한의 노동
김강식 | 한국항공대 경영학과

093 우리나라 중소기업의 정보기술 활용 현황과 경쟁력 강화를 위한 제안
정승호 | 부산외대 정보시스템학과

094 인간배아복제의 법적 · 윤리적 문제점과 그 해결방안
최병규 | 한경대 법학부

095 가치변화에 따른 투표행태
조찬래 외 | 충남대 정치외교학과

096 인터넷 경매에서의 계약체결과 소비자 보호
이기수 외 | 고려대 법과대학

097 세계화시대 남북한 통합의 방향과 과제
윤민재 | 서울대 사회발전연구소

098 글로벌 시대 지방정부의 문화마케팅 전략
박흥식 | 중앙대 행정학과

099 대졸여성실업의 실태분석 및 대학-노동시장 간 효율적 연계방안
이은우 외 | 울산대 사회과학부

100 그린 투어리즘의 분석
이응진 | 대구대 관광학부

101 지방자치단체장의 부정부패
오일환 | 한양대 아태지역연구센터

102 산업화가 유교체제하 중국여성의 지위에 미친 영향
천성림 | 배재대 사회과학연구소

103 움직이는 말하기
유혜숙 외 | 나사렛대 교양학부

104 장애학생을 위한 특수교육공학의 활용
김용욱 | 대구대 중등특수교육과

105 지식기반사회의 평생교육 이해와 평생교육 프로그램 개발
박성열 | 건국대 교육공학과

106 N세대의 미술교육
김동철 | 대구교육대 미술교육학과

107 노후계획과 투자
권택호 | 여수대 국제통상학과

108 영화산업
양영철 | 경성대 연극영화학부

109 동유럽의 변혁과 언론의 역할
정대수 | 경남대 정치언론학부

110 환율, 임금, 물가가 국제경쟁력 및 수출입산업에 미치는 영향
하인봉 | 경북대 경제통상학부

111 일본기업의 기술혁신 전략
위정현 | 중앙대 상경학부

112 노후보장정책과 역저당연금제도
조덕호 외 | 대구대 행정학과

113 유비쿼터스 라이프와 미래 사회
김석수 | 한남대 멀티미디어공학과

114 죽음과 관련된 생명윤리적 문제들
구인회 | 가톨릭의과대 인문사회과학교실

115 경제적 세계화와 빈곤문제, 그리고 국가
김준현 | 한일장신대 인문사회과학부

116 한국의 세계불교유산
김종명 | 한국학중앙연구원 한국학대학원

117 복지레저서비스론
고태규 | 한림대 국제학부

118 자생적 철학체계로서 인간중심철학
선우현 | 청주교대 윤리교육과

119 전략적 통합과 한반도 평화체제
김승채 | 고려대 정책대학원

120 환경사법론
전경운 | 경희대 법학부

121 인터넷 자료를 통해 본 한국의 이혼문화와 사회복지
성정현 외 | 협성대 사회복지학과

122 유럽연합의 사회정책에 관한 연구
문진영 | 서강대 신학대학원 사회복지학과

123 여성건강의 통합적 관점
김혜원 | 관동대 간호학과

124 복잡계 네트워크 과학
강병남 | 서울대 물리천문학부

125 경제적인 3세대 전원주택 개발
박근준 | 호서대 건축공학과

126 사회복지와 인적자원개발
이상일 | 인제대 국제경상학부